W0461454

LE POUVOIR NE SE PARTAGE PAS

DU MÊME AUTEUR

L'Arbre de mai (Atelier Marcel Jullian, 1979).
Je crois en l'homme plus qu'en l'État (Flammarion, 1987).
Passion et longueur de temps (Fayard, 1989).
Douze lettres aux Français trop tranquilles (Fayard, 1990).
Des modes et des convictions (Fayard, 1992).
Dictionnaire de la réforme (Fayard, 1992).
Deux ans à Matignon (Plon, 1995).
Caractère de la France (Plon, 1997).
L'Avenir de la différence (Plon, 1999).
Renaissance de la droite (Plon, 2000).
Les Aventuriers de l'Histoire (Plon, 2001).
Jeanne d'Arc et la France (Fayard, 2003).
La Fin de l'illusion jacobine (Fayard, février 2005).
Machiavel en démocratie (Fayard, février 2006).
L'Europe autrement (Fayard, avril 2006).
Laissons de Gaulle en paix (Fayard, novembre 2006).
Pour une Union occidentale entre l'Europe et les États-Unis (Fayard, 2007).
Une Ve République plus démocratique (Fayard, 2008).
Il est temps de décider (Fayard, 2009).

Edouard Balladur

Le pouvoir ne se partage pas

Conversations avec François Mitterrand

Fayard

ISBN 978-2-213-65136-1

© Librairie Arthème Fayard, 2009

« J'ai pu me mêler des charges publiques
sans me départir de moi de la largeur d'un ongle,
et me donner à autrui sans m'ôter à moi. »

MONTAIGNE

AVANT-PROPOS

Le 29 mars 1993, au lendemain des élections à l'Assemblée nationale qui avaient donné à la droite une majorité sans précédent, François Mitterrand, alors président de la République, me nomma Premier ministre. J'appartenais à la majorité qui venait d'être élue ; elle lui était contraire. Il me choisit parce que cela lui évitait de faire appel une nouvelle fois à Jacques Chirac, chef du parti le plus important, que ma position au sein de cette nouvelle majorité était celle d'un homme en qui la plupart pouvaient retrouver leurs principes, et parce que j'étais favorable aux progrès de l'Europe.

Pour la seconde fois, c'était la cohabitation entre un Président et un Premier ministre d'orientations politiques différentes, sans nulle allégeance de celui-ci à celui-là ; ce serait tout simplement affaire de rapport de force. Bien que je fusse averti, elle révéla à mes yeux ses difficultés et ses faussetés. L'opinion ne soupçonnait pas la réalité du conflit entre un Président dont le rôle prenait fin et un Premier ministre qui n'envisageait pas alors un autre destin, ni sa violence à l'intérieur même de la nouvelle majorité dans la perspective de la prochaine élection présidentielle ; elle se montra longtemps satisfaite.

Durant plus de deux ans, j'ai eu avec Mitterrand plusieurs conversations chaque semaine ; parfois elles étaient longues. Beaucoup de sujets furent évoqués, des affaires de l'État aux questions plus personnelles qu'il abordait volontiers ; à la fin, elles sont devenues comme détachées de l'actualité. Parfois, compte tenu de la situation de notre pays et de nos responsabilités à tous deux, elles me semblaient futiles, superficielles, portant sur des anecdotes secondaires ; quand elles concernaient des questions de fond, souvent le vague des propos évitait l'affrontement direct : alors chacun poursuivait son chemin de son côté, sans guère se soucier de l'autre.

Le plus souvent, je m'attachais à conserver la trace de ces échanges ; à les relire, je suis frappé par leur liberté de ton. Il y avait chez Mitterrand une volonté de domination, un impérialisme suscitant la rébellion de qui refusait de se laisser assujettir. J'entendais que, chacun exerçant sa fonction, nos relations fussent dégagées de toutes contraintes, placées, malgré la différence de nos positions, sur un pied d'égalité. C'est un dialogue entre deux hommes qui se ménagent, s'opposent sans déroger aux bons usages, collaborent lorsqu'il le faut, conscients de leurs divergences sans jamais oublier qui ils sont ni ce qu'ils veulent.

Livrer la teneur de ces conversations permettra, je pense, de rectifier bien des erreurs et de mieux comprendre ce qui se passait alors au cœur de l'État. Elles montrent comment étaient prises les décisions dans une situation exceptionnelle et incommode de partage du pouvoir, elles décrivent une atmosphère de méfiance, éclairent ce qu'étaient mes relations avec François Mitterrand alors que, de convictions et d'intérêts opposés, nous étions placés ensemble à la tête du pays et que nous nous efforcions de coopérer.

J'en ai éliminé les propos trop déplaisants pour tel ou tel des acteurs du jeu public ; la politique est un domaine où la méchanceté gratuite se donne libre cours aux dépens de la froideur du raisonnement ou de la simple équité. La médisance est méprisable, souvent elle tient lieu d'esprit à ceux qui en sont dépourvus.

Si les reparties laissent souvent une impression d'artifice, c'est que la confiance y est rare, nul ne se livre, bien que Mitterrand revienne volontiers et avec complaisance sur lui-même. Il a le comportement d'un tentateur, cherchant à créer une complicité, sans craindre de recourir à des compliments hyperboliques, finalement maladroits. Sans le manifester, j'étais froissé qu'il pût m'imaginer dupe. De temps à autre, il s'irritait de voir ses efforts demeurer vains.

Peut-être ai-je du mal à me montrer à son sujet aussi objectif que j'aimerais l'être. Mes relations avec lui furent marquées par l'ambiguïté. Pourtant, à bien des égards, je me sentais plus proche de lui que de beaucoup d'autres par les goûts intellectuels, la formation reçue, les affinités nées d'un regard semblable porté sur les hommes et sur l'histoire. Mais il allait si loin dans la recherche de la connivence qu'il m'était difficile de ne pas voir mis à nu les ressorts de la comédie qu'il me jouait. Et, cependant, il existait entre nous, sinon une forme de sympathie, du moins l'impression de se trouver l'un avec l'autre en terrain familier.

Je ne connaissais guère Mitterrand en 1993. Deux années durant, de 1986 à 1988, au temps du gouvernement de Jacques Chirac, j'avais été ministre de l'Économie, des Finances et de la Privatisation ; comme tel, je l'avais accompagné dans quelques réunions internationales, j'avais eu avec lui de rares entretiens. Ayant quitté le gouvernement en 1988, après sa réélection, nous n'avions eu, durant cinq années, aucun contact d'aucune sorte, ni directement ni indirectement par le truchement des nombreux intermédiaires volontaires pour ce genre de missions dont plusieurs, sentant la direction de la brise, me proposèrent alors leurs services ; il ne me témoigna aucune attention particulière ; de mon côté, je me gardai de me manifester auprès de lui, peu soucieux de passer pour un solliciteur.

Cette cohabitation que, le premier, j'avais prônée jadis, n'a jamais été, à mes yeux, qu'un expédient provisoire, pas un système durable. J'ai subi les conditions dans lesquelles se débat l'exercice du pouvoir lorsqu'il y a concurrence à la tête de l'État. Cependant, Mitterrand m'a fort peu gêné. En politique intérieure, j'ai pu prendre les mesures que j'envisageais, même quand elles étaient difficiles ; il m'y a parfois aidé, comme lorsque, à deux reprises, la Constitution fut modifiée. Il voulait avoir la paix et, dès lors que je respectais les formes, il me laissait faire à ma guise. Pour lui, je représentais le moindre mal. Lorsque je fus obligé, à mon grand regret, de demander à trois ministres de quitter le gouvernement, il ne chercha pas à en tirer profit ni à me mettre en difficulté. Les entraves me sont plutôt venues d'une partie de la majorité.

En politique extérieure, une fois assurée la sauvegarde des apparences, j'ai pu éviter l'éclatement du système monétaire européen qui menaçait la perspective même de la monnaie unique, conclure comme je l'entendais la négociation du GATT[1] de telle sorte que les intérêts de la France et de l'Europe fussent préservés, faire adopter par nos partenaires européens les principes d'un pacte de stabilité garantissant le respect des frontières et le droit des minorités en Europe centrale, conduire au Rwanda une opération humanitaire limitée dans le temps sans nous embourber seuls dans une expédition de type colonial, dévaluer le franc CFA, m'opposer à ce que la France, seule avec l'Angleterre et privée du soutien de l'Allemagne et des États-Unis, s'engageât trop avant en Bosnie. Nous avons été en désaccord sur les essais nucléaires qu'il s'est refusé à reprendre, et sur la réforme de l'Alliance atlantique, sujets sur lesquels il témoignait d'un gaullisme aussi tardif qu'hors de saison.

Je porte seul la responsabilité de l'action publique durant deux années, de ses échecs comme de ses succès. Je n'ai pas accompli tout ce que souhaitais, mais personne n'a pu me contraindre à faire ce que je ne voulais pas.

La cohabitation institue un système instable et opaque, elle favorise au sommet de l'État l'équivoque et le double langage ; les responsabilités s'en trouvent diluées. Alors, que d'efforts pour surmonter les blocages ! Il n'y a guère de franchise véritable entre le Président et le Premier ministre, quand bien même ils auraient l'un pour l'autre de l'estime ; chacun se garde et se contrôle, se dissimule tout en cherchant à découvrir l'autre. La démocratie requiert la clarté, elle ne trouve pas son compte à ce brouillard. La cohabitation n'est supportable pour l'État que lorsqu'elle est

---

1. General Agreement on Tariffs and Trade, Accord général sur les tarifs douaniers et le commerce.

de durée brève et d'échéance rare. De 1986 à 2002, en seize ans, elle en a duré neuf. Il faut changer nos institutions pour mettre la France à l'abri de cette confusion. Ce n'est pas encore le cas.

À revenir sur le passé, je m'expose, j'en suis conscient, au soupçon d'être inspiré de mobiles égoïstes, au risque de voir mise en doute ma bonne foi, au reproche de travestir la réalité au bénéfice de ma réputation. Mais, après tant d'années, je tiens à ne pas laisser des fables répétées à satiété prendre, faute qu'elles soient démenties, rang d'incontestables évidences. Il ne s'agit pas d'affirmer ma vérité, mais de rétablir la vérité, tout simplement.

I

Avant le pouvoir

Sans que j'en aie été conscient, le sort m'avait dispensé ses enseignements. Je naquis en Orient. Du côté de mon père, sa famille paternelle, enracinée dans la foi catholique, et qui y était établie depuis de longues générations, était devenue française ; sa famille maternelle, elle, était d'origine marseillaise. Du côté de ma mère, les ascendances étaient lyonnaises et bourguignonnes du côté paternel, provençales du côté maternel. Six de mes huit arrière-grands-parents étaient français de toujours. Comme souvent chez ceux qui vivent à l'étranger, régnait parmi les miens un attachement passionnel à la France, idéalisée par l'éloignement. Toute mon éducation en fut marquée. Des années plus tard, ma famille ayant rejoint Marseille où j'ai mes plus anciens souvenirs, j'avais, encore enfant, ressenti avec accablement la défaite de 1940 alors que notre armée était réputée la première du monde. J'en fus bouleversé, d'autant plus que mes deux frères aînés se battaient sur le front avec un courage qui leur valut, à l'un et à l'autre, citations et décorations. J'en retirai deux leçons : la fragilité des situations qu'on croit acquises pour toujours, la nécessité de la force.

Plus tard, et bien que j'eusse pu bénéficier d'une dispense de service militaire, je demandai à être affecté en Algérie quelques années avant la Toussaint de 1954. J'y découvris l'injustice, le fossé entre Arabes et Européens de toutes origines. J'étais convaincu que cela ne durerait pas, que l'intégration des diverses populations au modèle français était un leurre. Leçon de réalisme.

Ayant choisi, par attrait pour la littérature et l'histoire, des études de sciences politiques, je me laissai convaincre de concourir à l'ENA ; à la sortie, j'optai pour le Conseil d'État par goût de mon indépendance, souci de n'avoir point à me préoccuper du soin d'une carrière. Culte de la liberté.

En 1958, de Gaulle revint au pouvoir, bâtit des institutions permettant la stabilité gouvernementale, imposa l'indépendance de l'Algérie, mit en œuvre le redressement économique de notre pays, son entrée dans l'Europe. Impressionné par la force de sa pensée, son originalité, la profondeur de son esprit, la vigueur de son caractère, je l'admirais, le soutins de mes votes, même si, souvent, je le trouvais tout à la fois habile et péremptoire, souple et cassant. Il donnait à l'action de notre pays une image de fierté et d'indépendance à laquelle je suis resté attaché ; grâce à lui, nous avions le sentiment de respirer à une autre altitude. Leçon de grandeur.

J'appréciais moins le parti gaulliste. Certes, en son sein, que d'hommes prestigieux, au passé respectable, aux convictions durables, au patriotisme sans faille, désintéressés, dévoués ! Mais aussi, dans l'appareil, que de simplisme, de sectarisme, d'esprit courtisan, pour tout dire fort peu démocratique ! Je n'ai jamais été l'inconditionnel de personne ; le terme même me choque. Je n'avais pas une âme de militant ; plus tard, je n'aurais pas une mentalité de chef de clan.

Par le plus grand des hasards, alors que j'étais éloigné du milieu politique, je fus appelé au cabinet de Georges Pompidou, alors Premier ministre. Je demeurai son collaborateur plus de dix ans. Sans abandonner mon esprit critique, je l'admirais et le secondai de mon mieux ; il me faisait confiance.

Pompidou était un homme exceptionnel, d'une intelligence éprise de réalisme, qui se plaisait à détruire les faux-semblants, à ridiculiser les idées toutes faites ; il détestait les grands mots et les formules creuses ; il témoignait d'une force d'âme, d'une faculté d'anticipation, d'une persévérance qui lui permirent de moderniser notre société, de rendre notre économie plus dynamique, capable de favoriser la création de grandes entreprises tenant leur place dans le monde. Ce fut un succès.

Nous étions vingt ans après la fin de la guerre. Peu à peu, l'influence de Jacques Rueff aidant, on commençait à se dégager de la gangue de l'étatisme, mais que de chemin encore à faire ! Une bonne partie des entreprises étaient nationalisées, le contrôle des prix, même réduit, toujours en vigueur, le Plan, non content d'organiser l'avenir de la production, se préoccupait de l'ensemble des questions sociales et imaginait une politique des revenus plus juste. Cependant, pour une part à mon instigation, Pompidou mettait en œuvre les premiers éléments d'une politique contractuelle fondée sur le dialogue entre les syndicats, les entreprises et les pouvoirs publics ; elle trouva son application dans les ordonnances de 1967 relatives à la Sécurité sociale, à la participation et à l'emploi. Quant à moi, même si je partageais nombre des préventions intellectuelles de l'époque, je me défiais de l'esprit jacobin centralisateur dans lequel je voyais une véritable déviation du gaullisme : à mes yeux, il n'était synonyme ni de patriotisme, ni de service de l'État ; il s'agissait simplement d'un despotisme uniformisateur déguisé sous une volonté prétendument démocratique, parce que légitimée par le suffrage populaire. Toujours j'ai eu horreur de ce cartésianisme mal entendu jusqu'à le rendre tyrannique, tant il nie les droits de l'homme et la valeur de la liberté face à la contrainte exercée par la société. D'où la réputation de n'être pas suffisamment gaulliste que me firent les sectaires !

Les événements de mai 1968 survenus, Pompidou donna toute sa mesure. Ils auraient pu avoir des conséquences graves, ils constituaient la crise intérieure la plus importante, par son ampleur, sa durée et son caractère populaire, qu'ait connue la France depuis un siècle : désordres sans précédent étendus au pays tout entier, paralysie des services publics due à l'effondrement de l'autorité, rejet du régime politique et social en place, désir d'« autre chose » de vague mais de violemment exprimé. Selon ses convictions, chacun choisit de leur trouver une cause : pour les uns, crise de civilisation, révélation de temps nouveaux, appel à une société différente, voire au changement de la vie elle-même ; pour les autres, accès d'infantilisme marqué par l'irréalisme, l'immaturité ou l'insuffisance intellectuelles, mais utilisé par l'opposition de gauche. Reste ce qui était incontestable : une université aux effectifs devenus énormes, inapte à la modernisation ; l'ennui né d'une société de bien-être qui ne se croyait plus confrontée à aucun grand problème et au sein de laquelle le poids de la tradition n'était plus supporté ; la crise de langueur entraînée par une trop longue stagnation économique due à un plan de stabilisation d'une interminable durée, et qui, pour la première fois, remettait en cause l'augmentation régulière du pouvoir d'achat des salariés ; surtout, le désir de changement politique dirigé contre un pouvoir trop stable et trop longtemps exercé : dix ans, c'était assez !

On pourrait établir un abondant sottisier de ce qui s'est dit et écrit durant ce mois de mai. À remarquer que les organisations politiques et syndicales ne firent alors preuve d'aucune volonté révolutionnaire, d'aucun désir de changement profond, moins encore de subversion. De leur côté, les chefs des mouvements contestataires ne manifestèrent aucun extrémisme autre que verbal, aucune ardeur véritable, aucun esprit de sacrifice. Une révolte sans victimes n'est jamais qu'un chahut. Celle-ci donna trop souvent le spectacle de la liquéfaction et de la lâcheté du côté de l'État et de la société, de l'irréalisme et de la niaiserie du côté de la contestation. Ce fut un divertissement triste – pas une révolution.

Il fallait laisser la contestation s'épuiser, s'éparpiller, se diviser, jusqu'au moment où les Français, un temps séduits et amusés, se lasseraient du désordre. De Gaulle lui-même, peinant à comprendre de quoi il retournait, reconnut que le mouvement était « insaisissable »; il eut recours à un vieux procédé : l'annonce d'un référendum sur la participation, qui était hors de saison. À la fin, il trouva mieux, quelque chose de neuf : quitter Paris pour rejoindre l'armée en Allemagne, créer l'inquiétude sur ses intentions. Ce fut une réussite. La crise prit fin sans que le régime fût renversé : résultat inhabituel dans notre histoire.

C'est à Pompidou que la France doit d'avoir échappé à l'anarchie durant ces jours et ces nuits où tout semblait possible, où l'autorité s'effondrait. Il avait quelques principes simples : tenir bon, ne pas donner l'impression d'une vacance du pouvoir, parler tous les jours aux Français ; ne pas partir, ne pas paraître se dérober ; être souple, ouvert à la conciliation : la réouverture de la Sorbonne, la discussion avec les syndicats rue de Grenelle en témoignent ; ne pas faire couler le sang, demander aux forces de l'ordre de témoigner, en toutes circonstances, de calme et de maîtrise de soi ; enfin ne pas ajouter au désordre des esprits en faisant de grands discours sur la réforme de la société, alors que ce n'était pas le moment.

Durant la crise, associé à Michel Jobert, je me tins constamment aux côtés de Pompidou, m'efforçant sans trop de peine au calme et à la froideur ; c'était le seul moyen de répandre autour de soi le sentiment que tout n'était pas perdu. Le désordre était alors à son comble, l'État disloqué, les fonctionnaires apeurés se réfugiaient dans une passivité coupable, la mécanique de la puissance publique tournait à vide. Les hiérarques, couverts d'honneurs et de récompenses, si prompts à vanter leurs mérites passés, se terraient, les politiques préparaient la suite, les antichambres ministérielles se vidaient, les salons d'attente des hommes auxquels on prêtait un avenir se remplissaient.

Le pays était paralysé mais, bien vite, les divisions apparurent entre étudiants et ouvriers, entre partis, entre syndicats ; il fallait trouver une issue : je proposai à Pompidou une rencontre avec tous les syndicats, salariés et patronaux. Grâce aux contacts directs ou indirects que nous étions quelques-uns, dont Jobert et Chirac, à entretenir avec eux, ils acceptèrent. Ce furent les journées, les nuits de Grenelle. Il était facile de le constater, nul ne souhaitait un bouleversement général. Grenelle, ce fut la Sainte-Alliance des organisations contre l'anarchie. Au fur et à mesure que les discussions progressaient dans les voies classiques (augmentation des salaires, extension des droits syndicaux dans l'entreprise, sauvegarde de la protection sociale), je décidai d'en résumer les conclusions par écrit. Quand nous parvînmes au terme, j'en soumis le texte à Pompidou qui l'approuva et en donna ensuite lecture à la conférence ; il fut adopté avec de légères modifications. C'est ce constat auquel fut donné le nom d'accords de Grenelle. Ils furent, quelques heures après, rejetés par une assemblée de salariés de Renault à Billancourt, mais, tels qu'ils étaient, ils témoignaient de la volonté du Premier ministre de trouver à la crise une issue dont personne n'eût à rougir. La France s'était reprise à espérer. Les Français, las du désordre, se ressaisirent ; le courant s'inversait, communistes et socialistes étalaient au grand jour leur rivalité ; la CGT et le parti communiste, redoutant la concurrence des anarchistes d'extrême gauche, manifestaient dans la rue pour montrer leur force. Le voyage de De Gaulle à Baden-Baden fit prendre conscience à tous de ce qui était véritablement en jeu et mit le point final à la crise. Le pouvoir en place avait tenu bon, il avait gagné. Réussite politique sans précédent depuis des générations ! Leçon d'obstination, de calme, d'indifférence à l'agitation.

Quelques mois plus tard, je participai à la campagne présidentielle de Pompidou qui, après des débuts difficiles, fut brillamment élu. Nommé Secrétaire général adjoint de l'Élysée, je m'ennuyai durant quelques années, faute d'attributions très clairement définies. Je concourus à la mensualisation des salaires, ce qui était une grande conquête pour la dignité de chacun, et à l'institution de l'actionnariat à la Régie Renault, ce qui souleva l'indignation de son président qui, sous couvert d'y déceler une atteinte au pouvoir de l'État, y voyait surtout un danger pour sa propre autorité. Je pus constater la détérioration des relations entre Pompidou et son Premier ministre Chaban-Delmas. Elle n'était pas due à des désaccords de fond, puisque, sur bien des points, Pompidou était plus novateur que Chaban-Delmas, mais au fait que ce dernier, faute d'avoir bien compris les institutions de la Ve République, se conduisait comme un président du Conseil des Républiques précédentes et tentait de mettre le chef de l'État devant le fait accompli. Je pus ainsi mesurer combien, dans la vie politique, les relations de pouvoir sont destructrices de tous les sentiments d'amitié et de fidélité.

Au moment où je décidai de quitter la Présidence et où je l'avais fait savoir, Jobert fut nommé ministre des Affaires étrangères ; Pompidou m'appela dans son bureau :

« Je sais que vous souhaiteriez prendre d'autres responsabilités, mais je vous demande d'accepter d'être nommé Secrétaire général, au moins pour un an.

– Je souhaiterais en effet me retirer, vous le savez, mais je préfère rester auprès de vous dans un rôle plus actif. Je vous remercie de me le proposer.

– C'est moi qui vous remercie. »

Voilà qui me surprit.

Il ajouta : « Désormais, vous ne serez plus le numéro 2, mais vous deviendrez le numéro 1. Vous verrez, c'est fort différent. »

À partir de 1973, j'eus à faire face au trouble créé par les signes de plus en plus visibles de la maladie de Georges Pompidou. Il m'avait dit : « Voyez mon état ; je ne suis pas en excellente forme. Je vous fais confiance, je compte sur vous pour veiller à tout et ne me saisir que des problèmes les plus importants. Je me concentrerai moi-même sur la politique étrangère. » Je m'y efforçai sans me dissimuler les difficultés ni les risques ; je savais pouvoir compter sur la loyauté et l'efficacité de Pierre Messmer, alors Premier ministre. Je vécus là quelques mois difficiles ; le milieu politique grouillait de rumeurs, les ministres venaient aux nouvelles auprès de moi pour tenter d'en savoir plus, mais je n'avais rien à leur apprendre et, de toute façon, ne leur aurais rien dit ; le secret n'était pas le mien, j'en ignorais tout. La suite se préparait, les candidats rassemblaient leurs cohortes. Au début de 1974, Pompidou habitait chez lui, quai de Béthune, et ne venait à l'Élysée que lorsque c'était indispensable. Les jours ordinaires, c'est moi qui allais chez lui pour lui rendre compte des affaires. Un jour de mars, je lus dans *Le Monde* que ceux qu'il était convenu d'appeler les « barons » du gaullisme, Chaban-Delmas, Guichard, Frey, Debré, Foccart, s'étaient réunis pour examiner la situation et évoquer la possibilité d'inciter le Président à se retirer. M'étant rendu quai de Béthune, je demandai à Pompidou :

« Avez-vous lu *Le Monde*, cet après-midi ?

– Non, pourquoi ?

– Il y a un article qui peut vous intéresser.

– Pourquoi m'intéresserait-il ?

– Parce qu'il évoque une réunion de ceux qu'il est convenu d'appeler les "barons", qui se seraient concertés.

– Pour quoi faire ?

– Oh, vous vous en doutez bien !

– Pour me demander de céder la place ?

– En quelque sorte.

– Pensez-vous ! Ils n'oseront jamais ! »

Ils n'osèrent pas.

La droiture et l'autorité de Pierre Messmer permirent d'assurer la coordination gouvernementale. J'étais soupçonné, tout en cachant une vérité que j'ignorais, de me plaire à gouverner dans l'ombre. Là aussi je fis face avec une feinte indifférence, veillant au bon fonctionnement de l'État dans la mesure où Georges Pompidou m'en avait confié une part de responsabilité. Leçon de solitude.

J'accompagnai Pompidou à Pitsunda, en février, pour rencontrer Brejnev aux bords de la mer Noire. C'est l'un de mes pires souvenirs. Il était dans un état tel que je crus que ses jours allaient prendre fin à un moment où j'étais seul avec lui dans la chambre où il se reposait. Rentré à Paris, je priai ses médecins de venir me voir et je les mis en garde : le malade qu'ils soignaient n'était pas un homme ordinaire, je ne leur demandais pas de me dire de quel mal il était atteint, ni quelle en serait l'issue prévisible, mais je les incitai vivement à prendre conscience du fait qu'ils soignaient un chef d'État dont l'image historique pourrait être ternie si sa fin ne se déroulait pas dans des conditions lui permettant de préserver jusqu'au bout son autorité. Je les invitai donc à en parler entre eux et à se demander s'ils avaient quelque chose à lui dire, à lui – pas à moi. L'un d'entre eux revint me voir quelques jours plus tard pour m'informer que, s'étant concertés, ils avaient décidé qu'ils n'avaient rien à dire au président de la République. Je n'argumentai ni ne protestai. Pompidou disparu, le plus éminent d'entre eux devait m'apprendre que son bilan sanguin était très sombre, et qu'il n'aurait jamais survécu au-delà d'octobre.

Il ne me restait plus qu'à assumer ma tâche jusqu'au bout. La semaine qui précéda la fin, je reçus l'ambassadeur du Japon, venu parler des conditions de la visite que Pompidou devait y faire au mois de mai. Je lui en rendis compte :

« Surtout, veillez bien à ce qu'on ne me fasse pas, comme c'est leur coutume, mettre à quatre pattes pour prendre mes repas. Sous cette condition, j'accepterai d'y aller au mois de mai.

– Que vous disent vos médecins ?

– Oh, ils me disent que si je pars me reposer à Cajarc une quinzaine de jours, je reviendrai en meilleure forme. »

Il devait mourir quelques jours après, le 2 avril. Il avait soixante-deux ans.

Cet homme doué des plus grandes qualités de l'esprit et du caractère avait marqué la vie de notre pays, modernisé son économie et son industrie, évité la guerre civile par son intelligence, sa mesure, assis les institutions nouvelles dans la tradition en succédant à de Gaulle, donné un caractère durable à la politique étrangère que ce dernier avait imaginée et mise en œuvre, tout en ouvrant davantage la France à l'Europe. Tant de mérites furent obscurcis par les derniers moments de sa vie où, avec courage et énergie, il luttait contre le mal, tandis qu'autour de lui se manifestaient sans vergogne des ambitions qui affaiblissaient son autorité. Il fit face, ignorant peut-être la véritable nature du mal dont il était frappé. Au moment où la France entrait dans une crise internationale qui allait, durant de longues années, peser sur elle, il prit, avec Pierre Messmer, une décision prophétique, celle de la doter d'un équipement électrique nucléaire qui la mettrait en bonne partie à l'abri des conséquences de l'augmentation du prix du pétrole. Il ne put accomplir tout son destin ; c'est l'une des injustices de l'Histoire, même si ce qu'on appelle « les années

Pompidou » a laissé aux Français le souvenir de jours heureux où la France était forte et respectée.

Pompidou disparu, le voile se déchira, la majorité se divisa entre Chaban-Delmas et Giscard d'Estaing. Ce dernier bénéficiait du concours de Chirac, entraînant avec lui quelques dizaines de députés UDR qui s'étaient affranchis du choix qu'avait fait le parti gaulliste. J'eus garde de m'en mêler. Je n'avais rien à dire d'une prétendue volonté qu'aurait témoignée Pompidou en faveur de l'un ou de l'autre ; je souhaitais me libérer de l'atmosphère dans laquelle j'avais vécu durant des mois.

Giscard d'Estaing élu, Chirac récompensé et nommé Premier ministre, je m'éloignai pour douze ans. D'abord au Conseil d'État, où je retrouvai une atmosphère faite de liberté de l'esprit, de courtoisie, mais aussi d'ennui hors du temps ; puis à la tête de sociétés privées de taille moyenne où je découvris un autre univers : moins de conformisme, plus de dynamisme, de goût pour le risque individuel, une volonté de s'adapter vite au changement afin de demeurer dans la compétition, et surtout un culte de la responsabilité personnelle, corollaire de la liberté. J'y fus heureux. J'observai le monde autour de nous, la révolution libérale mise en œuvre en Angleterre et aux États-Unis, la remise en cause des dogmes étatistes auxquels le souci de justice sociale servait de paravent. Je me convainquis que le temps d'une politique résolument nouvelle était venu pour notre pays, qu'il fallait le sortir de l'ornière où il s'enfonçait en raison des crises pétrolières et de l'arrivée de la gauche au pouvoir en 1981 : impôts plus lourds, déficits et endettement plus importants, chômage en hausse vertigineuse, réglementation étendue à tout le champ de l'activité économique et sociale, nationalisation de nombreuses entreprises privées. C'étaient là les effets ravageurs d'un catéchisme appliqué durant un demi-siècle, composé d'alluvions diverses : Front populaire, économie de guerre, idéologie du Conseil national de la Résistance, domination intellectuelle de la gauche.

Aux environs de 1980, Chirac prit contact avec moi et me demanda si j'accepterais de travailler avec lui. Bien qu'appartenant tous deux au cabinet de Georges Pompidou, nous n'avions jamais été proches l'un de l'autre, nos tempéraments, nos ambitions, nos idées, nos réactions instinctives étaient fort différents. Il savait que j'étais d'un caractère résolu, peu malléable, averti des réalités de l'économie et de l'État, ouvert aux nouveautés du temps, mais mal doué pour les contraintes de la politique. Je connaissais son dynamisme, sa capacité d'entraînement, son talent pour utiliser les réseaux d'influence, son intuition politique ; lui restait à démontrer sa capacité à diriger le pays, ce à quoi, Premier ministre de Giscard d'Estaing, il n'était pas parvenu. Je me laissai tenter alors que Mitterrand avait été élu président : il était, par son âge, le parti dont il s'était assuré la maîtrise, l'espoir de la droite. Au fond de moi-même, j'étais impatient de jouer à nouveau un rôle public, j'avais des idées que je souhaitais voir mises en œuvre, il fallait que la future alternance politique marque le début de temps vraiment nouveaux dont je croyais savoir quelle devait être l'image.

Durant près d'une dizaine d'années, nous avons étroitement collaboré, nous voyant plusieurs fois par semaine. Je ne m'occupais ni des problèmes d'organisation partisane, moins encore des questions de personne. Ce qui m'intéressait, c'était la politique qui devait être celle de la droite si elle revenait au pouvoir. Je trouvai en Chirac une oreille attentive, bien vite une adhésion quasi systématique. C'est ainsi que, malgré les réticences du parti gaulliste, il approuva sans réserve ma position qui, rompant avec le dogme établi, préconisait qu'en cas de victoire aux élections législatives la droite accepte de gouverner même si Mitterrand demeurait à l'Élysée. C'était la cohabitation, promise à des fortunes répétées, dans laquelle je voyais le moyen de mettre à l'épreuve la souplesse de nos institutions et de ne pas faire de la crise de régime la solution unique de nos difficultés politiques.

Peu avant 1986, il me proposa, au cas où il serait Premier ministre, de devenir le numéro 2 de son gouvernement, avec une très large autonomie pour conduire le redressement économique, s'engageant à ne pas intervenir et à me déléguer l'ensemble des pouvoirs du Premier ministre en matière budgétaire. Il y mit une condition : que je sois élu député de Paris. J'acceptai et la mission et la condition.

Je dois à la vérité de dire qu'il a tenu son engagement. De 1986 à 1988, il m'a laissé le soin de définir les moyens de notre redressement, d'en décider le rythme à ma guise. De cela je lui suis reconnaissant. En deux ans, sans me laisser détourner de ma route, j'ai pu mettre en œuvre une réforme libérale d'une ampleur sans précédent dans notre pays : privatisation de nombreuses entreprises publiques, diminution du nombre des fonctionnaires, baisse des dépenses, des déficits, des impôts, libération des prix, des changes, développement de l'actionnariat des salariés, de la participation, de l'actionnariat populaire.

Cette politique était originale à bien des égards : elle était marquée par la volonté d'être aussi complète et cohérente que possible, de concerner tous les aspects de la vie économique et financière ; originale aussi par son inspiration, car elle visait à la fois à améliorer la compétitivité de nos entreprises et à renforcer les disciplines budgétaire et financière afin de permettre une réduction simultanée des impôts et des déficits publics ; originale également en ce qu'elle ne se réduisait pas à la libéralisation de l'économie, mais entendait porter plus loin la démocratie, en mettant en œuvre la participation, la reconnaissance de la dignité de chacun, l'actionnariat populaire ; originale, surtout, parce que, se défiant des dogmatismes, elle se fondait sur la conviction que la liberté devait s'exercer dans le cadre de règles dont le juge assure le respect, ce qui me valut auprès de certains idéologues la réputation de n'être pas suffisamment libéral ; originale, enfin, par la rapidité avec laquelle, conçue clairement dès le départ, elle fut mise en œuvre.

Les résultats ne tardèrent pas : le chômage recula, la production augmenta, les rentrées fiscales affluèrent (elles seraient gaspillées par nos successeurs). Chacun prenait conscience qu'en France quelque chose avait profondément changé, que le regard sur le monde et la société n'était plus le même. J'en reçus le témoignage : le prix Jacques Rueff, puis celui de ministre des Finances de l'année décerné par le Fonds monétaire international. Malgré les polémiques, je ne m'étais pas laissé détourner de la voie que j'avais tracée. Leçon d'intransigeance.

En 1988, Jacques Chirac fut battu à l'élection présidentielle, puis la droite aux élections législatives qui suivirent la dissolution de l'Assemblée par Mitterrand réélu. Les causes de l'échec étaient multiples : sans doute la politique de libération économique que j'avais menée n'était-elle pas bien comprise par l'opinion qui en redoutait les effets à court terme ; mais aussi le gouvernement avait, dans la répression des manifestations d'étudiants comme dans les opérations de maintien de l'ordre en Nouvelle-Calédonie, donné le sentiment de privilégier la force pour répondre à la violence ; sans doute aussi, une fois Barre éliminé au premier tour, l'UDF manifesta-t-elle une certaine tiédeur pour soutenir Chirac au second, car elle n'oubliait pas qu'il était en partie responsable de l'échec de Giscard d'Estaing en 1981. Comme souvent en pareil cas, certains tentèrent de me faire porter la responsabilité de l'échec au prétexte que j'aurais mené une politique « trop financière », oubliant qu'elle constituait le seul succès véritable du gouvernement. Cette opinion ne laissa pas Chirac indifférent. Était-ce la rançon des très larges pouvoirs que j'avais exercés, ou, chez lui, le désir de chercher les causes de ses propres déconvenues ailleurs qu'en lui-même ? Les deux, sans doute. Nous étions, l'un et l'autre, déçus l'un par l'autre. À ses yeux, par mon intransigeance, je n'avais pas démontré ma capacité à infléchir mon action pour tenir compte des vœux de l'opinion ; aux miens, il n'était pas inspiré par des convictions suffisamment fortes et stables, se montrait trop influencé par les sautes d'humeur des diverses tendances de la droite. De là date notre progressif éloignement.

Dès lors que j'étais attaqué, je devais faire front, démontrer que notre action avait été juste, que nous avions entamé la reconstruction libérale de notre société la plus ambitieuse depuis un demi-siècle, et qu'elle commençait à porter ses fruits. J'ai donc écarté la tentation du retrait, refusé toutes les propositions d'exercer une activité privée qui m'étaient faites, continué dans la voie politique où j'étais entré deux ans plus tôt.

Élu député du XVe arrondissement de Paris, j'ai travaillé, participé à des colloques, publié cinq livres, énoncé dans de nombreux articles des propositions sur l'économie, les privatisations, les baisses d'impôts, le système monétaire international, la hausse du salaire direct grâce à la baisse des cotisations sociales, l'organisation de l'Europe, les relations avec les États-Unis. Je me suis aussi rendu dans de nombreux pays : Japon, États-Unis, Brésil, Canada, Afrique du Sud, Israël, Mexique, Grande-Bretagne, afin d'y rencontrer leurs dirigeants. On me prêtait un avenir, j'étais bien accueilli.

Boulevard Saint-Germain où j'avais un bureau, je réunissais régulièrement des groupes d'experts ou des parlementaires pour étudier les problèmes d'actualité et proposer des solutions nouvelles. Notamment, s'agissant de l'Europe, je suggérai qu'elle fût organisée non pas de façon uniforme, mais en cercles de composition et d'objet variables afin de tenir compte de la diversité des situations ; je fus critiqué par tous les zélotes, mais, aujourd'hui, tout le monde fait sienne cette conception, devenue un lieu commun. S'agissant de la monnaie, après avoir hésité et préconisé une monnaie européenne commune, les monnaies nationales étant maintenues, je me convainquis que c'était impraticable et me ralliai à la création d'une monnaie européenne unique ; je persuadai Chirac de soutenir la ratification du traité de Maastricht alors que, déjà, le RPR avait mis sur pied une campagne hostile au référendum organisé dans ce but par Mitterrand. Si celui-ci fut gagné d'extrême justesse, l'ensemble du RPR ayant milité pour le rejet, Chirac et moi n'y fûmes pas pour rien. En l'occurrence, Chirac fit preuve de courage et affronta la majorité du parti dont il était le président, ce qui n'était pas sans mérite.

J'ai aimé ces années de liberté, de réflexion consacrée aux sujets d'avenir. Elles m'ont permis, lorsque je devins Premier ministre, de savoir quelles étaient les priorités de mon action, comment elles pourraient être mises en œuvre sans tarder, quelles seraient les difficultés que nous rencontrerions, puis de décider vite et sans ambiguïté. J'étais prêt. Ce travail, mené avec des moyens faibles mais en toute indépendance, suscita un écho qui a surpris et parfois irrité un milieu politique au comportement conditionné par les réflexes partisans, exclusivement préoccupé du jeu des intérêts.

Au RPR, Chirac fut confronté à deux tentatives de déstabilisation contestant son autorité : celle des « rénovateurs » qui, se considérant comme jeunes, la quarantaine pourtant bien sonnée, s'en prenaient autant à lui qu'à Giscard d'Estaing au motif qu'ils occupaient la scène depuis trop longtemps ; puis celle de Charles Pasqua et de Philippe Séguin, baptisant de « retour au gaullisme » les thèmes populistes traditionnels, improprement qualifiés de sociaux, faits de nationalisme et d'étatisme hostile aux libertés économiques. C'était travestir de Gaulle en homme du passé, oublieux des réalités nouvelles, alors que, toujours, il s'était montré non conformiste et ouvert au changement ! En ces deux circonstances, j'ai soutenu Chirac sans précaution et sans calcul.

Cependant, mon souci de penser et agir de manière autonome, sans subir aucune contrainte, mes travaux comme mes déclarations l'agaçaient, sans doute aussi l'inquiétaient. Il n'aimait pas que j'existe par moi-même, en dehors du RPR, c'est-à-dire en dehors de lui. Il se confiait à mes proches : je parlais trop, j'écrivais trop ; bien entendu, ceux-ci me le répétaient. Il avait grand mal à dissimuler sa jalousie : « Vous ne parlez jamais de moi dans vos discours, me disait-il. Ce n'est pas pour moi que je le dis, mais pour vous. Cela vous nuit ! » Peu à peu, nos liens se sont relâchés, nos conversations sont devenues moins fréquentes. L'écho qu'eut le discours que je prononçai à l'Assemblée en 1990 pour soutenir le gouvernement dans la première guerre du Golfe l'irrita ; il prétendit que nous l'avions rédigé ensemble. Il se plaignait peu à moi, à d'autres plus souvent.

Même s'il se disait déterminé à refuser d'être une seconde fois Premier ministre de Mitterrand, le fait que les sondages m'aient peu à peu désigné comme celui que les Français, en cas de victoire de l'opposition aux élections législatives, verraient le plus volontiers le devenir, changea nos relations. Il redoutait un rival.

Dans *Le Monde* du 13 juin 1990, je proposai que la future majorité se dotât d'une organisation confédérale solide, afin d'éviter les divisions de la période 1986-1988 ; que fût proclamée, dès le départ, la volonté de soutenir un candidat et un seul à l'élection présidentielle, grâce à une procédure de choix appropriée ; que le programme de travail du futur gouvernement comprît toutes les réformes qu'approuverait le pays. Je concluais que, pour réussir, la future cohabitation devrait être marquée par une certaine paix ; que celle-ci serait plus facilement obtenue si le Premier ministre et le Président n'étaient pas candidats l'un contre l'autre ; qu'enfin le Premier ministre qui déclarerait publiquement dès le départ refuser d'être candidat à l'élection présidentielle y gagnerait en efficacité et en autorité. À diverses reprises, j'avais déclaré publiquement que, pour ma part, je n'avais pas l'intention de l'être.

Plusieurs m'ont dit à ce moment-là : « Ne vous exprimez plus sur ce sujet, ne prenez pas d'engagement, il faut laisser toutes les options ouvertes. » Je n'avais nullement, à l'époque pas plus qu'en 1993, le désir de présenter ma candidature. Quand j'ai été nommé Premier ministre, je n'ai pris d'engagement envers personne : je me suis contenté de ne plus en parler.

Dans les jours qui ont précédé les élections législatives, un large accord régnait au sein de la future majorité dont la victoire semblait évidente : on ne pourrait éviter une nouvelle cohabitation ; sans doute Chirac avait-il déclaré qu'il serait plus normal que Mitterrand tirât les leçons de la défaite des socialistes et se retirât, mais il ne l'avait pas pour autant récusée.

À sa demande, je rencontrai Valéry Giscard d'Estaing chez lui, le 25 mars. Il affirmait que le choix du Premier ministre n'était pas arrêté, ce qui correspondait à son propre désir ; s'il en avait été autrement, sa marge de jeu se rétrécissait. Cependant, il m'interrogea sur ce que je ferais si j'étais désigné, et sur mes intentions concernant deux ministères importants : les Affaires étrangères et l'Économie. Je restai vague, insistant seulement sur la liberté de choix et d'action qui, en pareil cas, me serait indispensable. Manifestement, Giscard d'Estaing souhaitait être Premier ministre. Dès lors qu'il le souhaitait, il le croyait possible. Mais, à défaut, il aurait volontiers occupé un ministère important. Moi, je ne voulais pas que ni lui, ni Chirac fissent partie d'un gouvernement dont je serais le chef ; en pareil cas, j'entendais ne pas être placé sous surveillance par eux deux pour une fois associés.

Nous nous sommes longuement entretenus, Jacques Chirac et moi, le samedi 27 mars. Il m'a expliqué sa position sur les divers problèmes en cours, dans le domaine social comme dans le domaine économique, me répétant son opposition à toute ratification des accords du GATT. Il m'indiqua que, d'après les informations tout à fait sûres dont il disposait, ce serait à lui que Mitterrand ferait appel en premier lieu pour Matignon, mais que son intention était de décliner la proposition et de suggérer ma nomination.

« Gardez-vous-en bien, lui répondis-je. Si l'on vous propose d'être nommé à Matignon, acceptez. Je n'ai nulle intention de me mettre en compétition avec vous.

– Mais, dans ce cas, consentiriez-vous à faire partie de mon gouvernement ?

– Non. Nous n'allons pas reconstituer l'équipe de 1986. Il faudra faire quelque chose de différent. Dans ces conditions, vous devrez faire appel à d'autres. »

Son objectif était clair : me convaincre que si elle intervenait, je lui devrais ma nomination. Le mien ne l'était pas moins : ma nomination, j'entendais ne la devoir qu'à moi-même. Convaincu que si l'on faisait appel à moi ce serait en raison de ce que j'étais supposé apte à accomplir, et non pas sur la recommandation de qui que ce soit, j'entendais être libre de gouverner sans être soumis aux partis ni à leurs chefs, sans être leur préposé en quelque sorte. C'est ce que je lui déclarai tout uniment.

Il me demanda si je le soutiendrais au cas où il serait candidat à l'élection présidentielle. Je lui répondis que mon soutien serait fonction de celui qu'il m'apporterait si j'étais Premier ministre ; j'ajoutai que je n'envisageais pas d'être moi-même candidat à la présidence de la République. Il me répéta, comme à l'accoutumée, qu'il ne fallait pas le dire à l'avance, que nous déciderions ensemble, plus tard, qui de nous deux serait le mieux placé.

Contrairement à ce qu'il a fait répéter par la suite, il n'y eut aucun « pacte » entre nous, ni, de ma part, aucun engagement d'aucune sorte. J'aime trop ma liberté pour me lier par avance, et j'eusse trouvé indigne de me prêter à un tel troc. Il ne s'agissait pas de passer un « contrat », comme entre gens de mauvaise compagnie.

Quant à Mitterrand, je n'eus pas de contacts avec lui, ni de près ni de loin. Plusieurs personnes, dont Jean-Luc Lagardère, s'étaient proposées pour les organiser. J'ignore s'ils étaient mandatés pour cela, je n'ai donné aucune suite à leurs propositions. Je ne voulais pas qu'on pût penser que je préparais les choses en catimini, moins encore que je sollicitais tel ou tel.

Le succès désormais reconnu de la politique économique que j'avais menée, la difficulté pour la future majorité de se mettre d'accord pour soutenir comme Premier ministre soit Giscard d'Estaing, soit Chirac, le fait que j'apparaissais comme un homme un peu en dehors des partis, éloigné de tout sectarisme, fit que, progressivement, l'opinion se tourna vers moi. Si je devais être nommé, j'entendais ne le devoir à personne, pas même à Mitterrand qui ne s'adresserait à moi que parce que je serais la solution la plus évidente, la plus simple, la plus commode pour lui, voire celle qui lui permettrait une nouvelle fois de jeter le trouble dans la future majorité. De cela j'étais bien conscient.

Je savais déjà qu'il allait répétant aux uns et aux autres que j'imaginais sa décision déjà acquise en ma faveur, alors que je n'avais rien dit à personne et moins encore à ceux qui se présentaient comme ses émissaires. Je voulais éviter toute rumeur qui tendrait à faire croire que je menais campagne, et entendais ne dépendre de personne. Si je devais être nommé Premier ministre, ce serait parce que je me serais imposé naturellement, non parce que j'aurais été désigné par les chefs de parti, éventuellement de connivence avec Mitterrand pour me faire assurer une sorte d'intérim.

★

J'avais confiance, je me sentais prêt ; dans le passé, mis à plusieurs reprises à l'épreuve, j'avais fait face aux difficultés. J'avais à l'esprit les réformes nécessaires, j'étais résolu à imposer mes choix. L'opinion, les parlementaires, las de la rivalité entre Giscard d'Estaing et Chirac, s'accordaient à trouver ma nomination naturelle, voire, croyaient-ils, apaisante. Elle avait l'avantage de faire appel à un homme peu impliqué dans les jeux quotidiens de la politique et peu concerné par les querelles du passé.

Mais, sans aucun parti à ma dévotion, avec un sens du compromis insuffisant, un attachement à mes convictions trop fort pour accepter facilement de composer, mon goût de la liberté me rendait rebelle à l'encadrement des organisations qui seraient peu tentées de me faciliter la tâche. Surtout, depuis 1988, le fossé entre Chirac et moi s'était creusé, nous divergions sur la politique à mener : il s'était convaincu que son échec avait été dû à une politique trop libérale, alors que j'étais résolu à m'éloigner d'un étatisme qui, sous prétexte de justice et de solidarité, ne visait qu'au clientélisme et au profit électoral.

J'étais optimiste, assuré de pouvoir convaincre des Français revenus de tout après tant d'expériences contradictoires et de déceptions. Dans une démocratie, les hommes politiques passent plus de temps loin du pouvoir qu'à l'exercer. C'est une frustration, sauf pour ceux auxquels les satisfactions verbales et le jeu des intrigues tiennent lieu de tout. Le véritable but de la politique c'est le pouvoir, seulement lui. Chez les ambitieux ordinaires, tout est subordonné à cette fin, leurs forces consacrées à le conquérir, à le conserver, parfois sans trop savoir qu'en faire ; c'est une préoccupation qui l'emporte sur n'importe quelle autre, justifiant les entreprises ourdies à cet effet, qui dévore la vie et rend fade ce qui ne la sert pas. J'en voyais tant d'exemples autour de moi ! Fort heureusement, je n'étais pas de ceux-là, mais, puisque l'occasion m'en était offerte, j'entendais la saisir pour mettre en œuvre, deux années durant, les réformes que je jugeais indispensables à notre avenir.

Quelle était la meilleure manière d'assurer leur réussite ? Pas de se mettre en position d'infériorité, de chercher à flatter l'opinion, les puissants, de se comporter en courtisan. À ce jeu, on peut obtenir une place, pas jouer un rôle. Plaire à l'opinion en lui tenant le langage de la facilité, en lui promettant qu'elle n'aura nul effort à faire, nul sacrifice à consentir, plaire à ceux qui sont à la tête des partis en approuvant par système toutes leurs décisions ne conduit qu'à se déconsidérer. Jouer les Cassandre n'a guère plus d'utilité ; mieux vaut se garder de la tentation de penser que tout va mal parce qu'on ne possède pas le pouvoir, de critiquer ce qui se fait parce qu'on n'y prend pas part. Attitude stérile qui bride l'imagination, entache le caractère de qui s'y laisse aller ; tout le discours en est rendu incrédible, voire frappé de suspicion, quand ce n'est pas de ridicule.

À défaut d'appui organisé, le moyen de parvenir au pouvoir est d'être jugé nécessaire par l'opinion, le seul à l'être dans une conjoncture difficile ou dangereuse. En pareil cas, on n'a guère recours aux fades, aux complaisants, aux faibles, mais à ceux dont les projets sont clairs, la volonté forte ; on leur demande de représenter un autre espoir, une autre vision du monde, en somme une différence qui emporte la conviction. Être dans l'opposition permet de s'y préparer. L'usure de ceux qui exercent le pouvoir, à bout de souffle, n'ayant plus rien à dire de nouveau, y aide aussi : qu'ils aient réussi ou qu'ils aient échoué, vient un moment où l'opinion se lasse de ceux qui dirigent.

*

Le dimanche 28 mars au soir, lorsque les résultats des élections législatives furent annoncés, j'étais chez moi avec ma femme et mes enfants. Je n'en ai pas bougé, je n'ai fait aucune déclaration, participé à aucune émission de radio ni de télévision. Je n'ai téléphoné à personne, personne ne m'a appelé. Je préférais rester seul.

Lundi 29 mars 1993

Ces élections furent marquées par un succès sans précédent dans l'histoire de la droite rassemblant le RPR et l'UDF. Jamais l'Assemblée n'avait connu une majorité aussi massive : 472 sièges sur un total de 577, le RPR en comptant 257, et l'UDF 215.

De nombreux journalistes passèrent la journée boulevard Saint-Germain, devant mon bureau. En pure perte : personne n'y vint me voir.

Le matin, Hubert Védrine, Secrétaire général de l'Élysée, avait fait savoir à Nicolas Bazire, mon collaborateur depuis cinq ans, auquel j'avais décidé de confier la direction de mon cabinet à Matignon, qu'il souhaitait me rencontrer. Nous nous vîmes à 12 heures à l'hôtel Plazza. Notre conversation dura une heure. Védrine, que je ne connaissais pas, fut tel qu'il serait toujours par la suite : précis, correct, froid, honnête. J'exposai ma conception du rôle du Premier ministre, notamment en matière internationale et militaire où elle était celle d'un pouvoir partagé entre lui et le Président, nul ne pouvant agir sans l'autre. Pour le reste, je m'affirmai résolu à respecter les institutions, mais aussi à exercer mes attributions dans leur plénitude. Je m'amusai d'avoir à passer comme un examen. Védrine prenait des notes. Il conclut qu'il aurait certainement à reprendre contact avec moi dans la journée. L'exercice était transparent, à la limite un peu futile. Avant même notre conversation, tout était joué.

Je passai l'après-midi à mon bureau. Je n'avais à courir qu'un risque : l'impatience ; à supporter qu'un inconvénient : l'ennui. Vers 17 heures, j'allai au Grand Palais voir une exposition consacrée à Aménophis IV, le pharaon monothéiste, hérétique et difforme, si l'on en juge par ses statues ; puis je retournai à mon bureau.

Vers 19 heures, Védrine m'informa que le président de la République souhaiterait sans doute me voir dans la soirée, et qu'il allait annoncer ma nomination comme Premier ministre. Il le fit en effet à 20 heures, à la télévision. Il se référa à mes compétences supposées, à mes convictions européennes, et, ce qui était piquant de sa part, à ma capacité d'assurer l'union de la nouvelle majorité. Manifestement, il entendait faire en sorte que sa décision ne parût lui avoir été imposée par personne. Il me désigna sans aucune consultation des dirigeants de la nouvelle majorité alors qu'il ne m'avait pas vu depuis 1988 et que je n'étais le chef d'aucun parti. Il n'avait en tête que l'affirmation de son autorité, mais, dès le départ, sans peut-être le vouloir, il fortifiait la mienne.

Je fus invité à me rendre auprès de lui à 20 h 30. Je ne l'avais plus rencontré depuis cinq ans, il n'avait guère changé : le teint plus pâle, le visage plus marqué, mais toujours les mêmes traits bien dessinés, le regard qui ne cillait pas, la silhouette ramassée. Sûr de lui, convaincu de sa supériorité, heureux de dominer, n'y mettant les formes que lorsque c'était nécessaire, il faisait penser à un bloc de pierre. Ce soir-là, le ton fut à la suavité : il avait besoin de séduire, de dissiper la méfiance, de conclure un pacte.

Il m'accueillit en me disant : « Bonsoir, monsieur le Premier ministre » ; dans son esprit, je n'avais pas à accepter ou à refuser sa décision, elle, était acquise. D'emblée, je lui indiquai qu'avant de l'accepter je souhaitais savoir comment les choses seraient organisées entre nous ; si j'étais Premier ministre, j'entendais exercer mes compétences légitimes sans entraves.

Avec empressement, il m'assura que ce serait le cas, comme s'il redoutait de ma part un refus qui l'eût placé en position à la fois désagréable et fragile après sa déclaration publique.

« Vous savez, me dit-il, sans la politique nous aurions pu être amis, compte tenu de ce que je sais de vous et de ce que je suis. D'ailleurs, nous avons des amis communs ! »

Je ne répondis pas. L'entreprise de charme commençait ; elle allait durer plus d'un an.

Dès le départ, j'entendais que nos conversations fussent empreintes de liberté, les choses dites clairement entre nous, pour éviter les à-peu-près et les malentendus. Il fallait que fût établi sans ambiguïté ce que serait mon attitude envers lui.

« Vous voulez exercer vos responsabilités, me dit-il, ce qui est bien normal. Moi-même, j'entends exercer mes propres prérogatives.

– Je ne les conteste pas. Le point délicat, c'est la politique étrangère. Je souhaite assister aux réunions internationales afin de bien marquer que l'action extérieure appartient à la fois au Président et au gouvernement, associés. En ce domaine, vous avez vous-même utilisé l'expression de "domaine partagé" dans une interview donnée au *Monde*.

– En effet. Pour les conférences internationales, nous verrons comment nous organiser, et lequel de nous deux s'y rendra.

– Dois-je comprendre que vous n'y participerez pas systématiquement ?

– Tout à fait. D'ailleurs, j'ai parfois laissé aller au Conseil européen l'un de mes Premiers ministres, Pierre Mauroy notamment. Cependant, je me rendrai au sommet du G7 à Tokyo, puisque ce sera le premier auquel Clinton, nouvellement élu Président, participera. Après, nous verrons.

– Nous verrons, en effet, au cas par cas. De toute façon, si vous assistez au G7, je n'ai nulle intention de m'y imposer, alors que ma place n'y est pas prévue et que le protocole y est strict. Je ne veux pas jouer les pique-assiette dans les dîners !

– En somme, vous êtes différent de M. Chirac.

– Sur ce point-là, oui. À mes yeux, en dehors de la politique étrangère et de la politique de défense, l'essentiel de l'action gouvernementale est du ressort du Premier ministre.

– Je suis d'accord. En la matière, je ne serai guère qu'un notaire.

– Bien davantage, vous le savez bien. Je ne manquerai pas de vous informer de mes intentions et je solliciterai vos avis. Je n'entends pas vous surprendre, je n'ai rien à cacher de mon action. Je souhaite être payé de retour et ne pas apprendre indirectement, ou après coup, des initiatives que vous auriez prises seul.

– Je suis d'accord.

– Je suis tout prêt à travailler en étroite coopération avec vous. Je ne suis pas systématiquement à la recherche de conflits.

– Vous avez bien raison. D'ailleurs, vous n'en sortiriez pas nécessairement vainqueur.

– C'est vrai. Par exemple, je n'ai pas l'intention de recourir aux ordonnances, car je ne serai pas en mesure de vous contraindre à les signer si vous ne les approuvez pas.

– M. Chirac en a fait l'expérience.

– Et moi avec lui, puisque c'est l'ordonnance de privatisation, que j'avais préparée en 1986, que vous avez refusé de signer. Finalement, dès lors que je suis assuré du soutien de la majorité, le recours à la procédure législative ordinaire me laissera plus de liberté, particulièrement face à vous.

– C'est plus sage. Mais êtes-vous assuré du soutien de cette majorité ?

– Nous verrons bien. Au départ, oui, sans doute. Ensuite, cela deviendra plus difficile.

– Pourquoi ?

– Vous le savez bien : en raison de l'élection présidentielle.

– Ah, oui ! J'oubliais ! » me répondit-il en riant.

Je ris aussi. Il me donnait une impression contradictoire, un peu moqueur et en même temps préoccupé, désireux de ne pas me heurter, comme si j'étais la dernière carte destinée à assurer son repos.

Il ne fut pas question, comme cela avait été parfois le cas depuis 1958, que le Premier ministre, le jour de sa nomination, signe à l'adresse du président de la République une lettre de démission en blanc. En cas de cohabitation, c'était à l'évidence exclu. Cela ne me fut pas demandé ; j'aurais refusé.

Pour terminer, il me dit qu'il avait organisé sa propre sécurité à l'Élysée.

« J'en suis satisfait et j'avertis que j'interdirais l'entrée du Palais à tous ceux auxquels le gouvernement confierait cette tâche sans mon accord. J'entends rester le maître de la façon dont est assurée ma protection. »

Je n'y avais jamais songé, ni n'avais imaginé avoir le droit de lui imposer une protection dont il ne voudrait pas. Je lui dis ma surprise devant son inquiétude, et l'assurai qu'il n'était nullement dans mes intentions de modifier quoi que ce fût à l'organisation de sa sécurité. Je ne demandai qu'une chose : ne pas avoir à m'en mêler. Mes intentions étaient inexistantes et donc pures ; sa méfiance, elle, était grande. J'aurais l'occasion de vérifier souvent sa hantise des complots, ses soupçons toujours en éveil. Il avait un côté XIXe siècle !

Finalement, comme il était prévisible, je donnai mon accord à ma nomination. Restait à former le gouvernement. Nous en parlâmes, mais pas en détail : je n'entendais pas me découvrir trop tôt, avec lui moins qu'avec tout autre, afin de ne pas alimenter les intrigues. Pour aller vite, je devais avoir les mains libres et prendre tout le monde par surprise.

« Je souhaite vous proposer un gouvernement le plus limité possible.

– Ce fut l'intention de tous vos prédécesseurs. Aucun n'y est parvenu. N'allez pas me proposer de noms inacceptables ; je ne voudrais pas que nous commencions notre relation par un conflit, en particulier pour les Affaires étrangères, la Défense, la Coopération.

– Que penseriez-vous de Deniau à la Chancellerie ?

– Ce n'est pas une bonne idée. Il est trop désireux de plaire.

– Il est intelligent. Et de Méhaignerie ?

– Est-il énergique ? Il faut savoir ce que l'on veut, avec les juges. (J'aurais bien des occasions de constater que cette obsession était constante, chez lui.)

– Beaucoup plus qu'on ne le croit. Il a des idées arrêtées, et beaucoup d'obstination.

– À vous de voir. C'est votre affaire. »

Au bout d'une heure et demie, notre entretien prit fin.

« Je pense, me dit-il, que la constitution de votre gouvernement prendra deux ou trois jours. Nous sommes le 29 mars ; afin d'éviter les plaisanteries faciles, vous ne pourrez pas le publier jeudi prochain, 1er avril ; il serait ennuyeux que vous attendiez au-delà de vendredi. Voilà qui n'est pas commode… »

Il se délectait déjà de mes difficultés.

« J'ai l'intention d'aller vite. »

À l'évidence, ma réponse le laissa sceptique.

Il me raccompagna jusque sur le palier du premier étage, en me faisant observer que c'était ma première visite en qualité de Premier ministre, ce qui sous-entendait qu'il ne renouvellerait pas chaque fois cette marque d'attention particulière. Je n'en demandais pas tant.

À la sortie, je fis la déclaration que j'avais préparée :

« Le président de la République a bien voulu m'inviter à venir le voir. Il m'a fait part de sa décision de me nommer Premier ministre. Je l'ai acceptée.

« Je vais, dès demain, me consacrer à la formation du nouveau gouvernement. Je souhaite y parvenir le plus rapidement possible. Il s'agira d'une équipe restreinte afin qu'y règnent la cohérence, l'efficacité et la solidarité. Elle devra s'efforcer de rassembler, autour de l'action de réforme qui est indispensable, tous les Français, dans le respect mutuel des convictions de chacun. Notre pays connaît une crise. Tous nos efforts doivent être mobilisés pour la surmonter.

« C'est pourquoi le nouveau gouvernement, appuyé sur la majorité parlementaire à laquelle les Français viennent d'apporter massivement leurs suffrages, devra se consacrer à redresser la situation de notre pays et à rétablir la confiance. »

J'avais rédigé cette déclaration deux jours plus tôt, le samedi, veille des élections. J'aime préparer les choses à l'avance pour avoir ensuite l'esprit libre. Elle aurait pu se révéler sans objet, je ne l'ignorais pas. Du moins n'avais-je plus à y penser.

Quant au gouvernement, comme ma déclaration, dans mon esprit il était déjà prêt sans que j'en eusse parlé à aucun des intéressés. Je n'eus ni à négocier ni à convaincre.

Mardi 30 mars 1993

Toute la journée, au téléphone ou en les priant de venir me voir, j'eus des conversations avec ceux auxquels je faisais appel pour entrer au gouvernement. J'avais en tête quelques principes :

un gouvernement restreint pour mieux coordonner l'action des ministres, gage du succès ; résolument décidé à la réforme, ennemi du sectarisme, soucieux d'un ordre qui exclue l'intolérance ; un gouvernement équilibré, afin d'éviter les reproches d'« État-RPR » ; un gouvernement ouvert, faisant appel à des personnalités, telle Simone Veil, n'ayant pas d'appartenance trop marquée. Pasqua souhaitait la Défense, ce que je refusai ; j'acceptai d'ajouter pour lui l'Aménagement du territoire à l'Intérieur, mais pas d'y joindre la Direction de la population, qu'il aurait fallu retirer à Simone Veil, chargée des Affaires sociales. Séguin, qui ambitionnait la présidence de l'Assemblée, déclina l'Équipement.

Simone Veil paraissait enchantée ; Juppé, nommé aux Affaires étrangères, également, comme, de façon générale, tous ceux auxquels je faisais appel, sauf Méhaignerie qui aurait préféré l'Économie à la Chancellerie. Quelques difficultés avec Millon qui vint me voir à quatre reprises dans la journée pour m'indiquer que, finalement, il n'acceptait pas d'être ministre de l'Agriculture, tant il redoutait les difficultés que suscitait la ratification des accords du GATT. Je choisis alors, sur la recommandation de Gérard Longuet, Jean Puech, que je ne connaissais pas et qui remplit parfaitement sa fonction.

À 18 heures, je transmis la liste[1] à Mitterrand et, sans attendre son accord, à Giscard d'Estaing et à Chirac.

Je me rendis ensuite à Matignon afin que Pierre Bérégovoy me transmît ses pouvoirs de Premier ministre ; je demeurai une heure avec lui. Je trouvai un homme triste et préoccupé, parlant beaucoup de lui et des difficultés qu'il avait eues avec la presse, mais cordial. Je fus surpris de son abattement : après tout, la défaite de la gauche n'était ni une surprise, ni de sa faute. Mais il la ressentait comme telle et en concevait d'autant plus d'amertume qu'il avait enfin occupé le poste dont il rêvait depuis longtemps. Après l'avoir raccompagné, je me rendis à l'Élysée pour présenter officiellement à Mitterrand la liste que je lui avais déjà communiquée.

1. Voir Annexe I, p. 431.

« Tout va très bien, vous êtes allé vite.
– En effet.
– Personne ne vous a gêné ?
– Non, personne. »

Cela voulait dire : est-ce que Giscard et Chirac sont beaucoup intervenus ? Je fis semblant de ne pas comprendre le sens de sa question. Souvent, j'aurais l'occasion de constater combien il aimait alimenter les zizanies. D'ailleurs, je n'avais demandé son avis ni à l'un, ni à l'autre, je ne leur avais pas téléphoné, me bornant à leur faire porter la liste une fois qu'elle avait été arrêtée. La composition du gouvernement devait être mon affaire, seulement la mienne. J'entendais être libre et fixer clairement la règle du jeu dès le départ.

Chirac en fut froissé, au point de commencer par refuser de me rencontrer, comme je le lui proposai, le lendemain. De mauvaise grâce, il finit par admettre que mon désir d'affirmer mon autorité était légitime. Nous dînâmes avec nos épouses, le mercredi, à l'Hôtel de Ville. Atmosphère contrainte, cordialité factice : manifestement, de ce côté-là, les choses seraient incommodes.

S'agissant de Méhaignerie, Mitterrand me demanda à nouveau : « A-t-il de l'énergie ? Il faut faire très attention aux magistrats, ils s'en prennent à nous aujourd'hui, ils s'en prendront à vous demain. » Il me le répéterait souvent, toujours à propos des magistrats, et toujours à propos des risques que leur action comporte pour les hommes politiques de tous bords.

Il évoqua mon choix de Juppé aux Affaires étrangères, de Léotard à la Défense : « Soit. Il vaut mieux des politiques que des techniciens. »

À propos de Roussin, nommé à la Coopération : « Ce sont les mamelles africaines… ». Commentaire tout à fait injuste, et qui s'appliquait bien davantage à la période qui prenait fin. Je répondis : « Il me semble que beaucoup s'y abreuvent ! » Il s'abstint de relever mon propos.

Encore quelques appréciations caustiques sur les uns ou les autres, et des félicitations pour être allé aussi vite. Il en était surpris. Manifestement, il en tirait la conclusion que je ne m'en laisserais pas conter. Il tint à m'avertir :

« Je ne me ferai pas photographier en compagnie du nouveau gouvernement, car ce n'est pas tout à fait le mien. Néanmoins, je ne vois aucun inconvénient à ce que la photo soit prise dans l'un des salons de l'Élysée, hors de ma présence.

– Non, merci. L'Élysée, c'est chez vous, je n'ai pas à m'y faire photographier sans vous. Ce sera à Matignon.

– Comme vous voudrez. Nous nous reverrons au Conseil des ministres, vendredi prochain 2 avril. »

★

Je tenais à ce que, dès le départ, ma relation avec Mitterrand fût exempte d'ambiguïté : j'étais résolu à ne pas me laisser manœuvrer, à préserver mon pré carré, à ne rien accepter qui m'affaiblît. J'entendais respecter ses prérogatives légitimes, le traiter avec les ménagements requis par sa fonction, sa personne, son âge, mais pas au-delà. Il n'était pas question qu'il s'installe face à moi dans une position de supériorité politique ou morale. Certes, il avait des pouvoirs, mais j'en avais aussi qui étaient, dans les circonstances d'alors, beaucoup plus importants.

Si l'on veut en assumer toutes les responsabilités, le pouvoir ne se partage pas. Je voulais que cela fût d'emblée clair pour Mitterrand comme pour Giscard d'Estaing et Chirac. Je ne l'ai pas partagé, même si j'ai subi des contraintes, connu des épreuves. J'ai été heureux de l'exercer. L'Histoire m'en avait instruit : elle est celle des rivalités entre ceux qui le possèdent et ceux qui ambitionnent de s'en emparer : elles abîment les relations personnelles. J'avais pu l'observer entre de Gaulle et Pompidou, entre Pompidou et Chaban-Delmas, entre Giscard d'Estaing et Chirac. J'allais le constater entre Chirac et moi. J'y étais prêt.

Certes, ma cohabitation avec Mitterrand revêtirait un caractère particulier : compte tenu de son état de santé, et alors qu'il était parvenu à la fin de son second septennat, mes pouvoirs seraient les plus grands de ceux détenus par un Premier ministre de cohabitation, plus que ceux de Chirac face à Mitterrand auparavant, plus que ceux de Jospin face à Chirac quelques années plus tard. Pour moi, Mitterrand n'était plus un adversaire comme il l'avait été pour Chirac et comme celui-ci le serait pour Jospin. Il chercherait à me gêner, à me nuire, mais il ne pourrait plus être un compétiteur. De cela il aurait grand mal à se consoler.

Je tenais aussi à prendre les précautions destinées à marquer ma liberté ainsi qu'à préserver une certaine solitude indispensable à la réflexion : je décidai que je continuerais à habiter chez moi. J'y revenais tous les soirs aux environs de 20 heures, et me rendais tôt le matin à mon bureau où, là aussi, je disposais d'une heure pour travailler seul. Ma femme venait à Matignon quand c'était nécessaire, pas davantage, au point qu'un an après elle serait interpellée dans le parc par un garde républicain l'informant que son accès était interdit à toute personne étrangère à l'endroit ! Aucun de mes quatre fils n'y vint, et les deux aînés, sans m'en avertir à l'avance, prirent les décisions propres à éviter que nul ne pût les soupçonner de tirer, dans leur profession, avantage des fonctions de leur père.

Afin d'être à l'abri de toute malveillance, et bien que le secrétaire général du gouvernement m'eût fait observer qu'aucun de mes prédécesseurs n'avait manifesté pareil scrupule, je décidai de renoncer à ma pension de Conseiller d'État, qui fut versée à une association caritative : il me semblait que je n'avais pas le droit de cumuler cette pension publique avec l'indemnité qui m'était attribuée en tant que Premier ministre. Dans le même esprit, je décidai de vendre les actions que je détenais en tant que salarié pendant plusieurs années d'une entreprise privée et que j'avais acquises au même prix que celui proposé à tous les salariés. Bien qu'elles atteignissent un montant modeste par rapport aux pratiques ultérieures, je voulais que nul ne pût me faire grief de me laisser influencer par des préoccupations intéressées. Par la suite, ce souci se retournerait contre moi, alors que si j'étais demeuré propriétaire de ces actions nul n'y aurait trouvé matière à me critiquer...

★

En deux jours, tout était en place. Mon gouvernement[1], constitué en vingt-quatre heures, était réduit à vingt-neuf ministres – je l'aurais souhaité plus restreint encore, je n'y étais pas parvenu – issus à parts égales du RPR et de l'UDF, et faisait leur place à toutes les composantes de la majorité. À l'exception de Chirac et de Giscard d'Estaing, dont je ne souhaitais pas la participation, les chefs de parti, Juppé aux Affaires étrangères, Léotard à la Défense, Longuet à l'Industrie, Méhaignerie à la Chancellerie, y figuraient ; j'y voyais le gage d'une cohérence indispensable. Simone Veil, dont j'avais fait le numéro 2 du gouvernement, chargée de la Solidarité, de la Santé, de la Population, Pasqua, ministre de l'Intérieur, y joueraient un rôle important. Je n'ai jamais compris ceux qui, croyant mieux asseoir leur autorité, s'entourent de médiocres. Tout au contraire, je préférais les fortes personnalités au caractère trempé, influentes ; je ne redoutais pas d'avoir à exercer sur elles mon autorité.

Peu soucieux d'être entravé dans mon action, j'avais scindé en deux le ministère des Finances, et confié l'Économie à Alphandéry, le Budget à Sarkozy ; il m'avait été rapporté que ce dernier, sans me le dire lui-même, le souhaitait vivement, comme prémices d'une grande carrière, à l'instar de celles de Giscard d'Estaing et de Chirac qui avaient occupé ce poste. Cela m'avait fait sourire : la liste des secrétaires d'État au Budget qui n'étaient pas devenus président de la République était bien plus longue ! Mais j'avais d'autres raisons d'accéder à son désir : je le connaissais depuis que, quelques années plus tôt, dès 1988, il était venu me voir, manifestant le désir d'être de ceux qui réfléchiraient avec moi à l'avenir de notre pays ; je l'appréciais pour sa vivacité, sa vitalité, son courage. J'étais certain qu'il s'acquitterait de sa tâche, là comme dans la fonction de porte-parole du gouvernement que je lui confiais aussi, dans le souci de mettre en œuvre

1. Voir Annexe I, p. 431.

mes décisions et de les expliquer avec talent. Qu'il ne connût pas les affaires budgétaires m'importait peu : il était doué, travailleur, capable de les assimiler vite.

Je fis appel à de nombreux élus jeunes encore et qui, comme lui, n'avaient jamais été ministres, notamment Perben, Fillon, Barnier, Douste-Blazy, Giraud, Bayrou, Alphandéry, Lamassoure, Toubon, Carignon, Clément, Roussin, et plus tard Bernard Debré et Rossi. C'était leur offrir l'occasion de faire leurs preuves, et donner à mon gouvernement, qui comptait également des personnalités connues et éprouvées depuis longtemps, une allure renouvelée.

Je veillai à ne pas être surchargé de besognes accessoires. Je n'ai nul goût pour les vétilles, je ne suis pas obsédé du souci de tout contrôler. Je laissai aux ministres le soin d'exercer les responsabilités que je leur avais confiées, à charge pour eux de m'en rendre compte et de solliciter mes instructions pour les décisions importantes. Ils se sont montrés satisfaits de ma façon de travailler, directe, rapide, confiante. Je n'aime pas perdre mon temps, il m'arrive même de manquer de patience.

Pour mon cabinet[1], je fis appel entre autres à Bazire, Suet, Hourdin, Anne Le Lorier, Silguy, Montferrand, Ouart ; Philippe Goujon, mon suppléant devenu député, Arlette Le Bris, ma secrétaire, étaient comme toujours à mes côtés. Je n'eus qu'à me louer de leur dévouement, de leur efficacité et surtout de leur bonne entente. Je déteste les querelles autour de moi, il ne me paraît pas nécessaire de diviser pour mieux asseoir mon autorité. Ma confiance n'a pas été souvent déçue. Beaucoup jugeaient ces collaborateurs trop jeunes, à quoi je répondais que, quant à moi, je ne manquais pas d'expérience. Surtout, je voulais autour de moi des hommes et des femmes d'une autre génération, qui m'apporteraient ce qui pourrait me faire défaut : une connaissance plus directe des aspirations nouvelles, une autre façon de voir les choses. Si grande que fût ma volonté d'innover, je

1. Voir Annexe II, p. 435.

redoutais de me laisser, moi aussi, enrober dans le conformisme du passé ; ils m'éviteraient ce risque.

La majorité parlementaire était énorme : plus des quatre cinquièmes de l'Assemblée. Elle était inquiète parce qu'au fond d'elle-même elle savait bien qu'elle était trop importante pour représenter fidèlement la diversité de l'opinion, et craignait pour sa survie ; elle redoutait déjà les affrontements futurs de l'élection présidentielle ; divisée sur la politique économique et sociale entre réformateurs libéraux et conservateurs étatistes, et sur la politique européenne entre partisans de la monnaie unique, symbole de l'avenir, et nostalgiques d'une souveraineté nationale à l'ancienne mode, elle était émiettée en courants divers. Manifestement les deux présidents de groupe, Pons et Millon, inféodés l'un à Chirac, l'autre à Giscard d'Estaing, n'avaient pas pour objectif premier de me faciliter la tâche, mais plutôt d'éviter que je réussisse trop bien. Tout était clair dès le début, comme l'était le fait que ma seule force résiderait dans le soutien de l'opinion et dans mon indépendance face aux partis. Ma force et ma faiblesse : la suite allait le démontrer…

Avec le président de la République également, il n'y avait nulle équivoque ; ma conversation avec lui et la manière dont j'avais constitué le gouvernement montraient que j'étais résolu à assumer toutes les responsabilités et à ne me laisser ni entamer ni manœuvrer.

★

Au bout de deux années d'une cohabitation durant laquelle j'eus avec Mitterrand des centaines de tête-à-tête, l'ai-je mieux connu ? Je n'en suis pas certain. J'étais sensible à ce qui m'a semblé de sa part une tentative de manipulation, trop évidente à mon goût ; il lui arrivait de prendre ses interlocuteurs pour plus naïfs qu'ils n'étaient, d'utiliser à cette fin des procédés voyants. Cela suscitait en moi malaise et agacement. J'imagine que, de son côté, il dut ressentir avec une irritation croissante ma volonté d'indépendance, voire d'indifférence, y voir une marque ostentatoire de retenue, de froideur ; elle me conduisait à laisser sans écho telle ou telle de ses remarques dont le but évident était de créer entre nous une connivence. Notre dialogue était faussé, plein de réserves et de méfiance réciproques. Nous ne nous sommes pas souvent parlé franchement, moi parce que je me taisais, lui parce qu'il aimait voiler sa pensée et ses intentions dans des amabilités. À relire les notes que je dictais après nos conversations, j'éprouve un sentiment de malaise : les propos sont pleins de sous-entendus, les attitudes artificielles, les compliments de sa part excessifs, comme pour créer une atmosphère de complicité et de flatterie. Me croyait-il si niais ou si sottement vaniteux ? Quant à moi, j'étais résolu à ne pas le laisser prendre le dessus ni s'arroger un rôle de censeur afin de mieux intervenir dans mes affaires. Face à lui, j'entendais en toutes circonstances user d'un ton de liberté naturelle qui préservât mon indépendance.

Je dois à la vérité de dire que, sauf en deux occasions – la poursuite des essais nucléaires, qu'il avait décidé d'interrompre, l'impression qu'il eut, à tort, que j'intervenais à son détriment dans le domaine de la politique étrangère –, il ne m'a guère gêné, beaucoup moins en tout cas que le RPR, le mouvement auquel j'appartenais.

Ce n'était pas de sa part sympathie, mais indifférence. Il n'était pas candidat à la prochaine élection présidentielle. Il ne pouvait plus l'être, en raison de son âge comme de son état de santé, sans quoi cela l'eût à coup sûr tenté. Envers moi il n'éprouvait, quoi qu'il déclarât parfois, nulle proximité. J'eus çà et là le sentiment qu'il m'était reconnaissant de faire en sorte qu'il connût, à la tête de notre pays, une fin digne et apaisée ; comme la suite l'a prouvé, je me faisais quelques illusions. Pour le reste, j'agissais comme je voulais, l'essentiel des difficultés que je rencontrais ne venait pas de lui.

Peu à peu, il cessa de montrer cette attitude de complaisance affectée qui me déplaisait. Au bout d'un an, il ne parvint plus à dissimuler l'hostilité croissante qu'il éprouvait envers moi ; perceptible dès le début, elle devint de plus en plus apparente ; il ne tentait même plus de cacher son aigreur et son acrimonie. Manifestement, je l'exaspérais ; tout semblait m'être trop facile, les choses allaient trop bien pour moi, l'opinion m'était trop favorable. Il avait d'abord fait mine de s'en réjouir, mais, maintenant que l'échéance de son départ approchait, il multipliait les égards pour mes concurrents afin de favoriser les rivalités au sein de l'énorme majorité vouée à me soutenir. Il était résolu à me faire sentir qu'il existait encore. Je ne suis pas certain que, de sa part, c'était seulement calcul ; habitude, plutôt : il aimait diviser, jouer des hommes les uns contre les autres, les mettre en concurrence, attiser leur rivalité, les utiliser pour mieux les dominer, convaincu qu'ainsi il gagnait un répit. D'où les liens qu'il noua avec Chirac et l'aide qu'il lui accorda.

Comment le juger ? Je ne suis tenté ni par la fausse objectivité, ni par la hargne sans risques s'exerçant aux dépens de qui n'est plus. Quelques impressions dominent mon souvenir : pour lui, tout était politique, il se méfiait par principe de l'avis des spécialistes, prônait en tous domaines la prééminence de la volonté, comme si la réalité, la simple vérité n'existaient pas ; son approche des problèmes était fonction du rôle des divers partenaires de la vie publique et de leur position par rapport à lui ; ses références au passé étaient nombreuses, notamment en politique étrangère, comme s'il était indifférent à l'évolution du monde ; envers tous il manifestait un sentiment de supériorité impossible à cacher, ce que d'ailleurs il ne tentait pas ; il était enclin au mépris, médisant volontiers, accordant du crédit à des fables absurdes, qu'il se délectait à évoquer, sur la vie privée des uns ou des autres, même quand ils lui étaient proches et fidèles ; il prêtait une extraordinaire importance au qu'en-dira-t-on, composant visage, attitude et propos afin de demeurer, le plus qu'il pouvait, impénétrable ; sa capacité de dissimulation était portée fort loin, comme l'était ce qu'on peut appeler soit sa fidélité aux siens, soit l'esprit de clan, ce qui revient presque au même ; parce qu'il ne pouvait à peu près rien contre eux, son hostilité aux juges était constante, ses soupçons envers eux toujours en éveil ; s'il avait le goût de l'amitié, il se voyait comme le centre d'un réseau, d'une véritable cour qui ne lui ménageait pas les égards ;

ses rapports avec autrui n'étaient pas fondés sur l'égalité, mais il recourait à une véritable technique de la sujétion ; il se voulait, il se sentait supérieur, et l'était à beaucoup ; cependant, il en imposait ; étrangement, nul ne lui reprochait son immense contentement de soi-même ; c'était un combattant sans concession ni souci de bonne foi, en somme un vrai politique, avec tout ce que cela suppose de force et d'égocentrisme.

Sa faiblesse, justement, c'est qu'il était trop politique. Il appartenait à cette race d'ambitieux, la plus répandue, pour laquelle compte avant tout la possession du pouvoir, quelque usage qu'on en fasse. On lui reprochait son cynisme : que lui importait, disait-on, socialisme, capitalisme, libéralisme, dirigisme, atlantisme, nationalisme ? Il lui fallait être au pouvoir, cela seul comptait, et affirmer sa domination à tout prix. Il est vrai, il considérait les idées avec scepticisme, les principes avec dérision, toujours tenté de n'y voir qu'hypocrisie utilitaire. Mais transparaissait parfois, comme s'il les laissait échapper malgré lui, un jugement généreux, une réaction bienveillante, un attachement à la France d'autrefois, provinciale, cultivée, croyante, la nostalgie de la vie telle qu'elle s'y écoulait, la fidélité aux siens, aux amis de sa jeunesse, le sentiment de devoir protéger ceux qui l'avaient aidé. Rarement homme fut plus imprégné des traditions de son enfance, même s'il leur fut souvent infidèle : assistant à un enterrement religieux, celui de Bérégovoy – ô combien dramatique ! – il ne se signa pas, mais, plus tard, écrivit dans son testament, évoquant sa propre mort : « une messe est possible » ! Complexité qu'il ne parvenait pas à surmonter ? Désinvolture inspirée de la conviction que tout lui était permis ? Habitude de jouer sur tous les tableaux ? Insolence délibérée pour prouver sa liberté ? Le savait-il lui-même ?

Il vivait entouré de ses protégés et de ses clients, mais décidait seul. Sa plus grande erreur fut sa constante démagogie qui le conduisit à flatter tous ceux dont le soutien lui était nécessaire, justifiant des décisions dommageables pour le pays par des considérations morales ou sociales hors d'âge. Il entendait ne pas mécontenter les catégories qui lui étaient favorables ; d'où son apologie des droits acquis, qui flattait leur allergie au changement et lui assurait leur soutien. Mis à part la décentralisation et l'Europe – il est vrai que c'est déjà considérable –, il n'aura, durant les longues années qu'il a passées au pouvoir, accompli aucune des grandes réformes intérieures nécessaires dans le domaine économique, social ou institutionnel. Souvent je me suis étonné : pourquoi s'était-il donné tant de mal pour arriver à ses fins et a-t-il fait un si maigre usage de la puissance qu'il avait conquise ?

Il parlait beaucoup de lui-même, de son histoire, de ses sentiments, de ses rancunes, ramenant tout à lui, témoignant d'un narcissisme un peu lassant ; son égocentrisme biaisait son jugement. Fréquemment il évoquait de Gaulle avec jalousie, avec hargne, pour critiquer son rôle et contester son action, quand il ne les passait pas purement et simplement sous silence, au mépris de toute décence, comme lors du discours qu'il prononça en Normandie à l'occasion du 40e anniversaire du débarquement, en juin 1994. Il donnait l'impression d'avoir décidé très jeune d'être l'un des grands hommes de notre histoire ; il avait du mal, aux portes de la mort, à reconnaître qu'il ne le serait pas, que de Gaulle l'emporterait sur lui à jamais ; il ne pouvait le lui pardonner. Mais n'était-ce pas sa faute ? Trop complaisant aux modes, aux facilités de la démagogie, il voulait certes plaire par intérêt électoral, mais aussi parce qu'il voulait plaire tout court, tout simplement. Il se laissait aller au donjuanisme politique.

La maladie, l'approche de la mort dont il parlait si volontiers, ne lui apportaient pas la sérénité : plutôt une indifférence aux choses, combinée à l'agressivité envers les hommes, comme s'il ne se consolait pas que d'autres vécussent encore quand lui-même ne serait plus. Il voulait montrer qu'il comptait, et jouait à tenter de peser sur leur destin afin de donner une dernière saveur à la vie qui lui échappait. C'est avec peine que, plus tard, il atteignit la résignation : c'était un combattant !

Il restera l'un des personnages importants de notre XXe siècle. Il comparait sa longévité politique à celle de Thiers ou de Clemenceau, qui l'un et l'autre avaient figuré dans la vie publique pendant un demi-siècle. La durée fut sa plus grande réussite. A-t-il compté ? Évidemment, mais sans doute pas autant qu'il l'aurait pu, étant donné ses grandes qualités. Trop souvent il s'est crispé afin de résister à l'évolution du monde. Finalement il ne faisait que s'y résigner, sans enthousiasme.

II

Les temps heureux : avril 1993 - décembre 1993

2 avril 1993, le premier Conseil des ministres

La veille, j'avais réuni les ministres à Matignon pour leur expliquer dans quel esprit j'entendais assumer la direction du gouvernement. L'objectif était la cohésion et la sérénité : l'efficacité de notre politique de réforme en dépendait. La perspective de l'élection présidentielle ne devait pas paralyser notre action ; je demandai aux ministres de s'interdire de se prononcer pour l'un quelconque des candidats avant le début de 1995, de s'abstenir de participer à la campagne avant les trois derniers mois ; ils avaient évidemment l'obligation de défendre la politique du gouvernement, y compris contre les critiques que formuleraient, dans des buts faciles à deviner, les partis de la majorité auxquels les uns et les autres appartenaient ; je tenais à ce qu'ils m'informent de leurs contacts avec le président de la République. Afin d'éviter l'éclatement du gouvernement, nous devions également empêcher que la majorité parlementaire constitue deux listes rivales pour les élections européennes. Si ces principes n'étaient pas respectés, je serais – je les en prévins à l'avance – contraint de démissionner, ce qui entraînerait le départ du gouvernement tout entier, conformément à la Constitution.

Bien entendu, de tout cela je ne parlai pas à Mitterrand dans la conversation que, selon la tradition, nous eûmes avant le Conseil. Inutile de lui offrir prise sur moi.

Il s'était à nouveau excusé de son refus de poser pour une photo avec le nouveau gouvernement :

« Je n'entends pas vous désobliger, mais ce gouvernement n'étant pas tout à fait celui qui correspond à mes préférences, je n'ai pas à figurer sur une photographie à vos côtés.

– Cela n'a aucune importance.

– Il serait tout à fait possible que cette photo fût prise à l'Élysée même hors de ma présence.

– Je vous l'ai dit, je trouverais cela tout à fait déplacé ; il n'est pas question de prendre chez vous une photo sur laquelle vous ne figureriez pas. »

Tenait-il vraiment à ce que déjà je me comporte comme chez moi à l'Élysée ?

« Autre chose : je tiens chaque semaine, après le Conseil des ministres, un Conseil restreint consacré aux problèmes de défense. Y participent les ministres des Affaires étrangères, de la Défense, de la Coopération. Si vous souhaitez, compte tenu de la lourdeur de vos charges, vous en dispenser, je n'y verrai pas d'inconvénient.

– J'en verrais au contraire beaucoup à m'en dispenser, et souhaite y être présent. Si vous le voulez bien, j'organiserai la veille, le mardi à 18 heures, un comité à Matignon avec les ministres responsables et vos collaborateurs. Ainsi les questions seront-elles débrouillées afin que nous en parlions ensemble le mercredi matin, avant le Conseil restreint.

– Entendu. Mais c'est lors du Conseil restreint que je préside que les décisions seront prises.

– Cela va de soi. D'ailleurs, vos collaborateurs vous informeront de nos conversations afin que vous ne soyez pas pris au dépourvu. Je vous l'ai dit lors de notre première conversation : je ne souhaite pas vous surprendre, mais vous informer au préalable afin que nous adoptions ensemble une décision dans le domaine de nos compétences communes. »

Le Conseil des ministres fut très bref. Mitterrand se contenta de déclarer : « Nous sommes ici, les uns et les autres, parce que le peuple français l'a voulu. »

À mon tour : « Nous nous montrerons, de notre côté, totalement respectueux des institutions, mais également déterminés à mettre en œuvre le projet approuvé par la majorité nouvelle, et le changement nécessaire. J'ajoute qu'il n'est pas question pour moi, sauf exception, de réunir de conseil de cabinet préalablement au Conseil des ministres qui serait alors transformé en simple organe d'enregistrement. Ce serait une incongruité. »

Mitterrand ne dit mot.

Le premier Conseil de défense fut consacré, comme pratiquement chaque fois par la suite, à la Bosnie.

Jusqu'alors, la politique de la France dans l'ex-Yougoslavie s'était caractérisée par un engagement en hommes sans cesse croissant – nous fournissions le plus important des contingents mis à la disposition des Nations unies – sans que les conditions de leur mission eussent été définies clairement. Nous paraissions isolés, accusés de faire le jeu des Serbes, pris entre les Américains pro-bosniaques et les Européens divisés ou absents.

J'étais favorable à l'intervention internationale en Bosnie. On ne pouvait demeurer passif devant le regroupement ethnique auquel il était procédé, avec toutes ses conséquences horribles. Loin qu'il me choquât, le devoir d'ingérence me semblait mieux que nécessaire, légitime. Encore fallait-il que l'intervention internationale fût efficace. Lorsque je pris mes fonctions, elle ne l'était pas, en raison de l'insuffisance des moyens qui lui étaient consacrés, du refus d'un certain nombre de puissances, en premier lieu des États-Unis, d'y prendre part, de l'absence de toute stratégie militaire concertée.

À mes yeux, nous devions choisir : ou bien consacrer à cette intervention tous les moyens nécessaires, faute de quoi notre action resterait pure apparence, dépourvue de toute crédibilité ; ou bien la France devrait tirer les conséquences de la passivité de ses partenaires, et se retirer. C'est la raison pour laquelle, dès mon arrivée à Matignon, je devais m'opposer au renforcement de notre contingent, déjà le plus important sur le terrain, dès lors que nous n'avions aucune garantie que nos partenaires accompagneraient notre effort ; je m'opposai aussi aux bombardements aériens que proposait régulièrement le gouvernement américain et qui, sans précautions, compteraient nos soldats sinon parmi les cibles, à coup sûr parmi les victimes ; je désapprouvai également toute fourniture d'armes aux musulmans de Bosnie afin de ne pas alimenter la guerre civile à laquelle nous prétendions mettre fin.

Durant deux ans, dans mes conversations avec Mitterrand, je devais insister sur les choix qui s'imposaient à nous, faute de quoi notre action perdrait cohérence et signification. On reprocha à ma position d'être empreinte de pragmatisme ; elle l'était, en effet : j'ai toujours considéré que la défense des principes ne pouvait s'accompagner d'un mépris du réalisme. Si la « purification ethnique » était un scandale moral auquel nous devions mettre fin, si l'ingérence s'imposait, encore fallait-il que tous les moyens fussent mis en œuvre pour qu'elle connût le succès.

Mon objectif a donc consisté, en plein accord avec Juppé et Léotard, à mieux organiser notre engagement militaire et à amener la communauté internationale à plus de cohérence. Aussi ai-je, dès avril 1993, donné un coup d'arrêt à l'accroissement continu de notre contingent. De plus de 7 000 hommes, nos effectifs furent ramenés à 4 000 hommes en septembre 1994. Dans le même temps, le gouvernement s'efforcerait de donner un sens plus net et affirmé à l'action internationale. À notre instigation fut créé un groupe de contact comprenant les États-Unis, la Russie, la Grande-Bretagne, l'Allemagne et la France, un plan de paix élaboré répartissant – à mes yeux, à titre provisoire – le territoire bosniaque entre Croates, Serbes et Musulmans, l'OTAN et l'ONU étant mobilisés pour utiliser, si nécessaire, la force au service des résolutions des Nations unies et assurer la protection des Casques bleus.

Initialement, Mitterrand était plus enclin que moi au *statu quo*. Peu à peu, il s'est montré plus sensible à l'inconfort de notre position militaire et à la nécessité d'y mettre un terme. Il m'a laissé faire, mais je ne parvins pas à le convaincre de mettre clairement le marché en main à nos alliés.

Je marquai, comme j'en avais informé Mitterrand avant le Conseil restreint, une vive hostilité à l'augmentation des effectifs français qu'il avait cependant promise à Clinton quinze jours plus tôt. Il s'agissait de trois à cinq mille hommes supplémentaires. À ma surprise, il abandonna sa proposition sans l'ombre d'une difficulté. Pour moi, les Français n'avaient pas à être des fantassins à la disposition des Américains qui refusaient eux-mêmes de s'engager à terre. En outre, la mission de nos soldats était imprécise et quasi impossible à accomplir, comme s'il s'agissait de s'interposer entre les belligérants sans faire usage de la force, ou le moins possible, d'intimider par la seule vertu de leur présence sur le terrain. Enfin, je ne croyais pas qu'ériger la Bosnie-Herzégovine, simple province de l'Empire ottoman, puis de l'Empire austro-hongrois, sans unité ethnique, religieuse, culturelle, sans référence historique et sans personnalité, en un État tricéphale de Serbes, de Croates et de Musulmans eût la moindre chance de constituer une solution viable. Je ne le crois toujours pas : la présence militaire des forces occidentales y est toujours indispensable, faute de quoi cette fédération artificielle éclaterait au premier choc.

Au fil des jours, j'ai été amené à préciser la position de la France et à la mettre en œuvre : regroupement de nos forces, trop disséminées sur le territoire de la Bosnie ; refus de toute augmentation de nos effectifs alors que nous étions déjà les plus nombreux ; refus d'autoriser une frappe aérienne aussi longtemps que nos forces seraient au sol dans des conditions de très grande vulnérabilité. Malgré ses positions antérieures, je n'ai pas rencontré là-dessus de difficulté avec Mitterrand, comme s'il se rendait compte que nous étions dans une impasse. Il était beaucoup moins pro-serbe qu'il n'en avait la réputation – en tout cas à ce moment-là, ou face à moi.

Après le conseil du 7 avril 1993

Le gendre de Chirac étant décédé deux jours auparavant, Mitterrand me dit à la sortie du Conseil de défense :

« Je viens d'apprendre ce drame. Que dois-je faire ? Dois-je envoyer à Chirac une lettre de condoléances ?

– Je pense qu'il y serait sensible. Il en a été très affecté, et sa femme aussi.

– Que s'est-il passé ?

– Je l'ignore. Le mariage de sa fille avait été célébré il y a quelques mois seulement. C'est une situation dramatique pour cette jeune femme et pour ses parents qui ont déjà beaucoup souffert de la maladie de leur fille aînée.

– Étaient-ils favorables à ce mariage ?

– Je n'en sais rien ; j'imagine qu'ils étaient heureux que leur fille pense y avoir trouvé le bonheur. Elle doit être très malheureuse. »

J'ignore s'il a écrit à Jacques Chirac.

Ma déclaration de politique générale à l'Assemblée nationale, 8 avril 1993

Ce fut pour moi un moment d'émotion : prenant en charge les destinées de notre pays dans une période difficile, assez démuni d'appuis politiques, ayant pour soutien le plus grand, mais aussi le plus fragile, l'opinion, je m'exprimai comme le responsable de ce qui allait être, deux années durant, notre avenir. Ma déclaration recueillit 457 suffrages favorables, 81 députés votant contre. Pas une voix de la majorité ne m'avait manqué, pas une n'avait manqué non plus à l'opposition. Ce n'était qu'une entrée en matière.

Dès le départ, j'affirmai mon ambition : créer un nouvel exemple français, celui d'un pays non seulement plus fort, mais également plus juste et solidaire. Depuis toujours j'étais obsédé par la nécessité de donner à la France cette force qui lui avait si cruellement manqué pendant des lustres, que de Gaulle puis Pompidou lui avaient rendue, mais que les crises économiques et les erreurs politiques avaient entamée. Depuis toujours aussi j'étais habité du désir de renforcer la cohésion de la société, mise à mal par l'injustice, de donner à tous l'espoir d'y être reconnus dans leurs aspirations légitimes et dans leur dignité : c'était le libéralisme populaire auquel j'entendais attacher mon nom et mon action.

Jamais les Français n'ont entendu être un peuple comme les autres, toujours ils ont eu l'ambition d'être en avance, de montrer la voie. Au fond d'eux-mêmes, ils savaient bien que depuis l'effondrement de 1940 ce n'était plus le cas. Il fallait leur rendre la foi en eux-mêmes, les appeler à une reconquête morale qui seule leur permettrait de forger un progrès matériel profitant à tous. Tout ne serait pas possible en deux ans, mais il fallait commencer et fixer l'objectif pour les cinq années à venir, durée du mandat de la nouvelle Assemblée, comme si l'élection présidentielle à venir dans deux ans ne devait pas constituer un obstacle ou un tournant. Implicitement, présomptueusement peut-être, cela signifiait que l'ambition décrite devait nécessairement être celle des candidats de la nouvelle majorité. Personne à l'époque ne le perçut clairement.

Il fallait commencer, et commencer vite. La réforme que j'envisageais dans tous les domaines – politique, administratif, économique, social – susciterait les oppositions ; j'étais convaincu de les surmonter. Le triple mot d'ordre serait le renouveau, la tolérance, le rassemblement. Et, pour marquer sans tarder ma volonté de rénovation, j'entendais, avant l'automne, réformer les retraites, stopper la dégradation sans précédent de nos finances publiques, restaurer la confiance en lançant un grand emprunt, assouplir la réglementation du travail pour permettre la croissance et l'emploi, réformer la Constitution pour mieux assurer l'indépendance de la justice, obtenir de nos partenaires la modification des accords du GATT qui mettaient en péril notre économie, assurer la défense de notre monnaie au sein du système monétaire européen dont la sauvegarde était essentielle à notre redressement.

Je voulais que mon action fût placée sous le signe de la vérité et de la franchise. Le mensonge est d'un usage fort répandu. Pas seulement celui qui masque la pensée, dissimule les intentions jusqu'au moment où il y a intérêt à les découvrir, qui est assez banal, voire légitime. Je pense à celui, plus pervers, qui consiste à dire sciemment le contraire de la vérité, à prêcher le faux pour savoir le vrai, à développer une conviction différente selon les interlocuteurs ; il ne faut pas se faire prendre, faute d'y perdre sa réputation, ce qui, pour beaucoup, n'est certes pas le plus grave, mais surtout son efficacité : un mensonge utile ne peut être le fait d'un menteur avéré et connu comme tel.

S'il s'agissait seulement d'un jeu entre initiés, rivaux dans la conquête des places, servant à tromper leurs pairs au Parlement, au gouvernement, au sein des partis, on pourrait s'y résigner. Ce peut être un grand plaisir de duper les hypocrites, de berner les menteurs, un raffinement qui procure à peu de frais le sentiment de s'adonner à un art ésotérique et subtil. Combien d'hommes publics ai-je entendus se vanter de leurs mensonges, en tirer gloire, mais se scandaliser qu'on leur mentît, ne pas trouver de mots assez durs pour qualifier un comportement identique au leur !

La gravité du mensonge est autre : c'est duper l'opinion, la tromper sur ses intentions et les moyens utilisés pour les atteindre, masquer la réalité sous les brumes du rêve. Cela s'appelle la démagogie : on invite le peuple à voter en lui proposant un but alors qu'on est déterminé à faire le contraire, parce qu'on sait que c'est inévitable ; mais, pour l'emporter, il faut en appeler au sentiment, disqualifier la raison.

Certaines réputations sont fondées sur l'art consommé avec lequel le mensonge est utilisé : « Il est fort, dit-on alors, il est malin ! » Souvent les hommes politiques sont loués pour leur ruse, leur aptitude à travestir la vérité à leur plus grand profit, comme si être trompé était de bonne guerre, qu'il ne fallait rien attendre de mieux de leur part ; comme si les menteurs talentueux méritaient l'indulgence, et les maladroits peu doués pour l'insincérité, eux, la sévérité.

Tout au contraire, à mes yeux, c'est la vérité qui donne son visage à un destin. Qui ne tient pas sa parole, serait-ce dans un but louable, ou parce qu'il a changé d'avis à bon droit, court le risque d'entacher sa réputation.

On affirme souvent que la démocratie ne peut vivre sans la vérité. Rien de moins sûr : son exercice revient à convaincre pour entraîner la majorité, ce qui ne rend pas toujours délicat dans le choix des moyens. Certes, l'élection passée, la réalité rattrape ceux qui ont conquis le pouvoir, et les confronte à leurs promesses. Mais que leur importe ? Ils le possèdent !

Conseil des ministres du 14 avril 1993

Dans ma déclaration de politique générale, j'avais évoqué une initiative française que je souhaitais voir prendre afin d'assurer la stabilité et la sécurité en Europe centrale. J'insistai sur l'enjeu vital que constituaient, pour tous, la stabilité politique et le progrès économique des pays libérés de l'emprise soviétique, sur la nécessité de ne pas nous accommoder égoïstement de la permanence de conflits ethniques, religieux ou nationaux risquant de remettre en cause les frontières politiques reconnues. Je suggérai que se réunisse une conférence internationale ayant pour objectif de stabiliser la situation de l'Europe et d'y instituer l'équilibre. Je souhaitai que la France jouât un rôle essentiel dans la préparation de cet équilibre nouveau dont bénéficierait tout notre continent. Il s'agissait de proposer aux pays émancipés du communisme et à leurs voisins de s'engager, par des traités bilatéraux, à respecter les frontières et les droits des minorités. Alors seulement ils pourraient solliciter l'aide de l'Union européenne. Il fallait éviter à l'Europe centrale et orientale les désordres dont l'ex-Yougoslavie était le théâtre.

J'en rendis compte au Conseil des ministres. Mitterrand eut des mots flatteurs pour m'approuver :

« C'est une initiative excellente. Je vous y encourage, me dit-il. Il faut respecter le calendrier et en reparler tous les mois à nos partenaires. Vous rencontrerez des difficultés, mais vous aurez à mener vous-même cette affaire. Je vous aiderai ! »

Commentaire de Védrine à Bazire : « Je n'ai jamais entendu pareils compliments adressés à un Premier ministre. »

Nous obtiendrions des résultats. Le Conseil européen de Copenhague, en juin 1993, mit ma proposition à l'étude. Elle fut approuvée à celui de Bruxelles, au mois de décembre suivant. Je présidai à Paris, le 26 mai 1994, une conférence réunissant les ministres des Affaires étrangères de tous les pays européens. Elle permit de définir un calendrier et d'adopter une procédure. Bill Clinton et Boris Eltsine firent avancer l'idée. Le 20 mars 1995, la conférence finale se tint à Paris. En moins de deux années, le Pacte de stabilité fut signé : nul ne pouvait entrer dans l'Union européenne s'il n'avait au préalable réglé ses litiges avec ses voisins.

À l'origine, le Quai d'Orsay avait fait savoir que mon initiative était prématurée, mal préparée. Il est vrai que je l'avais prise seul, sans le consulter. Je dois à la vérité de dire que, par la suite, il s'employa à la faire réussir.

Conseil des ministres du 28 avril 1993

Les élections européennes devaient avoir lieu l'année suivante. J'étais défavorable au scrutin proportionnel au niveau national ; je proposai à la majorité de décider que le scrutin se déroulerait toujours sur le mode proportionnel, mais dans le cadre régional. Mitterrand me dit son hostilité à un scrutin régional ; il redoutait que l'État, pris entre les régions et l'Europe, ne disparût. J'aurais l'occasion de constater à plusieurs reprises sa hantise – inattendue chez quelqu'un qui s'affirmait tellement européen, et qui avait fait progresser la décentralisation – de voir la nation et l'État affaiblis à la fois par la construction de l'Europe et par la régionalisation.

Je lui explique mon souci d'avoir la paix et donc d'éviter que la majorité ne se déchire en plusieurs listes pour les élections européennes, faute de s'entendre sur une tête de liste ; je ne veux à aucun prix être moi-même, comme on commence à l'évoquer, cette tête de liste prétendument consensuelle, avec tous les risques qu'une telle initiative comporterait.

« Vous dominerez la guerre, mais vous n'aurez pas la paix, me dit-il. D'ailleurs, quel serait l'intérêt pour vous de conduire cette liste ? Je n'en vois aucun.

– Aucun, c'est bien mon avis.

– Vous êtes dans une position sans précédent sous la Ve République. Compte tenu de votre popularité, je ne vois pas pourquoi vous vous compliqueriez inutilement l'existence ! »

Il a raison ; je laisserai faire les partis, faute de pouvoir rien leur imposer. Je ne parviendrai pas à leur faire accepter, pour les élections européennes, un scrutin régional, même moyennant le regroupement entre elles des régions les moins peuplées. Cette solution-là sera finalement retenue pour les élections de 2004.

Depuis la mi-avril, les sondages font apparaître que l'opinion publique est favorable non seulement au gouvernement, mais, curieusement, à moi-même. Je bénéficie d'un effet de nouveauté qui renvoie dans le passé les querelles Giscard-Chirac-Barre. Deux ans plus tard, le même effet jouera à mon détriment, et c'est moi qui paraîtrai appartenir au passé...

Nous évoquons la modification du statut de la Banque de France. Je veux lui donner l'autonomie afin qu'elle puisse préparer la naissance de la monnaie européenne tout en préservant la stabilité du franc et la solidité de sa relation avec le mark ; elle doit pouvoir refuser de céder aux directives souvent contradictoires des gouvernements successifs qui, prétendant assurer la croissance, tâche qui les concerne, entendent manipuler à leur gré les taux d'intérêt.

Voilà un débat comme nous les aimons ! Pour certains, la Banque de France devait demeurer sous la dépendance étroite du pouvoir exécutif ; pour d'autres, il fallait refuser à l'autorité politique tout droit à définir et mettre en œuvre la politique monétaire. Ma position était de donner plus d'indépendance à la Banque centrale, mais de respecter le rôle, à mes yeux nécessaire, de l'État. Ainsi les dirigeants de la Banque auraient-ils l'obligation de gérer la politique monétaire dans un double but : tenir compte de la politique économique générale du gouvernement, assurer la stabilité des prix ; la fixation du taux de change de notre monnaie dépendrait du gouvernement ; le volume de la masse monétaire et le niveau des taux d'intérêt permettant de parvenir aux objectifs définis seraient de la responsabilité exclusive du Conseil de la politique monétaire, placé sous la présidence du gouverneur de la Banque et composé de personnalités indépendantes.

« Pourquoi êtes-vous tellement pressé ? me demande Mitterrand.

– Pour mettre en œuvre les dispositions prévues dans le traité de Maastricht, qui vous est cher tout comme à moi.

– Mais il n'y a aucune urgence : la monnaie unique n'existera pas avant 1998. Moi-même, je n'ai accepté cela que parce que c'était le prix à payer pour la construction de l'Europe. Mais je ne vois pas pourquoi la Banque de France dicterait sa loi à l'État !

– Justement, je ne veux plus que l'État continue à lui dicter la sienne. Et, dans la majorité nouvelle, on relève trop de tentations pour une prétendue "autre politique" qui se traduirait par davantage de déficit public et par le décrochage du franc par rapport au mark, grâce à la baisse des taux. Cela, je ne le veux pas ! »

Il me redit qu'il est tout à fait décidé à m'aider à obtenir le succès de mon initiative sur le pacte de sécurité en Europe.

« D'après ce qu'on me rapporte, lui dis-je, vous auriez été fâcheusement surpris de m'avoir vu inviter le Premier ministre libanais à venir officiellement en France sans vous en avoir parlé auparavant.

– Vous ne devez pas accorder crédit à tout ce que l'on dit, notamment tout ce que l'on dit de moi autour de moi. »

Je commence à le croire ; j'ai observé que la coordination entre lui et ses collaborateurs, et de ceux-ci entre eux, n'était, de son fait, pas toujours bien assurée. Il lui arrive de s'employer à créer la confusion à leurs dépens. Sans doute souhaite-t-il préserver sa propre liberté ; en outre, il s'en amuse. J'ai une attitude inverse : je fais a priori confiance à ceux qui m'entourent, leur recommande d'éviter les disputes entre eux. Quelle est la meilleure solution ? C'est selon. Il arrive que la sienne ait du bon.

Je lui parle du Livre blanc sur la défense, que je souhaite voir élaboré par une commission qui serait présidée par Marceau Long, vice-président du Conseil d'État. Mitterrand ne souhaite pas être représenté dans cette commission, ce qui m'étonne. Je m'abstiens de le lui dire. Sans doute redoutait-il d'être engagé par ce qu'elle pourrait proposer, s'agissant des essais nucléaires pour l'heure suspendus. Sur ce point, nous connaîtrons l'un de nos conflits.

Lors du Conseil de défense qui suit, j'indique que, s'agissant de la Bosnie, il nous faut être au clair : comment assurer la protection de nos troupes placées sous le commandement de l'ONU ou de l'OTAN, et comment faire en sorte que les décisions prises tiennent compte des intérêts de la France ? Je vois mal quel est l'objectif que nous poursuivons en Bosnie : est-ce l'exécution du plan Vance-Owen, adopté le 3 janvier précédent, prévoyant la division de la Bosnie-Herzégovine en dix provinces qui posséderaient de larges prérogatives face au pouvoir central, ainsi que la démilitarisation de cette nouvelle république – plan qui est désormais tout à fait dépassé ? Ou est-ce un autre objectif ? Je confirme mon hostilité à la levée de l'embargo sur les ventes d'armes, levée à laquelle Mitterrand semble par moments favorable, estimant qu'on ne peut à la fois s'abstenir de défendre les Musulmans et leur refuser les moyens de se défendre eux-mêmes en leur interdisant de s'armer. Pour ma part, je ne souhaite pas alimenter le feu de la guerre civile. Je n'en suis pas moins hostile aux bombardements souhaités par les États-Unis, qui entraîneraient des représailles contre nos troupes. En fait, l'Occident n'a en Bosnie ni doctrine, ni organisation, ni volonté, et, depuis l'origine, Mitterrand n'a rien pu y faire. Quant à moi, je refuse que nos soldats fassent les frais de ce désordre, mais je ne suis pas en mesure d'imposer un choix net : ou une action plus allante et qui ait un sens, ou le retrait pur et simple de nos troupes.

Samedi 1er mai 1993

À 19 h 30, comme je me trouvai à la Lanterne, j'appris que Pierre Bérégovoy avait tenté de se suicider en se tirant dans la tête une balle de revolver. Il vivait encore et, pour essayer de le sauver, on l'amenait en hélicoptère de Nevers au Val-de-Grâce. Bazire insista pour que je m'y rende, à quoi j'étais peu enclin, de crainte de paraître indiscret. J'y allai finalement aux environs de 22 heures et je fis bien. Je rejoignis Mitterrand dans un bureau où il se trouvait en compagnie de Fabius qui nous laissa rapidement seuls tous deux. Nous parlâmes de choses et d'autres, Mitterrand m'indiquant qu'il avait prévu de voir Bérégovoy le lundi suivant, ce qui était une façon de me dire qu'il ne l'avait pas abandonné. Depuis un mois, tout le monde le trouvait très abattu, déprimé, atteint par les attaques dont il avait été l'objet.

Mitterrand était très ému. Nous passâmes une heure seuls. Clinton l'appela pour lui parler, comme toujours, des problèmes relatifs à la Yougoslavie. Il lui indiqua qu'il était en ma compagnie et que nous partagions le même point de vue, à savoir que les bombardements aériens n'étaient pas opportuns.

Accompagné de sa famille, Pierre Bérégovoy, inconscient, arriva aux environs de minuit ; il était à la dernière extrémité. Nous nous retrouvâmes tous dans le hall du Val-de-Grâce : Mme Bérégovoy, ses enfants, Mitterrand, moi-même, quelques membres du gouvernement et quelques dirigeants socialistes proches du Président, notamment Fabius et Védrine. Il régnait une très grande confusion. Je fus frappé de voir qu'aucune mesure n'avait été prise pour permettre à Mme Bérégovoy et aux siens de se tenir à l'écart, entre eux, alors qu'ils traversaient une épreuve si tragique.

À plusieurs reprises je tentai de me retirer, mais, chaque fois, Mitterrand me retint : « Restez, je vous en prie », comme si ma présence pouvait être utile ou réconfortante. Je le trouvai, sous le coup de l'émotion, à la fois désemparé et hors de lui.

On nous informa bientôt que Bérégovoy était décédé, qu'on pouvait se recueillir devant sa dépouille. Je préférai me retirer : ma présence aux côtés de sa famille et des dirigeants socialistes eût été déplacée. Pas pour des raisons politiques, évidemment ; mais je ne voulais pas qu'on pût si peu que ce fût me reprocher d'avoir manifesté une curiosité malsaine, ni d'avoir mis en scène ma compassion.

« Je préfère vous laisser maintenant avec vos proches, dis-je à Mitterrand.

– En ce qui me concerne, il faut que j'aille jusqu'au bout de la route et que j'accomplisse mon devoir. »

Je fus surpris de le voir aussi bouleversé. Il eut cette formule, s'adressant à Fabius, je crois, et à moi : « Maintenant, la boucle est bouclée. »

Je lui écrivis le lendemain pour lui dire la part que je prenais à sa peine, et me rendis le mardi suivant aux obsèques de Bérégovoy dans la cathédrale de Nevers. Je quittai la cérémonie afin de prendre l'avion pour Londres où je devais rencontrer pour la première fois John Major, le Premier ministre britannique.

La messe terminée, le discours que prononça Mitterrand pour rendre hommage à son si proche compagnon fut remarqué pour sa violence contre la presse, déplacée en pareille circonstance. Cependant, je comprenais son indignation : Bérégovoy était mort aussi parce qu'il n'avait pas supporté l'image qu'on donnait de lui à l'opinion ; il avait passé sa vie entière dans le milieu politique, il en connaissait les usages, bons ou mauvais, mais, cette fois, dans son malheur, il n'en pouvait plus. Peu de fins furent aussi pathétiques.

5 mai 1993

J'avais à cœur de tenir sans tarder les engagements pris en matière de libertés publiques ; je mis en route la révision constitutionnelle qui devait aboutir le 27 juillet 1993. Elle rendit le Conseil supérieur de la magistrature plus indépendant du pouvoir exécutif, puisque la majorité de ses membres étaient désormais élus par les magistrats ; elle renforça ses pouvoirs dans la gestion de la carrière de ces derniers. La création de la Cour de Justice de la République permit à tout citoyen d'engager des poursuites pénales contre un membre du gouvernement en raison de crimes ou délits qu'il aurait commis dans l'exercice de ses fonctions.

Je fis part à Mitterrand des difficultés que je rencontrais avec une partie de la majorité parlementaire qui risquait de retarder la marche de cette réforme. Je fus frappé de constater une nouvelle fois combien il était hostile aux magistrats. Il répéta la mise en garde qu'il devait formuler si souvent devant moi :

« Ne vous méprenez pas : aujourd'hui ils s'en prennent à nous, demain ils s'en prendront à vous. M. Méhaignerie manque d'autorité et d'énergie, vous ne devez pas le laisser faire. »

Je comprendrais plus tard le motif de son insistance : Méhaignerie entendait ne pas paralyser la marche normale des procédures judiciaires…

Nous évoquons les nominations à différents postes de direction dans les ministères où il faut remplacer certains responsables :

« Prenez garde, vous êtes en train d'aller beaucoup plus vite que vous ne le souhaiteriez. Je sais bien que ce n'est pas vous qui le voulez, me dit-il, ce sont vos ministres, mais ce sera de toute façon comptabilisé à votre débit.

– Je vois mal de quel débit il peut s'agir, d'autant que toutes les précautions ont été prises pour que ceux auxquels leurs fonctions sont retirées puissent bénéficier d'une compensation. D'ailleurs, s'agissant de nominations, je suis sans illusion, persuadé que, de toute manière, on est souvent trahi par ceux que l'on nomme, même lorsqu'ils prétendent qu'ils se montreront d'une indéfectible fidélité. Et il arrive souvent que les hommes que l'on trouve en place ne demandent pas mieux que de servir afin de conserver leur poste.

– Vous avez une façon un peu désenchantée de considérer les choses. Mais elle est vraie, je dois l'admettre. »

Nous reparlons des essais nucléaires en termes très généraux.

Puis Mitterrand évoque le rapport que j'ai demandé à Jean Raynaud, ancien procureur général près la Cour des comptes, sur l'état des finances publiques. Il fait déjà apparaître des déficits publics sans précédent, soigneusement dissimulés, de l'ordre de 450 milliards de francs, alors qu'à mon départ du ministère des Finances, en 1988, ils avaient été ramenés à près de 100 milliards ; il confirme que la France connaît, comme je l'avais annoncé durant la campagne électorale, la plus grande récession depuis la guerre, ce qui rend le redressement financier plus difficile encore. L'idée même du rapport lui déplaît.

« De toute manière, vous savez, le peuple a déjà oublié qui était là avant vous, et désormais c'est vous qui êtes le responsable de tout.

– Mon intention n'est pas de charger ceux qui m'ont précédé, mais de faire apparaître la situation telle qu'elle est, afin de justifier les remèdes qu'elle appelle.

– De toute façon, vous avez une très grande popularité et, en ce moment, vous pouvez tout vous permettre. »

Toujours des compliments ! Je ne m'y habituerai pas. Ils produisent l'effet contraire de celui qu'il recherche sans doute, et ne suscitent en moi aucune confiance ; je serais plutôt enclin à y voir une sorte d'intrusion.

Je lui demande d'avancer le Conseil des ministres au lundi 10 mai pour me permettre de publier le rapport Raynaud le 11. Il me donne son accord et je l'en remercie.

« Mais je suis là pour cela ! Sans quoi, que me resterait-il à faire ?

– Il me semble qu'il vous reste encore beaucoup de choses à faire. »

Il me demande un instant pour quitter son bureau avant que nous ne descendions ensemble au Conseil des ministres. Puis, en revenant :

« Je suis obligé de prendre des médicaments quand je m'absente deux heures. Ce sera ainsi jusqu'à la fin. »

De tels propos me mettent mal à l'aise ; je les laisse sans réponse, faute de savoir exprimer ma compassion.

« Si vous maintenez vos réserves sur la ratification des accords du GATT, nous serons isolés à Tokyo », reprend-il.

Je ne relève pas le pluriel : ma décision est arrêtée, je n'ai nulle intention de me rendre à la réunion du G7 à Tokyo pour y jouer les importuns. Je préfère fixer à l'avance le cadre de la discussion. Il ajoute :

« De toute façon, vous le savez, le rapport Raynaud ne me fait pas peur.

– Je ne nourris pas l'illusion de vous faire peur. »

Souvent je constaterai en lui ce mélange de suspicion universelle, jointe à une propension à tout rapporter à lui. Une fois, il me dira : « Je suis un sanglier : quand on me menace, j'attaque. »

Il parle sans cesse de lui, de ses sentiments, de ses habitudes, de son caractère, de ses goûts, mais aussi des miens ou plutôt de ceux qu'il me prête, en les commentant. Je ne lui réponds jamais, n'ayant nulle envie de m'engager sur le terrain miné des confidences réciproques, toujours biaisées. Je lui parle des affaires de l'État et de rien d'autre, sans y mêler quoi que ce soit de personnel. Il finira par trouver irritant ce refus d'entrer dans son jeu. Qu'ai-je à en attendre ? Je n'aime pas la comédie ; j'aime la contempler quand elle est bonne, pas la donner ni être entraîné dans un jeu de dupes.

Au Conseil restreint sur la défense qui suit le Conseil des ministres, Léotard propose d'aller soutenir les villes bosniaques assiégées en y envoyant des troupes. Le Président est réticent, je le suis aussi, et il conclut à l'adresse de Léotard avec lequel il n'est jamais très aimable, en tout cas pas en ma présence : « Parlez-en au Premier ministre, qui m'en parlera. »

Dimanche 9 mai 1993

Je vais voir Mitterrand avant le Conseil des ministres qui doit se tenir demain.

J'évoque le remplacement du secrétaire général du Comité interministériel pour les questions de coopération économique européenne (SGCI), poste auquel je souhaite nommer Yves-Thibault de Silguy, mon collaborateur à Matignon.

« Je n'y suis pas très favorable. Il a, de 1986 à 1988, travaillé avec Chirac et Bujon de l'Estang.

– J'ai besoin à ce poste d'un homme en qui j'aie toute confiance. C'est le cas de Silguy. Si vous y êtes vraiment opposé, je suis prêt à nommer Thierry Bert, qui a été conseiller à mon cabinet en 1986 et qui est aujourd'hui votre conseiller à l'Élysée.

– Ce serait peut-être un peu trop voyant... »

Il a raison, même si Bert a, lui aussi, de grandes qualités.

Finalement, Mitterrand accepte la nomination de Silguy que j'associe à Bert pour leur demander de travailler ensemble – ce qu'ils feront dans de bonnes conditions. Je n'entendrai jamais parler de conflit entre eux deux.

Nous évoquons le problème des essais nucléaires. Mitterrand m'indique qu'il est tout à fait hostile à leur reprise sous quelque forme que ce soit, « car cela ruinerait la position de la France en Afrique ». Comme le problème ne se pose pas immédiatement, je ne crois pas utile d'engager une discussion à ce sujet.

Conseil des ministres du lundi 10 mai 1993

J'ai refusé que l'Union européenne approuve le pré-accord sur le GATT, en menaçant nos partenaires d'invoquer le compromis de Luxembourg au nom des intérêts vitaux de la France.

C'est le problème international le plus important que j'aie eu à résoudre à mon arrivée à Matignon. Le 21 novembre 1992, la Commission de Bruxelles avait paraphé, sans mandat clair du Conseil des ministres, un texte concernant la seule agriculture : le pré-accord de Blair House. Ce texte n'était pas acceptable pour la France, mais le précédent gouvernement ne s'y était pas opposé ; nous étions à présent isolés dans notre refus de l'approuver. Tout mon effort allait consister à rallier nos partenaires européens à la position française, c'est-à-dire à leur faire comprendre que la procédure même des discussions du GATT mettait en cause les institutions européennes, nul ne pouvant accepter que la Commission menât le jeu sans solliciter les instructions du Conseil, voire sans en tenir compte quand il en existait. J'étais fermement décidé à remettre en cause cet accord. Mitterrand, lui, redoutait que ce rejet n'ouvrît une crise internationale, alors qu'avant les élections il l'avait entériné. L'UDF souhaitait pour sa part sa ratification ; le RPR y était en général hostile. Il me revenait de le faire modifier afin de le rendre acceptable pour tous ; c'était le seul moyen d'éviter une crise dont les conséquences nationales et internationales eussent été graves. Il me fallut six mois pour y parvenir.

Je fis établir à l'intention de nos partenaires un mémorandum précisant les vues françaises sur le projet d'accord. Mitterrand l'approuva, le trouvant très bien fait, me dit-il.

À sa demande, j'acceptai la prolongation du général Lanata comme chef d'état-major de l'armée de l'air, pendant un an.

Nous parlâmes à nouveau des élections européennes. Je lui répétai :

« Je suis hostile au fait qu'il y ait deux listes représentant la majorité. C'est la raison pour laquelle je souhaite le mode de scrutin régional.

– C'est bien long : dans un an, vous verrez bien ! D'ailleurs, vous êtes au pouvoir pour deux ans, en principe ; vous jouerez ensuite un grand rôle, sous une forme ou sous une autre. Quant à moi je suis également là jusqu'en 1995 – en principe également... »

Jeudi 13 mai 1993

Dans la matinée, un homme, Erick Schmitt, armé d'un pistolet d'alarme et d'explosifs, fait irruption dans la classe maternelle du groupe scolaire Commandant Charcot, à Neuilly, et prend en otages vingt et un enfants et leur institutrice, Laurence Dreyfus. Il se présente en se donnant comme nom « Human Bomb » (HB) et menace de faire sauter la salle s'il n'obtient pas une somme de 100 millions de francs.

Cette prise d'otages devient un événement national ; de nombreux journalistes campent deux jours devant l'école. Nicolas

Sarkozy, maire de Neuilly, entre courageusement dans la classe ; il tente de négocier avec Erick Schmitt, alias HB, pour qu'il relâche les enfants ; on le voit à plusieurs reprises sortir de l'école avec un enfant dans les bras ; plusieurs sont mis hors de danger grâce à lui.

Alors que je reçois une délégation patronale à Matignon, Pasqua me téléphone dans l'après-midi pour me dire que la police s'emploie à négocier avec « HB » afin qu'il relâche tous les enfants, et pas seulement quelques-uns, que Sarkozy gêne son action, et il me demande de l'inviter à ne plus intervenir. J'appelle Sarkozy : je ne tiens pas à ce qu'un membre de mon gouvernement soit à son tour pris en otage ; je lui demande de se dispenser désormais de toute initiative, de ne plus rien faire sans l'accord de la police.

Au matin du 14 mai, aucune solution n'est en vue. La tension est extrême devant l'école, au ministère de l'Intérieur, dans l'opinion. Le soir, je décide de me rendre place Beauvau pour manifester à Pasqua comme à tous les fonctionnaires sous ses ordres que je me tiens à leur côté. J'y demeure de 20 heures à environ minuit. Peu à peu, « HB » a libéré la plupart des enfants, mais il en garde prisonniers six encore, avec l'institutrice ; tous sont en grand danger : le long des murs de la salle, des grenades sont prêtes à exploser ; « HB » donne des signes d'une agitation croissante.

Sarkozy, qui a cherché à m'appeler par téléphone, me rejoint dans le bureau de Pasqua. Il me demande :

« Que faisons-nous si le preneur d'otages n'accepte de libérer tous les enfants que si un ministre prend leur place ? »

Je commence à connaître Sarkozy, son courage, son goût d'en témoigner, son sens des responsabilités ; je n'ai cependant nulle envie de voir ma tâche encore compliquée s'il accepte de se livrer à « HB ».

« Il faut voir, lui dis-je en souriant. Cela mérite réflexion. »

Je ne souhaite pas répondre à une question qui ne se pose pas – ou pas encore, peut-être. Inutile de dramatiser davantage une atmosphère qui l'est déjà tellement. Ce n'est certes pas le moment de se laisser aller à l'émotion. De toute façon, ma décision est prise : en aucun cas je ne l'autoriserai à se livrer au preneur d'otages.

Sarkozy paraît surpris, voire choqué par mon calme ; tout trait d'ironie lui semble en l'occurrence déplacé. Quinze ans après, il m'en parlera encore comme d'une marque d'indifférence, sinon de cynisme. Il reprend :

« Pour libérer les enfants, il demande qu'on lui remette 40 millions de francs, qu'on mette une voiture à sa disposition pour quitter les lieux et qu'on lui donne la garantie qu'il ne sera pas suivi.

– Il faut lui promettre les 40 millions et la voiture. »

Je n'hésite pas une seconde. Il faut avant tout sauver les enfants. Ensuite, il sera bien temps d'aviser ; il n'ira pas loin ; les enfants à l'abri, la police pourra agir.

« Mais comment se procurer 40 millions dans l'heure qui vient ?

– Je m'en occupe. »

Je téléphone à mon cabinet qui, bien entendu, est fort loin d'avoir à sa disposition des fonds spéciaux pour un pareil montant. Je demande qu'on appelle le gouverneur de la Banque de France et qu'on lui donne de ma part instruction de prélever la somme sur la dotation des services du Premier ministre, et de la remettre à un envoyé de Matignon. Le gouverneur de la Banque de France est injoignable. On appelle le sous-gouverneur chez lui ; il se rend à la Banque tandis qu'une voiture de Matignon l'y rejoint avec un membre de mon cabinet pour recevoir le dépôt que j'ai demandé. Ce dernier gagne ensuite la cour du ministère de l'Intérieur ; la somme est confiée à Sarkozy qui quitte la place Beauvau pour gagner Neuilly et la remettre à la police.

À Pasqua je donne instruction formelle de ne faire courir aucun risque aux enfants en cherchant à s'assurer à l'improviste de la personne d'un homme dangereux, exalté, à bout de nerfs, aux réactions imprévisibles. La fatigue aidant, il est possible que l'affaire puisse se dénouer sans drame.

Je rentre chez moi vers minuit.

Le lendemain matin, aux environs de 7 h 30, Sarkozy m'appelle :

« Le preneur d'otages a été abattu vers 7 h 25, les enfants sont tous libérés. Venez tout de suite les voir, et voir les familles avant que Pasqua n'arrive. »

Voilà une préoccupation que je n'aurais pas eue spontanément. Je me réjouis d'avoir nommé Sarkozy porte-parole du gouvernement : il a des réflexes dont je suis dépourvu.

Le drame dénoué, Matignon récupère la somme mise à la disposition de la police et la restitue à la Banque de France.

Lors du Conseil des ministres suivant, Mitterrand, après avoir donné la parole à Pasqua pour qu'il rende compte de l'événement, adresse ses félicitations à la police, en particulier aux hommes du Raid dont l'action a évité une tragédie, sans faire aucune mention du rôle de Sarkozy ni du courage qu'il a manifesté. J'interviens en m'excusant de prendre la parole après lui :

« Peut-être ne faudrait-il pas oublier de féliciter aussi le maire de la localité. »

C'était bien le moins.

J'ignore si Mitterrand se reprocha de n'y avoir pas pensé ; il acquiesça sans excessive bonne grâce. Sourires des ministres autour de la table. Sarkozy, lui, semblait heureux.

19 mai 1993

Mitterrand me confirme qu'il ne souhaite pas être représenté dans la Commission du Livre blanc sur la défense.

« Je désire voir prolonger Boidevaix comme secrétaire général des Affaires étrangères pendant un an. D'ailleurs, il s'agit d'un ami de votre ami M. Chirac. »

Il tentait de me faire parler sur les uns et sur les autres, toujours sans succès. De guerre lasse, il cessa de se livrer à ce jeu au bout d'un à deux mois.

Il ajoute :

« S'agissant de Bujon de l'Estang dont vous m'avez reparlé et qui souhaite une ambassade importante, je suis hostile à lui confier quelque poste que ce soit, en raison d'un article qu'il a écrit dans la *Revue des Deux Mondes*, dans lequel il a déformé ma politique étrangère. Qu'il attende donc que je ne sois plus là ; de toute façon, je ne serai pas éternel. »

Je lui indique que je dois me rendre à Bruxelles devant la Commission pour présenter le mémorandum français sur le GATT ; je sens de sa part une certaine réticence, sinon de l'irritation. Manifestement, cela lui déplaît.

Il me fait part de ses inquiétudes s'agissant de la situation dans la République centrafricaine et au Congo :

« Vous devez calmer la DGSE et veiller à ce qu'elle ne fasse pas toujours des "coups". Tout le monde y a son réseau : Pasqua a le sien, c'est celui des Hauts-de-Seine, Roussin aussi a le sien, sans parler de Chirac. Vous devez faire attention et ne pas laisser toujours les autres organiser des coups.

– En tout cas, moi, je n'ai aucun réseau. C'est peut-être une faiblesse. Le directeur de la DGSE n'est pas de mes proches et n'a pas été nommé par moi, mais par vous. »

Je ne vais pas tarder à tirer la conclusion de cet entretien en le remplaçant.

Nous évoquons un certain nombre de nominations dans l'administration, notamment de recteurs d'université, changements que Mitterrand regarde d'un œil peu favorable.

« Toutefois, en ce qui vous concerne, ajoute-t-il, vous êtes loyal et je suis tout prêt à vous faciliter la tâche. »

Répétition devenue traditionnelle ! Le thème selon lequel il souhaite me faciliter la tâche, désire même ma réussite, reviendra souvent au cours de nos entretiens de la première année.

« Je ne vous empêcherai en rien de mener la politique que vous souhaitez et d'avoir auprès de vous les hommes que vous choisirez pour ce faire. D'ailleurs, cela m'est indifférent, mais il faut m'en parler avant les choix importants. »

Il estime n'avoir pas été saisi à temps de la nomination de Conze comme délégué général à l'Armement.

« Je peux parfaitement, lui dis-je, retarder cette nomination de huit jours.

– Non, non, ça n'est pas la peine, j'ai confiance en vous, mais notez tout de même qu'à l'avenir il faudra m'en parler plus tôt. »

Juppé ayant conçu un mouvement diplomatique de façon un peu impromptue, comme s'il n'y avait ni Président, ni Premier ministre à consulter au préalable, j'ai bloqué toutes les décisions, notamment celle concernant Nicoullaud, ancien collaborateur de Joxe, qui serait nommé en Hongrie. Mitterrand me dit :

« Vous avez été loyal, je vous aide dans votre difficulté avec M. Juppé et j'accepte qu'on modifie l'affectation prévue pour Nicoullaud.

– Je n'ai aucune difficulté avec M. Juppé, qui respectera ma décision. »

Lorsque nous descendons au Conseil des ministres :

« Nous devons veiller ensemble à l'indépendance de la France. Faites attention à Léotard et à Juppé ; sur l'OTAN, ils sont beaucoup trop favorables aux Américains, tous les deux. »

Tactique ordinaire qui s'essaie à dresser les uns contre les autres. Juppé et Léotard ont raison : nous ne pouvons agir en Bosnie au nom de l'OTAN et ne pas prendre notre part aux comités au sein desquels les plans d'action sont décidés.

Il ajoute :

« Vous devez le savoir, j'ai toujours été soucieux de laisser les Premiers ministres gouverner ; c'est eux qui, sans cesse, venaient prendre leurs directives à l'Élysée. Je leur disais : "Mais décidez, vous, et décidez tout seul !" Ils ont eu du mal à s'y résoudre. Avec vous, au moins, je n'ai pas ce souci.

– Vous en avez d'autres. »

Cette fois, c'est lui qui ne répond pas.

Lors du Conseil des ministres, il ne dit pas un seul mot sur le projet de loi qui deviendra la « loi Pasqua » du 10 août 1993 renforçant les contrôles d'identité. Peut-être parce que j'ai fait observer à la télévision, où j'étais l'invité d'Anne Sinclair dans l'émission « 7 sur 7 », que si l'un de mes ministres était injustement attaqué, je ne manquerais pas de le défendre.

Au Conseil restreint qui suit, petit incident significatif, toujours sur la Bosnie. Après que je me suis moi-même exprimé, Mitterrand demande à Léotard ce qu'il pense d'une proposition faite par l'état-major.

Léotard répond :

« Si le Premier ministre me le permet, je parlerai donc après lui. »

Le Président s'étonne :

« Si je vous demande votre avis et que le Premier ministre vous interdit de parler, alors où irons-nous, et que ferons-nous ? »

J'interviens en souriant :

« Monsieur le Président, je n'en suis pas là ! »

Il me dira un jour : « Vous tenez vos ministres d'une main trop ferme. » C'était moins un compliment qu'un regret.

26 mai 1993

Dans notre conversation préalable au Conseil, il m'indique qu'il a quelques réserves à faire sur la loi de privatisation des entreprises publiques, mais qu'il ne les fera pas connaître en public.

« J'ai changé ma méthode, me dit-il.

– De mon côté, je tente de ne pas vous mettre devant le fait accompli.

– Compte tenu de votre attitude de conciliation et de respect des institutions, je ne vois aucune raison de vous empêcher de remplir votre tâche. »

La suavité de ces dialogues a quelque chose d'apprêté, voire d'un peu ridicule.

Il approuve la nomination de Dewatre à la tête de la DGSE.

« Dewatre passe pour être l'un de vos hommes, me dit-il.

– Je ne le connais pratiquement pas ; il ne faut pas croire tout ce que l'on raconte. »

S'agissant de Dintilhac, le directeur de la gendarmerie, il fait son éloge en me disant que c'est un fonctionnaire excellent, et qu'il souhaite son maintien, d'autant plus qu'il n'est là que depuis dix-huit mois. Je le trouve plus insistant pour Dintilhac que pour bien d'autres fonctionnaires. J'en aurai l'explication plus tard grâce aux informations données par la presse sur le rôle de la gendarmerie dans un certain nombre d'affaires.

Nous parlons ensuite du sommet franco-allemand.

« Bien entendu, me dit-il, vous devez m'accompagner, et dans les discussions nous devons nous répartir la tâche.

– Fort bien. Tout se passera convenablement ; je suis quelqu'un de simple, nullement avide d'affirmer son autorité aux dépens d'autrui en toute circonstance. Je n'ai aucune intention d'affaiblir votre fonction. »

Toujours sur ses gardes, il évoque ensuite la représentation internationale de la France :

« Pour Tokyo, où se réunira le G7, je vois bien votre problème. Je sens la nécessité de mettre un petit peu d'huile dans les rouages, puisque vous représentez la majorité à laquelle les Français ont fait confiance et que, vous absent, elle ne serait pas représentée à Tokyo. Mais je ne souhaite pas subir moi-même de *diminutio capitis*. Je me rendrai donc à Tokyo et nous serons toujours d'accord, notamment pour le GATT ; vous n'avez aucun souci à vous faire, M. Juppé vous rendra compte de ce qui se dira.

– Ne vous méprenez pas sur mon compte. Vous m'avez nommé Premier ministre sans que je l'aie sollicité ni directement ni indirectement (*à ce moment son regard quitte le mien, il fait mine de chercher quelque chose sur son bureau*). Je ne m'impose jamais si ma présence n'est pas souhaitée ; dans ces conditions, je n'ai nulle intention de créer des incidents qui me mettraient, vous mettraient et mettraient notre pays dans une position ridicule et défavorable ; les choses sont déjà bien assez compliquées pour que je n'en rajoute pas.

– Mais vous pouvez très bien venir à la place de M. Juppé si vous avez un problème avec votre majorité qui vous ferait grief de ne pas aller à Tokyo. (*Il a dû apprendre que Chirac me critiquait parce que, contrairement à lui naguère, je n'exigeais pas d'assister au G7.*)

– Je n'ai aucun problème de cet ordre avec ma majorité, je n'ai aucun souci d'affirmer ma présence et mon autorité de façon fracassante à vos dépens ni aux dépens de Juppé : il vous accompagnera donc et me tiendra informé de tout. Nous nous mettrons d'accord tous les deux auparavant sur la position à défendre. »

Il ajoute que pour les Conseils européens il est très ouvert sur la répartition des tâches entre nous.

« Nous nous entendrons toujours, nous sommes tous les deux des hommes intelligents et de bonne volonté, et qui avons le sens de l'État. De toute manière, je n'ai plus que l'année prochaine, et vous comprendrez que je sois désireux de ne pas cesser de participer au G7. »

Nous parlons également de l'emprunt de 40 milliards que j'ai décidé d'émettre pour susciter la confiance et en affecter le produit à la reprise de l'activité.

« Faites attention à vos services, me dit-il, en sorte qu'ils ne vous compliquent pas la vie et ne vous empêchent pas de réussir. »

Il revient sur les réseaux africains qui, manifestement, le préoccupent beaucoup, ou l'amusent, je ne sais pas. Il répète :

« Outre le réseau des Hauts-de-Seine, c'est-à-dire le réseau Pasqua, il y a le réseau Roussin, le réseau Chirac...

– Je vous fais observer que moi, je le redis, je n'ai aucun réseau !

– C'est vrai. S'agissant d'Elf, il y a 1/5ᵉ de réseau socialiste en son sein, et 4/5ᵉ de réseau RPR... Vous devez faire attention aux entreprises, ajoute-t-il, et aux chefs d'entreprise. Ils ne vous aideront pas plus qu'ils ne nous ont aidés. »

En fait, le moment venu, la plupart se ligueront contre moi, alors qu'en 1986 comme en 1993 je me suis employé à libérer les entreprises des contraintes néfastes que l'État faisait peser sur elles. Beaucoup me feront grief de manquer de souplesse et de compréhension pour leurs problèmes ; c'est que je ne suis guère enclin à la collusion ni aux arrangements commodes.

« Il me semble, lui fais-je observer, qu'ils vous ont beaucoup aidé ; beaucoup plus, en tout cas, qu'ils ne m'ont aidé !

– Vous avez la confiance populaire, vous n'avez pas la confiance des chefs d'entreprise, en tout cas pas plus que nous. Je fais cette remarque, mais, au fond, cela ne me regarde pas.

– Mais tout vous regarde ! Je ne suis pas hérissé dans la défense de mes attributions, nous pouvons parler de tout sans que j'y voie d'inconvénient, vous pouvez tout me dire. »

Il ne me répond pas.

Plus tard :

« Je souhaite que l'expérience que vous conduisez réussisse. Je le dis d'ailleurs aux socialistes qui viennent m'en parler. Ce sera difficile, mais vous devez réussir, et vous réussirez car vous avez la confiance populaire. »

Deux ans plus tard, le pays aura été redressé, j'aurai joui jusqu'à la fin d'un grand crédit, mais, lors de l'élection présidentielle, je ne bénéficierai pas de la « confiance populaire »...

2 juin 1993

Nous rentrons de Beaune où le sommet franco-allemand s'est déroulé dans d'excellentes conditions : beaucoup de ministres, beaucoup de sujets, peu de décisions... la routine !

Helmut Kohl a bien compris que sur le GATT je ne céderais pas. Il a dû vérifier auprès de Mitterrand que celui-ci ne tenterait pas de m'y contraindre ; ce serait en pure perte.

Lors de la conférence de presse finale, à une question d'un journaliste demandant comment se passe la cohabitation, Mitterrand répond :

« Je citerai saint Thomas : voyez et touchez ! »

J'interviens pour faire remarquer que ce n'est pas saint Thomas mais le Christ qui a dit : « Voyez et touchez » – remarque qu'il n'accueille pas d'un air satisfait. Il ajoute à l'intention de quelques journalistes, poursuivant ses variations sur le thème évangélique :

« Je ne pouvais pas mettre en doute la présence réelle du Premier ministre. »

J'ignore ce que le Christ et saint Thomas auraient pensé de cet échange...

Lorsque nous descendons du TGV en gare de Lyon, quelques applaudissements saluent Mitterrand sur le quai. Il me dit :

« Ce sont des immigrés qui doivent applaudir !

– Je suppose qu'ils ignorent que vous venez d'accepter l'inscription du projet de loi Pasqua sur l'immigration à l'ordre du jour du Conseil des ministres. »

Nous nous voyons une demi-heure avant le Conseil des ministres, toujours ce 2 juin.

Nouvelle discussion sur la gendarmerie dont le changement de direction le préoccupe manifestement beaucoup. Il évoque à ce sujet la précédente cohabitation et me dit à propos de sa réélection en 1988 : « Lorsque je suis redevenu président de la République *de plein exercice...* »

Je pars pour le week-end chez moi à Deauville après avoir mis au point la lettre que je dois envoyer aux chefs de gouvernement des douze pays membres de l'Union européenne afin de leur soumettre mon projet de Pacte de stabilité en Europe centrale.

J'apprends par mon cabinet que Mitterrand voudrait la signer lui-même. Je fais répondre que, dans ces conditions, je préfère retirer purement et simplement mon initiative, et qu'il n'en soit plus question.

Il m'appelle le samedi matin, 5 juin, et, après m'avoir demandé très aimablement de mes nouvelles :

« Je ne veux pas perturber votre calme et la sérénité de votre repos. Ce n'est pas mon genre de chercher à prendre votre place ; vous avez pris une excellente initiative et le mérite vous revient ; il est donc normal que ce soit vous qui écriviez aux chefs d'État et de gouvernement ; simplement, je souhaiterais que vous me montriez votre projet de lettre.

– Bien entendu, et c'était d'ailleurs dans mes intentions. Si je peux, dans ma lettre, faire état de votre accord, cela n'affirmera que mieux l'unité de notre pays et ne conférera que plus d'autorité à mon initiative.

– Faites-le. Cela n'aura en effet que des avantages. »

Rentré à Paris, je lui transmets le projet de lettre modifié comportant la référence à son accord ; il l'approuve sans aucune discussion.

Il a voulu mettre à l'épreuve ma résistance, mais il craint qu'en retirant mon initiative je fasse éclater au grand jour un conflit entre nous deux. Je peux le comprendre : hors une période de cohabitation, jamais un Premier ministre ne se serait cru autorisé à signer pareille lettre. Il m'en tiendra rigueur. À sa place, j'aurais fait de même ; mais peut-être à sa place n'aurais-je pas accepté la cohabitation.

9 juin 1993

Mitterrand me dit son scepticisme sur la possibilité d'aboutir à un accord du Parlement sur la modification de la Constitution concernant aussi bien le Conseil supérieur de la magistrature que la Haute Cour de Justice.

La révision constitutionnelle avait un double objet. Il s'agissait tout d'abord de réformer le Conseil supérieur de la magistrature en modifiant sa composition. Alors que tous ses membres étaient jusqu'alors nommés par le président de la République, mon souhait était que leur majorité fût composée de magistrats élus par leurs pairs. (Quinze ans plus tard, je constaterais que la réforme avait accentué le corporatisme du corps judiciaire et je proposerais de réformer la Constitution afin que les magistrats élus par leurs pairs ne détiennent plus la majorité au Conseil.) Il s'agissait aussi d'étendre les pouvoirs du Conseil aux magistrats du parquet pour la nomination desquels il donnerait un avis, tandis que pour les magistrats du siège il lui reviendrait de prendre la décision.

Par ailleurs, la responsabilité pénale des membres du gouvernement en raison de faits commis dans l'exercice de leurs fonctions devait être réformée. Jusqu'alors, ceux-ci ne pouvaient être jugés que par la Haute Cour de Justice, exclusivement composée de parlementaires, après une mise en accusation votée par les deux Assemblées. Désormais, toute victime d'un crime ou délit pourrait porter plainte devant une commission des requêtes composée de magistrats, et le procureur général près la Cour de cassation saisirait ensuite la Cour de justice de la République, présidée par un magistrat et composée de magistrats et de parlementaires, qui rendrait un jugement.

« Je suis très réservé sur le principe et, pour l'instant, je ne vois guère la possibilité pour tout ceci de déboucher. Vous voulez accroître les pouvoirs des juges, et moi je souhaiterais étendre les droits du Parlement. Je ne manquerai pas de vous le rappeler, et, de son côté, votre ami M. Séguin s'en chargera.

– Je n'ai jamais douté, en effet, que vous stimuleriez qui bon vous semble pour obtenir ce résultat.

– Vous faites régner une discipline de fer sur votre gouvernement et votre majorité, cela ne durera pas... (*Cela signifiait qu'il ne parvenait pas à manœuvrer à sa guise entre les uns et les autres.*) Ah ! Je dois vous dire que Fabius, que vous avez reçu, a été très sensible à l'accueil que vous lui avez réservé ; je vous remercie d'avoir été attentif à ses inquiétudes ; il souhaite sortir très rapidement de l'affaire du sang contaminé en voyant sa bonne foi établie.

– Je le comprends tout à fait. Je crois que, comme Premier ministre, il a fait ce qu'il devait faire. »

À propos de la mutation d'un fonctionnaire qui a échoué, auquel on retire sa fonction et que cependant il soutient :

« Et moi qui pensais que vous étiez un bon chrétien !

– Certainement beaucoup moins que je ne devrais ! »

Au Conseil des ministres qui suit, je fais une communication sur le projet de Pacte de stabilité dont l'objet est de garantir en Europe centrale le respect des frontières et des minorités ; Mitterrand déclare :

« Il s'agit d'un projet très ambitieux ; je souhaite sa réussite, car pour la première fois on sort de la logique des blocs. »

Il ajoute :

« Il est normal que le Conseil en connaisse, même si personne n'en parle, puisque effectivement aucun ministre n'a demandé la parole. Je constate que le dialogue est réduit au Premier ministre et à moi-même, ce qui est d'ailleurs très agréable pour moi. Voilà un bon exercice, ajoute-t-il, de domaine qui n'est pas réservé. »

Après le Conseil, je fais observer à Védrine qu'après les réserves négatives faites à plusieurs reprises au Conseil sur tel ou tel de mes projets, peut-être des commentaires positifs pourraient-ils être faits. Le communiqué de l'Élysée tiendra compte de mon vœu.

Au Conseil, les ministres ne s'expriment que sur les affaires de leur compétence, ils ne prennent jamais part à une discussion générale. Je ne le leur ai pas demandé, mais ils ne souhaitent pas compliquer mon dialogue avec Mitterrand. Celui-ci s'en irrite : les réunions ont un caractère sec, rituel, anémique. Mais comment prendre le risque d'afficher des divergences entre ministres, face à lui qui se hâterait d'en tirer profit ? Pour les affaires extérieures et de défense, la politique du pays se discute et se décide entre lui et moi, les comités restreints tenus à l'Élysée se bornant à entériner notre accord ; pour le reste, elle se décide au sein des comités tenus à Matignon. Le Conseil des ministres ne joue plus aucun rôle.

14 juin 1993

« Je ne cherche pas à vous gêner, mais, au contraire, je veux vous aider. Je souhaite la réussite de votre politique. Faites attention aux changements de personnes ; votre tableau de chasse s'alourdit, même si ça n'est pas de votre fait. »

Encouragements et reproches alternés : cela devient un rite.

À propos du GATT, il me dit : « Lorsque nous serons à Tokyo... »

Je ne relève pas la formule, je suis las de voir soulever sans cesse les mêmes questions ; mon intention de ne pas y aller est arrêtée depuis longtemps, il le sait. Il ajoute :

« J'approuve vos positions courageuses sur l'accord sur les oléagineux, et je le dirai le 14 juillet ; vous verrez, je serai très aimable pour vous.

– Je vous en remercie. »

S'agissant de la zone franc, le franc CFA y est surévalué, ce qui étrangle l'économie africaine. Je lui fais part de ma volonté de voir la relation entre le franc et le franc CFA assise sur des bases plus réalistes.

« M. Chirac a apparemment changé d'avis sur le problème, il ne serait plus hostile à la modification de la parité entre le franc et le franc CFA, d'après ce que m'indique Camdessus, directeur général du FMI. »

En fait, Chirac demeure partisan du statu quo, et Camdessus s'illusionne.

Mitterrand me parle ensuite de l'organisation des partis.

« Êtes-vous au fait de leur maniement ?

– Pas beaucoup.

– Cela se voit. Pourquoi ?

– Cela ne m'intéresse guère. Toutes ces querelles de clans, de chapelles, ces rivalités de personnes, ces affrontements pour le pouvoir, déguisés en débats d'idées ! D'ailleurs, je suis tard venu à la politique. Mais je conviens qu'il faut en passer par là. »

La suite prouvera que j'avais tort et qu'il avait raison. Il avait parfois envers moi, sur les problèmes de tactique politique, l'attitude d'un professionnel envers un amateur. Lors de l'élection présidentielle, le manque d'organisation de ma campagne, l'absence de soutien d'un grand parti bien structuré me coûteront la victoire. Je me suis trop fié à ma force de conviction, au caractère novateur de mon projet, pour tenter de séduire l'opinion en passant par-dessus les réseaux d'influence bien organisés à la disposition de mes concurrents.

Sommet européen de Copenhague les 21 et 22 juin 1993

La réunion se passe très bien. Mitterrand et moi participons ensemble à la plus grande partie du sommet. Je cède ma place à Juppé quelques heures, le mardi matin 22 juin ; avec lui les choses vont sans difficulté.

La presse fait grand état de la lettre que m'ont adressée Simone Veil et Méhaignerie pour protester contre l'amendement Marsaud au projet de loi sur les contrôles d'identité, qui aggrave les possibilités offertes à la police de contrôler les étrangers.

« Il s'agit là de méthodes ruineuses pour un gouvernement, me dit Mitterrand. Je vous le dis, bien que cela ne me regarde pas. »

Je lui réponds comme à l'accoutumée :

« Tout vous regarde, je suis prêt à parler de tout avec vous. J'ajoute que je partage votre point de vue. »

Il me prévient – ce que je savais – qu'il va avoir une conversation particulière avec le chancelier Kohl, et me demande quelle position de politique économique il doit défendre, celle de Séguin, qui ne cesse de prôner une « autre politique » à base de déficit budgétaire et de dévaluation, ou la mienne. Je lui réponds :

« Celle qui correspond à vos convictions. »

Ces piques m'agacent, j'ai le tort de ne pas le dissimuler, ce qui paraît le divertir. J'aurais également pu lui répondre que la politique économique était mon affaire ! Mais il le sait bien.

Il dit à Juppé, en ma présence :

« Je suis en séance avec le Premier ministre, mais j'essaierai de vous céder la place à un moment. C'est tellement triste pour vous d'être hors de la salle des séances ! »

J'interviens :

« Je ne suis pas un tortionnaire ! »

Mitterrand insiste :

« Il n'y a aucun problème, je me retirerai. »

À quoi Juppé rétorque :

« Il n'y a aucun problème pour moi non plus. »

Toujours le même jeu, un peu dérisoire, d'essayer par tous les moyens de diviser et d'opposer. Ne comprend-il pas que ce n'est pas tout à fait digne de lui, de son intelligence, de son habileté, que c'est trop visible pour être efficace ?

Il intervient sur le GATT au cours de la séance et, parlant de la position de la France :

« Le Premier ministre est en plein accord avec moi, sur ce sujet en tout cas ; et, sur les autres, si tel n'était pas le cas, cela ne vous regarderait pas ! »

Son assurance est délibérément provocante ; elle impressionne nos partenaires au lieu de les irriter. Il a donc raison.

Lors du dîner qui réunit les chefs de gouvernement et auquel la France a deux représentants, puisque Mitterrand et moi-même y sommes conviés, nous nous renvoyons tous deux la balle pour répondre aux Allemands qui souhaiteraient la levée de l'embargo sur les armes à livrer aux Musulmans de Bosnie.

L'après-midi du 21 juin, je présente au Conseil européen mon projet de Pacte de stabilité. Tous portent sur lui des appréciations élogieuses : Major parle de proposition très séduisante ; Kohl, de bonne idée ; Gonzalez dit son accord ; Santer évoque une initiative remarquable ; Reynolds me félicite ; Cavaco Silva parle d'une excellente contribution à la stabilité de l'Europe, qu'il salue.

Mitterrand intervient :

« La responsabilité de l'Union européenne est essentielle pour notre continent, et son rôle irremplaçable, d'autant que la Russie est pour l'instant sans capacité d'initiative et de rassemblement. Le risque est grand d'éclatement en ethnies qui se veulent des États, comme au Moyen Âge. Face à cela, l'Union doit lancer des signaux, car elle est la seule force cohérente ; la proposition du Premier ministre français est l'application première et majeure du rôle qu'elle doit jouer, c'est une formidable justification pour nos efforts. »

À la fin du tour de table, Mitterrand :

« Bravo, c'est un succès pour vous, j'en suis très content.

– C'est un succès pour nous deux. »

Je le pensai : son soutien m'avait été utile et avait impressionné nos partenaires. Et, pour moi, il était précieux de voir mon initiative adoptée avec son accord public.

30 juin 1993

J'ai proposé plusieurs lois quinquennales sur l'équilibre budgétaire, sur l'emploi, sur les moyens de la police, sur l'aménagement du territoire, sur l'équipement des armées. Mitterrand me dit son hostilité au principe car, selon lui, on n'arrive jamais à appliquer tout à fait ces lois pluri-annuelles, ce qui est loin d'être faux.

« Vous me direz ce que vous en pensez au bout de quelques années, là où je serai, me dit-il.

– Où serai-je moi-même ?

– Oh, vous, vous serez par là (*il fait un geste circulaire*), ou peut-être député du XVe arrondissement de Paris, mais de toute façon vous compterez.

– Mais je vous croyais planificateur...

– Beaucoup moins que vous ne le supposiez ! »

Il ajoute, c'est devenu une antienne :

« Je suis très content de nos relations, je n'ai rien à vous reprocher, je souhaite que vous réussissiez. »

Je lui ai précédemment confirmé par un projet de lettre que je ne lui ai pas envoyé, mais que mon cabinet a fait lire à Védrine, que je n'envisageais pas de me rendre à Tokyo. Mes raisons sont claires : je ne veux pas paraître en second rôle, sans place bien définie. Je désire en revanche prendre toutes les précautions nécessaires pour que la position défendue à Tokyo soit celle qui me paraît souhaitable ; je ferai une communication au Conseil des ministres qui va suivre ; dans mon esprit, elle vaudra instruction à la délégation française.

Mitterrand me dit :

« On dit que vous “m'envoyez” à Tokyo, mais, finalement, je préfère cela au fait que vous me forciez à rester à la maison. C'est dommage pour vous, car vous vous privez de l'Italie, où aura lieu le G7 l'année prochaine.

– Pas du tout : je pourrai très bien y aller une demi-journée, si je ne vous gêne pas. »

Je lui parle de l'emprunt de 40 milliards que j'ai lancé, en lui disant qu'il ne marche pas mal.

« Je reconnais bien là votre retenue naturelle : il marche très bien, parce que les Français sont décidés à vous faire confiance. Vous êtes capable de réunir des milliards uniquement sur votre nom, parce vous avez la confiance, mais c'est une confiance retenue. »

Je suppose que cela signifie « conditionnelle », ce qui est vrai.

« Attention, me dit-il ensuite, les ministres parlent trop. Saisissez l'occasion de le leur rappeler ».

Ce que je ne manquerai pas de faire aussitôt en Conseil, en songeant aux propos de l'un sur le relâchement budgétaire et monétaire souhaitable, d'un autre sur la rupture souhaitable du lien franc-mark afin de permettre une baisse des taux d'intérêt en France, comme si la politique que j'ai définie n'avait pas été approuvée par l'Assemblée après ma déclaration de politique générale.

Comme toujours, nous passons d'un sujet à l'autre. En général, je lui communique, la veille, ceux que je souhaite aborder, afin qu'il s'y prépare. Il semble apprécier la méthode sans songer pour autant à utiliser la même envers moi.

Je lui demande :

« Si c'était nécessaire, accepteriez-vous mon souhait de modifier la composition du gouvernement ou de me séparer de ministres qui n'auraient pas respecté la règle du jeu que j'ai fixée sur la réserve à conserver jusqu'à la veille de l'élection présidentielle ?

– Je suis prêt à vous aider, mais il faut que vous fassiez attention : cela peut être plus compliqué que vous ne le croyez. »

J'ai eu tort de lui demander un accord de principe général. À sa place, j'aurais fait la même réponse. Mais la sienne me convient dès lors qu'elle n'est pas négative.

Samedi 3 juillet

Clinton ayant écrit à Mitterrand pour lui faire part de sa décision d'un nouveau moratoire d'un an sur les essais nucléaires, l'Élysée a préparé un communiqué pour s'en réjouir ; il ne me convient pas. J'en ai établi un autre et je demande à voir Mitterrand. La situation est délicate : la majorité – en tout cas le RPR – souhaite la poursuite des essais. Moi aussi, mais je ne peux l'imposer à Mitterrand.

C'est un samedi après-midi, il règne une chaleur torride. Il m'ouvre lui-même la porte de son bureau et me fait entrer très aimablement. Je lui fais valoir que, selon tous les experts, un certain nombre d'essais sont encore nécessaires.

« Je ne crois pas aux experts, me dit-il.

– Moi-même n'étant pas expert, je n'ai pas moyen de les contredire, mais tout donne à penser que les essais nucléaires sont indispensables pour la mise au point définitive de nos armes avant de passer à la simulation, que j'ai décidé de mettre en œuvre et qui rendra les essais inutiles.

– Mais vous n'avez qu'à dire le contraire de moi.

– Quel visage aurait donc la France si je vous contredisais publiquement sur un sujet aussi essentiel ?

– Pendant douze ans, avant que vous n'entriez dans ma vie (*étrange formule !*), on a essayé de me faire croire que les essais nucléaires étaient indispensables. En fait, je n'en crois rien. »

Il accepte cependant que nous créions ensemble un groupe de travail qui nous dira ce qu'il en est.

C'était la seule solution raisonnable pour mettre fin à un débat important sur le plan national, mais utilisé à des fins politiques.

Peu avant, Chirac était venu me voir, tentant de me convaincre qu'il était dans mes prérogatives de décider la reprise des essais contre le sentiment de Mitterrand ; il prétendait avoir consulté l'amiral Lanxade, chef d'état-major des armées, lequel le lui avait confirmé. Il n'ajouta pas – mais c'était tout le sens de son propos – que m'incliner devant la volonté de Mitterrand serait une marque de faiblesse.

Je convoquai Lanxade et lui posai la question sans détours : si je lui donnais l'ordre de reprendre les essais nucléaires malgré l'opposition formelle du Président, m'obéirait-il ? Comme je m'y attendais, il me répondit que non, sans hésiter : pour l'armée, il s'agissait d'une prérogative qui, depuis l'origine, était exclusivement celle du chef de l'État ; il n'irait pas contre sa volonté, même si, à ses yeux, la reprise des essais était indispensable, et s'il estimait que j'avais raison. Je le remerciai de sa franchise sans lui demander s'il avait tenu les mêmes propos à Chirac ; il avait parfaitement compris. À la première occasion, je fis part à Chirac de cette conversation en n'y ajoutant aucun commentaire. Il répéta que Lanxade lui avait bien tenu le propos qu'il m'avait rapporté, mais sans insister.

À la même époque, un incident, dérisoire celui-là, m'avait semblé témoigner de la même volonté de me duper pour me faire trébucher. Il me dit qu'un membre d'une des familles qui s'étaient illustrées dans l'histoire de la France, locataire d'un immeuble de la Ville de Paris, ne payait pas son loyer, que la commission chargée de contrôler la société publique propriétaire de l'immeuble ne manquerait pas de le relever, que la Mairie de Paris serait mise en cause ; il me demanda comme un service de venir en aide au locataire impécunieux, grâce aux moyens de Matignon, afin qu'il pût s'acquitter de toutes ses obligations en retard. Je lui marquai mon étonnement :

« Pourquoi le ferais-je ? Pourquoi vous-même ne lui venez-vous pas en aide ?

– Parce que je ne le peux pas de façon officielle, et qu'à défaut de paiement la société propriétaire devrait lui donner son congé, ce qui susciterait des commentaires. Votre aide serait sûrement très appréciée par lui et par le milieu auquel il appartient, qui vous est très favorable…

– … et qui répétera à tous les vents que, grâce à une aide que je lui ai dispensée par des procédés douteux, je lui ai permis de s'acquitter de ses obligations ? Je ne me prêterai pas à cette combinaison. »

Tout cela était pour le moins saugrenu, ou plutôt obéissait à des motifs transparents. Je demeurai surpris qu'on ait pu me croire si naïf.

Mitterrand poursuit :

« Je veux vous aider, me dit-il, je vois très bien que vous avez des difficultés dans votre majorité avec cette affaire d'essais nucléaires, mais tout cela est contraire à ma conviction. N'en tirez pas une conclusion d'une autre nature. Il n'y a pas d'autre politique possible que la vôtre, ni d'autre équipe possible que la vôtre. Ne soyez pas inquiet pour ce que je dirai le 14 juillet : je ne ferai que votre éloge.

– Je n'ai aucune inquiétude.

– Je vous ai nommé, j'approuve votre politique et je suis entêté.

– Rassurez-vous, je ne le suis pas moins. »

J'évoque ensuite son refus de signer la totalité du décret que je lui ai présenté pour l'ordre du jour de la session extraordinaire. Il refuse d'inscrire la proposition de loi relative à l'abrogation de la loi Falloux, qui date de 1850 et qui limite les subventions des collectivités publiques aux investissements des établissements privés d'enseignement à 10 % de leur montant. Bayrou y tient beaucoup. Je ne suis guère enthousiaste, mais force est que je fasse de temps à autre une concession à la majorité dont une partie menace d'organiser de grandes manifestations pour la réclamer. C'est ce qu'est venue me dire une délégation de sénateurs de l'Ouest.

« Ce n'est pas essentiel à votre programme.

– C'est vrai, cela n'y figure pas ; je suis très conscient qu'il ne s'agit pas de quelque chose d'essentiel, mais la majorité le souhaite. Vous allez me mettre dans une position difficile vis-à-vis d'elle. »

Il maintient sa décision, sans doute pour saisir sans risque une occasion d'affirmer face à moi son pouvoir, également pour faire un geste envers les syndicats d'enseignants. J'aurais mieux fait de tenir compte de son avis, quel que fût le motif qui l'inspirait. Je m'en apercevrai à mes dépens, quelques mois plus tard, lorsque j'aurai, de guerre lasse, fini par accepter de déposer un projet de loi qui sera voté au Sénat dans de fâcheuses conditions de précipitation.

S'agissant du prochain voyage à Tokyo, il y revient, croyant peut-être retourner le fer dans la plaie :

« Il fallait que vous veniez. Pourquoi ne l'avez-vous pas décidé ?

– Il n'en était pas question ; je ne veux pas y aller à la place d'un autre, mais à la mienne, si je puis dire.

– Mais nous ne pouvons pas y être tous les deux comme chefs de délégation, il ne peut y en avoir qu'un.

– Vous avez tout à fait raison. C'est pourquoi je n'irai pas, afin de ne pas me trouver dans une position ridicule.

– Ne me retirez pas le peu qu'il me reste. Je n'ai plus ni bras ni jambes, je n'ai plus que le cœur ! »

Formule théâtrale qui me laisse sans réponse.

Mardi 6 juillet 1993

C'est avant le départ à Tokyo.

« Puis-je souscrire à votre emprunt, car j'ai vu que vous aviez déclaré à « L'Heure de vérité » que vous-même vous n'y souscririez pas ?

– Dès lors que je suis l'auteur de conditions assez favorables pour l'émission de cet emprunt, je me vois mal en profiter ; en 1986, alors que je mettais en œuvre les privatisations, je n'avais pas davantage souscrit à la vente d'actions des sociétés privatisées.

– Le problème se pose-t-il pour moi ?

– Non, puisque vous n'êtes pas l'auteur de cet emprunt.

– Très bien, j'envisage de le faire même si je n'ai guère d'argent devant moi ; pratiquement, je crois que je n'ai pas cent mille francs sur mes différents comptes postaux ou bancaires. »

Il ajoute :

« J'ai écouté attentivement ce que vous avez dit à « L'Heure de vérité » ; vous avez gonflé l'affaire du groupe de travail des experts sur les essais nucléaires en donnant à entendre que ma décision n'était pas irrévocable. Pourtant, vous connaissez ma position.

– Vous connaissez la mienne. J'ai dit simplement que ce groupe nous dirait la vérité sur la nécessité des essais.

– Ne vous méprenez pas : j'écoute et je lis avec beaucoup d'attention tout ce que vous dites et tout ce que vous déclarez. En général, cela me convient très bien. Là, vous êtes allé un petit peu plus loin que nous n'étions convenus, ce que je conteste. »

L'emprunt de 40 milliards que, malgré l'avis contraire des techniciens des finances, j'avais lancé à un taux qui était le taux du marché en vigueur, fut un grand succès, sans doute le plus grand de toute notre histoire depuis un siècle. Il s'agissait que se manifeste au grand jour la confiance publique. Au bout de quelques semaines, 110 milliards furent souscrits, soit deux fois et demie, en francs constants, le montant de l'emprunt Pinay de 1952. Les fonds furent utilisés à rembourser les avances consenties par les entreprises à l'État en matière de TVA, et à financer les mesures prises en faveur de l'emploi, ce qui stimula l'activité et nous permit de sortir de la récession économique dans laquelle nous étions enlisés.

14 juillet 1993

Lors de son intervention télévisée, le Président a des mots très aimables pour moi, sur les qualités qui sont les miennes. Il remet vertement à sa place Patrick Poivre d'Arvor qui lui dit qu'il est allé à Tokyo comme étant mon « sherpa », ce qui n'est guère aimable ; le désir de montrer son indépendance peut conduire un excellent journaliste à l'oubli de quelques bons usages.

Rien d'autre de notable à indiquer sur ce 14 juillet qui se passe mieux que le 14 juillet 1986, lorsqu'il avait refusé de signer l'ordonnance sur les privatisations préparée par moi, et l'avait publiquement annoncé.

*

Au bout de trois mois, les rôles étaient répartis, chacun savait quelles étaient sa place, ses compétences et ses limites. Le gouvernement fonctionnait bien, avec rapidité et cohésion. Très vite, de graves difficultés allaient être surmontées, des questions importantes résolues.

J'avais défini la politique économique que j'entendais mener ; je la mis en œuvre sans tarder.

La crise du système monétaire européen qui aurait pu entraîner l'éclatement de la Communauté et de notre étroite coopération avec l'Allemagne fut surmontée ; les négociations sur le GATT furent conduites à leur terme conformément aux intérêts de la France, dont nos partenaires furent contraints de tenir compte ; les comptes sociaux améliorés, tandis que le budget pour 1994 fut voté avec une diminution du déficit ; peu à peu, la croissance économique redevint positive et le chômage, qui augmentait de 40 000 par mois à notre arrivée, commença de décroître, tandis qu'une loi quinquennale sur l'emploi simplifiait les procédures et développait l'incitation à travailler ; une loi nouvelle sur les privatisations mit le gouvernement à l'abri des injustes procès d'intention qui m'avaient été faits quelques années plus tôt, cependant que l'actionnariat populaire était relancé ; les pensions du secteur privé, dont bénéficiaient les quatre cinquièmes des retraités, furent sauvées de la faillite pour quinze ans grâce à l'augmentation de la durée des cotisations, passant de 37,5 ans à 40 ans, c'est-à-dire implicitement à l'augmentation de la durée d'activité : je l'avais annoncé, j'en avais discuté avec les syndicats qui n'avaient que mollement protesté, tant ils savaient ce changement inévitable ; l'emprunt public, je l'ai dit, rencontra un succès sans précédent, témoignage du retour de la confiance collective dans l'avenir.

Les sondages d'opinion me devinrent très favorables, plus qu'à quiconque à ce moment-là. Cela surprit, moi le premier, et inquiéta beaucoup – pas moi. J'y vis un soutien à mon action, un élément de force et d'autorité, l'un des rares à ma disposition, sur lequel je me reposai sans doute trop.

L'éducation que j'avais reçue ne m'avait pas préparé à la vie politique, et ma nature ne m'y portait pas davantage. On m'avait enseigné qu'il était déplacé de s'employer à flatter les apparences : faire comptait davantage que faire savoir, qui est de mauvais goût, comme de parler de soi. Arrivé à Matignon en 1993, j'ai tenté de prendre le contre-pied de cette attitude par trop distante. On me jugeait froid ? J'ai surmonté ma réserve, mes ministres trouvèrent auprès de moi un accueil qui les surprit heureusement. J'ai accordé plus qu'auparavant de l'importance aux relations avec la presse. Longtemps elle ne me fut pas cruelle. Déjà, entre 1988 et 1993, je l'avais intéressée ; cela s'était fait spontanément, sans que j'élabore un plan de communication sophistiqué avec le concours de prétendus spécialistes ; alors on me prêtait un avenir : cela suffisait à me faire entendre, tout était facile.

Désormais, je suscitais son attention et celle de l'opinion parce que l'état de santé du président de la République conférait au Premier ministre beaucoup plus de pouvoirs que dans une cohabitation ordinaire, et surtout parce qu'en quelques semaines j'étais devenu un candidat crédible à l'Élysée.

Je demeurais lucide. Helmut Kohl, avec lequel j'avais de bonnes relations, et qui m'avait aidé à trouver à la négociation du GATT une issue acceptable par tous, m'avait cité l'exemple d'une enquête d'opinion faite en Allemagne sur les mesures d'austérité. Question : « Voulez-vous des réformes ? » Réponse : oui, à 75 %. « Acceptez-vous des sacrifices pour réduire le chômage ? » Non, à 75 %. « Ces sacrifices seraient-ils utiles ? » Oui, à 75 % ! Au début de 1992, George Bush, alors président des États-Unis, vainqueur de l'Irak dans la première guerre du Golfe, était au zénith dans les sondages, mais quand il m'avait reçu à la Maison-Blanche, j'avais vu un homme donnant le sentiment d'être las et désabusé. En novembre, il perdait. Le seul avantage des bons sondages, c'est qu'on est moins critiqué que lorsqu'ils sont mauvais.

J'avais trop remarqué combien les hommes politiques sont influençables. J'ai toujours eu le désir de ne pas baigner dans un petit milieu replié sur lui-même, tel le milieu politique, qui, fatalement, pèse sur le jugement. Toujours j'ai éprouvé le besoin de me tenir à l'écart, non pas à l'abri, mais libre. Aussi lisais-je peu les journaux, écoutais-je peu la radio, ne regardais-je guère la télévision. Je ne voulais pas être immergé dans l'information permanente, à l'affût de la moindre rumeur. Lire la presse, ce n'est pas apprendre des informations, c'est connaître l'opinion de ceux qui les commentent et qui disent tous à peu près la même chose. Je ne voulais pas m'enfermer dans ce monde, être obligé de répondre, d'argumenter, de polémiquer. Les articles qui me concernaient, je n'en prenais jamais connaissance. Mes collaborateurs avaient pour mission de m'en épargner la lecture même lorsqu'ils étaient favorables. On reçoit des visites, on participe à des réunions, on écoute, on voyage, on réfléchit, on consulte des spécialistes : cela suffit à voir comment l'action est reçue et comprise, les critiques ou les approbations qu'elle soulève. Je ne vivais pas dans l'anxiété de savoir ce que tel ou tel disait de moi tel ou tel jour. L'exercice du pouvoir requiert quelque peu de distance. À dépendre des autres, on perd sa liberté.

Il fallait aussi la garder vis-à-vis de moi-même. Je ne me réécoutais jamais, je ne regardais jamais mes émissions à la télévision, de crainte peut-être de ne voir que mes défauts. Par souci de vérité et d'authenticité, je me gardais de tout narcissisme.

Tout cela, qui n'était pas prémédité, mais naturel, m'a permis plus tard de faire face aux épreuves d'un cœur apaisé.

21 juillet 1993

Mitterrand me parle de la durée des fonctions de Premier ministre :

« M. Pompidou est resté six ans, M. Barre cinq ans ; vous-même, peut-être que vous battrez ces records, si vous n'êtes pas Président.

– Il n'est pas dans mes intentions d'être le Premier ministre d'un autre que vous. »

Voilà qui suscite chez lui un sourire satisfait, peut-être parce qu'il se méprend sur le sens de mon propos ; j'avais le pouvoir de gouverner, j'étais libre de mon action, j'excluais de me retrouver un jour dans une situation subordonnée à qui que ce fût.

Me parlant des attaques dont il a été l'objet durant toute sa carrière :

« Je ne suis pas susceptible sur le plan professionnel, mais sur le plan personnel. J'ai vu que dans votre discours au Congrès de Versailles qui a ratifié la modification de la Constitution vous aviez envoyé une pichenette à moi-même et à M. Séguin (*décidément, il se réfère beaucoup à lui*) en refusant toute nouvelle modification de la Constitution, s'agissant d'étendre les droits du Parlement.

– Ni sur le contrôle de la constitutionnalité des lois, ni sur les droits du Parlement, il n'y a aujourd'hui de majorité à l'Assemblée nationale ni au Sénat pour modifier la Constitution. J'ai tellement à faire que j'évite de m'enliser dans des discussions sans issue. Seriez-vous susceptible sur le plan professionnel que vous n'auriez, dans le cas que vous évoquez, aucun lieu de l'être : je n'ai rien dit de différent de ce que je vous ai toujours dit. »

28 juillet 1993

« Vous voulez, me dit-il, nommer Jaffré président d'Elf Aquitaine ? Tout le monde me dit que c'est votre homme.

– Je l'y nomme surtout pour remettre de l'ordre, pour nettoyer les écuries d'Augias. Il n'a jamais fait partie de mon cabinet, même si, à la direction du Trésor, il m'a été fort utile lors des privatisations en 1986-88. J'ai beaucoup d'estime pour son intelligence et sa droiture.

– J'ai conseillé à Le Floch-Prigent, qui va quitter Elf, d'accepter votre proposition : la présidence de Gaz de France, c'est convenable. Quant à Colé, auquel vous voulez retirer la présidence de la Française des Jeux, il faut entendre sa défense. L'Inspection des finances s'en prend à lui peut-être injustement. De toute façon, sa mission prend fin dans quelques mois. (*Il se montrera à plusieurs reprises très insistant en faveur de Colé que je ne connais pas et dont je n'avais jamais entendu parler auparavant*). Vous savez, ajoute-t-il, l'affaire d'Elf, le départ de Le Floch-Prigent font l'objet de beaucoup de remous : il y a des démarches nombreuses de la part de votre entourage...

– Mon entourage ?

– Enfin, du milieu politique auquel vous appartenez. J'ai reçu quatre ou cinq lettres.

– Ça n'est pas de nature à me faire changer d'avis, tout au contraire !

– On parle de révélations.

– Peu m'importe ! Qu'on en fasse !

– Ah, vraiment, vous êtes un homme comme ça !... De toute façon, en Afrique, il y a des réseaux : le réseau Pasqua, le réseau Roussin, le réseau Chirac et un petit réseau socialiste (*il y revient sans cesse*)...

– Est-ce que vous imaginez que mon objectif est de créer mon réseau en nommant Jaffré ?

– Pas du tout. J'ai de la considération pour vous, vous êtes un serviteur de l'État. Mais vous êtes aussi un politique beaucoup plus habile que la presse ne veut bien le dire.

– Je suppose que c'est un compliment. »

Nous évoquons également la crise du Système monétaire européen. On peut craindre le pire. Une spéculation est déclenchée en faveur du mark et contre le franc français, le franc belge et la couronne danoise, et, à ce jour, nous avons dépensé la plus grande partie de nos réserves pour défendre la parité de notre monnaie.

Dans mon discours de politique générale, j'avais été clair : il fallait retrouver le progrès économique et l'emploi par le contrôle des comptes publics dont l'endettement avait subi un accroissement sans précédent ; par la libération de l'économie, grâce à des réformes rapides accroissant la compétitivité des entreprises et assouplissant la réglementation du travail ; par le maintien de la France au sein du Système monétaire européen et de ses disciplines ; en résumé, par l'ouverture de notre économie au monde, et non par le repliement sur nous-mêmes ni par le protectionnisme.

Avant mon arrivée à Matignon, je savais quelles difficultés m'attendaient. Même si elle avait approuvé mon discours de politique générale, la majorité était divisée, une partie du RPR prônant une « autre politique ». Quel en était le sens ? L'indifférence envers la maîtrise des déficits publics, sinon leur apologie, alors qu'ils avaient atteint une gravité sans précédent, la volonté de baisser les taux d'intérêt, la valeur de la monnaie dût-elle en pâtir, des préoccupations sociales affichées mais non financées, l'éloge de l'intervention de l'État présentée comme le moyen de respecter des promesses impossibles à tenir, un retour de la croissance alimentée par la distribution de pouvoir d'achat à la charge des collectivités publiques et des entreprises. Le tout aussi chimérique que dangereux. Il y avait peu, la critique de mon action s'était enrichie : elle conduirait à un « Munich social », formule confuse puisqu'on voyait mal devant qui je capitulerais, sinon devant la spéculation en cessant de défendre le franc ! Ce n'était rien d'autre qu'un contresens polémique : seul le retour de la prospérité grâce à la maîtrise des déficits pouvait permettre le recul du chômage et le progrès social. Je ne m'étais pas laissé impressionner.

Malgré les critiques contre une prétendue « pensée unique » qui m'aurait inspiré, critiques qui permettaient de faire de l'ignorance un atout, je m'étais mis au travail. Sans précaution, les partisans de cette « autre politique » réclamaient un affrontement avec l'Allemagne sur le niveau des taux d'intérêt, c'est-à-dire sur la parité respective de nos deux monnaies, en prônant la dépréciation de la nôtre. Je ne pouvais l'accepter. Était en cause ma volonté de réforme économique ; on prétendait me contraindre à renoncer à mes convictions, on voulait me voir faire volte-face en abandonnant le programme que toute la majorité de l'Assemblée avait approuvé. C'était un moment décisif : toute la suite dépendrait de ma capacité à garder le cap que j'avais fixé. Il fallait préserver la valeur du franc pour dissiper toute équivoque et retrouver l'activité. En raison des dissensions publiques à l'intérieur de la majorité, ma capacité à maintenir cette ligne fut mise en doute, les spéculateurs continuèrent de plus belle à jouer contre le franc. Fort heureusement, Kohl partageait mes vues et des instructions avaient été données aux ministres des Finances réunis secrètement à Munich. Le 23 juillet, en déplacement à Rabat, je déclarai que le franc ne serait pas dévalué ; je recueillis le soutien immédiat de Giscard d'Estaing.

Jeudi 29 juillet 1993

Je reçus Raymond Barre qui approuva l'idée que j'évoquais : la suspension pour trois mois du Système monétaire européen si les choses ne s'arrangeaient pas. Pour lui, tout serait préférable à son éclatement qui marquerait un retour vingt ans en arrière.

Je déjeunai avec Valéry Giscard d'Estaing qui estimait qu'il fallait défendre le SME « bec et ongles », augmenter les taux d'intérêt à 12 %, s'il le fallait, et le faire pendant plusieurs années, « afin que les Français s'habituent à avoir une monnaie ». Souhait irréaliste, à moins qu'il ne fût machiavélique ! Je n'avais nulle envie d'aggraver la récession dans laquelle j'avais trouvé notre pays en augmentant lourdement les taux d'intérêt. Le seul effet aurait été de relancer la critique de ceux qui souhaitaient plus de laxisme encore.

À Versailles, quelques jours plus tôt, Chirac m'avait vivement reproché devant témoins, lors d'un déjeuner à la préfecture, de mener la même politique que Bérégovoy ; il refusait de marquer ses distances avec ceux qui voulaient un changement de politique économique « afin, me disait-il, de ne pas porter atteinte à l'unité du RPR », comme si celle-ci ne l'était pas lorsque j'étais mis en cause ! Je ne comprenais pas sa position : quelques mois plus tôt, il avait courageusement approuvé le référendum instituant la monnaie européenne ; or toute politique de facilité économique et financière la rendrait impossible. Il refusait d'admettre qu'il y avait là une contradiction. Il est vrai que c'était de politique intérieure qu'il s'agissait. Le résultat, c'est que la presse, nationale comme internationale, voyait en lui l'un des responsables de la crise du franc. Alors, de l'étranger où il se trouvait en vacances, prenant tardivement conscience que c'était la position internationale et européenne de la France qui était menacée et qu'il avait intérêt à me soutenir, il s'alarma, multiplia les coups de téléphone à mon cabinet, se déclarant prêt à publier le communiqué que je souhaiterais pour bien marquer qu'il m'approuvait. Il me transmit le texte de la déclaration qu'il s'apprêtait à faire. Chacun devait prendre ses responsabilités ; la mienne consistait à maintenir sans équivoque la ligne fixée. Du moins étais-je éclairé : toutes les occasions de m'affaiblir lui seraient bonnes, à condition que cela ne se sût pas ; si je réussissais, Mitterrand en serait agacé, mais lui, Chirac, verrait son horizon s'obscurcir. J'eus alors le sentiment qu'il ne se contenterait pas de souhaiter mon échec, mais qu'il s'emploierait à le susciter.

La rupture entre nous date de là. Désormais, je savais que je devrais gouverner en butte à sa constante hostilité.

Vendredi 30 juillet 1993

Je vais voir Mitterrand afin d'arrêter avec lui notre attitude pour les réunions monétaires qui vont se dérouler samedi et dimanche à Bruxelles. Dans la journée, nous avons perdu toutes nos réserves, et nous sommes endettés de 150 milliards de francs. Je lui raconte mon entretien avec Giscard d'Estaing.

« Il veut votre échec, me dit-il. Moi, je souhaite votre réussite, c'est l'intérêt du pays ; on verra après à qui cela profitera. Je suis d'accord pour qu'on demande à l'Allemagne de se mettre en congé du SME et pour que, si on ne l'obtient pas, on élargisse les marges de fluctuation en passant de 2,25 à 6 % de part et d'autre du taux pivot, comme vous le proposez. »

Il revient sur l'affaire Le Floch-Prigent, lequel quitte la présidence d'Elf. Il me reparle des interventions, des menaces de révélations. Je lui réponds :

« Cela me donnerait la conviction que j'ai raison de m'en défaire. Cela s'appelle du chantage !

– Oui mais, vous le voyez, nous rencontrons des difficultés.

– Je ne vois pas lesquelles. Il suffit de décider. Je ne changerai pas d'avis. »

Samedi 31 juillet - dimanche 1er août 1993

Deux journées passées au téléphone avec Bruxelles où sont réunis les ministres des Finances et les gouverneurs des Banques centrales, afin de trouver une issue à la crise monétaire. Je réitère à Alphandéry, ministre de l'Économie, mes instructions : reprendre les propositions françaises sur le flottement du mark et du florin, monnaies qui font l'objet d'une spéculation à la hausse, qui se mettraient en quelque sorte en congé du SME, afin de cesser de le déstabiliser.

Cela est près de réussir, mais, devant l'obstination des Belges et des Danois, qui ne veulent pas que leurs monnaies décrochent du mark, on doit abandonner. Il est vrai qu'un SME dont la plupart des monnaies flotteraient n'aurait plus ni intérêt ni sens. Ce serait la mort du projet de monnaie européenne.

Dimanche, j'ai quatre conversations téléphoniques avec Mitterrand et une avec Delors. Ils me soutiennent tous deux dans mon refus de dévaluer le franc par rapport au mark.

Mitterrand, dans la soirée :

« Je ne veux pas que vous vous retrouviez dans quinze jours dans la même position qu'aujourd'hui. Il faut en sortir. Vous avez raison de refuser un élargissement limité des bandes de fluctuation, et je vous approuve... Vous devez être fatigué, ne vous surmenez pas... »

Il fallait choisir entre un élargissement des marges de fluctuation à 6 % de part et d'autre du cours pivot, comme le proposaient les Allemands, ou l'éclatement du SME. Les discussions traînant en longueur, je donne alors instruction à Alphandéry d'exiger une marge de fluctuation de 10 % au moins, afin de décourager la spéculation. Je téléphone en ce sens à Helmut Kohl qui n'acquiesce ni ne proteste.

Dans le courant de la nuit, ce 1er août, la lenteur des discussions et le danger dans lequel nous nous trouvons me conduisent à mettre le marché en main aux Allemands en renforçant encore nos exigences : soit le flottement généralisé avec élargissement des bandes de fluctuation de 15 %, et non plus seulement de 10 %, seule possibilité pour nous de retrouver notre liberté au sein du SME et de décourager la spéculation qui perdrait tout repère ; soit l'éclatement du SME. Parce que c'est le seul moyen de préserver la valeur du franc au sein du SME, je prends ma décision, malgré les techniciens du Trésor et de la Banque de France dont l'un des plus éminents m'a déclaré, le matin, que les bandes élargies étaient une « folie ». Trichet, directeur du Trésor, et La Rosière, gouverneur de la Banque de France, sont perplexes.

Finalement, tous nos partenaires acceptent ; ils se sont convaincus, Kohl le premier, que je suis décidé à l'éclatement du Système monétaire européen si je n'obtiens pas satisfaction. La crise monétaire prendra très vite fin et le franc, comme le mark, retrouveront leur stabilité autour du taux pivot sans qu'il soit nécessaire d'utiliser la facilité qu'offrent les bandes de fluctuation élargies. Prise de court, comme on pouvait le prévoir, la spéculation cesse ; c'était tout l'intérêt de l'élargissement considérable des marges de fluctuation, que j'avais imposé à nos partenaires. En quelque sorte, une arme de dissuasion destinée à faire suffisamment peur pour ne pas servir.

Cette nuit-là, la future monnaie européenne a été sauvée. J'étais heureux d'avoir gagné. La résolution dont j'avais fait preuve serait utile pour obtenir la modification des accords du GATT.

4 août 1993

« Vous y êtes allé fort, me dit Mitterrand. Je vous avais donné mon accord pour un élargissement des bandes de fluctuation de 6 %, et vous avez décidé 15 % sans m'en reparler !

– C'était pendant la nuit, je n'ai pas voulu vous déranger. Est-ce que vous désapprouvez la solution à laquelle j'ai abouti ?

– Non, c'était l'issue la moins mauvaise. »

Je l'informe que la veille j'ai reçu le ministre des Finances allemand, Waigel, qui m'a remercié de la part du Chancelier d'avoir sauvé le SME. Trois jours plus tôt, il était moins enthousiaste devant mon initiative qui lui mettait sans détours le marché en main. Chacun s'est convaincu que le seul moyen de juguler la spéculation était d'élargir les marges de fluctuation des monnaies au sein du Système européen.

Au Conseil des ministres, j'insiste sur les causes de la crise, sur la continuité nécessaire de la politique économique, sur le fait que nous traversons une épreuve, que nous avions à choisir entre plier ou tenir, et qu'en demeurant fermes sur notre politique économique et monétaire nous avons sauvé l'avenir et préservé l'existence future de la monnaie européenne.

Deux semaines à Chamonix en août 1993

Dans la paix de ma famille et l'isolement, je réfléchis. La faveur de l'opinion m'encourageait à continuer sans me laisser intimider : tellement était à faire pour sortir la France de l'ornière et l'ouvrir au monde ! Je rencontrais dans le milieu politique une adhésion croissante des uns, une inentamable hostilité des autres. Raison de plus pour affirmer encore plus nettement le sens de mon action, pour ne pas me laisser distraire par ce qui n'était pas ma mission, ni entraîner dans une compétition présidentielle prématurée. J'étais, dans les esprits, devenu un candidat quasi naturel, cela comportait un danger, celui que toute mon action fût présentée comme inspirée par le souci de ce seul objectif. Dans le secret de mon cœur, rien n'était décidé, sauf que j'étais bien résolu à ce que personne ne tente de m'imposer une décision qui ne serait pas la mienne.

Du côté de Chirac, les choses étaient limpides : je n'étais pas depuis trois mois à Matignon qu'il redoutait en moi un rival, il ferait tout pour que je trébuche et ne puisse entrer en compétition avec lui dès lors qu'il n'avait pu empêcher mon accession à Matignon ni me donner à croire que je lui en étais redevable. Il estimait avoir seul le droit d'être candidat, considérait le pouvoir comme son bien exclusif, mon échec comme une nécessité pour y atteindre.

La propagande organisée s'en est chargée, on a travesti ma relation avec lui : amitié vieille de trente ans, engagement que j'aurais pris de ne jamais être candidat à l'élection présidentielle, rupture personnelle et politique dont je serais responsable... La vérité est autre.

Nous nous sommes connus au début des années 60, au cabinet de Georges Pompidou, alors Premier ministre. Nous avions peu d'affinités l'un avec l'autre, guère de points communs et, je crois, peu de proximité naturelle : ces sentiments sont toujours réciproques. Je le trouvais actif mais remuant, rapide mais péremptoire, travailleur et assimilant les dossiers mais sans vues originales, trop désireux de plaire à qui il fallait, avec un mélange de brutalité hâtive et de complaisance appliquée. Ne prisant guère la comédie des camaraderies affectées, je gardais mes distances ; je ne suis que trop enclin à le faire.

Les années passant, nous nous sommes éloignés l'un de l'autre, puis rapprochés avant de nous éloigner à nouveau. Au fil du temps, je l'ai mieux connu.

Il avait de grands talents, une faim jamais apaisée pour les joies de la vie, un goût de l'activité, du pouvoir, une capacité d'entraînement sans égale ; aucune tâche ne le rebutait, aucune difficulté ne le décourageait, son acharnement à atteindre son but, sans toujours une excessive délicatesse dans le choix des moyens, ne connaissait pas de répit ; il manifestait un penchant à utiliser à son profit les capacités d'autrui sans se soucier toujours de leur rendre justice ; spontanément généreux envers ceux auxquels il était attaché, généralement disposé à venir en aide à qui en avait besoin, il n'en était pas moins capable de calcul, de cynisme. De manières simples, sachant susciter la sympathie, il était à même de s'adresser aux plus modestes comme de plain-pied avec leurs joies et leurs soucis. Avec la vérité il avait des rapports commodes, en changeant selon les circonstances et les interlocuteurs, comme si, pour lui, tout était opportunité du moment. Cordial, apparemment spontané dans ses propos, c'était en réalité un calculateur prompt à la défiance. L'étrange était que cet ambitieux extrême doutait de lui, en même temps qu'il était habité d'un désir de possession qui, à ses yeux, rendait son ambition légitime. À la longue, le spectacle était fascinant, décevant aussi, souvent quelque peu fatigant.

Il avait fait dans la carrière politique une entrée fracassante : sitôt élu député tout de suite ministre, chargé de fonctions de plus en plus importantes, tandis que moi-même je suivais à l'Élysée Pompidou devenu Président. À la mort de ce dernier, j'en étais le Secrétaire général, tandis que Chirac était ministre de l'Intérieur. À l'élection présidentielle, il prit à grand fracas, contre la majorité du mouvement gaulliste, le parti de Giscard d'Estaing, tandis que, par scrupule, je me tenais moi-même à l'écart aussi bien de celui-ci que de Chaban-Delmas, afin de ne pas sembler faire état implicitement de la préférence de Georges Pompidou. Je n'étais le porteur d'aucun testament, l'Histoire montrant au surplus que les volontés posthumes sont sans effets. À la victoire de Giscard d'Estaing, Chirac fut nommé Premier ministre et je rentrai dans l'ombre. Nous ne nous sommes plus vus pendant six ans.

Il prit contact avec moi en 1980. Brouillé avec ses conseillers d'alors, il se sentait seul et éprouvait, comme souvent chez lui, le besoin d'une association avec quelqu'un à qui il pût se confier, dont il pût solliciter les avis. Je tins ce rôle durant une dizaine d'années, de 1980 à 1990 environ, le convainquant de se rallier à la libéralisation de l'économie, d'accepter la cohabitation, établissant en 1986 avec lui la liste de son gouvernement, dont je fus le numéro 2. La politique économique que je conduisis – il me laissa les coudées totalement franches, renonçant même à son pouvoir d'arbitrage budgétaire – fut un succès marqué par de profondes réformes libérales et la reprise de la croissance et de l'emploi. J'y gagnai une réputation de savoir-faire qui, sans que je m'en rendisse compte tout de suite, éveilla chez lui méfiance et jalousie. À partir de là, peu à peu, tout changea : je devenais un rival.

Je ne voulais pas l'être. Entre 1988 et 1993, je déclarai publiquement, à plusieurs reprises, que je ne serais pas candidat à l'élection présidentielle. Je le dis à Chirac qui, cent fois, me demanda de ne plus le répéter : « Cessez d'affirmer que vous ne voulez pas être candidat à la présidence de la République. Nous verrons bien lequel de nous deux sera en situation, le moment venu ! – Soit, lui répondais-je, mais mon sentiment demeure le même. » Je le lui rappelai, on l'a vu, en 1993, l'avant-veille de ma nomination à Matignon : comme il me demandait si je le soutiendrais au cas où il présenterait sa candidature, je lui répondis que mon soutien serait à la mesure du sien si j'étais nommé Premier ministre, tout en lui confirmant que je n'avais moi-même nulle intention de me présenter. Ce n'était ni une promesse, ni un engagement, ni un marché, ce qui eût été indécent : je l'informai seulement de mon état d'esprit. Je n'admettais pas que mon choix comme Premier ministre pût dépendre de lui alors qu'il n'avait aucun moyen, ni juridique ni politique, de s'y opposer.

Ce qu'éprouvait Chirac était facile à deviner : il avait peur de gouverner à nouveau, ses deux expériences de Premier ministre en 1974 et en 1986 n'ayant guère été concluantes ; et s'il le redevenait, il avait peur d'être une nouvelle fois battu à l'élection présidentielle ; il redoutait aussi que je réussisse, ce qui me mettrait en situation favorable pour la suite. À ses yeux, je devais devenir Premier ministre pour lui épargner de l'être à nouveau, mais me garder soigneusement d'un succès tel qu'il me conférerait une autorité politique redoutable pour lui.

Je n'aurais eu qu'un moyen d'apaiser ses alarmes : dire et répéter publiquement en toutes occasions que je ne serais pas candidat à l'Élysée. Dès lors, je serais apparu comme chargé de gérer au mieux une transition dont il eût été le bénéficiaire, ce qui m'aurait ravi tout crédit auprès d'une bonne part de la nouvelle majorité qui lui était hostile et qui m'aurait suspecté de ne gouverner qu'à son profit ; toutes mes décisions eussent alors été soupçonnées d'être inspirées de son seul intérêt ; mon gouvernement et la majorité, divisés dès le départ, eussent été mis à mal et condamnés à l'échec ; cela, je ne pouvais l'admettre, j'étais résolu à tout faire pour réussir et que notre pays ne perde pas deux ans de plus. Mon devoir était clair : remplir ma mission et ne prendre aucun parti. Ce serait malaisé, je le savais. Je vivrais dans le soupçon, la malveillance. Pour l'un et l'autre, ce serait l'épreuve de vérité.

Alors, tout se comprend chez lui comme chez moi : l'hostilité vigilante qu'il a organisée contre mon action, et ma réaction. On attaquait ma volonté de redressement, soupçonnée d'être source d'une régression sociale, alors que cette dernière eût été la conséquence inévitable de la démagogie dont on vantait les mérites en y voyant la prééminence de la politique sur la technique. Chirac réclamait à grands cris une baisse des taux d'intérêt ; mais la crise monétaire qui se déclenchait aussitôt n'était en rien due à la publicité donnée à ses propos, et il se hâtait de se contredire en affirmant qu'il me soutenait. J'étais mis en demeure de refuser de ratifier les accords du GATT, même s'ils étaient modifiés conformément aux intérêts de la France, courant ainsi le risque d'ouvrir une crise grave en Europe et en France où une partie de la majorité souhaitait la ratification. Le CIP, tentative bien fondée, mais malheureuse, parce que mal expliquée, de diminuer le chômage des jeunes, était aussitôt qualifié de « SMIC-jeunes », alors que c'était tout le contraire. Délégations sur délégations, conduites par des élus RPR, venaient me réclamer l'abrogation de la loi Falloux, et lorsque, de guerre lasse, je m'y résignais, j'étais aussitôt rendu responsable des manifestations déclenchées dans tout le pays par la gauche. Deux de mes ministres exprimaient-ils, sans m'en avoir parlé, le souhait que je me présente à l'élection présidentielle, aussitôt j'étais mis en demeure de m'expliquer devant le groupe RPR comme si je les y avais incités !

Mois après mois, ma relation avec Chirac se détériorait. À plusieurs reprises, je l'avertis que je ne pourrais accepter sans réagir l'attitude qu'il inspirait à une partie de la majorité censée me soutenir ; je recueillis de bonnes paroles, rien ne changea. Je n'y revins plus, désormais averti, convaincu que ces critiques continuelles avaient pour seul objet de m'affaiblir. J'avais le sentiment d'avoir été utilisé, qu'on m'avait joué la comédie de l'amitié pour me donner le change.

Les choses auraient-elles pu aller autrement ? Sans doute pas, les circonstances étant ce qu'elles étaient, Chirac fait comme il l'est, et moi comme je le suis. Il ne pouvait supporter à son ambition nulle entrave née de la réussite d'un autre ; je ne pouvais admettre qu'au mépris des engagements pris mon action fût vilipendée, comme si j'étais seulement chargé d'occuper une fonction trop dangereuse pour un autre, avec interdiction d'obtenir quelque résultat heureux. Je le pouvais d'autant moins que, j'en avais la conviction, mes idées, mes projets permettaient de mettre en œuvre les réformes profondes grâce auxquelles la France se redresserait et s'adapterait au monde. À partir de là, le désaccord fut consommé. Un temps, j'en éprouvai quelque tristesse, mais j'avais éclairé ma lanterne, je savais désormais ce dont j'avais longtemps refusé de prendre conscience.

Le moindre défaut de la politique n'est pas celui de galvauder le sens des mots. Souvent l'amitié y est invoquée, mais elle y est rare, la complicité est moins une affaire de sentiment et d'union des cœurs que d'intérêts partagés, d'association des ambitions. L'amitié n'a rien à voir avec les combinaisons d'appareils, l'équilibre des influences, le service de clientèles protégées en toutes circonstances, le partage des joies et des profits du pouvoir. Aussi la lutte pour le conquérir est-elle fertile en retournements ; rien n'est arrêté à jamais, les amis affichés d'un jour sont les adversaires déclarés du lendemain, avant de redevenir associés quand l'ambition l'impose. La plupart se plient à ce jeu, certains même y prennent du plaisir. Ce n'était pas mon cas.

*

Retour à Paris, dimanche 22 août 1993

Après la crise du Système monétaire européen, le problème international le plus important que j'eus à résoudre à mon arrivée à Matignon, en 1993, fut la négociation du GATT et le pré-accord de Blair House sur l'agriculture. Sur cette affaire, l'opposition avait mené campagne contre le gouvernement socialiste. Mais la France avait contre elle le monde entier, qui souhaitait ratifier les accords du GATT. Ainsi, nous nous trouvions dans une situation difficile en raison à la fois des pressions américaines, de la complaisance avec laquelle la Commission de Bruxelles y cédait, et de l'indifférence de nos partenaires européens.

Sans avoir reçu de mandat clair du Conseil des ministres, la Commission avait accepté de parapher, le 21 novembre 1992, un texte concernant la seule agriculture, le pré-accord de Blair House. Le principe de globalité – c'est-à-dire le principe selon lequel la négociation était un tout, dont aucun aspect ne devait être traité isolément ni réglé avant que tous le soient – avait été abandonné par les Européens. Abandonné aussi, le principe selon lequel il fallait réduire l'ensemble des soutiens, puisque les États-Unis continuaient de verser à leurs agriculteurs des aides à la personne beaucoup plus importantes que les nôtres. J'avais défini sans équivoque la position du gouvernement : les accords du GATT ne seraient pas ratifiés par la France aussi longtemps qu'ils ne seraient pas modifiés. Mitterrand s'était résigné à l'accepter.

La négociation tournait à l'aigre. La campagne internationale pour l'approbation de ce pré-accord fut orchestrée : les agriculteurs français étaient désignés à l'opinion internationale comme les responsables d'un blocage de l'accord du GATT. Par avance, on leur faisait grief de la récession mondiale, présentée comme la conséquence inéluctable de l'échec de la négociation. Je ne pouvais l'accepter.

En outre, dans les domaines non agricoles, l'état de la négociation n'était pas du tout satisfaisant : tous les pays n'étaient pas traités de la même manière, puisque les Américains prétendaient conserver leur droit à des sanctions commerciales unilatérales ; de même, tous les marchés ne s'ouvraient pas de façon identique. L'accès des entreprises européennes aux marchés des pays tiers – en particulier en Asie – devait être amélioré ; les caractéristiques propres à certains secteurs, tels l'aéronautique et le textile, devaient être reconnues. Bref, la mise en place d'une Organisation mondiale du commerce véritablement équilibrée n'était pas acquise. Enfin les Américains tentaient de démanteler tout le système des aides au secteur audiovisuel mis en place par les Européens. Surtout, je ne pouvais pas tolérer que les membres de la Commission de Bruxelles, et en particulier M. Brittan, commissaire au Commerce, se comportent comme les maîtres du jeu, ne sollicitant pas les instructions du Conseil des ministres, et, quand ils les recevaient, ne les exécutant pas. La procédure des discussions du GATT mettait en cause les institutions mêmes de l'Europe.

Au départ, nous ne semblions pas pouvoir compter sur la solidarité de nos alliés européens, et nos intérêts étaient menacés par un projet d'accord qui semblait aussi inéluctable qu'inéquitable. Les difficultés étaient si grandes que certains prévoyaient, dans toutes les hypothèses, l'échec du gouvernement : soit il accepterait l'accord et ce serait une capitulation dommageable pour de larges secteurs de notre activité économique, qui pourrait conduire l'Assemblée nationale à le renverser ; soit il le refuserait, et une crise européenne profonde s'ouvrirait.

Je fixai au gouvernement sa ligne de conduite et les priorités de son action : rompre l'isolement de notre pays ; préciser nos demandes en faisant évoluer les discussions d'un plan général à un plan technique ; bien montrer que, pour nous, le problème n'était pas seulement agricole, mais mettait en jeu l'ensemble des intérêts économiques de la France comme de l'Union européenne ; susciter l'adhésion de nos partenaires européens et favoriser leur cohésion. Il ne s'est jamais agi, pour moi, d'un combat d'arrière-garde pour défendre des intérêts supposés égoïstement nationaux, mais bien de faire prévaloir une conception globale et juste de la libération du commerce international. Telle fut toujours ma conception de la liberté.

Dans ce combat dont dépendaient à la fois mon autorité, le sens de ma politique, l'influence de la France en Europe et dans le monde, je me suis totalement et personnellement impliqué. Je l'ai fait en sachant ce qui était en cause, déterminé que j'étais à assumer tous les risques. Si la négociation réussissait, j'étais prêt à engager ma responsabilité devant l'Assemblée nationale ; je l'aurais fait aussi si elle avait échoué, car je n'aurais jamais accepté un accord contraire à nos intérêts fondamentaux.

Durant plus de six mois, j'ai tenu, chaque semaine, une réunion avec l'ensemble des ministres chargés du dossier : Alain Juppé, ministre des Affaires étrangères, Gérard Longuet, ministre de l'Industrie et du Commerce extérieur, Jean Puech, ministre de l'Agriculture et de la Pêche, Alain Lamassoure, ministre délégué aux Affaires européennes. Au mois de mai et au mois d'août, nous avons adressé à tous nos partenaires deux mémorandums précisant nos buts : obtenir un nouvel ordre du commerce mondial fondé sur l'égalité entre tous les États ; permettre à l'Union européenne de préserver son identité, c'est-à-dire de voir garantir les politiques communes qu'elle avait créées ; ouvrir tous les marchés fermés au commerce mondial, à l'image de ce qu'avait déjà fait la Communauté ; enfin obtenir sur les différents secteurs concernés par la négociation, et que j'ai déjà cités, des solutions acceptables pour tous.

Au début, je rencontrai le scepticisme de nos partenaires européens ; ils semblaient considérer qu'en les mettant en garde contre un accord du GATT qui ne serait pas satisfaisant je m'acquittais d'une sorte de devoir, en raison des engagements pris pendant la campagne électorale, mais ils n'étaient nullement persuadés que je persévérerais. Je n'ai pas ménagé ma peine pour les convaincre du contraire. J'ai rencontré sur ce sujet une première fois le chancelier Kohl à Bonn dès le 22 avril 1993, John Major à Londres le 4 mai, après les obsèques de Pierre Bérégovoy, le président Clinton aux États-Unis le 15 juin, Felipe Gonzalez à Madrid le 27 septembre, après lui en avoir longuement parlé lors du sommet de Copenhague, le 21 juin. Je me suis rendu également devant la Commission de Bruxelles, le 10 juin 1993, ce qui était fort rare de la part d'un Premier ministre, afin de faire clairement comprendre à tous que je n'accepterais pas l'inacceptable.

À tous j'ai tenu le même langage : je souhaitais ratifier, mais pas à n'importe quel prix ; l'Union européenne ne pouvait avaliser l'accord contre l'avis de la France, et je ferais jouer pour cela le compromis de Luxembourg qui lui donnait un droit de veto opposable à toute décision contraire à sa volonté. Sur ce point, Mitterrand me laissait dire sans se prononcer nettement. Kohl prit conscience de la difficulté lors du sommet franco-allemand de Beaune, le 1er juin. Je retournai le voir à Bonn le 26 août 1993. Lors de la conférence de presse conjointe que nous tînmes, il admit pour la première fois publiquement : « le pré-accord de Blair House pose un problème ». Notre détermination commençait à porter ses fruits, tout comme lors de la crise monétaire.

Petit à petit, face à notre résolution, nos partenaires comprirent qu'il s'agissait à nos yeux d'une affaire grave, mettant en cause l'avenir même de l'Union européenne. C'est ce que je voulais : les convaincre que j'étais prêt à utiliser toutes les armes pour m'opposer à cet accord tel qu'il était alors ; je l'aurais fait s'il n'avait pas été satisfaisant. Mitterrand, lui, observait et parlait peu. Dès lors qu'il était rassuré sur les motifs de mon intransigeance, je pense que, dans les conversations qu'il avait avec les dirigeants étrangers, il se gardait de marquer une distance avec moi. Ce fut une aide.

24 août 1993

Dans la discussion avec les autres Européens sur le GATT, Mitterrand me conseille de faire peser des risques sur les agriculteurs de Bavière et de Souabe, circonscriptions de M. Waigel et de M. Kinkel, respectivement ministres allemands des Finances et des Affaires étrangères. Il faut leur démontrer, me dit-il, que l'accord de Blair House peut être fâcheux pour l'agriculture allemande également.

Je l'informe du contenu de ma communication au Conseil des ministres et de ma conférence de presse : je dois annoncer le plan de travail du gouvernement pour les six prochains mois.

Il approuve mon idée d'installer le siège de l'Institut monétaire européen à Kehl, en face de Strasbourg, et non pas à Francfort, comme le souhaite Kohl avec insistance. Cela ne l'empêchera pas, un peu plus tard, et sans m'en parler, de donner son accord à Kohl pour Francfort.

En ce qui concerne la loi organique sur le Conseil supérieur de la magistrature, il souhaite rester maître de la saisine du Conseil et en nommer le secrétaire général. Nous transigeons : le garde des Sceaux pourra exceptionnellement saisir le Conseil supérieur, et le secrétaire général sera nommé par décret, c'est-à-dire avec contreseing du Premier ministre et du garde des Sceaux.

Il me parle ensuite du projet de loi quinquennale sur l'emploi :

« Ce projet n'a pas d'effet immédiat, il prolonge simplement les contrats à durée déterminée, ce qui donnera de trop grands pouvoirs aux chefs d'entreprise ; d'autre part, l'annualisation du temps de travail doit être liée à la réduction du temps de travail. Enfin, faut-il transférer la formation des jeunes aux régions ? *(Il lit une note qu'il a sous les yeux, semblant s'acquitter d'un devoir, comme pour me démontrer que je ne suis pas totalement libre.)* Vous le voyez, j'ai des réserves à faire sur un certain nombre de points.

Je ne peux pas rester passif, mais, en même temps, je ne veux pas vous gêner. Comment dois-je faire ?

– Je verrai quel compte je peux tenir de vos réflexions.

– Vous avez une bonne cote personnelle auprès des syndicats, il ne faut pas la gâcher. Ce que vous avez dit à la télévision sur la protection sociale, que vous voulez préserver, et sur le maintien du système du SMIC, je pense que c'était sincère. Ce serait dommage de gâcher votre image. Faites quelques concessions, reparlez-en avec les syndicats, et, après, nous en reparlerons entre nous. Je vous dis cela, mais, de toute façon, nous ne serons pas concurrents tous les deux.

– Je vais voir ce qu'il est possible de faire. Mais il faut aussi sortir des sentiers battus. Par exemple, il n'est que temps de décentraliser vers les régions la formation professionnelle.

– Je répète que je suis en désaccord sur un certain nombre de points. Je me tais pour ne pas vous gêner, car vous devez réussir, c'est l'intérêt national. Cela peut et doit aller mieux dans deux ans. Pour cela, il ne faut pas commettre d'erreur.

– Laquelle ?

– Il faut éviter une crise sociale. L'opinion vous croit son défenseur équitable. Vous devez être le protecteur de tous. Je vous donne des conseils. Cela vous agace, sans doute ?

– Non, puisque, lorsque j'ai pris mes fonctions, je vous ai demandé de ne pas hésiter à le faire.

– Vous êtes plus neuf que moi en politique, même si vous n'êtes plus un enfant.

– Hélas non !

– C'est pourquoi je me permets de vous parler ainsi. »

Avant le Conseil des ministres du 25 août 1993

Je vois longuement Mitterrand à propos de la réforme de la Constitution, rendue à mes yeux nécessaire par la décision du Conseil constitutionnel du 13 août 1993 annulant une partie de la loi Pasqua sur l'immigration.

Cette loi avait pour objet de transcrire en droit interne la convention de Schengen ratifiée par la France le 27 juin 1991. Au nombre des mesures compensatoires de la suppression des contrôles aux frontières, prévue par la convention, figurait la règle selon laquelle un seul État était responsable du traitement d'une demande d'asile. Cette disposition visait à empêcher que des demandes d'asile puissent être déposées simultanément ou successivement dans plusieurs États membres à seule fin de permettre à leur auteur de se maintenir sur le territoire de l'un des pays signataires de la convention. La loi se bornait à faire en sorte que la France pût appliquer cette disposition.

Bien qu'il eût reconnu, deux ans auparavant, qu'il n'existait aucune contradiction entre la convention de Schengen et la Constitution, le Conseil constitutionnel avait estimé, cette fois, que le Préambule de celle-ci imposait à notre pays des obligations particulières en matière de droit d'asile. Le quatrième alinéa du Préambule dispose que « tout homme persécuté en raison de son action en faveur de la liberté a droit d'asile sur le territoire de la République ». Le Conseil constitutionnel en tirait une double conclusion : en premier lieu, notre pays devait examiner la demande d'asile déposée par toute personne se disant persécutée pour son action en faveur de la liberté, même si son cas relevait de la compétence d'un autre État signataire de la convention de Schengen ; en second lieu, la France était tenue d'admettre cette personne sur son territoire jusqu'à ce que les autorités compétentes se soient prononcées sur son cas.

En d'autres termes, la décision du Conseil constitutionnel entraînait trois conséquences à mes yeux inacceptables. D'une part, notre pays ne pouvait plus bénéficier de la contrepartie prévue par la convention de Schengen à la suppression des contrôles aux frontières ; d'autre part, il était le seul signataire de la convention à se trouver dans cette situation ; enfin et surtout, la France devenait en quelque sorte l'instance d'appel unique vers laquelle auraient convergé inévitablement la plupart des demandes d'asile rejetées par les autres États liés par la convention de Schengen. 560 000 demandes avaient été examinées par ces États en 1992, et

90 % avaient été rejetées. On imagine l'ampleur de la difficulté ! Je ne pouvais me résigner à accepter pareille situation.

À l'évidence, si nous voulions éviter que notre pays y fût confronté, il fallait réviser la Constitution afin de mettre fin à toute contradiction entre le respect des accords de Schengen et le texte de la Déclaration des droits contenue dans le Préambule. Une telle révision supposait, aux termes mêmes de l'article 89 de la Constitution, l'accord du président de la République.

L'affaire s'engagea mal. Mitterrand était très réticent, ne voulant pas inscrire le projet de loi de révision à l'ordre du jour du Conseil des ministres.

« Je suis très réservé sur la réforme de la Constitution. Il ne faut pas toucher au droit d'asile. Je vous rappelle ce que vous m'avez dit vous-même lorsque je vous ai nommé Premier ministre : si nous devons nous affronter, il faut le savoir et le décider à l'avance. Après tout, je peux terminer mon mandat avant la date prévue et partir sur le droit d'asile. Ce serait un beau sujet !

– Personne n'y pense ni ne parle de votre départ. En la matière, je ne suis pas favorable à un référendum, la réforme constitutionnelle devrait être avalisée par le Congrès ; la procédure est donc entre vos mains. Si vous refusez d'inscrire à l'ordre du jour du Conseil des ministres un projet de loi de réforme constitutionnelle élaboré par le gouvernement, je serai obligé de laisser déposer par des parlementaires une proposition de loi constitutionnelle et, ce que je peux faire sans votre accord, de l'inscrire à l'ordre du jour de l'Assemblée puis du Sénat, qui le voteront immédiatement. Dans ce cas, il faut un référendum pour conclure la procédure ; même si la Constitution ne le dit pas, vous avez le pouvoir de ne pas décider ce référendum en différant la convocation des électeurs, mais cela fera peser sur notre vie publique une atmosphère délétère pendant les dix-huit mois qui nous séparent de l'élection présidentielle.

– Si l'on veut un conflit, j'y suis prêt. Je ne pourrai pas rester muet sur un sujet pareil. J'aime autant vous prévenir, car je ne souhaiterais pas vous surprendre.

– Je ne souhaite pas non plus vous surprendre. Nul ne peut prévoir l'effet politique qu'aurait un conflit entre le Parlement et le président de la République sur la réforme de la Constitution. Vous savez parfaitement qu'on instruit envers moi un procès permanent de complaisance à votre égard. Cela pourrait me conduire à me retirer.

– Il est toujours possible de trouver un Premier ministre.

– Certainement.

– Et avec la même majorité.

– Certainement aussi. Puisque vous avez vous-même évoqué les conséquences politiques possibles, il faut que nous en parlions. Je souhaite vous éclairer sur les conséquences d'un conflit incontrôlé que ni vous ni moi ne maîtriserions plus. Je ne pourrai accepter un échec. Je tiens à vous le dire, quitte à vous sembler faire pression sur vous. »

Nous nous séparons sans conclure, mais sans rompre.

Jeudi 26 août 1993

Je rencontre Helmut Kohl à la Chancellerie à Bonn où je déjeune avec lui.

Toujours jovial, apparemment simple, en réalité intelligent et madré, il me raconte sa conversation avec Mitterrand au bord du lac de Constance, il y a quelques semaines :

« Je lui ai dit : "Vous avez attendu douze ans pour avoir le meilleur Premier ministre et le plus courtois." Il m'a répondu : "Je ne me plains pas." »

Longues plaisanteries sur la cohabitation dont Kohl se prétend un expert, ce dont je le félicite. Il insiste sur les différences entre celle que conduisit Chirac et l'actuelle.

Dans les milieux allemands, on dit que la concession qu'il m'a faite sur le GATT tient à l'avenir politique qu'il me prête. Dans la conférence de presse que nous avons tenue ensemble, il a commencé pour la première fois à admettre en public que la ratification des accords du GATT n'allait pas de soi. Il n'a aucune envie d'ouvrir une crise grave au sein de l'Union européenne, et nos autres partenaires non plus, qui ont cessé de douter de ma détermination. Mitterrand a compris qu'il ne pourrait m'empêcher d'user de notre droit de veto, et qu'au sein du Conseil européen où je siège avec lui il ne pourrait passer outre mon opposition. Dans cette affaire, sur le plan extérieur comme sur le plan intérieur, je suis en position de force, à condition de ne pas aller trop loin et, le moment venu, d'accepter une solution de compromis.

Mercredi 1er septembre 1993

Le désaccord entre le gouvernement et le Conseil constitutionnel est exposé au grand jour. À droite comme à gauche, on attise le feu.

« Ah ! me dit Mitterrand, compatissant, sur la réforme de la Constitution vous avez bien du mal. Vous êtes obligé de céder à votre droite.

– Pas du tout, j'agis conformément à ma conviction : le Conseil constitutionnel est allé trop loin, comme s'il était l'auteur de la Constitution, alors que c'est le souverain qui l'est, soit le Parlement, soit le peuple directement. Il y aura quelques blessures, quelques piques.

– Rassurez-vous, aucune ne sera mortelle. Cela étant, je ne veux pas vous gêner ; je suis réservé sur la réforme de la Constitution, sauf si vous me dites que c'est pour vous aider.

– Je ne sais pas si cela m'aidera, mais ce qu'il y a de sûr, c'est que les choses ne peuvent pas rester en l'état.

– Je n'ai nulle intention de changer de gouvernement. Je suis content de la façon dont les choses se passent. J'entends dire parfois que vous êtes un technicien égaré dans la politique, je n'en crois rien. »

À ce moment-là, il feint de m'imiter : « Ah! ne me parlez pas de politique ! fait-il d'un air plaintif en mettant la main sur son front. Vous allez trop loin !

– Je ne crois pas dire les choses de façon aussi théâtrale.

– Si je refuse de convoquer le Congrès pour réformer la Constitution, on demandera mon départ, et puis après ?

– Personne ne parle de demander votre départ, en tout cas pas moi. (*Sans cesse, il essaie de dramatiser, d'exagérer mes difficultés.*) Voilà la déclaration que je me propose de faire. »

Je la lui tends et il la lit :

« Je me suis entretenu avec le président de la République des problèmes que posait à notre pays la récente décision du Conseil constitutionnel. Les choses ne peuvent rester en l'état.

« Notre effort est de parvenir à concilier trois exigences : la lutte contre les abus auxquels peut donner lieu le droit d'asile et qui peut conduire à l'immigration clandestine ; le respect des principes républicains et, en particulier, la défense des droits de l'homme ; l'effort de construction d'un espace européen auquel la France est particulièrement attachée.

« Je peux d'ores et déjà vous indiquer quels sont les principes qui guideront mon action :

« La France doit pouvoir appliquer normalement les accords de Schengen. Pour cela, une adaptation de portée limitée de la Constitution doit être étudiée. Je souhaite qu'en ce cas l'on puisse procéder à la révision de la Constitution par la voie parlementaire, la plus rapide et la plus simple. Il n'est pas question qu'à cette occasion soit remis en cause le préambule de la Constitution et l'exercice normal du droit d'asile.

« Je vais poursuivre mes conversations avec le président de la République. »

« Ce projet, me dit-il, recueille mon accord. »

Mais la position de François Mitterrand fluctuant, les choses vont se compliquer encore dans les jours qui suivront.

Samedi 4 septembre 1993

L'affaire de la révision constitutionnelle rendue nécessaire par la décision du Conseil constitutionnel sur le droit d'asile créa entre nous deux une tension que je ne m'explique pas ; le sujet ne le méritait pas, sauf si l'on souhaitait en faire un prétexte pour me faire toucher terre. Elle témoigne de la complexité et de l'instabilité de nos relations dans une situation institutionnelle incommode. C'est pourquoi je m'y attarde.

Le 2 septembre, je reçus du Président une lettre me demandant de saisir le Conseil d'État d'une demande d'avis afin qu'il fasse connaître au gouvernement s'il suffisait d'une loi ordinaire pour résoudre la difficulté soulevée par le Conseil constitutionnel relative à l'application de la convention de Schengen, ou si une modification de la Constitution était nécessaire, comme je le pensais :

« Monsieur le Premier ministre,

« À la suite de la décision du Conseil constitutionnel du 13 août 1993, vous m'avez fait part de votre intention de soumettre aux Assemblées parlementaires un projet de loi portant révision de la Constitution et modifiant son titre VI, projet dont le seul objet, avez-vous souligné, serait de rendre effective l'application de la convention de Schengen.

« Or, il n'est pas de domaine de notre droit où la complexité soit plus grande, tant les principes constitutionnels, les conventions internationales, les lois nationales, les dispositions réglementaires, sans oublier une jurisprudence très riche, s'entremêlent.

« La Constitution est la norme supérieure de ce droit et j'ai pour mission de veiller à son application. Aussi, avant l'adoption de tout projet de loi dois-je m'assurer de la nature, constitutionnelle ou législative, des dispositions qui me sont présentées.

« En l'occurrence, de quoi s'agit-il ? La question de la compatibilité entre la Constitution et les accords de Schengen (et de Dublin) n'est pas posée. Le Conseil constitutionnel l'a tranchée le 25 juillet 1991.

« La question du droit d'asile n'est pas non plus, ne peut être posée. Nulle autorité responsable n'accepterait qu'il soit porté atteinte à ce principe sacré de notre démocratie. Vous l'avez vous-même affirmé et nul ne doutera de ma propre détermination.

« Il reste à savoir si les difficultés pratiques que vous redoutez pour notre pays, faute de disposer du moyen suffisant de le protéger contre certaines formes d'immigration clandestine, peuvent être résolues par le projet

"technique" et restreint de révision constitutionnelle dont vous m'avez saisi, ou, plus simplement, par les procédures ordinaires de la loi. Ce n'est pas un débat mineur.

« L'avis du Conseil d'État, que vous présidez, nous serait précieux. Il le serait d'autant plus que le Conseil est la juridiction compétente en matière d'immigration, et que sa jurisprudence à ce sujet est très importante. Je crois souhaitable qu'il soit consulté. Il nous fournira, sans perdre de temps, les éléments indispensables d'appréciation qui nous manquent. La rentrée parlementaire est encore assez éloignée pour que les textes soient, d'ici là, mis au point. »

Je lui téléphonai le samedi 4 septembre à Latche où il était en vacances. Je lui fis valoir que la saisine du Conseil d'État sur la seule question de la nécessité d'une loi ordinaire était une perte de temps ; que j'avais déjà fait renoncer la majorité à sa demande de référendum, comme à la modification du préambule de la Constitution ; que, dans ces conditions, on pourrait procéder à la saisine du Conseil d'État sur les deux questions à la fois : nécessité d'une loi ordinaire ou bien réforme de la Constitution.

« Je vais y réfléchir, me répondit-il, mais je suis très réservé.

– Vous êtes l'élu du peuple, vous pouvez agir seul. Moi, je suis l'émanation de la majorité, à la tête d'un gouvernement de coalition ; force m'est bien de tenir compte du sentiment des uns et des autres pour en faire la synthèse.

– C'est vrai, mais il est difficile de saisir le Conseil d'État d'une réforme de la Constitution si l'on n'y est pas décidé ; cela engage l'affaire.

– En effet, mais la loi que vous proposez ne peut être efficace que si l'on contredit le Conseil constitutionnel. Et si celui-ci la déclare à nouveau inconstitutionnelle, que ferons-nous ?

– C'est vrai. Ah ! vous avez bien des difficultés !

– L'on a beaucoup dit dans la presse que nous nous étions mis d'accord, ce qui n'est pas encore le cas. J'espère que vous ne croyez pas que cela vient de mon entourage.

– Non. C'est autour de moi que l'on cherche à ce que nous nous mettions d'accord en allant parfois au-delà de ce je souhaite.

– Ne réprimandez pas trop votre entourage. Dans ce cas-là il n'est pas malintentionné. »

Lundi 6 septembre 1993

J'allai voir Mitterrand et lui remis le texte du communiqué commun que nous pourrions publier ensemble, et celui de la question que je poserais au Conseil d'État et qui exprimait ma position ; il fallait consulter celui-ci sur tous les aspects de la question et le prier de répondre clairement : une loi ordinaire suffirait-elle, ou une révision de la Constitution était-elle indispensable ?

Il me répondit qu'il allait y réfléchir, ce qui était un progrès.

Le lendemain, à 19 heures, il me fit porter une lettre accompagnée d'un projet de demande d'avis qui ne me convenait pas du tout, car celui-ci conduisait à peu près certainement le Conseil d'État à estimer inutile une révision de la Constitution.

« Le 7 septembre 1993

« Monsieur le Premier ministre,

« Avant notre conversation téléphonique prévue pour la fin de l'après-midi, je vous envoie un texte corrigé par mes soins à partir de celui que vous m'avez remis hier. Cela vous servira à l'élaboration du document qui sera finalement adressé au Conseil d'État. Je vous appellerai vers 19 h 30 et nous en terminerons, je l'espère. »

Je le rappelai à 19 heures pour lui dire mon désaccord en lui donnant mes raisons. Il me répondit :

« Nous ne pouvons pas nous remettre encore à discuter de tout cela, nous pourrons en reparler demain.

– Non. Je crois que maintenant les choses ont suffisamment duré. Voilà presque un mois que le Conseil constitutionnel a pris sa décision ; vous m'avez fait valoir que l'initiative constitutionnelle était votre prérogative, et je l'ai admis d'autant plus volontiers que je n'ai aucun moyen de vous contraindre à faire ce que vous ne souhaitez pas.

– Je ne fais pas n'importe quoi !

– Certainement pas, ce n'est pas ce que j'ai voulu dire. Autorisez-moi à vous dire que la saisine du Conseil d'État pour une demande d'avis et le texte de la question à lui poser sont de ma compétence exclusive de Premier ministre.

– Exclusive... sous réserve de notre coexistence.

– Je ne crois pas que cela porte si peu que ce soit atteinte à notre coexistence.

– Dans ces conditions, le communiqué ne peut pas être présenté comme étant commun.

– En effet, je vais le modifier en ce sens. »

Un ou deux coups de téléphone encore pour demander de nouvelles modifications du texte du communiqué, que j'acceptai dès lors que le texte de la demande d'avis au Conseil d'État était celui que je souhaitais. Il fut publié le soir même. Le voici :

« Après s'en être entretenu avec le président de la République, le Premier ministre demandera au Conseil d'État son avis sur la question suivante :

« Les règles fixées par la décision du Conseil constitutionnel du 13 août 1993 autorisent-elles le gouvernement à faire adopter par le Parlement une disposition législative ordinaire permettant à la France de ne pas être contrainte d'examiner, ainsi que la convention de Schengen l'en dispense, une demande d'asile formulée par une personne – se disant persécutée pour son action en faveur de la liberté – dont le cas relève, en vertu de ladite convention, d'un autre État, et, par voie de conséquence de ne pas être obligée de l'accueillir, fût-ce à titre provisoire sur le territoire national ?

« Une fois entendu le Conseil d'État, le Premier ministre proposera au Conseil des ministres les mesures propres à régler dans les meilleurs délais cette situation. »

Pour l'essentiel, j'avais eu gain de cause : il était clair que le Conseil d'État devrait dire sans détours si une loi était ou non suffisante. En cas de réponse négative, la modification de la

Constitution s'imposerait. Mitterrand l'avait accepté à la condition que ce soit de ma seule initiative et qu'elle ne nous soit pas commune, ce qui, de fait, renforçait mon autorité. Un conflit public entre nous était évité. Robert Badinter maintint publiquement ses objections, mais Mitterrand n'en tint pas compte.

8 septembre 1993

Nous parlons longuement, évoquant la loi sur l'emploi, la réorganisation du ministère des Affaires étrangères, un certain nombre d'affaires courantes. À dessein je n'aborde pas la révision constitutionnelle, affaire où il a été obligé de céder et d'accepter la saisine du Conseil d'État avec le texte que je souhaitais.

Au bout d'une demi-heure :

« Alors, vous avez fait paraître votre communiqué et envoyé votre question ?

– En effet.

– Voulez-vous que je vous dise ? Vous avez tort.

– Pourquoi ?

– Vous êtes influencé par Pasqua. (*C'est effectivement la thèse que la presse de gauche diffuse régulièrement.*)

– Pas du tout. Devant une interprétation abusive de la Constitution par le Conseil constitutionnel, force était de préciser le sens de celle-ci.

– Vous avez fait rédiger votre question non pas par le Secrétaire général du gouvernement, mais par un institut de sondage, pour être sûr de la réponse ! (*Tout cela dit très aimablement et avec le sourire.*)

– On pourrait en dire autant de la question que vous souhaitiez me voir poser, et qui aurait sans doute conduit à une réponse différente.

– On peut prévoir la réponse du Conseil d'État, elle vous sera favorable, et la réforme constitutionnelle se fera ... Enfin, je verrai dans quelles conditions. »

Au début de notre conversation, il m'avait dit à propos d'un texte dépendant de Matignon :

« Est-ce que, le moment venu, vous changerez le Secrétaire général du gouvernement, ou est-ce que vous le maintiendrez ? »

Je m'étais contenté de sourire. Pourquoi me poussait-il à la maladresse avec tant de persévérance ? Cela finissait par être désobligeant.

13 septembre 1993

Mitterrand me parle à nouveau de l'affaire du Loto ; il se montre préoccupé du sort de Colé qui a fait l'objet d'un rapport défavorable de l'Inspection des finances. Il demande qu'on attende au moins huit jours avant de mettre fin à sa fonction et se dit attaché à ce qu'on ne ruine pas sa réputation.

Sur la Chine, il me donne son accord pour y nommer ambassadeur Bujon de l'Estang, qui n'en voudra pas.

Pour la zone franc, dont l'économie sombre en raison de la surévaluation du franc CFA, je l'informe que je vais écrire aux chefs d'État africains pour les inciter à prendre les mesures de redressement qui s'imposent.

« Faites attention, me dit-il, au ton des lettres, qui ne doit pas être comminatoire, comme si nous étions encore dans la période coloniale ».

Le rapport sur les essais nucléaires ne m'a pas encore été remis ; il me confirme une nouvelle fois qu'il ne changera pas de position : il demeure hostile à leur reprise.

« Quant à la réforme de la Constitution, me dit-il, nécessaire selon vous pour lutter contre l'immigration clandestine, il ne faut pas que tout cela pose le problème de notre force politique respective, à vous et à moi.

– À mes yeux, ce n'est pas la question. Ce qui m'importe, c'est le résultat, pas de gloser sur la façon dont il a été atteint. Ce dont il s'agit, c'est de lutter contre le sentiment de dépossession qu'ont parfois nos compatriotes en voyant leur pays enserré dans trop de règles dont il ne peut se dépêtrer. »

22 septembre 1993

Nouvelle discussion sur la Française des Jeux et le sort de M. Colé. Mitterrand considère le rapport de l'Inspection des finances comme tout à fait excessif ; il me dit être résolu à l'étudier lui-même personnellement.

Je lui parle de la nomination d'Haberer au Crédit national, de Peyrelevade au Crédit lyonnais, de Friedmann à l'UAP.

« Je vous demande de donner un poste à Lyon-Caen qui va quitter le Crédit national, faute de quoi l'on dira que je ne l'ai pas défendu parce que c'est un rocardien. Le but de toute votre opération est d'installer Friedmann à l'UAP...

– Je vous rappelle combien il a été injustement traité en 1988 quand, après votre réélection, on lui a retiré la présidence d'Air France.

– J'en conviens. D'ailleurs, je n'ai entendu sur lui que des appréciations favorables. »

S'agissant du Commissariat à l'énergie atomique, il me donne son accord pour y nommer Dautray, et me demande de faire téléphoner à Curien pour l'avertir que sa nomination n'est pas possible, ce que j'accepte volontiers.

Nous parlons de l'évolution de l'Alliance atlantique et du Conseil de l'Alliance qui doit se tenir le 10 janvier 1994. Il me répète son opposition à toute réintégration de la France dans l'OTAN.

Pour terminer, d'un ton acide :

« Vous êtes comme les autres, vous aussi, vous faites de la politique : vous avez attaqué le flou de la politique étrangère menée antérieurement à votre arrivée. Vous savez, je lis vos déclarations !

– Où l'ai-je fait ?

– Vous l'avez fait devant les parlementaires de l'UDF.

– C'était tout au plus implicite. En général, vous le savez bien, c'est le genre de déclaration dont je m'abstiens, quoi que je pense.

– C'est vrai. Mais peut-être êtes-vous obligé de le faire publiquement, je le reconnais… »

Encore le même balancement : tout reproche est suivi d'une appréciation favorable, d'un désir de compréhension, d'une volonté de soutien réaffirmée, voire d'un compliment. Si j'étais sous son autorité, j'aurais grand mal à le supporter ; du moins la cohabitation a-t-elle ceci de bon que je ne le suis pas.

29 septembre 1993

Un rite nouveau est créé : désormais, les chefs d'État ou de gouvernement étrangers pourront être invités à prendre la parole à l'Assemblée nationale ou au Sénat. Mitterrand me recommande d'aller écouter leurs interventions, mais il est opposé, comme moi-même, à ce que nos hôtes puissent répondre à des questions que poseraient les présidents de groupe. Il n'est pas question d'accepter que s'instaure un débat entre eux et les parlementaires de la Nation.

Je l'informe de mon intention de proposer, afin d'améliorer le contrôle de la Commission européenne par l'autorité gouvernementale, que les ministres des Affaires européennes se réunissent tous les mardis à Bruxelles, et que la Commission vienne leur rendre compte de ses travaux. Il m'approuve.

Je lui fais part des propos ambigus tenus par Felipe Gonzalez, président du Conseil espagnol, que je suis allé voir à Madrid l'avant-veille ; il dit à la fois soutenir la position française sur le GATT, mais souhaiter que l'on n'ouvre pas de crise avec les Américains. J'ajoute :

« Il n'y a qu'un seul moyen de ne pas ouvrir la crise, c'est que les Européens nous soutiennent. Alors les Américains seront bien obligés de composer.

– Je suis de votre avis. »

Dans cette affaire, il me laisse avancer seul, mais sans contrarier mes efforts.

Je lui indique que j'ai reçu Rocard, venu me parler des problèmes de renseignement. Manifestement, cela lui déplaît :

« Oui, oui, je sais, il s'est toujours passionné pour le renseignement, il lui a toujours accordé beaucoup d'importance, contrairement à vous et à moi. »

Il ajoute :

« Si Yasser Arafat vient à Paris, nous le recevrons tous les deux. Si Tarek Aziz, vice-président irakien, demande à venir se soigner en France, nous devons accepter qu'il y vienne. »

Il me donne son accord pour que Claude Martin soit nommé représentant permanent à Bruxelles.

« C'est un RPR, mais c'est quelqu'un de très bien.

– J'ignorais qu'il fût RPR. »

Je l'ignorais, en effet.

Je lui fais part du comportement d'Haberer dont la gestion à la tête du Crédit lyonnais nécessite qu'il y soit remplacé ; s'il persiste à refuser d'aller au Crédit national, je proposerai sa révocation.

« Je suis d'accord, il est normal que vous bénéficiiez de la liberté nécessaire. Mais, je vous le dis une nouvelle fois, malgré vos propos modérés, les changements de responsables dans l'administration et dans les entreprises publiques vont bon train. Voyez le Limousin d'où je reviens ! » (Renseignements pris, il s'agit de la mutation de responsables de l'Éducation nationale.)

Je passe à autre chose :

« J'ai besoin de votre accord pour saisir le Conseil des ministres, la semaine prochaine, d'une demande d'autorisation d'utiliser l'article 49-3 pour la loi quinquennale sur l'emploi.

– Vous en avez parfaitement le droit, je ne vous refuserai jamais un 49-3, mais je souhaite bien entendu être informé à l'avance chaque fois. »

Il aborde ensuite, de son propre mouvement, deux questions d'importance fort inégale à mes yeux.

Tout d'abord, il me reproche d'avoir écrit à Clinton sur le GATT sans l'en avoir informé au préalable, alors qu'il l'a appris par la presse. Je lui réponds que je lui ai envoyé copie de ma lettre, qu'effectivement je ne lui en ai pas parlé auparavant, mais que je n'ai rien écrit qu'il ne sache.

« Je suis tout à fait d'accord pour considérer que c'est à vous de mener l'affaire du GATT, mais je souhaite être informé au préalable lorsque vous écrivez au président des États-Unis.

– Je comprends votre souhait ; à l'avenir, je veillerai à le satisfaire. »

Je le trouve bien accommodant. À sa place, j'eusse été de moins bonne composition. Mais je ne voulais pas que se renouvelle l'incident d'il y a trois mois, quand il prétendit m'empêcher d'écrire moi-même aux chefs de gouvernement européens sur le Pacte de stabilité que je proposais. J'imagine qu'il a dû le deviner. Il doit estimer que, tout compte fait, mieux vaut qu'il prenne son parti de notre coexistence un peu compliquée, déséquilibrée à son détriment, mais finalement décente.

Autre problème :

« La règle veut qu'au bout de six mois le Premier ministre soit nommé grand-croix dans l'ordre du Mérite. J'ai donc signé, il y a quelques jours, le décret vous élevant à la grand-croix. Mais cela pose, plus pour vous que pour moi, un problème politique et de forme, car vous pourriez être gêné par la campagne sur la "cohabitation trop douce" que mènent contre vous M. Chirac et vos amis du RPR. Il faut bien que quelqu'un vous la remette, et cela ne peut être que moi. Il faut bien qu'il y ait quelques personnes qui assistent à la cérémonie, vous devez choisir lesquelles. Il faut bien qu'il y ait quelques photographes (*il mime leurs gestes*)...

– Ce que vous déciderez sera bien décidé. Je ne tiens pas à cette décoration.

– Mais on jasera si je ne vous la confère pas moi-même.

– Que m'importe !

– Moi, cela m'importe. Je ne veux pas laisser penser que je vous suis hostile.

– Comme vous voudrez. Faites comme bon vous semble. Votre décision sera la bonne.

– Non, non, il faut que vous y réfléchissiez, cela peut vous poser un problème politique.

– Aucun. Vous pouvez respecter cet usage, vous pouvez ne pas le respecter, me nommer ou ne pas me nommer grand-croix. Rien n'en sera changé entre nous. Je suis un homme libre.

– Oui, sans doute, nous sommes tous libres, mais dans un certain cercle.

– Le mien est assez vaste. Je n'ai pas à me préoccuper de ce que penseront les uns ou les autres.

– Peut-être, mais je préfère que vous réfléchissiez et que vous me donniez votre réponse dans quelques jours.

– Que diriez-vous si je demandais à Giscard d'Estaing et à Chirac d'assister à cette cérémonie ? Après tout, ce sont les chefs des deux partis de la majorité. Cela ferait taire les commentaires que vous semblez redouter.

– Si vous voulez. »

Manifestement, cela lui déplairait ; pourtant, ce serait assez savoureux.

Je me souviens qu'il est arrivé à Georges Pompidou de remettre la Légion d'honneur à quelqu'un en simple tête-à-tête dans son bureau. Cela pourrait se passer ainsi, mais je ne peux pas refuser de répondre à la question qui m'est posée : exiger le secret serait désobligeant pour Mitterrand. Je lui fais donc dire l'après-midi que je souhaite la présence des quatre ministres d'État. Védrine s'étonne que ne soit pas prévue celle de ma femme et de mes fils. J'indique que je ne veux pas, par discrétion, inviter trop de monde, et que je laisse Mitterrand juger. Les miens assisteront donc à cette étrange cérémonie qui se déroulera de façon aussi artificielle, guindée et déplaisante que possible.

Mercredi 6 octobre 1993

Mitterrand me fait remarquer encore une fois qu'il y a de très nombreux changements dans l'administration, notamment des nominations de recteurs.

« Votre barque s'alourdit. Bientôt on fera les comptes. »

Cela annonce une série d'articles dans la presse stigmatisant le sectarisme de mon gouvernement, ce qui ne manque pas de se produire.

Je lui reparle du choix de Francfort pour le siège de l'Institut monétaire européen, auquel je suis hostile. Francfort, c'est la Bundesbank !

« Je préfère Francfort à la crise, me répond-il. De toute façon, nous avons eu Strasbourg. »

C'est pure apparence : la plupart des séances du Parlement européen ont lieu à Bruxelles, pas à Strasbourg. Cela signifie qu'il ne me soutient pas. Il préfère que j'aie moi-même une discussion avec les Allemands, dans laquelle nous leur mettrions le marché en main : la Banque centrale à Francfort contre le soutien allemand pour le GATT. Kohl, en fait, ne peut pas nous refuser le soutien allemand pour le GATT, car alors c'est lui qui ouvrirait la crise. Manifestement, Mitterrand souhaite éviter toute difficulté avec lui et préfère, comme il me l'a dit, que je conduise l'affaire.

« J'ai été saisi par Kohl, ajoute-t-il, d'un projet de déclaration commune franco-allemande avant le Conseil européen exceptionnel. Je vous demande d'examiner le texte et de me dire ce que vous en pensez. »

Il me donne son accord pour un Conseil de défense consacré aux affaires nucléaires et à l'avenir de l'Alliance atlantique. Je lui indique ma décision d'institutionnaliser le groupe d'étude présidé par l'amiral Lanxade sur le passage au stade de la simulation nucléaire pour remplacer les essais.

« Pour la réorganisation de l'Alliance, dit-il, je préfère attendre le Conseil européen ordinaire du mois de décembre avant que la France n'arrête sa position.

– Cette attente nous empêche de négocier avec nos partenaires.

– Peut-être. Laissons-les se découvrir. Pour ne pas mécontenter les Américains sur tous les sujets, je vous propose de laisser cent hommes en Somalie, Clinton l'ayant demandé. »

Je lui donne mon accord.

13 octobre 1993

Il me reparle de la négociation à mener avec les Allemands : accord français pour Francfort comme siège de l'Institut monétaire européen, accord allemand pour soutenir la France dans la négociation du GATT.

« M. Chirac joue les chevaliers blancs en faveur de l'agriculture ; ce n'est pas pour un autre motif qu'il s'oppose aux accords du GATT ; ce n'est pas pour vous gêner, mais parce qu'il y est réellement hostile. »

Je ne réponds pas.

Le 14 juillet, Chirac avait indiqué à Silguy, qui traitait à mon cabinet de la négociation du GATT, que je serais renversé si je proposais de ratifier l'accord. Mitterrand se délecte à se mêler de mes rapports avec les uns et les autres, spécialement avec Chirac.

« J'ai noté que vous avez manifesté quelque humeur à la suite de la décision que j'ai prise avec M. Juppé, lorsque nous nous trouvions au sommet de la Francophonie, à l'île Maurice, d'envoyer une frégate française en renfort de la marine américaine autour d'Haïti, sans que vous en ayez été informé. Vous avez eu tort, c'était une décision urgente, et j'ai cru que Juppé vous en avait parlé.

– Ce n'était pas le cas ; je ne peux pas apprendre par la presse des décisions pareilles.

– Je vous en donne acte. »

Nous parlons de la demande d'extradition au Texas d'une Américaine accusée de meurtre. Le Conseil d'État a rejeté le recours contre le décret d'extradition, mais nous avons obtenu des autorités du Texas l'engagement que l'accusée ne serait pas exécutée. Quelques jours plus tard, les uns ou les autres interviendront auprès de moi (à la demande de Mme Mitterrand, me dit-on), afin que nous ne procédions pas à l'extradition, décision à laquelle je me refuse.

Je lui fais savoir qu'Air France va très mal, que la situation n'est plus gérable avec Bernard Attali à sa tête, mais que je souhaite ne pas donner le sentiment de persécuter la famille Attali. Il ne manifeste aucun intérêt pour la question.

Il me dit :

« Je passerai à "L'Heure de vérité" lundi prochain, après Rocard qui passera à "7 sur 7" dimanche. C'est un peu gênant, car j'aurai l'air de lui répondre ; en outre, "L'Heure de vérité" a moins d'audience que "7 sur 7". Quel est votre avis ?

– Je suis fort mal placé pour émettre un conseil sur votre relation avec Rocard, pas plus que pour vous donner un avis sur les taux d'audience des différentes chaînes.

– Il est vrai que l'audience de "L'Heure de vérité" m'importe peu. De toute façon, nous en reparlerons », ajoute-t-il curieusement.

Nous n'en avons pas reparlé. Qu'avais-je à lui dire de plus ?

Après le Conseil des ministres, il me remet, dans l'un des salons du rez-de-chaussée, la grand-croix du Mérite en présence d'une douzaine de personnes, dont ma femme et mes fils. Il fait un bref discours, d'un ton peu aimable, soulignant que cette distinction est faite pour consacrer des mérites qu'il ne lui appartient pas de citer, car l'Histoire s'en chargera ! Il a l'air pressé, de méchante humeur, comme s'acquittant de mauvaise grâce d'une obligation. A-t-il peur de paraître trop complice aux yeux du parti socialiste ? Le seul résultat, c'est que je passe aux yeux de la presse, une fois son discours connu, pour la victime d'une impolitesse. Ma femme, mes fils et moi quittons l'Élysée rapidement, malgré l'insistance de Michel Charasse qui, soucieux du qu'en-dira-t-on, m'exhorte à prolonger notre présence, ce que je ne juge pas nécessaire.

Comme pour prolonger l'incident, l'Élysée va faire bien inutilement publier un communiqué :

« L'Élysée s'est inscrit en faux jeudi contre le fait que les propos de François Mitterrand lors de la remise de la grand-croix de l'ordre du Mérite à Edouard Balladur aient été interprétés comme un signe de crispation de la cohabitation.

« "Il était bien entendu entre le président de la République et le Premier ministre qu'il s'agissait d'une cérémonie qui devait être sobre et courtoise. Il

n'était d'ailleurs pas prévu que le Président s'exprime à ce sujet. Cela avait été établi entre eux", déclare-t-on à l'Élysée.

« M. Mitterrand a tenu à dire quelques mots et la cérémonie s'est achevée dans une atmosphère tout à fait cordiale et dans les conditions propres à la tradition républicaine.

« Remettant, comme la tradition l'exige, les insignes de grand-croix de l'ordre du Mérite à Edouard Balladur après six mois passés à Matignon, François Mitterrand a notamment dit que l'histoire jugerait des mérites du Premier ministre :

« "Je suppose qu'il y a beaucoup de mérite à être chef de gouvernement (...) Cela exige beaucoup d'efforts, a-t-il dit. Vous représentez une majorité, en l'occurrence celle de mars dernier. Il faut avoir constamment à l'esprit l'intérêt du pays qui comprend, lui, tous les Français. (...) Ainsi avez-vous rejoint la cohorte de vos prédécesseurs. Ensuite, les mérites, c'est l'Histoire qui les dira."

« Les propos du chef de l'État ont été analysés comme un signe de crispation dans une cohabitation qui se déroule dans la courtoisie depuis le 29 mars dernier.

« De source autorisée, on précise que les déclarations de François Mitterrand n'ont pas du tout été considérées comme "désobligeantes" par le Premier ministre. »

Tout cela est d'un ridicule involontaire. Le Président n'a pas pu dominer son acrimonie et sans doute regrette-t-il maintenant de n'avoir pas eu le beau rôle.

Si j'avais ressenti le besoin d'être éclairé sur son état d'esprit véritable, voilà qui m'aurait édifié. Qu'il soit allé jusqu'à s'exprimer ainsi en présence de ma femme et de mes fils, tous invités à sa demande, en disait long sur son caractère véritable et sur son hostilité envers moi. Je me suis reproché d'avoir, par égard pour lui, accepté cette cérémonie où tout avait été de mauvais goût, jusqu'au communiqué qui l'avait conclue.

Incident minuscule qui montre bien mieux la nature de cette coexistence forcée que toutes les protestations insincères de bonne volonté et d'impartialité.

20 octobre 1993

J'ai vu Kohl la veille au soir avant qu'il ne dîne avec Mitterrand. Il approuve le principe d'une réunion hebdomadaire des ministres des Affaires européennes qui, ainsi, rendraient chacun compte à leur Conseil des ministres. L'idée n'aura aucun succès, ni aucune suite.

« Je vous confirme mon accord sur le Conseil de défense dont vous m'avez parlé, me dit Mitterrand, mais je vous confirme aussi que je serai intraitable sur les essais nucléaires. Quant à la réforme de la Constitution, je continue d'affirmer qu'elle est inutile.

– Inutile ? Tel n'est pas, vous le savez, l'avis du Conseil d'État. Il affirme qu'elle est indispensable. »

Comme je lui fais observer que je n'ai pas eu besoin d'utiliser l'article 49-3 pour faire passer la loi quinquennale sur l'emploi, il ne fait aucun commentaire.

« Je vous répète que nous ne pourrons pas nous opposer au choix de Francfort pour l'Institut monétaire européen, car ce serait pris par les Allemands comme une provocation.

– Choisir une ville d'Allemagne, oui, mais pourquoi Francfort, siège de la Bundesbank ? »

J'ai tenté de faire reporter la décision au Conseil européen du mois de décembre. Je me rends compte que ce ne sera pas possible.

De façon générale, il fait en sorte que ces entretiens durent au moins trois quarts d'heure, parfois même une heure ; il me dit ne pas vouloir que les ministres pensent que nous nous sommes vus trop brièvement. Il est vrai, les Conseils eux-mêmes sont si brefs !

27 octobre 1993

Nous parlons de l'« enquête de commandement » à laquelle, à sa demande, Léotard a fait procéder sur le comportement de deux gendarmes : au cours de l'enquête préalable au procès en diffamation intenté par le juge Jean-Pierre à *Globe*, ils étaient présents dans le bureau de celui-ci alors qu'il recevait un journaliste du *Point* ; or ils se sont contredits, tantôt affirmant la présence de ce dernier, tantôt la niant.

« C'est une faute professionnelle grave ; Méhaignerie doit en parler au procureur de la République en lui demandant d'ouvrir une enquête. Quoi qu'on fasse, on n'échappe pas à certaines contraintes du pouvoir. C'est ce que j'ai dit à Hernu lors de l'affaire du *Rainbow Warrior*, c'est ce que j'ai dit à Pelat lors de l'affaire Péchiney. Je l'ai dit à l'un et à l'autre, et vous n'y échapperez pas non plus. De toute façon, le juge Jean-Pierre a eu tort de faire un procès à *Globe* qui lui a reproché d'être à l'origine du suicide de Pierre Bérégovoy en révélant le prêt Pelat. »

Le samedi précédent, Roland Dumas est venu m'informer qu'il plaiderait pour *Globe* contre Vergès qui, lui, plaiderait pour Jean-Pierre, et qu'il réclamerait la comparution des gendarmes, comparution aujourd'hui refusée par le ministre de la Défense.

« On ne peut y échapper : lorsqu'on exerce le pouvoir, on est toujours compromis. Je l'ai été plusieurs fois, non pas personnellement, mais politiquement. À votre tour, maintenant, vous serez compromis. »

Son ton est vindicatif. Je réplique :

« Vous croyez ? Je ne vois vraiment pas pourquoi. Je suis totalement étranger à toute cette affaire.

– Vous le serez tout de même.

– Je ne le crois pas. »

Quand nous descendons au Conseil, il se rend compte qu'il est allé trop loin :

« Il ne faut pas exagérer l'importance de tout cela. »

Le dimanche précédent, devant l'extension de la crise sociale à Air France, Bosson, ministre de l'Équipement et des Transports, a annoncé le retrait du plan de redressement, à l'évidence mal conçu, et Bernard Attali a démissionné. J'ai proposé la nomination de Christian Blanc, proche de Rocard, qui a été un bon président de la RATP.

« J'ai vu Bosson à la télévision dimanche soir, je n'ai rien contre lui, mais vraiment, quel cafouillage ! Je me suis dit : je plains le Premier ministre ! Le problème maintenant va être la SNCF. »

Voilà qui est particulièrement injuste pour Bosson, qui a été clair, absolument pas agressif, et qui devait faire face à une crise due à des mesures malencontreuses prises par la direction d'Air France.

S'agissant de la lettre qu'il m'a écrite pour me demander une enquête sur le comportement des gendarmes, Mitterrand m'indique que personne autour de lui n'était au courant (je n'en crois rien) et que Bazire n'aurait pas dû en parler à Védrine. Est-ce à dire que le secrétaire général de l'Élysée ignorait l'existence de cette lettre ? Le compartimentage de l'information est-il poussé aussi loin autour de lui ?

Sur Taiwan et la livraison d'armements destinés aux frégates qui lui ont été vendues, livraison que j'ai fait suspendre pour en savoir davangage :

« Dumas, dit-il, s'était engagé à ne pas armer les frégates, ce qui aurait beaucoup contrarié la Chine.

– On me dit que Joxe, alors ministre de la Défense, avait pris l'engagement contraire. Je vais vous faire tenir un rapport sur la question. »

Il revient sur les essais nucléaires :

« Compte tenu de nos relations, je cherche à ne pas vous surprendre. Je suis hostile à leur reprise, et je ne la déciderai pas avant mon départ.

– Je le sais bien, mais je ne suis pas de votre avis. »

Notre conversation a duré une heure et quart. Tandis que nous descendons au Conseil, il me dit :

« Ils vont croire que nous nous sommes étripés ! »

Toujours ce souci du qu'en-dira-t-on ! Tout doit-il être composé, calculé ?

Le lendemain, je vais à l'Élysée assister à la remise de la plaque de grand officier de la Légion d'honneur à Marceau Long, vice-président du Conseil d'État. J'attends avec Mitterrand dans l'un des salons du rez-de-chaussée le début de la cérémonie, et nous échangeons quelques mots. Nous nous rendons ensemble à la salle des fêtes. Comme nous sourions l'un et l'autre, je ne sais plus à quel propos, il lui échappe : « Attention, il ne faut pas que nous ayons l'air d'être d'accord ! »

Quelle importance ? Qu'il doit être fatigant d'être constamment sur le qui-vive !

29 octobre 1993

Le Conseil européen de Bruxelles s'est bien passé. Les enjeux étaient importants. Avant le début de la séance, Mitterrand et Kohl s'étaient mis d'accord sur le choix de Francfort comme siège de l'Institut monétaire européen, future Banque centrale. J'étais mis devant le fait accompli, sauf à contredire Mitterrand devant tous nos partenaires. Je lui en ai laissé le bénéfice aux yeux des Allemands, et ne suis intervenu que sur le GATT pour faire acter dans le communiqué que la Commission devait négocier en se montrant fidèle aux décisions des Conseils des ministres du 20 septembre et du 4 octobre.

Lors de notre conférence de presse commune, Mitterrand a grand soin d'éviter que je prenne trop souvent la parole, en répondant immédiatement aux questions. Je n'interviens, là aussi, que sur le GATT, et ma concision est remarquée. Toujours, de sa part, le même souci de donner le sentiment qu'il est à la manœuvre, même quand il ne la dirige pas. Je suis indifférent aux apparences, c'est la réalité qui m'importe. Il n'est pas certain que ce soit politiquement suffisant.

Dans la voiture qui nous ramène ensemble, il me dit, s'agissant des indices de popularité :

« Les vôtres sont excellents.

– Cela ne durera pas.

– Détrompez-vous. Sur le plan politique, cela ne durera pas, mais sur le plan personnel, envers vous, cela durera. Sous la IVe République, seul Pinay en a bénéficié de la sorte. »

Est-il sincère ou me croit-il tellement imbu de moi-même ?

S'agissant de la négociation du GATT, la situation sur le plan politique était confuse. Les entreprises étaient plutôt favorables à la ratification des accords, tandis que les syndicats étaient partagés. La plupart des parlementaires UDF souhaitaient à tout prix ratifier, alors que la plupart des parlementaires RPR ne le voulaient pas. Chacun agissait, influencé par son histoire : l'UDF, plus portée vers le libéralisme économique, l'ouverture internationale, plus préoccupée de ne pas faire subir à l'Europe un dommage irréparable ; le RPR, plus soucieux de ménager les situations acquises et d'assurer, face au monde extérieur, la défense d'un certain nombre d'intérêts nationaux, qu'ils soient agricoles ou industriels ; la majorité du groupe RPR fut longtemps hostile à la ratification, et des mises en garde me parvenaient de ce côté-là : si le gouvernement passait outre, ce serait un *casus belli*, et il serait renversé.

Durant six mois, nos partenaires ont pu se rendre compte qu'ils ne nous feraient pas plier et que nous entendions bien obtenir de leur part les concessions indispensables. À l'occasion du sommet de Tokyo, auquel je ne participai pas, j'avais donné des instructions précises à Alain Juppé et à Edmond Alphandéry pour que la France reprenne toute sa place dans le débat sur le GATT, et fasse valoir son point de vue.

Lors des Conseils des ministres européens du 20 septembre et du 4 octobre 1993, la solidarité européenne s'était formée autour des thèmes inspirés ou soutenus par la France. Nous n'étions plus isolés, la France n'était plus la force qui empêche d'aboutir, mais le moteur d'une Europe offensive, décidée à défendre sa personnalité et ses intérêts légitimes dans une négociation jusque-là mal engagée et mal conduite. L'équilibre normal des pouvoirs au sein de la Communauté était restauré : à la Commission le pouvoir de négocier, mais sur les instructions et sous le contrôle du Conseil, l'instance politique qui, seule, peut approuver ou refuser un accord. L'issue fut une victoire sur la technocratie bruxelloise.

Mon premier effort avait été de convaincre mes partenaires, en France comme à l'étranger, que je ne céderais pas, mais que je ne refuserais pas non plus une solution ménageant les intérêts et la dignité de chacun. Je sentais bien, au début, le scepticisme qui accueillait ma démarche. Je devais le dissiper afin que nul ne mît en doute mon autorité, pas plus sur le gouvernement et la majorité parlementaire que face à Mitterrand et à nos partenaires étrangers. La façon dont avait été réglée la crise monétaire de l'été m'y aidait. Pour imposer sa volonté à celle d'autrui, la crainte est d'un secours efficace. Il faut la susciter sans tarder, en se gardant de toute faiblesse. On se fait vite une image d'un homme ; après, il aura beau dire et beau faire, il aura grand mal à la changer. Le caractère impressionne, ensuite c'est affaire d'habileté : il s'agit d'éviter tout excès. Mis à part quelques passionnés irréductibles à l'esprit obscurci par le ressentiment, les adversaires défaits s'inclinent s'ils ne sont pas poussés à bout. Il faut leur offrir une issue autre qu'une résistance sans espoir, leur permettre une capitulation honorable et point trop visible, qui ménage leur réputation. La politique est l'art de l'autorité, mais on doit se méfier des victoires totales : elles laissent aux vaincus un goût amer qui les dispose aux revanches futures. Mitterrand possédait ce talent-là, à défaut d'autres aussi utiles à l'État ; il savait jusqu'où ne pas aller trop loin pour mettre son pouvoir à l'abri des tempêtes ; c'est ainsi qu'en 1984 il évita la guerre scolaire en reculant ; c'est ainsi qu'en 1986 et 1993 il se résolut à la cohabitation, conservant quelques apparences du pouvoir, mais abandonnant sa réalité à ses adversaires victorieux.

Je m'employai à convaincre nos partenaires européens et américains que j'étais déterminé à ne pas céder, que la France mettrait son veto à l'acceptation des accords du GATT par l'Union européenne, s'ils demeuraient inchangés. Il y fallut quelques mois, les gouvernements étrangers doutant de la solidité de ma volonté. Ils savaient aussi que Mitterrand n'accepterait pas de gaieté de cœur l'ouverture d'une crise internationale opposant la France à la plupart des pays du monde, dans un climat de nationalisme qui favoriserait tous les débordements. J'y parvins néanmoins. Mais, en même temps, je m'attachai à ne pas formuler d'exigences excessives, je me gardai de critiquer Mitterrand et les gouvernements qui avaient précédé le mien, je convainquis Clinton que, faute de concessions américaines sur la liberté de diffusion des œuvres culturelles qu'il réclamait au risque de voir démanteler le système européen de production, je ne pourrais accepter de ratifier les accords. Kohl, Major, Mitterrand s'entremirent pour éviter une crise grave entre l'Europe et les États-Unis, et chacun fut soulagé qu'un compromis fût enfin possible. J'avais fixé la ligne sur laquelle je ne transigerais pas ; au-delà, peu m'importait.

3 novembre 1993

Mitterrand émet des réserves sur la peine de prison à perpétuité assortie d'une peine incompressible de trente ans en cas d'assassinat d'un enfant accompagné d'un viol, prévue par Méhaignerie dans la réforme du Code pénal. Il me met également en garde :

« Ne prenez pas, sous prétexte de lutte contre le terrorisme, de mesures spectaculaires contre les Algériens et le FIS. Ce serait provoquer la foudre.

– Spectaculaires, peut-être pas, mais efficaces, il le faut.

– Quant au rapport de l'Inspection générale de la gendarmerie sur les deux gendarmes présents dans le bureau du juge Jean-Pierre quand il recevait un journaliste du *Point*, et qui auraient fait des témoignages successifs contradictoires, la justice doit en être saisie. Puisque le juge Jean-Pierre fait un procès en diffamation à *Globe*, elle va demander ce qu'a fait le gouvernement à la suite de ce rapport.

– J'ai appris l'existence de ce rapport par la lettre que vous m'avez écrite, car vous l'avez demandé directement au ministre de la Défense, ce qui est doublement anormal, de votre part, tout comme de la sienne qui vous l'a transmis sans m'en parler.

– Je vous demande que le rapport soit transmis au procureur, sans instruction du garde des Sceaux, pour suite à donner.

– Je ne connaissais pas plus le premier témoignage des gendarmes, qui a été fait avant l'actuel gouvernement, que le second. De toute façon, il s'agit, admettez-le, de déstabiliser le juge Jean-Pierre grâce à ce rapport de l'Inspection générale.

– Je sais que le pouvoir exécutif a toujours tort devant la justice. Je ne cherche pas à vous gêner, me dit-il.

– Je suis comptable de la bonne marche de l'État, donc de celle de la justice et de la gendarmerie, même si les incidents en cause se sont passés avant mon arrivée au pouvoir. Je vois mal la nécessité de jeter le trouble dans toute la gendarmerie à propos de cet incident, alors que les gendarmes pouvaient ignorer à qui ils avaient affaire, et qu'ils avaient en face d'eux un journaliste du *Point.* »

À propos de l'arme nucléaire, il observe :

« C'est là ce que le général de Gaulle a fait de mieux, c'est parce que c'était dans sa spécialité. Le reste de ce qu'il a fait – institutions, redressement économique – était dans l'air du temps !

– Encore fallait-il le décider. Il a été le seul ! »

Il ne parvient pas à accepter que de Gaulle laisse dans l'Histoire une trace tellement plus importante que celle qu'il laissera lui-même. Tout lui est bon pour dénigrer son action.

10 novembre 1993

Je lui parle de la réunion du Congrès, nécessaire pour approuver la réforme de la Constitution afin de priver d'effet la décision du Conseil constitutionnel sur le droit d'asile.

« Je retiendrai la date qui aura vos préférences ; débrouillez-vous avec M. Séguin et avec M. Monory pour le 22. Est-ce facile de parler avec M. Séguin ?

– Tout à fait. »

Il n'en croit manifestement rien, et semble de mauvaise humeur :

« Vous avez procédé sans attendre à l'extradition de cette Américaine accusée de meurtre. Or, la Commission européenne des droits de l'homme n'avait pas encore levé les objections juridiques qu'elle fait en général.

– Je le vérifierai.

– Je vous donne mon accord pour expulser Mme Radjavi... Vous allez par ailleurs vous rendre en Arabie Saoudite. Je vous conseille de poser vos conditions auparavant, et d'obtenir des garanties sur les contrats auxquels nous tenons, faute de quoi la France serait humiliée. »

Il a raison de me mettre en garde : quels qu'aient été les résultats obtenus, mon voyage donnera lieu à des commentaires désobligeants.

Il me fait ensuite un certain nombre de reproches sur les décisions qui, selon lui, mettent en cause le bon fonctionnement de l'État.

« La subvention de 72 000 francs par an versée par le ministère de la Jeunesse et des Sports à l'association France-Liberté[1] a été annulée. C'est moche, et c'est indélicat. De toute façon, il s'agissait d'une subvention de l'Assemblée nationale, simplement versée au ministère des Sports.

1. Association fondée et présidée par Mme Mitterrand.

– J'ai appris cette affaire par la presse. Je fais vérifier qu'aucun autre ministère n'a procédé à des mesures identiques. Je vous propose de rétablir la subvention annulée sur les crédits du Premier ministre.

– Je ne mets pas en doute que vous l'ignoriez. Je vous remercie, mais ma femme a beaucoup de fierté, et elle refusera... J'ai constaté également, ajoute-t-il, qu'il y a un certain nombre de télégrammes du Quai d'Orsay qui ne me parviennent pas, ce qui est anormal. »

Vérification faite, il apparaîtra que je n'ai pas été mieux traité que lui sur des télégrammes confidentiels venant d'Alger. Je lui écrirai pour lui proposer une procédure permettant son information immédiate, comme la mienne.

« Je vous fais part de toute cette série d'observations parce que, s'il n'en était pas tenu compte, cela tendrait le climat politique entre nous, ce que je ne souhaite pas. Par ailleurs, le Conseil des ministres est trop silencieux, personne ne parle. À la limite, cela met en cause le bon fonctionnement de l'État.

– Ils ne parlent pas tellement plus lorsqu'ils sont avec moi seul. Nous allons vite, il le faut. »

Mais il est vrai que j'ai horreur des parlotes et des arguties interminables, et que je le laisse trop voir.

« L'opération anti-FIS[1] et les arrestations auxquelles M. Pasqua a procédé sont une maladresse fondamentale. Contrairement à ce qu'a indiqué la presse, il n'y a eu aucun accord entre l'Élysée et Matignon. Je désapprouve cette opération qui va donner prétexte à des assassinats.

– Il n'était pas possible de laisser le désordre gagner notre pays. J'ai approuvé M. Pasqua, qui m'en avait référé. »

Pour la présidence de France-Télévision :

« Elkabbach est très supérieur à Cavada, me dit-il. Il vous est en outre très favorable. De vous il m'avait dit que si je vous nommais Premier ministre vous seriez très correct, ce qui est vrai.

1. Front islamique du salut.

– J'ignorais que vos conversations portaient également sur ce sujet et qu'il se portait caution pour moi. »

L'habileté est un peu voyante, de surcroît inutile. Moi aussi, je préfère proposer au CSA de nommer Elkabbach.

11 novembre 1993

Après le défilé, nous redescendons ensemble les Champs-Élysées dans la voiture du Président. Je lui indique que la date du Congrès est fixée, que ce sera le 19 novembre. Nous retrouvons devant la statue de Clemenceau MM. Monory et Séguin.

« Alors, déclare-t-il à la cantonade, tout le monde est d'accord pour la date du Congrès. Il n'y aura pas de guerre entre les deux présidents et le Président et le Premier ministre ! »

Je réponds :

« Non, non, tout est réglé dans l'apaisement général. »

Il observe aigrement :

« Décidément, vous êtes l'homme de l'apaisement général ! »

Un peu de zizanie ne lui déplairait pas.

17 novembre 1993

Nous parlons de Kohl qui, malgré ses engagements et nos concessions regrettables sur le choix de Francfort, ne nous aide pas suffisamment dans les discussions sur le GATT. Puis de la réunion, le surlendemain, à Versailles, du Congrès qui doit voter la révision de la Constitution. Ensuite de l'OTAN, sur lequel nous sommes arrivés lui et moi à un accord : le ministre de la Défense et le chef d'état-major participeront aux réunions de l'Alliance les concernant sur autorisation du Président et du Premier ministre, et lorsque ce sera nécessaire ; ce le sera fréquemment dès lors que nos troupes sont présentes en Bosnie et participent à des opérations coordonnées par des comités de l'OTAN dont nous sommes absents.

« M. de Larosière, me dit-il encore, qui a remplacé Jacques Attali à la BERD[1], a renvoyé beaucoup de Français pour faire plaisir aux Américains, il faut y veiller. »

Vérification faite, l'on me dit qu'il s'agirait de gardes du corps, chauffeurs, cuisiniers, maîtres d'hôtel recrutés en grand nombre.

« Je vous sens seul au milieu de cette majorité parlementaire trop importante. Vous devez veiller et être sur vos gardes, car vous n'avez pas que des amis. M. Chirac dit n'importe quoi. Je n'ai plus que dix-huit mois devant moi. Vous avez, vous, tout le temps. Mais vous devez penser que je me mêle de ce qui ne me regarde pas ?

– Je trouve que les choses ne vont pas aussi mal que vous le redoutez, même si elles sont difficiles. Je suis toujours très désireux d'entendre vos conseils, voire vos mises en garde, je vous l'ai déjà dit.

– Il n'y en a pas beaucoup, votre action est parfaite. »

C'est vraiment trop dire ! Je n'aime guère tous ces compliments, j'y vois moquerie ou duperie ; ils ont sur moi un effet contraire à celui qu'il escompte sans doute. Mieux vaudrait qu'il évite de se donner cette peine.

Lors du Conseil de défense qui suivit, Mitterrand a eu un malaise qui l'a obligé à garder le silence pendant deux minutes environ en se tenant la tête entre les mains. J'ai suspendu la discussion, attendant qu'il se ressaisisse. Autour de la table, l'atmosphère était figée. J'ai prié les ministres de conserver le secret sur cet incident, ce qu'ils ont fait.

19 novembre 1993

Le 19 novembre au matin, avant de partir pour Madrid, j'avais, devant le Congrès réuni à Versailles pour voter la réforme

1. Banque européene pour la reconstruction et le développement.

constitutionnelle, relevé que le pouvoir constituant était au-dessus du Conseil constitutionnel qui interprétait les principes généraux et la Déclaration des droits de façon trop large, à sa convenance. Il revenait donc au Souverain, le peuple représenté en l'occurrence par le Congrès, de faire prévaloir sa volonté. C'était la première fois que les choses étaient dites avec une aussi brutale clarté et que le Conseil constitutionnel était remis à la place que lui assignaient les institutions. Ce fut la seule. Mon propos eut un grand écho ; la presse y vit un conflit entre M. Badinter et moi. De façon plus profonde, le doyen Vedel qualifia le vote du Congrès de « lit de justice constitutionnel ».

À l'occasion du sommet franco-espagnol réuni à Tolède, nous nous rendons ensemble à la Zarzuela, chez le roi et la reine d'Espagne, toujours très cordiaux, souriants, conscients de ce qu'ils sont et de ce qu'ils représentent ; nous déjeunons dans cette maison perdue au milieu des bois, d'apparence rude et austère, qui ne semble pas grande, au mobilier simple de style anglais, avec des canapés recouverts de cretonne et de très grands et très tristes portraits de famille aux murs. Nous sommes cinq, Felipe Gonzalez est présent. Avant le déjeuner, je ne sais plus à quel propos, Mitterrand dit au roi :

« Pour l'essentiel, vous êtes d'origine allemande.

– Vraiment ?

– Oui, la plupart de vos ancêtres sont des Habsbourg.

– Ma mère est une Bourbon-Sicile, répond sèchement Juan Carlos. »

Nullement découragé, Mitterrand se tourne alors vers la reine :

« Quant à vous, vous êtes totalement allemande par votre père et par votre mère.

– Non, je suis espagnole de cœur. »

Felipe Gonzalez a l'air très gêné ; je m'abîme dans la contemplation des portraits des Bourbons. Le roi et la reine s'empressent, par leurs manières pleines de bonne grâce, de dissiper le malaise.

Étonnants propos destinés à témoigner qu'on n'est pas impressionnable mais de plain-pied avec tout le monde. Démonstration bien inutile. À plusieurs reprises j'aurai l'occasion de constater chez Mitterrand la manifestation de cette désinvolture destinée à montrer qu'il ne s'en laisse pas imposer.

24 novembre 1993

Nous commençons par parler de questions diverses.

« Le PKK[1], ce sont des terroristes, mais ce sont aussi des Kurdes persécutés. Vous voulez laisser Pasqua perquisitionner et arrêter les délégués de ce mouvement. Êtes-vous sûr de ne pas faire dévier le coup sur la France, et le danger est-il imminent ? Je vous conseille de faire le point dès aujourd'hui, car il ne faut pas se tromper en frappant les modérés. La tactique des Turcs est d'éliminer les modérés pour ne laisser en place que les extrémistes. »

Devant mon silence, il passe d'un sujet à l'autre :

« Il est question que Clinton fasse son discours devant l'Assemblée européenne à Bruxelles, et pas à Strasbourg. C'est proprement scandaleux. Il faut en saisir le Premier ministre belge, M. Dehaene. » (C'est ce que je ferai.)

« Il y a eu un article dans *Libération* sur les écoutes téléphoniques auxquelles auraient procédé les gendarmes de l'Élysée. *Libération* a publié des fac-similés qui prouveraient que l'Élysée organise des écoutes. C'est absurde : il n'y a pas de service d'écoutes à l'Élysée, et, de toute manière, cela dépend de Matignon ! (*C'est vrai, mais, depuis que je suis là, à ma connaissance, aucune écoute n'a été effectuée sur un contingent réservé à l'Élysée.*) La Commission des droits de l'homme que préside M. Bouchet a été saisie, et il y a une plainte d'Edwy Plenel devant la justice. M. Bouchet a été convoqué devant le tribunal, les avocats de

1. Parti des travailleurs du Kurdistan.

Plenel demandent qu'on lève le secret défense. Or, on m'indique que Matignon n'a pas de position. Il est inconcevable qu'on laisse des juges d'instruction perquisitionner à l'Élysée pour vérifier si, oui ou non, l'on y a organisé un service d'écoutes ! »

Je réponds :

« Je n'ai jamais entendu dire qu'il était question de perquisitionner à l'Élysée. Quant à la levée du secret défense, en l'espèce elle ne me concerne pas puisqu'il s'agit d'actes qui n'ont pas été accomplis sous mon autorité, mais à la demande de mes prédécesseurs. »

Manifestement, le raisonnement lui déplaît.

« Vous vous êtes bien tiré des manifestations d'étudiants. J'ai reçu Philippe Campinchi[1]. Il m'a dit qu'il n'y avait pas de mobilisation contre le gouvernement... Je dois maintenant vous parler de vos déclarations au Congrès, dans lesquelles vous avez mis en cause le Conseil constitutionnel. Vous avez eu tort, et, en le faisant, vous avez empiété sur mes prérogatives, car l'article 5 de la Constitution fait de moi le gardien de la Constitution. »

J'avais obtenu du Congrès réuni à Versailles le 19 novembre un vote massif en faveur de la modification du texte de la Constitution que je sollicitais.

« Je parlais à la tribune du Congrès, je défendais une réforme de la Constitution rendue nécessaire par une décision du Conseil constitutionnel dont j'estimais qu'elle était allée trop loin. Il m'était difficile de ne pas m'expliquer. Sans quoi, comment justifier la réforme de la Constitution à mes yeux indispensable ?

– Pas dans ces termes, et vous auriez dû me prévenir. Je vais maintenant être obligé de vous écrire une lettre pour vous désapprouver, ce que je regrette. (*Il a l'air plus fatigué que peiné.*) Je ne m'attendais pas à cela de vous. D'ailleurs, je désapprouve aussi M. Badinter qui a publié avant-hier un article dans *Le Monde* pour vous répondre. Je dirai que vous avez tort tous les deux.

1. Président de l'UNEF-ID et ancien collaborateur de Lionel Jospin.

– En somme, vous voulez me tancer, en quelque sorte m'envoyer au piquet en compagnie de M. Badinter ?

– Vous êtes l'objet d'un procès d'intention parce que vous en agacez beaucoup, que vous en inquiétez beaucoup, et voilà que vous en remettez !

– La vérité, c'est qu'à la fin du mois d'août M. Badinter m'a écrit sur ce sujet une lettre aux termes inadmissibles, ce qui a sans doute motivé ma réaction. Peut-être ai-je été trop susceptible.

– Vous n'êtes pas susceptible, vous êtes orgueilleux. D'ailleurs, vous avez raison de l'être neuf fois sur dix. L'UDF elle-même a protesté contre vos propos. J'ai déclaré que je n'avais rien à dire. Maintenant, comment en sortir ?

– Si j'ai l'occasion de m'exprimer aujourd'hui, soit devant l'intergroupe de la majorité que je réunis, soit lors des questions d'actualité, je me bornerai à déclarer : "J'en ai parlé avec le président de la République. À la suite de mon entretien avec lui, je vous indique qu'il n'est nullement dans mon intention d'entretenir cette controverse."

– Je déclarerai moi-même, après avoir reçu M. Badinter l'après-midi, que je souhaiterais que la controverse cesse.

– Je pense qu'ainsi nous pourrons clore l'incident. »

Comme nous descendons pour rejoindre les ministres en Conseil, il me dit d'un air las : « C'est ainsi, on marche toujours sur des œufs, même quand on croit être tranquille… »

Dans la journée, je n'ai pas eu l'occasion de prononcer la phrase convenue. J'appelle donc le Président vers 5 heures de l'après-midi pour le lui dire et lui demander de se borner à mentionner, dans son communiqué, non pas qu'il souhaite que la controverse soit close, mais qu'il constate qu'elle l'est. Il me donne son accord et modifie en conséquence son communiqué. Il ne pouvait pas faire plus, pour ne pas me gêner. C'est souvent ainsi : il manifeste son humeur ou ses critiques, mais se garde d'ouvrir un conflit public. Sans doute suis-je moi-même allé trop loin, d'autant plus que j'ai de l'estime pour Badinter ; mais, sur le fond, sa position, à mes yeux, n'était pas admissible.

26 et 27 novembre 1993, sommet franco-italien à Rome

La journée se passe très bien. L'accueil du président du Conseil Ciampi, que j'ai connu quand il était gouverneur de la Banque d'Italie et moi ministre des Finances, est excellent : c'est un homme fin, cordial, très compétent. Mitterrand s'exprime très vigoureusement pour défendre ma position sur le GATT et sur le problème des quotas de diffusion pour l'audiovisuel.

« J'espère, me dit-il, que vous me considérerez comme un porte-parole convenable.

– Ce n'est pas le mot que j'aurais choisi. Inspirateur, ne serait-ce pas mieux ? »

Sans doute, mais ce serait trop, et il le sait. Cela étant, rassuré sur mes intentions finales – ratifier l'accord au prix des concessions indispensables, et non le repousser pour des raisons de politique intérieure –, il m'apporte son aide.

Nous sommes au San Michele, dans le Trastevere.

« À toutes fins utiles, si cela va mal, je vous signale que l'Aventin est en face. San Michele est un hôpital désaffecté ; le palais où nous avons dîné à Tolède, invités par les Espagnols, en était également un. Je ne sais pas l'idée qu'ils se font de nous, mais ils ne nous reçoivent plus que dans des hôpitaux ! »

Comme je feins de ne pas comprendre, il y revient, ce qui cette fois me contraint à sourire. Il met parfois quelque complaisance à plaisanter sur son état, ce qui est aussi une forme de panache et de courage.

À Rome, toujours, échange avec Juppé sur la nécessité de demander un vote de l'Assemblée sur l'accord du GATT. Il estime que si nous devions rejeter l'accord amendé (j'ai laissé planer le doute sur mes intentions jusqu'aux derniers jours, ne serait-ce que pour ne pas me découvrir imprudemment, y compris aux yeux des ministres), il serait très utile d'avoir un vote de soutien au gouvernement qui, selon lui, serait massif (j'en doute fort, l'UDF ne nous soutiendrait pas) ; mais il pense que « si nous devons aller à l'accord, cela se discute ». Comme je le lui dis, je suis d'un avis contraire : un vote serait encore plus nécessaire si nous devions l'approuver, ne serait-ce que pour contraindre le groupe RPR à suivre. J'imagine que Juppé exprime, sans enthousiasme excessif, le point de vue de Chirac, qui ne souhaite pas qu'un vote de l'Assemblée consacre le succès du gouvernement. Il est surtout très gêné car, sur le fond, il m'approuve, mais Chirac l'interpelle sans relâche pour qu'il fasse obstruction à un accord. Au point qu'il y a quelques semaines il m'a téléphoné pour me demander, sur la négociation du GATT, des instructions écrites, ce que j'ai refusé, lui donnant à entendre combien je trouvais son souhait étrange. Je travaille avec lui, pour qui j'ai de l'estime, en bonne intelligence. Dans toute cette affaire, ce fut un bon négociateur, ferme, clair, pugnace, loyal envers moi. Les choses avec lui étaient faciles, même si, à la fois secrétaire général du RPR et ministre des Affaires étrangères, il souhaitait voir ses arrières assurés.

C'est dans les quinze derniers jours que j'ai donné comme instruction formelle aux ministres négociateurs, Juppé, Longuet, Lamassoure, Puech, que je réunissais plusieurs fois par semaine, de tout faire pour aboutir à un accord acceptable pour nous. Ils me rendaient compte plusieurs fois par jour de l'état des discussions.

Nous avions, Chirac et moi, déjeuné ensemble quelques jours auparavant ; il m'avait affirmé que tout le monde avait compris que je voulais refuser la ratification ; je lui avais répondu qu'on m'avait mal compris, que je voulais tout faire pour approuver le projet d'accord dès lors qu'il serait modifié selon mes vœux, ce qui était en train de se produire. Comme il invoquait les réticences du groupe RPR, je lui avais répondu que peu m'importait, que l'essentiel pour moi était de prendre la bonne décision, et qu'il appartiendrait à l'Assemblée de me renverser si elle le souhaitait. Je savais qu'il n'oserait pas aller jusque-là : il ne serait pas suivi.

Séguin m'avait fait savoir quelques jours auparavant, par l'intermédiaire de Fillon, que tout le groupe RPR me suivrait et accepterait ce que je proposerais. Cela a joué un rôle décisif dans le changement d'attitude de Chirac. Une fois ma position arrêtée et l'accord acquis, il a fait, de façon insistante, l'éloge de Juppé en omettant – et lui seul – de mentionner mon rôle. Quelle importance ?

Toujours à Rome, visite au Saint-Père que je trouve plus voûté et plus fatigué qu'à l'accoutumée, atteint d'un tremblement de la main gauche. Il m'accueille avec bonté :

« Je vous connais, je sais qui vous êtes, je suis heureux de vous revoir. »

Au nom du gouvernement d'alors, j'avais accueilli Jean-Paul II à Lyon lors de son voyage en France, en 1986, et nous avions eu une brève conversation.

Il me demande des nouvelles de la santé de Mitterrand, me parle du projet de loi sur la bioéthique, en renouvelant ses réserves. Nous parviendrons à trouver une bonne solution grâce à Simone Veil dont, une fois de plus, les qualités morales seront précieuses pour ménager une issue à un débat devenu passionnel.

À propos du 1 500e anniversaire du baptême de Clovis, le pape me dit :

« Selon le cardinal Lustiger, pour les Français, 1789 est, dans l'Histoire, une date aussi importante sinon davantage que celle du baptême de Clovis.

– Tel n'est pas mon avis. Le baptême de Clovis, c'est la naissance de la France. »

Voilà qui semble le surprendre et lui plaire à la fois.

Nous parlons également de la Journée mondiale de la jeunesse à Paris, à laquelle j'ai donné mon accord, du projet de Pacte de stabilité, dont je suis l'auteur et qu'il approuve. Il évoque à ce sujet les problèmes de la Lituanie et de l'Ukraine. Nous parlons également de la CSCE[1] et de l'Afrique.

Il est précis, perspicace, très informé de tout ; comme éclairé par une lumière surréelle, il considère les problèmes d'une autre

1. Conférence sur la sécurité et la coopération en Europe.

manière que le commun des dirigeants du monde. À ses yeux, la référence suprême de la politique, c'est l'amour de l'humanité tout entière, fondé sur la foi en Dieu.

1er décembre 1993

Puisque nous nous rendons tous les deux à Bonn, nous parlons de la position que nous devons tenir face à Kohl, de la fermeté dont il nous faut faire preuve sur le GATT, sujet sur lequel le Chancelier est vague et fluctuant.

Mitterrand m'a constamment soutenu dans cette affaire, à sa manière : tantôt pour aller plus loin que moi dans les déclarations publiques (il a parlé de « diktat américain »), tantôt pour m'expliquer qu'il faudrait que je fasse preuve de courage face à ma majorité pour ratifier le GATT.

« Je veux vous aider, je vois bien vos difficultés, vous ne pouvez pas ne pas signer. »

Il me parle également des problèmes que pose la cellule d'écoutes téléphoniques qui avait été installée par les gendarmes de l'Élysée. Je lui dis que j'invoquerai le secret défense pour interdire aux représentants de l'État de témoigner sur ce sujet devant la justice, quoi que je pense par ailleurs ; il serait dangereux que l'État fût mis en cause dans une affaire qui, d'ailleurs, dépend de lui plus que de moi. Je lui fais cependant observer le risque de me voir reprocher une certaine complicité avec lui. Manifestement, il n'en a cure. Il trouve normal que tout soit fait pour lui venir en aide.

Charles Pasqua a déjeuné avec lui chez un ami commun. Il me rapporte ses propos :

« Si Balladur réussit sur le plan économique et si la reprise se confirme, il sera élu président de la République. Cela aura tout de même plus d'allure que Rocard ou que Chirac, qui sont des deuxièmes couteaux ! Giscard, lui, est mort et il ne le sait pas. Barre n'est qu'un potache attardé. »

Que dit-il de moi quand Pasqua n'est pas là pour me le répéter ?

8 décembre 1993

Je fais part à Mitterrand de mon intention de demander au Conseil des ministres de m'autoriser à poser la question de confiance au titre de l'article 49-1 de la Constitution, à propos de l'accord du GATT.

« Vous n'en avez pas besoin, me dit-il.

– Tout de suite non, mais, dans un mois, les critiques contre l'accord du GATT monteront ; je voudrais qu'au préalable chacun se soit engagé clairement et en public. »

Lors du déjeuner de la majorité, peu auparavant, Giscard d'Estaing et Chirac m'avaient déclaré tous deux qu'il n'y avait aucune raison que le gouvernement demande à l'Assemblée un vote de confiance. Cette conjonction de Mitterrand avec Giscard et Chirac pour me dissuader de solliciter le soutien de l'Assemblée me renforçait dans ma conviction : je n'avais pas seulement besoin d'être approuvé, il me fallait aussi, après huit mois de gouvernement, comme une nouvelle investiture qui fût conférée non plus seulement à moi, mais à mon action. Les temps allaient devenir difficiles, j'avais besoin d'une force renouvelée.

Nous évoquons le prochain Conseil européen, le Pacte de stabilité sur le respect des frontières et des minorités.

J'avais imposé la réforme de la Banque de France, malgré les réticences : Mitterrand estimait que rien ne pressait, puisque plusieurs années nous séparait de l'entrée en vigueur de l'euro ; Giscard d'Estaing, lui, voulait que la Banque fût tout à fait indépendante, ce que je refusais, une large autonomie jointe à la maîtrise de la politique monétaire me semblant suffire ; tous les partisans de l'« autre politique », opposés à l'Europe, à la liberté économique, à l'ouverture au monde au nom de l'autorité de l'État, y étaient hostiles. À mes yeux, le sauvetage du Système monétaire européen, de même que l'autonomie de la Banque de

France, préparaient le changement d'univers auquel la France devait s'apprêter pour adopter la monnaie unique européenne.

Il me demande de lui parler de la composition du Conseil de la politique monétaire, placé auprès de la Banque de France devenue autonome. Je suis dans l'incapacité de le faire dans l'immédiat.

En ce qui concerne la présidence de France-Télévision, il marque une très nette préférence pour Elkabbach plutôt que pour Cavada, ce qui me convient. Mais je préférerais qu'il insiste davantage.

Je reviens sur l'affaire du GATT. Depuis quinze jours, à la recherche d'un compromis basé sur des positions techniques et non pas idéologiques, j'ai téléphoné à Kohl, à Lubbers, Premier ministre des Pays-Bas, j'ai reçu Delors, président de la Commission, Sutherland, directeur général du GATT, Brittan, commissaire européen chargé de la négociation, j'ai eu deux conversations téléphoniques avec Clinton. À tous j'ai répété la même chose, ce qui, contrairement à l'opinion courante, est la meilleure manière de négocier : je souhaite parvenir à un accord, mais je n'accepterai pas n'importe lequel, et, s'il le faut, je mettrai le veto de la France à toute décision du Conseil européen contraire à ses vœux.

Je me sens seul, surveillé par Mitterrand, bien décidé à tirer parti de mes difficultés même s'il n'y ajoute pas, partagé qu'il est entre le rêve de voir éclater ma majorité, ce qui lui offrirait des possibilités de manœuvre inespérées, et l'inquiétude de trouver la France isolée, responsable d'une grave crise internationale ; surveillé par Chirac, qui m'a menacé sans répit d'une motion de censure si j'acceptais l'accord du GATT, et n'a cessé que lorsqu'il a constaté les résultats obtenus et l'évolution en ma faveur du groupe RPR. Quant aux organisations agricoles, auxquelles j'ai promis que, grâce à la période de transition de dix ans que nous avons obtenue jusqu'en 2004, nous pourrions étudier à tête reposée la réforme de la politique agricole commune, elles ont levé leur opposition.

Ce qui m'est d'un grand secours, c'est que je suis prêt à faire face à toutes les éventualités, nullement désireux de rester au pouvoir quelles que soient les circonstances, mais résolu à contraindre l'Assemblée à me soutenir clairement ou à me censurer ; j'ai besoin d'une minute de vérité entre elle et moi, spécialement entre le RPR et moi. Ce qui m'a le plus aidé, tout au long de mon existence, c'est l'indifférence aux risques encourus, la volonté de rester fidèle à mes convictions, quel qu'en soit le prix. Je ne suis pas attaché aux places, pas plus à celle-ci qu'aux précédentes.

★

En politique, la fidélité à soi-même et à ses idées n'est pas seulement méritoire, elle est utile. À varier sans cesse, assujetti aux circonstances, on suscite le mépris de ses soutiens sans conquérir l'estime de ses adversaires dont on espérait ainsi gagner le ralliement. Que d'opportunistes, hantés par la crainte d'être toujours en retard d'une occasion, d'une idée, d'une mode ! Ne pouvant supporter que quelque chose se passe sans qu'ils y tiennent un rôle, toute occasion leur est bonne pour donner de la voix. Ils ont peur d'être oubliés s'ils ne font pas sans cesse parler d'eux, s'ils ne prennent pas figure au premier rang des puissants, des influents. Tout moment qui passe leur paraît perdu s'il n'est pas consacré à leur réussite. N'ayant pas confiance en eux-mêmes, ils sont anxieux ; c'est dire combien ils sont modestes ! Que d'erreurs ils commettent à force de ne vouloir en commettre aucune, d'être à tous moments accordés à l'opinion du jour ! Ils y perdent tout crédit, passant pour être uniquement possédés du désir de plaire. Parfois ils sont commodes à utiliser, rarement indispensables, toujours peu estimés. Que d'exemples d'une souplesse d'esprit et de caractère qui fait des carrières durables, mais guère mémorables ! Tant de peine pour un résultat si mince !

Comment marquer l'esprit des hommes si l'on ne demeure pas constant dans ses principes, si l'on n'accepte pas que le temps passe sans prendre part à toutes les aventures de la politique ?

L'histoire est faite de cycles au balancement sans fin, et les mouvements de l'opinion sont fugaces. Il y a les époques heureuses, où l'on se laisse aller à la facilité d'un optimisme à courte vue ; les époques périlleuses, où tout est remis en question, la prospérité, la concorde, la paix, où le regard sur la réalité doit être lucide, et la volonté ferme. Là, pas d'à-peu-près ni d'échappatoires, il faut parler net, agir sans tarder ; l'opinion se tourne vers ceux dont elle s'était éloignée dans les moments de bonheur, mais qui étaient demeurés un repère fixe. Avoir raison devant l'Histoire, c'est accepter la solitude et l'impopularité pour un temps qui peut être long, voire ne jamais prendre fin. Lorsqu'on a choisi ses convictions, il faut l'intelligence et la force de ne pas bouger ; l'Histoire finit toujours par dispenser sa faveur aux lucides et aux courageux qui sont demeurés stables. Rester soi-même dans le désordre des idées, des événements, des alliances, devenir une référence, donne à l'action sa légitimité et sa dignité ! Que vaudrait une conviction abandonnée au profit d'une association d'intérêts égoïstes et contradictoires ? Les situations changent, l'occasion de s'imposer se présente. Alors, quel réconfort d'avoir eu raison !

Ceux qui, face à la vogue communiste, sont demeurés attachés aux droits de l'homme et à la liberté ont vu, après bien des années, l'événement justifier leur attitude. Dans les années 1970, ceux qui ont refusé de plier devant la mode triomphante de l'étatisme l'ont emporté ; victorieux, ils ont eu tort de ne pas ordonner le libéralisme pour éviter ses excès et, comme il était prévisible, à la faveur de la crise, l'engouement pour l'étatisme a reconquis les faveurs de l'opinion. Ceux qui ont refusé de sacrifier au culte maoïste ont eu la satisfaction de voir ses zélateurs sombrer dans le ridicule. Ceux qui n'ont pas cru que la défaite de 1940 tranchait à jamais du destin de la France ont eu, cinq ans après, le bonheur de la voir dans le camp des vainqueurs. Ne jamais plier, ne jamais renoncer, ne jamais sacrifier ses idées : l'événement donne toujours raison aux plus opiniâtres, aux plus patients, à ceux qui ont assez de force intérieure pour ne pas se laisser accabler par le découragement ; parfois, il est vrai, lorsque l'événement leur donne raison, ils ne sont plus là pour s'en réjouir.

*

Conseil de défense du 8 décembre 1993

L'ordre du jour porte sur le Livre blanc et les essais nucléaires. Mitterrand m'avait prévenu qu'il ne s'exprimerait pas. En fait, il prend la parole durant une demi-heure, le premier, sans me la donner tout d'abord, comme le veut l'usage, et pour dire toutes les raisons qui, selon lui, justifient l'arrêt des expériences nucléaires. Ce que voyant, j'interviens après lui, contrairement à la coutume, pour répéter mes réserves sur le moratoire des essais nucléaires. Il réagit avec beaucoup de vivacité :

« Je saisirai l'opinion, si besoin est. »

Les ministres se taisent, frappés par la violence contenue de notre affrontement.

Le problème est toujours le même ; je n'ai pas le pouvoir de décider des essais malgré lui ; les militaires ne m'obéiraient pas, et ils auraient raison. Je ne vais pas tenter de bouleverser les institutions et introduire le désordre dans l'État pour cela. Veut-on que je m'expose au risque de voir l'armée désobéir à un ordre venu de moi ?

Quelques jours plus tard, je décide d'écrire à Mitterrand pour que les choses soient claires :

« Paris, le 22 décembre 1993

« Monsieur le Président de la République,

« Permettez-moi de revenir sur les discussions qui se sont déroulées au sein du Conseil de défense le 8 décembre, ainsi que sur la lettre que vous avez bien voulu m'adresser également le 8 décembre et qui concerne l'élaboration du Livre blanc.

« Sur notre politique de dissuasion, sur son sens et son évolution, sur l'équilibre de nos forces, sur le maintien du service national, je n'ai aucune réflexion particulière à faire.

« En revanche, vous savez que la prolongation indéfinie du moratoire sur les essais nucléaires me préoccupe gravement. Vous le savez aussi, mon gouvernement est le premier à avoir augmenté les moyens de la Délégation générale à l'armement pour le développement des techniques de simulation. J'aurai l'occasion de vous en reparler.

« Cependant, la possibilité, en développant la simulation, de se passer d'essais nucléaires est, dans l'état actuel de la science et de la technique, mise en doute par tous les experts, et notamment par ceux qui composent le groupe de travail constitué avec votre accord sous la présidence de l'amiral Lanxade, chef d'état-major des armées.

« Dans ces conditions, la prolongation indéfinie du moratoire constituerait pour notre pays un risque majeur, car elle repose sur un pari scientifique qui peut être gagné – je suis dans l'incapacité de dire s'il le sera ou non –, mais qui peut aussi être perdu. S'il l'était, notre force de dissuasion, ainsi que cela a été exposé par le ministre d'État, ministre de la Défense, et par le chef d'état-major des armées, risquerait, à échéance de dix ans, de ne plus posséder tous les perfectionnements techniques qui la rendent crédible. Dès lors, c'est la vraisemblance même d'une dissuasion qui serait techniquement moins crédible qui serait en cause.

« C'est la raison pour laquelle je considère qu'il serait particulièrement imprudent pour notre pays de pousser à l'arrêt rapide et définitif des essais nucléaires lors des négociations de Genève actuellement en cours. Comme les autres puissances nucléaires, nous ne devons donner notre accord à cet arrêt que lorsque nous serons certains qu'il ne nous sera pas plus défavorable qu'aux autres.

« Vous avez bien voulu me nommer Premier ministre. Cela me confère, selon les termes mêmes de l'article 21 de la Constitution, et aux côtés du président de la République, chef des armées, la responsabilité de la défense nationale, c'est-à-dire de l'efficacité et de la crédibilité de l'ensemble de nos forces. Vous le savez, dans ce domaine comme dans les autres, je m'emploie à assumer ma responsabilité en respectant pleinement les prérogatives constitutionnelles qui sont celles du président de la République. C'est aujourd'hui pour moi un devoir de conscience de vous faire part de ma conviction. »

Les choses en restèrent là, ma lettre n'y changea rien.

10 décembre 1993, Conseil européen de Bruxelles

La veille, 9 décembre, un dîner a réuni les Douze avec Boris Eltsine, président de la Russie.

Mitterrand a ouvert la discussion en posant les questions auxquelles il faudrait répondre : « Quel est le contenu de la notion de partenariat pour la paix lancée par les Américains ? La Russie privilégie-t-elle sa relation avec les États-Unis ? Quelle est sa position sur l'entrée de pays de l'Europe centrale dans l'OTAN ? Quel est l'avenir de la CSCE si l'OTAN s'élargit ? Nous devons répondre à toutes ces questions. Reste la proposition du Premier ministre français de bâtir un Pacte de stabilité pour le respect des frontières et des minorités ; c'est la seule idée novatrice émise aujourd'hui. »

Et il a continué longtemps, vantant les mérites de ma proposition.

Helmut Kohl : « Je suis d'accord sur le plan Balladur. »

Lubbers (Premier ministre des Pays-Bas) : « Je suis d'accord également. »

Boris Eltsine, changeant de sujet, la protection des frontières et celle des minorités n'étant pas celui qu'il préfère : « La Russie demande à entrer dans l'OTAN. »

Je fis observer à John Major, Premier ministre britannique, dont j'étais le voisin, que, si tel était le cas, l'Alliance atlantique n'aurait plus aucune raison d'être !

Mitterrand : « Et la Pologne, peut-elle y entrer ? »

Eltsine : « *Niet !* »

Mitterrand : « Vous ne lui donnez pas l'autorisation d'entrer dans l'OTAN ? »

Eltsine : « *Niet !* »

Après le dîner, je dis à Felipe Gonzalez qu'il valait mieux être loin des Russes, espagnol que polonais.

Je repartis en voiture avec Mitterrand. Il était de fort bonne humeur.

« J'espère que vous avez remarqué toute la publicité que je vous fais, l'aide que je vous apporte !

– Je l'ai bien vu.

– Cela me fait rire intérieurement.

– Pourquoi ? C'est bien normal.

– Disons que cela me fait sourire.

– Moi, je trouve cela très bien.

– Vous avez tort de ne pas faire appel à moi davantage.

– Je ne demanderais pas mieux, mais vous y prêteriez-vous ?

– Vous n'en trouverez pas un autre qui fasse aussi bien.

– Je ne le cherche pas.

– Vous ne venez pas coucher à l'ambassade ?

– Non, j'ai pensé que votre suite l'occuperait tout entière. (*De toute façon, je préfère être à l'hôtel.*)

– Je n'ai pas de suite. Je n'ai qu'un médecin, encore n'en ai-je pas besoin ! »

Au cours du Conseil européen des 10 et 11 décembre, Mitterrand m'apporta à nouveau son aide à plusieurs reprises, lors des séances de travail comme dans les conversations avec nos partenaires. Tous comprirent qu'ils devaient faire des concessions et modifier le projet d'accord du GATT s'ils tenaient à ce que la France l'acceptât. Ils comprirent aussi – et je m'en suis chargé – que s'ils ne faisaient pas ces concessions, il n'y aurait pas d'accord du tout, car la France s'y opposerait. Quelques jours auparavant, les bases du compromis agricole entre l'Europe et les États-Unis avaient été trouvées. Alors qu'on affirmait quelques mois plus tôt que c'était impossible, le pré-accord de Blair House fut rouvert et renégocié. Au début du mois de décembre, je l'ai dit, j'avais eu plusieurs entretiens téléphoniques avec le chancelier Kohl et avec le président Clinton. Ce dernier se préoccupait beaucoup du dossier audiovisuel, mais je ne lui laissai aucun espoir : nous ne pouvions en aucun cas accepter un démantèlement du système européen de production et de diffusion des films de cinéma et de télévision ; il y allait de la personnalité culturelle de l'Europe. Lui aussi comprit que, faute d'obtenir satisfaction, nous ne ratifierions pas l'accord.

Lors du dîner entre les chefs d'État et de gouvernement où fut mise sur pied, sur la base d'un texte que j'avais préparé, la rédaction du communiqué sur la Politique agricole commune et sur l'Organisation mondiale du commerce, Mitterrand se leva de sa place pour me délivrer, écrit sur une feuille de papier, son conseil : « Votre projet de communiqué est trop long, il faut le raccourcir pour que cela passe. » Il avait raison. Je l'ai écouté et les choses, dites plus brièvement, ont été acceptées. Je crois qu'il en était content : c'était une victoire de la France, et, chacun à notre manière, nous y avions concouru sans chercher, pour la galerie, à prendre l'avantage l'un sur l'autre.

Restait à concrétiser le tout lors des Conseils des ministres qui se tiendraient les 13 et 15 décembre 1993, et à parvenir à un accord unanime des Douze.

Je me rendis au Palais-Bourbon le 15 décembre, à l'heure même où nos négociateurs continuaient à discuter à Bruxelles. Il avait été convenu entre Alain Juppé, Gérard Longuet et moi qu'ils feraient monter la pression car, devaient-ils dire, si je n'obtenais pas, de la part de nos partenaires, des concessions suffisantes, je demanderais à l'Assemblée de ne pas ratifier l'accord ; dès lors, la France invoquerait, au nom de ses intérêts vitaux, le compromis de Luxembourg, et l'Union européenne serait obligée elle aussi de refuser de ratifier l'accord.

Nous demandions une ouverture des marchés afin que l'Europe ne fût pas la seule à devoir abaisser ses barrières. Nous l'avons obtenue. La France demandait des règles internationales plus équitables. Elle les a également obtenues : l'Organisation mondiale du commerce allait être mise en place, un mécanisme de règlement multilatéral des différends était créé. Quant à l'identité culturelle de l'Europe, elle était sauvegardée et les mécanismes propres à l'assurer, maintenus. L'agriculture française – et ce n'était pas le moindre des sujets, alors que nous étions la deuxième puissance agricole du monde – voyait son avenir assuré : la clause de paix du 21 novembre 1992 préservant la Politique agricole commune était prorogée de six à neuf ans ; les contraintes pesant sur les exportations communautaires, telles les céréales, étaient allégées ; le principe de la préférence communautaire, fondement de la Politique agricole commune, et donc de la construction européenne, était respecté. Je m'engageai également devant l'Assemblée à ce que pas un seul hectare de jachère supplémentaire ne fût imposé à nos agriculteurs du fait de l'accord du GATT.

Je fus avisé que la négociation s'était heureusement conclue à Bruxelles. J'en informai l'Assemblée nationale. La responsabilité du gouvernement étant engagée devant elle, l'accord fut approuvé par 466 voix sur 571 votants. Il était véritablement conforme aux intérêts de la France. Au Conseil des ministres auquel j'en rendis compte quelques jours après, Mitterrand salua la « sagesse du Premier ministre » qui avait su faire modifier un accord international pour le rendre plus favorable à notre pays sans provoquer de crise avec nos partenaires.

15 décembre 1993

Je remets au Président les fiches concernant les quatre candidats à la direction de la gendarmerie. Il me donne son accord sur l'ordre du jour des sessions extraordinaires du Parlement en décembre et janvier.

Nous parlons de la Commission nationale de l'informatique et des libertés. Pour sa présidence, il tient au renouvellement de Jacques Fauvet.

« Avez-vous quelque chose contre lui ? me demande-t-il hargneusement.

– Non, rien. »

Je sais le soutien qu'en maintes circonstances Fauvet a été pour lui ; qu'il soit ou non renouvelé m'indiffère.

Nous évoquons aussi le Comité des régions de l'Union européenne ; il trouve que la liste des représentants de la France que propose le gouvernement doit être rééquilibrée, car elle est trop partiale.

Il me propose de lui communiquer plusieurs noms de candidats pour que nous choisissions ensemble le président de la Bibliothèque nationale.

Il me fait à nouveau grief des changements trop importants dans la magistrature, me dit qu'ils me seront reprochés, que cela ternira ma réputation et sera « une source d'histoires ».

Nous parlons de la loi Falloux dont, de guerre lasse, j'ai fini par accepter qu'elle soit modifiée. Il me rappelle qu'elle avait été votée par une majorité de droite massive, comme maintenant celle qui veut l'assouplir, et qu'au fond les deux périodes, la IIe République et l'actuelle, se ressemblent.

« Mais il n'y a pas de prince-président, fais-je observer.

– C'est vous !

– Je n'y avais pas pensé.

– Mais oui, qui cela pourrait-il être d'autre ? Évidemment, ce n'est pas un pouvoir héréditaire.

– Celui du prince-président ne l'était pas non plus avant qu'il ne se fasse proclamer empereur.

– C'est vrai. Aujourd'hui, cela ne dure que sept ans, ce qui est déjà pas mal, et, en même temps, ce n'est pas assez », observe-t-il.

À plusieurs reprises, j'ai constaté cette obsession de propriétaire inquiet : conserver le pouvoir à tout prix, quoi qu'il arrive ! Il voudrait faire croire le contraire, mais j'ai le sentiment que c'est l'objectif unique de sa vie, que tout le reste y a été subordonné !

Un véritable politique, en somme.

22 décembre 1993

Il revient sur la loi Falloux dont l'abrogation a été, sur l'insistance de Bayrou, votée dans la précipitation au Sénat, dans des conditions brutales et maladroites, alors que j'avais réservé deux jours pour la discussion. Le cardinal Decourtray, archevêque de Lyon, parle d'une « ratification à la hussarde », oubliant l'insistance répétée de l'épiscopat auprès de moi afin que la loi soit modifiée ; mais il est rare qu'il heurte de front l'opinion courante.

« Pour l'école privée, dit Mitterrand, je croyais être tranquille pour vingt ans lorsque j'ai arrêté le feu en 1984. Hélas, cela n'a duré que neuf ans ! Cela va nous réserver les plus grands ennuis, à vous comme à moi. Je ne comprends pas pourquoi vous ne m'avez pas prévenu. L'opinion d'ailleurs est contre la décision votée par le Parlement, et elle ne bascule que lorsqu'on la présente par rapport à vous. Le gouvernement, les gens s'en fichent, c'est vous qui êtes en cause, vous avez commis une erreur. »

Il a raison, je le sais ; je ne suis pas content de moi ; j'aurais dû me fier à mon premier mouvement, ne pas accepter qu'on modifie la loi.

À la suite de cette fausse manœuvre, Bayrou m'a présenté sa démission, que j'ai refusée. Bosson avait fait de même lors de la crise d'Air France ; j'ai refusé aussi. Ma conception du gouvernement, c'est le partage des responsabilités, pas la recherche de boucs émissaires. Je suis responsable de ce que font les ministres dès lors que c'est avec mon accord. Diviser pour régner ne m'a jamais paru l'art suprême de la politique, plutôt une facilité à courte vue.

Encore cela peut-il être nécessaire, s'agissant de ses adversaires, quand on les divise afin de les dominer les uns après les autres en suscitant entre eux des conflits qu'on arbitre ensuite, parfois même à leur demande : suprême réussite ! C'est un art dans lequel Mitterrand excelle.

Notre histoire en offre de multiples exemples : les crises intérieures sont d'autant mieux surmontées que la discorde est favorisée ou utilisée chez ceux qui affrontent le pouvoir. Naguère, la IVe République s'effondra parce que les partis apeurés, en conflit entre eux, n'eurent, par crainte de l'intervention de l'armée d'Alger, d'autre ressource que de faire appel à de Gaulle ; plus tard, c'est la division entre les communistes et les gauchistes, entre les étudiants et les ouvriers, entre les contestataires et la majorité du pays, lasse du désordre, qui, en 1968, permit à de Gaulle et à Pompidou de ressaisir les rênes échappées de leurs mains.

Mais diviser ses partisans, c'est poursuivre un tout autre but. Il s'agit d'éviter qu'ils s'entendent trop bien afin de ne dépendre absolument d'aucun d'eux, même des mieux intentionnés, le seraient-ils sincèrement et durablement, et de conserver totale sa liberté. C'était là aussi la manière de Mitterrand au sein de son gouvernement comme de son entourage : il suscitait les rivalités et les conflits afin de bien montrer qu'il était le maître, que nul n'avait barre sur lui, que tous devaient être habités du désir de mériter sa faveur. Il s'agissait que chacun fût, par rapport à lui, en position d'infériorité, comme s'il en avait besoin pour se convaincre lui-même et persuader les autres qu'il était totalement indépendant. De Gaulle et Pompidou n'avaient pas de tels soucis. La démarche de Chirac était différente : une fois choisis ceux avec lesquels il travaillait, un temps il voyait tout à travers leurs yeux avant de s'en séparer pour se tourner vers d'autres.

Pour moi, je n'ai jamais cru nécessaire d'utiliser pareille méthode, d'organiser des querelles autour de moi pour affirmer mon indépendance, jamais redouté pour mon autorité la tutelle de qui que ce fût. Affaiblir ceux qui vous entourent en croyant se rendre plus fort, c'est manquer de confiance en soi. Lorsque j'étais Secrétaire général de l'Élysée, au temps de Georges Pompidou, ou plus tard ministre, puis Premier ministre, une fois la ligne fixée je m'employais à coordonner le travail de ceux qui m'entouraient, fonctionnaires, directeurs de ministères, ministres, membres de mon cabinet. Je leur demandais de bien s'entendre, d'agir ensemble, de faire appel le moins souvent possible à mon arbitrage. Ma tâche consistait à me consacrer à l'essentiel : le sens et le rythme de la politique que j'entendais mener ; je ne voulais pas avoir l'esprit embarrassé par des conflits qui souvent n'étaient que des rivalités personnelles. A priori, et sauf à être détrompé, je faisais confiance. J'ai parfois poussé cette attitude trop loin, s'agissant aussi bien des ministres que de ceux qui m'entouraient ; pour quelques-uns, il m'est arrivé de le regretter.

Nous reparlons de la session extraordinaire du Parlement, du Conseil de la politique monétaire, de la zone franc au sujet de laquelle il m'annonce qu'il vient de m'écrire. Je lui déclare que, de mon côté, je vais lui écrire sur les problèmes de défense.

Il est un peu sceptique sur mon voyage en Arabie Saoudite et me le redit :

« Méfiez-vous, je n'ai jamais rien pu obtenir d'eux. Ils vous paieront de bonnes paroles. »

Sa mise en garde se trouvera justifiée.

Il me demande s'il faut qu'il aille en Côte d'Ivoire pour les obsèques d'Houphouët Boigny ; je crois que c'est indispensable.

Je lui donne mon accord pour renouveler Fauvet à la présidence de la CNIL[1].

Deux sujets de désaccord : le premier porte sur le représentant personnel de chaque chef d'État ou de gouvernement pour les grands travaux décidés lors du Conseil européen de Bruxelles. Il souhaite Mme Lauvergeon, moi Silguy ; finalement, je lui propose que ce soit Lamassoure qui est ministre des Affaires européennes. Il accepte.

Second désaccord : le projet de création d'un Comité sur les moyens extérieurs de la France où il n'est pas représenté, et qu'il refuse d'inscrire à l'ordre du jour du Conseil des ministres.

En vérité, depuis l'affaire du GATT, il est de méchante humeur ; toute la presse, nationale et internationale, a présenté le succès comme étant le mien, sans même mentionner son rôle. Cela me conduira à lui rendre hommage lors de la cérémonie des vœux à l'Élysée.

Il évoque les déclarations de Simone Veil et de Léotard, dimanche à la radio et à la télévision, qui, tous deux, sans en avoir parlé ensemble, m'ont-ils dit, et sans m'en avoir prévenu, ont préconisé ma candidature à l'élection présidentielle.

« J'ai dit à mes proches : le Premier ministre est trop fin pour que ce soit concerté avec lui.

---

1. Commission nationale de l'informatique et des libertés.

– En effet, cela ne peut que me gêner.

– J'ai lu dans *Le Monde* les articles de Lhomeau et de Colombani disant que vous accélériez le processus, compte tenu des succès que vous avez remportés ; selon eux, cela s'est manifesté par l'abrogation de la loi Falloux et par les déclarations de Simone Veil et de Léotard. Je n'ai pas l'intention de me laisser bousculer, et je ne vois pas comment, en vertu de la magie Balladur, vous pourriez nous éliminer, Chirac et moi. Je ne me laisserai pas faire !

– Pourquoi me dire cela ? Quels propos ai-je tenus, quelle attitude ai-je eue qui donnent un fondement à ce que vous dites ? *Le Monde* n'est pas l'interprète officiel de mon action.

– Il vous est favorable.

– Dois-je m'en excuser ?

– Je tenais à vous dire ce que je vous ai dit, mais cela n'est pas un avertissement.

– Qu'est-ce donc, alors ? Je répète que je ne crois pas avoir donné de motif à votre soupçon. Permettez-moi de vous dire qu'il n'était pas utile que vous me disiez ce que vous m'avez dit. »

Cette fois, je suis véritablement irrité, bien décidé à le lui témoigner, à ne plus accueillir dans l'indifférence ces petites agressions répétées. Il sent qu'il est allé trop loin ; au moment où nous descendons, il me dit à la porte de son bureau :

« Soyons clairs, il y a les plus grandes chances pour que vous me succédiez. Vous feriez un très bon président de la République.

– Ce n'est vraiment pas le problème d'aujourd'hui. »

Je suis las de ses sautes d'humeur, de ses admonestations suivies de compliments.

Même difficulté au groupe RPR où je suis interpellé, au sujet des déclarations de Simone Veil et de Léotard, par un jeune député que j'étais allé soutenir durant la campagne électorale et qui – il a bien raison – n'a l'air ni très sûr, ni très fier de lui. Même réponse qu'à Mitterrand.

Chirac, assis à côté de moi à la tribune, me dit à voix basse :

« Cette affaire était mal montée.

– Si elle avait été montée, je pense qu'elle l'eût été mieux. »

Au bout d'un moment, il ajoute :

« Le groupe RPR était hostile à la modification de la loi Falloux.

– Vraiment ? Alors pourquoi est-il venu la réclamer par vagues successives ? »

Nous en restons là. Les échecs me seront imputables, les succès seront attribués à d'autres : c'est l'usage dans un tel jeu. Bientôt, par ma faute, se présenteront de nouvelles occasions de tenter de m'affaibir.

III

Premiers nuages
janvier 1994 - juillet 1994

À Chamonix pour Noël, je réfléchis au chemin parcouru. Quelques résultats : ma nomination avait été bien accueillie, je bénéficiais d'un large soutien de l'opinion ; j'avais, au prix de précautions de forme, dessiné mon domaine, l'essentiel du pouvoir ; déjà les décisions prises engageaient l'avenir, marquaient ma volonté de réformer le pays, obtenaient des résultats ; nous sortions de la récession, recommencions à créer des emplois, la confiance revenait.

Cependant, l'état de grâce prenait fin, tout allait devenir plus difficile : Mitterrand n'était pas résigné à jouer les spectateurs non engagés ; Giscard d'Estaing et Chirac – là, ils étaient d'accord – ne me laisseraient pas poursuivre ma route sans encombres, utilisant à cette fin les partis et les groupes parlementaires. J'étais condamné au succès, et, quoi que je fisse, rien ne le garantissait. L'élection présidentielle approchait, elle allait fortifier les ambitions, légitimer les mauvais procédés, tendre davantage les relations entre les prétendants de toujours et ceux qui se révéleraient. J'avais pris la direction du gouvernement sans avoir fait campagne ni solliciter quiconque, l'opinion publique semblait m'en savoir gré, me jugeant différent. J'y vis une force durable ; elle existait, mais n'était pas suffisante.

Ce n'était guère le moment de me laisser distraire de la tâche que je m'étais fixée pour deux ans. Je n'étais pas prêt à aller plus loin. L'Histoire, les événements que j'avais vécus m'avaient édifié, me montrant les exemples à ne pas suivre.

Qui prétend aux premiers rôles ne doit pas être impatient, vouloir à tout prix tenir la scène, appartenir à toutes les combinaisons, participer à tous les projets. Il lui faut s'accommoder du temps, accepter d'être à l'écart, voire inutile, de payer le prix de cet éloignement : que d'occasions manquées, de frustrations, de nostalgies ! Comment juger vraiment louable ce que d'autres accomplissent et qu'à leur place, croit-on, on aurait mieux fait ? Que de projets restés lettre morte, d'ambitions inassouvies ! Il faut prendre sur soi, opposer à tous le visage de la sérénité. La force des vrais politiques est de savoir se taire, d'attendre, soutenus par la conviction que seuls ils représentent quelque chose d'irremplaçable à quoi l'événement contraindra un jour de faire appel. Ils savent résister à la peur de l'oubli. L'orgueil y aide, l'illusion aussi. Ainsi la vie s'écoule. Parfois le morne ennui des jours qui passent dure longtemps. Thiers, Clemenceau, Mitterrand sont demeurés un demi-siècle sur le devant de la scène au prix de quelle obstination, mais aussi de quels reniements ! À la fin, que restait-il en eux de l'homme jeune qu'ils avaient été ? Tous trois ont duré, mais ont-ils compté autant qu'ils l'avaient rêvé ?

Pour établir sa supériorité, le véritable politique s'efforce de n'appartenir à aucun clan, à aucune faction, de susciter envers lui un sentiment d'allégeance au sein de l'organisation qui le porte, sans en être le prisonnier. Il n'appartient qu'à lui-même, il ne reconnaît de valeur qu'à ses idées, de légitimité qu'à ses ambitions. Il répugne à toute discipline imposée ; ce qu'il veut, c'est l'adhésion des siens ; les seules frontières qu'il accepte à son entreprise sont celles qui bornent ses ambitions. Le succès ne va pas sans mégalomanie. La droite, la gauche, le socialisme, le libéralisme, le nationalisme, l'internationalisme ne sont pour lui que des mots. Cynisme ? Le cynisme n'est-il pas la soumission à la réalité ?

Mais on a besoin d'appuis. Je le savais : mieux vaut ne pas se montrer trop regardant. La politique est le monde de la médisance et de l'envie : personne ne trouve grâce aux yeux de personne, chacun est suspecté de quelque vilenie ; au besoin, quand la réalité fait défaut, on invente. Je ne me plaisais pas dans ce monde-là. Je n'avais que trop tendance à m'imaginer que, dès lors que je bénéficiais de l'appui de l'opinion, je pouvais négliger les partis, les réseaux, les organisations, me dispenser de plaire à chacun, de promettre, de compromettre.

N'avais-je pas tendance aussi à mettre trop de distance dans mes relations avec les autres, à confondre l'éloignement avec le respect que je voulais leur témoigner ? La pudeur est parfois mauvaise conseillère.

Or, tout l'art de la politique consiste à plaire afin d'être choisi, puis maintenu en place. Pour séduire le peuple, il ne suffit pas de lui donner l'image d'un homme proche, accessible, compréhensif, mais aussi celle de l'envergure, de la volonté, d'une vision de l'avenir bâtie sur des convictions fortes, que la majorité puisse faire siennes. De Gaulle y a réussi, qui ne se préoccupait guère de proximité ! Mais, dans la séduction politique comme dans toute autre, il entre une part de comédie. Balancement entre la vérité et le mensonge, éternel mouvement. Peut-on conquérir le pouvoir sans s'affranchir de quelques principes ? En général, on n'hésite guère, la morale en fait les frais.

Aimer se battre, savoir se battre, attendre, paraître renoncer pour, le moment venu, mieux attaquer, ne jamais désespérer de son destin, croire toujours l'avenir ouvert : le véritable politique n'est pas abattu mais stimulé par l'épreuve. Rien, jamais, ne le décourage de croire en lui-même. C'est à quoi on le reconnaît.

Avant de parvenir au but, les politiques en ont tellement vu, ils ont vécu tant d'expériences, adulés, courtisés quand la chance leur sourit, injuriés, rejetés quand la bonne fortune défaille ! Ils sont portés à croire tous les hommes capables de toutes les bassesses, et à les mépriser : c'est l'un des dangers les plus graves de la politique ; on y affiche une morale de surhomme auquel tout serait permis, on y cultive le sentiment d'être à part des autres, d'appartenir à un clan au-dessus des lois ordinaires. Pour le coup, je ne voulais pas être de ceux-là. Rien ne me semblait plus ridicule que cette autosatisfaction de professionnels qui, lorsqu'ils sont réunis, croient participer à une assemblée de demi-dieux. Le spectacle des réunions du Conseil européen m'avait édifié !

À la longue, tout s'oublie, même les mauvaises actions, les malhonnêtetés, les reniements. Le succès justifie tout ; ceux qui sont heureux sont gratifiés, honorés. Se souvient-on encore de leurs multiples variations qui les entraînèrent parfois à se faire les avocats de toutes les causes : pour ou contre la décolonisation, pour ou contre le conformisme communiste, pour ou contre la liberté économique, pour ou contre l'Europe et sa monnaie unique, pour ou contre la décentralisation, pour ou contre l'armement nucléaire, pour ou contre les institutions de 1958 ? À s'en tenir à ces palinodies, l'Histoire n'aurait-elle qu'un sens, celui de l'opportunisme au service des intérêts égoïstes de ceux qui prétendent la bâtir ? Ne trouverait-elle sa cohérence qu'au bénéfice de leur carrière, de ses hasards, de son issue heureuse ou malheureuse ?

Je ne voulais pas être l'un des acteurs de cette Histoire-là. Étais-je assuré d'avoir assez de voracité et d'égoïsme pour entrer dans ce jeu ? Lucide sur les conditions du succès, sans doute, mais étais-je décidé à tout pour les remplir ? Je me refusais à en accepter les usages, je croyais pouvoir réussir sans compromis avec moi-même. Parfois je laissais transparaître ma perplexité. Mes méditations me laissèrent hésitant, mal éclairé. On se demandait si, pour l'emporter dans l'épreuve suprême, j'éprouvais un désir du pouvoir suffisamment fort. Convaincu de la justesse de mes idées, je me croyais apte à gouverner, mais je négligeais trop la force des intérêts, la violence des passions.

★

5 janvier 1994

Je parle du projet de lettre destinée à Clinton que m'envoie le Quai d'Orsay afin de demander aux Américains d'obtenir le retrait d'Israël du sud du Liban. Elle me paraît inutile. Mitterrand m'indique qu'il préfère, de façon générale, signer lui-même ce genre de lettres alors qu'il sait très bien que j'en signe parfois. Je la lui transmettrai.

En ce qui concerne la Chine, il juge mon voyage à la fin de janvier prématuré, ce qui est tout à fait mon avis.

Je lui demande quelle signification il donne à la notion de « pacte social » qu'il a évoqué dans ses vœux ; il me répond qu'il la précisera cet après-midi, dans son discours aux « forces vives » qui rassemblent les représentants le plus souvent à la retraite des syndicats patronaux et ouvriers...

Il m'indique que Pierre Bergé, qui quitte la direction de l'Opéra de Paris, lui a dit beaucoup de bien de moi : j'ai accédé à sa demande de conserver certaines prérogatives après son départ de la présidence de l'Opéra de Paris.

Il ajoute à propos de Mme Notat, secrétaire général de la CFDT :

« Elle aussi, elle vous a "à la bonne", vous dirais-je si nous avions vingt-cinq ans ou plutôt si vous aviez vingt-cinq ans !

– C'est effectivement ce qu'on disait il y a longtemps... Vous êtes cerné, vraiment, si M. Bergé et Mme Notat vous disent tous deux du bien de moi !

– C'est parce que vous êtes civilisé. »

Toujours le 5 janvier, devant le Conseil des ministres, pour répondre aux critiques de certains intellectuels aux yeux desquels la France n'en fait pas assez en Bosnie :

« La France n'est pas un empire qui pourrait seul rétablir la paix dans l'ex-Yougoslavie. Je ne préside pas un empire avec le Premier ministre, je ne suis pas Auguste et il n'est pas César ! »

À propos du texte sur la bioéthique, il s'explique longuement, affirmant que c'est beaucoup plus important que la modification de la loi Falloux. Je réponds :

« Je ne vous le fais pas dire ! »

L'après-midi, entre deux cérémonies de vœux auxquelles j'assiste, il me souhaite ma fête en me demandant ce qu'a fait saint Édouard :

« Il s'est contenté de régner sur l'Angleterre peu après l'an mille, de façon assez terne.

– Moi, c'est François d'Assise.

– Ah oui ! Les fleurs et les petits oiseaux… »

Il m'a cité dans son allocution devant le corps diplomatique à propos du Pacte de stabilité ; la veille, l'amiral Lanxade m'avait cité deux fois en présentant les vœux des armées. Période faste !

12 janvier 1994

Il répète qu'il approuve la politique que je mène pour mettre fin à la crise de nos relations avec la Chine, consécutive à la vente de frégates à Taiwan en 1991, mais qu'il trouve le virage que je prends trop brusque.

Il me donne son accord pour la création du Comité d'action extérieure cher à Juppé, accord aussi pour nommer Jacques Giscard d'Estaing président de chambre à la Cour des comptes, et Jean Favier à la tête de la Bibliothèque nationale de France.

Il redit que, depuis quelque temps, Matignon informe moins l'Élysée de son action, ce que je conteste.

« Je n'ai nullement voulu vous critiquer au cours de mes vœux. (*Cela faisait suite à mon émission, la veille, sur TF1, où j'avais relevé que la période des vœux est en général fertile en bienveillances et en malveillances, seraient-elles provisoires, ce qui n'était pas vrai pour moi, puisque je n'avais critiqué personne.*) Ce que j'ai dit, je ne l'ai pas dit pour vous. Lorsque je critique le patronat, ça n'est pas vous que je critique, et pour la loi Falloux, je me suis bien gardé de vous mettre en cause. »

L'article 2 de la loi modifiant la loi Falloux levait l'interdiction faite aux communes et aux autres collectivités locales de financer les constructions de l'enseignement privé au-delà de 10 % du montant des investissements ; c'était sa partie la plus utile. Le Conseil constitutionnel l'annula en prétendant que la liberté de financement des constructions scolaires privées créerait un risque d'inégalité en fonction des ressources des communes, ce qui pourrait être aussi vrai pour toutes les libertés, notamment celle de financer les écoles privées, et, plus généralement, tous les équipements publics.

Quant aux chefs d'entreprise, ils sont accoutumés depuis des générations à s'accomoder d'un dirigisme d'État dont j'ai eu le plus grand mal à dégager notre économie en libérant les prix, en privatisant les entreprises nationalisées, en développant l'actionnariat populaire. Mais eux ne m'en ont su aucun gré. Ils ont leurs habitudes avec le pouvoir politique dont ils se plaignent rituellement, mais qu'ils utilisent sans retenue. Ils sont hostiles par principe aux contrôles, aux réglementations, aux aides publiques, aux subventions, mais, si nécessaire, ne manquent pas de réclamer qu'elles soient utilisées à leur seul profit. Le colbertisme, bien plus que le libéralisme, est leur religion, autant que celle des fonctionnaires avec lesquels ils entretiennent des relations étroites, fondées sur une conception souvent commune de l'intérêt général comme de leurs intérêts respectifs. Grâce aux réformes que j'ai mises en œuvre depuis 1986, peu à peu les mentalités évolueront – trop lentement à mon gré.

En France, combien de patrons, fussent-ils à la tête d'un journal faisant profession d'indépendance et d'impartialité, feraient tout pour avoir une cocarde tricolore sur leur voiture ! Ils sont fascinés par le pouvoir politique. C'est une caractéristique française de toujours. Sous l'Ancien Régime, les bourgeois ambitionnaient de se voir attribuer une charge publique anoblissante appelée « savonnette à vilain ». Aujourd'hui, à quoi leurs successeurs ne sont-ils pas prêts pour obtenir la Légion d'honneur ou un siège au Conseil économique et social ? Ils savent que je le sais et que je m'en amuse.

Mitterrand me parle longuement des attaques personnelles le visant, comme d'une véritable conjuration ourdie contre lui.

« Le juge Jean-Pierre a été cajolé à la Chancellerie, les déclarations du procureur de Montgolfier critiquant l'expulsion de deux Iraniens sont inacceptables, la demande de Villiers d'une commission d'enquête sur le président de la République à la suite de la publication par *Le Point* du rapport du juge Jean-Pierre sur l'affaire Pelat est scandaleuse. Je suis profondément blessé sur le plan personnel ; politiquement, cela m'est égal, je me défendrai.

– Souhaitez-vous que je fasse quelque chose ?

– Je ne vous demande rien. Cependant, je trouve que Méhaignerie, comme garde des Sceaux, devrait poursuivre *Le Point* qui a publié le rapport secret d'un juge d'instruction. »

Nous évoquons ensuite l'affaire des gendarmes de l'Élysée et du rapport de la commission Bouchet sur le sujet. J'opposerai le secret défense sur l'organisation d'écoutes téléphoniques à coup sûr illégales et pratiquées des années avant mon arrivée à Matignon, mais pas sur l'organisation d'une cellule de gendarmes à l'Élysée, décidée elle aussi longtemps avant moi et qui ne me concerne pas. Il l'accepte de mauvaise grâce. Il répète que, depuis quelque temps, il observe que la coopération est moins bonne entre l'Élysée et Matignon qui manifeste une certaine rétention en ce qui concerne les informations dont l'Élysée doit bénéficier, notamment en matière diplomatique.

« J'ai l'impression, lui dis-je, que vous êtes mécontent. Avez-vous d'autres reproches à me faire ?

– Non, non, il est normal qu'un homme de votre dimension et de votre qualité ait des relations avec les chefs de gouvernement et même avec les chefs d'État. »

Toujours les mêmes allers-retours...

En me reconduisant vers la porte pour nous rendre au Conseil des ministres, et alors qu'il redoute peut-être d'avoir été trop vif dans ses reproches :

« Je sais que j'aurai un successeur, et je sais que ce ne sera pas un homme proche de moi. Je serais heureux que ce soit vous, car j'ai de l'estime pour vous. Je me réjouirais si c'était vous plutôt que l'un ou l'autre agité. »

Nous convenons de nous revoir, car nous n'avons pu traiter de tous les sujets.

Vendredi 14 janvier 1994

Toujours le même manège un peu dérisoire de la part de l'un comme de l'autre : j'ai été prévenu qu'il souhaite que nous nous voyions plus souvent, mais que la demande doit émaner de moi. D'entrée de jeu, je m'y prête de bonne grâce :

« Il faudrait que nous nous voyions plus souvent, par exemple tous les vendredis, outre le mercredi matin.

– Volontiers. Je suis à votre disposition. »

Notre conversation dure une heure et quart. Il me dit, en lisant une liste qu'il a sous les yeux, ne pas comprendre ma décision sur l'expulsion des deux inculpés iraniens dont la Suisse demande l'extradition ; que nous avons une attitude trop « glacée » envers Cuba, qui n'est pas un régime pire que les autres ; qu'il faut que je réclame des assurances à M. Dehaene, Premier ministre de Belgique mais qui n'est plus président du Conseil européen, pour le maintien de l'Assemblée européenne à Strasbourg.

Il revient longuement sur les attaques personnelles dont il est l'objet à propos de son patrimoine ; il évoque la façon dont il a réglé sa succession : il n'a conservé, me dit-il, que trois cents livres de collection auxquels il tient et qui seront, après sa mort, vendus au profit d'une œuvre.

« J'ai beaucoup de défauts, mais je ne m'intéresse pas à l'argent. Je sais que Méhaignerie a déjeuné avec Imbert, directeur du *Point*, et Pontaud, le journaliste qui a publié le rapport du juge Jean-Pierre. Vous voyez, j'ai encore quelques renseignements, même sur votre gouvernement !

– Je l'espère bien pour vous !

– Je suis blessé par toutes ces attaques. Je vous en parle parce que j'ai humainement confiance en vous. »

Je me demande pourquoi il me dit tout cela alors que moi-même je ne parle jamais des critiques dont je suis la cible, pas plus à lui qu'à tout autre. Serait-ce une façon de susciter de ma part une sorte de solidarité ?

En me reconduisant :

« La plus grande partie de votre vie, vous avez été fonctionnaire ou chef d'entreprise. Il ne faut pas que vous jugiez mal les hommes politiques : la plupart sont honnêtes. »

Il semble un peu dérouté – en attendant d'être irrité – par ma réserve, et vouloir me donner le sentiment que mon opinion et mon jugement comptent à ses yeux.

Il y est parfaitement indifférent, j'en suis convaincu.

Mardi 18 janvier 1994

Il continue de manifester une certaine aigreur. Je lui parle d'un projet de lettre sur l'avenir de la zone franc, que l'on me propose d'adresser aux chefs d'État africains, et je lui demande s'il souhaite la signer lui-même. Il me répond que oui, que c'est plus normal. Je lui demande, dans cette hypothèse, de bien vouloir mentionner qu'il écrit en accord avec moi.

Il me reproche encore le nouveau cours, trop brutal selon lui, de nos relations avec la Chine, tout en faisant en sorte que le bénéfice d'un rapprochement puisse lui être attribué. En fait, la situation était si mauvaise, quand je suis arrivé au pouvoir, qu'il a fallu la redresser au plus vite. Il redoute sans doute que mon action n'apparaisse comme un désaveu de la sienne.

« En ce qui concerne la loi Falloux, vous étiez hostile à son abrogation, je le sais bien ; vous avez cédé à la pression de vos "amis". Elle est inapplicable dans l'état actuel des choses, après la décision du Conseil constitutionnel qui en annule une partie, si bien que je pourrais être conduit à demander une deuxième lecture de la loi. Ce serait absurde, et je ne le ferai pas.

– Ce serait absurde, en effet ; je ne m'associerai pas à une demande de deuxième lecture qui nécessite mon contre-seing.

– Il n'en sera rien, si bien que la loi Bourg-Broc maintiendra, dans son article premier, le principe d'une aide à l'enseignement privé. Par ailleurs, je vais répondre à votre lettre sur les essais nucléaires (*il l'a fait peu après*). Si vous aviez un jour à décider de leur reprise, comme beaucoup le prédisent, je suis certain que vous ne le feriez pas. »

Il me donne le sentiment d'être pris d'accès d'agressivité à mon endroit. Le succès de la négociation du GATT et les bons sondages en vue de l'élection présidentielle doivent l'irriter ; moins, cependant, qu'ils n'irritent un certain nombre de dirigeants de la majorité comme de l'opposition qui me critiquent, ce qui le conduit à rebasculer vers moi. D'autant que, pour régler le problème que lui posent les enquêtes du juge Jean-Pierre, il a besoin d'un gouvernement impartial et qui évite de créer un conflit avec lui sur des sujets finalement secondaires.

Il me reparle très longuement de la publication par *Le Point* du rapport du juge Jean-Pierre sur l'affaire Pelat ; il ajoute, comme je demeure silencieux, qu'il est en mesure de justifier de l'origine de ses revenus en remontant jusqu'à 1971.

« J'ai toutes les preuves, grâce à un excellent secrétariat. Je ne vous demande rien, ajoute-t-il, et je m'en débrouillerai, mais vous ne pouvez pas refuser d'autoriser les gendarmes à témoigner au procès qui oppose *Globe* au juge Jean-Pierre. Je vous l'ai déjà dit plusieurs fois. Il est bien vrai que les gendarmes n'ont sans doute pas dit la vérité, il y a quelques mois, lors de l'enquête administrative, quand ils ont déclaré n'avoir pas vu le journaliste Pontaud dans le bureau du juge, au Mans. Mais il est également vrai qu'ils n'ont jamais dit l'avoir reconnu expressément. »

Au Conseil des ministres, j'interviens sur la manifestation du dimanche 16 janvier qui a vu 300 000 enseignants défiler dans Paris contre l'abrogation de la loi Falloux. Bien entendu, il s'est passé ce qui devait se passer : tous ceux qui m'ont poussé à la décider – la plus grande partie de la majorité – déclarent qu'ils étaient défavorables à cette initiative, que c'était une erreur ; l'appareil du RPR est le plus critique (cela, je ne le dis pas au

Conseil). Il en résulte un trouble dans l'opinion, et, pour le gouvernement, un échec. Inutile de s'arrêter plus longtemps que nécessaire sur ces retournements intéressés.

La manifestation s'est déroulée dans le calme, marquée par le désir d'affirmer la place de l'enseignement public et donc par l'inquiétude sur son avenir plus que par l'hostilité à l'enseignement privé. Il faut maintenant en tirer les conséquences, ne pas promulguer la loi désormais tronquée, mais entreprendre une consultation de l'ensemble des intéressés, y compris les entreprises et les associations, pour définir l'avenir de l'enseignement privé.

J'ajoute qu'il ne faut pas en conclure que les réformes doivent être abandonnées, tout au contraire, mais qu'elles doivent être poursuivies avec précaution, ce qui explique ma démarche progressive, soucieuse d'associer tous les intéressés à la décision.

Dimanche 23 janvier 1994

À l'invitation du chancelier Kohl, nous nous rendons en Allemagne, ma femme et moi, accompagnés de mon fils Jérôme qui travaille à Francfort. Nous visitons avec lui, sa femme et son fils, Heidelberg et Spire avant d'aller goûter chez lui à Ludwigshafen.

Il a demandé que je n'amène pas mon interprète en qui il dit ne pas avoir confiance ; dans le fond du petit car où nous prenons place pour aller d'une ville à l'autre dans l'après-midi, il se met à m'appeler par mon prénom, m'expliquant qu'il croit à mon avenir, qu'il fera tout ce qui est en son pouvoir pour m'aider, et que je dois ne pas hésiter à le lui dire. Je le remercie en lui faisant observer que les choses sont encore fort imprécises.

Il ajoute que c'est l'avis de son « compagnon de l'Élysée » qui le lui a dit plusieurs fois en affirmant que j'étais un homme d'État attaché à l'Europe et en lui exprimant le peu de crédit qu'il accorde à Rocard : il n'y aurait personne d'autre que moi ! Il le répète à plusieurs reprises. Manifestement, il veut créer entre nous deux une relation confiante.

Que Mitterrand le dise, et le dise à beaucoup, est vraisemblable ; qu'il y croie, c'est moins sûr. Je l'indispose : les choses vont trop bien et depuis trop longtemps, ses possibilités de jeu en sont réduites. En ce mois de janvier 1994, TF1, *L'Express* et *Le Point* ont publié, émanant d'instituts de sondages divers, des sondages extrêmement favorables pour moi, montrant que dans toutes les hypothèses je battrais tous les candidats à l'élection présidentielle au premier tour comme au second, et de très loin. Dûment stimulé, l'appareil du RPR y a vu une manœuvre, comme si j'avais commandé ces sondages ! D'où un déchaînement public et privé s'en prenant à mon entourage comme à moi-même avec les arguments les plus variés : les sondages ne veulent rien dire ; Barre en avait de bons, lui aussi, cela ne l'a pas empêché d'être battu ; il y a un « contrat » entre Chirac et moi, qui doit nécessairement le porter à l'Élysée ; je ne dois pas l'oublier, le RPR ne soutient que lui et lui seul. Ce dernier tente de précipiter les choix en invitant successivement tous les ministres à déjeuner pour des entretiens en tête à tête où il leur demande leur appui. À peu près tous m'en rendent compte ; sur les autres, de bonnes âmes ont à cœur de m'informer. Vis-à-vis de tous je garde le silence, d'autant plus naturellement que mes intentions sont loin d'être arrêtées. Je ne veux pas que cette perspective entrave mon action.

Mercredi 26 janvier 1994

J'évoque la journée passée en Allemagne :

« J'ai vu le Chancelier à Heidelberg, dimanche dernier. Je lui ai parlé de Strasbourg, je lui ai redit que nous ne pourrions pas déposer les instruments de ratification de l'accord d'Édimbourg si le Parlement européen ne signait pas le contrat sur la construction de l'hémicycle à Strasbourg.

– Il faut aussi, me répond-il, lui parler d'Elf et avoir une rediscussion sur la raffinerie de Leuna qui doit être construite en

Allemagne. J'y tiens beaucoup, c'est un engagement que j'ai pris envers lui.

– J'ai relevé un certain nombre de vos déclarations lors des cérémonies de vœux ou après, sur la laïcité, sur la nouvelle voie que doit prendre la société, sur le maintien des droits acquis. Je me demande si, désormais, vous envisagez que la cohabitation se déroule d'une autre manière. En tout cas, si vous avez des idées sur la meilleure façon de lutter contre le chômage, je suis preneur, je ne demande pas mieux que d'en tenir compte !

– Il ne me reste plus rien à faire que de parler de temps à autre. Vous êtes la marée montante qui recouvre tout. C'est d'ailleurs agréable à contempler. Il n'y a rien de changé dans nos rapports, mais il faut bien que je parle et que je m'exprime. Vous allez d'ailleurs, dans les trois mois, avoir de grandes difficultés dans votre majorité...

– Je le sais, j'y suis préparé, ma situation me vaut un certain nombre de jalousies.

– Pas de moi. Je me réjouis de vous voir à ce niveau, j'observe cela avec intérêt. Toute autre solution que vous serait mauvaise pour l'avenir. »

Il me parle à nouveau longuement du rapport du juge Jean-Pierre qu'a publié *Le Point* ; je confirme que, contrairement à ce que dit son entourage, j'y suis tout à fait étranger.

« Je le sais bien, vous êtes au-dessus de ce genre de choses. Il n'empêche que la Chancellerie doit prendre des dispositions sur ce rapport du juge Jean-Pierre qui est diffamatoire pour moi. Normalement, il devrait être poursuivi sans que j'aie à m'en préoccuper. Paul Reynaud qui, au début de la IVᵉ République, m'avait pris en amitié, j'ignore pourquoi, car nous n'étions pas du même bord, me l'a à plusieurs reprises recommandé : "Ne faites jamais de procès, ni à un journal, ni à un calomniateur, ni à un adversaire ; même si vous gagnez, vous en sortez atteint." Ainsi justifiait-il son refus de réagir aux livres parfois sévères publiés sur lui et son passé.

« Le parquet, poursuit-il, doit prendre position sur le rapport du juge Jean-Pierre, dire s'il se réfère à des faits précis et incontestables, s'il est régulier ou s'il est irrégulier. En tout cas, ma conscience est tranquille, j'ai fait vérifier toute ma comptabilité depuis vingt-cinq ans, il n'y a rien d'anormal (*il reviendra plusieurs fois sur ce thème*).

– Je vous répète que je suis totalement étranger à la publication du rapport de Jean-Pierre dans *Le Point*. Je n'y ai aucune responsabilité.

– Cela ne m'a pas effleuré l'esprit. J'ai des désaccords politiques avec vous. Sur le plan personnel et humain, il n'y a aucun problème. »

Mercredi 2 février 1994

« Attention aux nominations politiques dans la justice. Il y en a trop » (Méhaignerie le conteste et incrimine le comportement partisan de certains juges ou procureurs qu'il soupçonne d'avoir des attachements socialistes influant sur leur action).

Nous nous mettons d'accord sur Boissieu, représentant permanent de la France à la Communauté, comme notre représentant commun au Comité européen des chefs d'État et de gouvernement habilité à suivre l'application du Livre blanc de Delors sur la croissance en Europe.

« Pierre Bergé m'a parlé. Toubon, qui cependant a exigé son départ, veut organiser une séance à l'Opéra pour lui rendre hommage. C'est parfaitement ridicule ! Bergé souhaiterait qu'il y ait un geste du gouvernement qui ne soit pas celui-là.

– Lequel ? Si vous le désirez, je recevrai M. Bergé moi-même pour voir ce qu'il souhaite.

– Oui, faites-le, s'il vous plaît. »

Nous parlons du Livre blanc sur la défense et des composantes de la force nucléaire. Mitterrand me répète son hostilité au second porte-avions nucléaire, et me demande de faire des remontrances à l'amiral Coatanea, chef d'état-major de la marine, qui l'a réclamé :

« Il n'a pas à prendre là-dessus une position publique.

– Je suis de votre avis sur la prise de position publique, pas sur le fond. »

Il revient sur le sujet qui l'obsède :

« Le procès de Jean-Pierre contre *Globe* va s'ouvrir et l'on va demander la comparution des gendarmes.

– Qu'ils déposent, je les y ai autorisés.

– J'ignorais que ce fût votre décision. C'est bien. »

Nous nous mettons finalement d'accord sur les instructions à donner à nos représentants au Conseil des ministres de l'Alliance en ce qui concerne la présence française dans certains organismes de décision, au cas par cas : lorsque besoin sera, le chef d'état-major pourra participer au Comité militaire, et le ministre de la Défense au Conseil ministériel.

Je lui parle de la Bosnie :

« Il est indispensable de créer un fait nouveau. Nous ne pouvons pas rester dans la situation actuelle. Je dois y réfléchir et vous en reparler. »

En effet, je suis préoccupé par la situation dangereuse de nos forces, comme prises dans un piège. Le sommet de l'OTAN, en janvier 1994, vient de décider, à notre initiative, de simplifier la procédure de décision d'emploi de la force, mais il reste à améliorer la sécurité de nos troupes en les regroupant sur quelques sites, afin de réduire leur vulnérabilité et de faciliter un éventuel départ. Je ne l'obtiendrai qu'en septembre 1994, avec le retrait de nos forces des Krajinas et de la poche de Bihac, qui ramènera leur nombre de 7 000 à un peu plus de 4 000 hommes.

« En ce qui concerne, me dit-il, la dévaluation du franc CFA que vous avez voulue, il faut que le Fonds de développement social soit doté de ressources budgétaires nouvelles.

– Je crois qu'il l'a été. Je vais le vérifier.

– Je suis tenté de demander une deuxième lecture de la loi sur l'urbanisme et la construction, où l'on a supprimé une disposition qui permettait un contrôle des décisions des élus locaux dont les pouvoirs excessifs favorisent toutes les collusions. Je ne peux pas le faire sans votre accord. Je ne peux que rarement agir sans votre accord, par exemple pour recourir à l'article 16[1]...

– J'imagine qu'il n'est pas question aujourd'hui de l'article 16 ! Quant à l'urbanisme, je vais en parler à Bosson et je vous en reparlerai.

– Je dois recevoir trois députés kurdes qui risquent de voir lever leur immunité dans leur pays et d'être ensuite jugés et exécutés. Le seul fait de les recevoir peut tout arrêter... Le gouvernement et Juppé sont trop sévères avec La Havane. Je vais recevoir le vice-président cubain. Vous devriez vous aussi le recevoir.

– Je verrai. »

Je ne le recevrai pas, il sera reçu aux Affaires étrangères. Je ne comprends pas l'indulgence, voire même la sympathie dont Cuba est l'objet de la part d'une grande partie du milieu politique français. Quelques mois plus tard, je serai le seul dirigeant français à refuser de recevoir Castro à l'occasion d'un voyage privé qu'il effectuera en France.

Jeudi soir, 3 février 1994

Long entretien d'une heure et quart sur la défense et la dissuasion.

Mitterrand me parle longuement de ses conceptions, directement inspirées de celles du général de Gaulle.

Il critique l'affirmation de Giscard d'Estaing qui, dans ses Mémoires, déclare qu'il n'aurait jamais utilisé l'arme nucléaire.

« À partir de là, on ne fait plus peur à personne ; dissuader, c'est faire peur. »

1. L'article 16 de la Constitution permet au président de la République d'exercer une sorte de dictature temporaire en cas de nécessité. Il fut utilisé par de Gaulle lors de la guerre d'Algérie.

Il a raison.

Il défend le plateau d'Albion.

« C'est une sorte de leurre, de chèvre attachée à son piquet, qui, lorsqu'elle est attaquée, peut déclencher la riposte.

– Quant à la dissuasion, lui dis-je, il y a une question, la seule à mes yeux, que je me suis toujours posée et que vous avez dû vous poser constamment : avoir recours à l'arme nucléaire, aujourd'hui tellement plus puissante que celle qui frappa Hiroshima, c'est risquer en retour l'attaque nucléaire sur la France, c'est-à-dire, compte tenu de son territoire relativement réduit, la fin de la France, la mort de la plupart de ses habitants, la disparition de sa civilisation, de ses œuvres d'art, de ses paysages. Hitler n'aurait pas hésité ; s'il avait possédé l'arme nucléaire, il l'aurait utilisée, et les Alliés ripostant, il n'y aurait plus eu d'Allemagne. Il ne l'a pas fait, l'Allemagne a pu renaître. N'est-ce pas là, pour un pays tel que la France, un obstacle majeur à son emploi ? Lui faut-il se montrer décidée au suicide total pour que sa menace soit crédible ?

– Vous avez raison, mais si l'on ne se montre pas prêt à tout, on ne dissuade pas. La question que vous posez est la vraie question.

– On pourrait estimer que c'est le même état d'esprit qui a inspiré l'action de Pétain sous Vichy, en tout cas au début : la France demandant l'armistice, survivant sous l'occupation allemande, pour se redresser après. Mais les circonstances étaient tout autres, et, finalement, Pétain n'a rien empêché ni rien préparé. »

Il ne répond pas, redoutant peut-être que je veuille l'attirer dans une discussion sur l'Occupation, ce qui n'est nullement mon intention.

Mercredi 9 février 1994

Je l'informe que je ne donnerai pas mon contre-seing à sa demande de deuxième lecture de l'article 16 de la loi sur l'urbanisme. Il signe alors devant moi un peu rageusement la promulgation, sans me répondre.

Je change de sujet :

« Nos forces demeurent dangereusement dispersées en Bosnie. Je crains qu'elles ne soient prises au piège. Les soldats français risquent d'être en danger du fait de l'ultimatum que nous avons envoyé aux Serbes et aux Bosniaques d'évacuer leurs armes lourdes de Sarajevo. J'ai recommandé l'envoi du *Clemenceau*.

– Envoyer un porte-avions ! Ce serait un acte déjà quasi offensif et un signal fâcheux. Attendons. » (En fait, il l'acceptera deux jours après, d'autant que le *Clemenceau* fait, à échéances régulières, mouvement vers l'Adriatique.)

En même temps, je charge Juppé de tenter de mieux harmoniser l'action de la communauté internationale et surtout de lui donner un sens qui soit clair aux yeux de tous : création d'un groupe de contacts par les puissances intéressées ; élaboration d'un plan de paix répartissant le territoire de la Bosnie entre Croates, Serbes, Musulmans ; mobilisation de l'ONU et de l'OTAN pour utiliser la force au service des résolutions des Nations unies.

En compagnie de Léotard, je me rends à Bihac, à la suite de l'assassinat d'un de nos soldats, pour obtenir une simplification de la procédure de décision d'emploi de la force, afin de répondre plus vite à toute agression.

Chaque occasion doit être saisie pour susciter une réaction de la communauté internationale afin qu'elle prenne conscience de la situation intolérable dans laquelle sont placés les soldats français. Tout cela a pour objectif de la forcer à choisir : ou bien les belligérants feront taire les armes, et la France sera prête à contribuer à la mise en œuvre de la paix ; ou bien la volonté de guerre l'emportera, les puissances restant passives, et, dans ce cas, nos soldats n'auront plus leur place dans l'ex-Yougoslavie. Je n'ai cessé de le répéter ; je ne veux pas que nos forces armées soient utilisées en pure perte au service d'objectifs vagues et dans l'indifférence générale.

Les États européens n'ont pas su, dans un conflit qui se déroulait pourtant aux portes de l'Union, faire preuve d'efficacité ; seule l'intervention américaine a permis, l'année suivante, de faire plier les belligérants ; l'Union européenne a fait là une démonstration piteuse. En l'occurrence, Mitterrand se montrait souvent imprécis et dilatoire, plus enclin que moi à ménager le *statu quo*, tandis que j'étais plus sensible aux dangers inhérents à notre position et à la nécessité d'y mettre un terme. À la fin, je suis parvenu à le faire évoluer.

Il me parle à nouveau longuement des magistrats, de la transparence qui n'aurait plus cours dans les mouvements (Méhaignerie le conteste). Il s'insurge contre le déplacement de Mme Guemann, procureur général près la cour d'appel de Montpellier.

Puis :

« J'ai vu Bergé, il a été très sensible à l'audience que vous lui avez accordée (*je l'avais reçu l'après-midi même du jour où il me l'avait demandé*). Il m'a dit être très content de vos mœurs.

– Vous m'en trouvez ravi ! D'ailleurs, il ne m'a rien demandé d'exorbitant.

– Je vous mets en garde contre le comportement de Bosson qui, dans un article, a attaqué Fournier, le président de la SNCF, en disant que l'on pourrait faire du bon travail à la SNCF à partir du mois de mai, c'est-à-dire quand il prendra sa retraite. Nous sommes à la veille de la démission de Fournier.

– J'arrangerai la chose en recevant Fournier dès aujourd'hui. Je n'ai nul besoin d'agitation à la SNCF. »

Mercredi 16 février 1994

Je propose de nommer Rosenberg président de l'établissement du Grand Louvre en remplacement de Laclotte.

« Pourquoi pas ? C'est un bon spécialiste. Le problème est de savoir s'il saura gérer une entreprise de plusieurs milliers de personnes.

– Nous ne le saurons qu'après avoir essayé. De toute façon, il faut à ce poste un conservateur de musée. »

La Société générale, l'UAP et la Générale des Eaux, actionnaires de Canal +, ont pris inopinément, et sans que j'en sois informé, le contrôle de la chaîne cryptée, en éliminant Rousselet de la présidence. Ce dernier, furieux, s'en prend à moi comme si j'étais responsable de son éviction. Ce sont Viénot, Friedmann et Dejouany qui, estimant qu'il fallait changer de direction, ont mené l'affaire sans m'en parler. Mitterrand, semblant très ému, me dit :

« Je crois que Rousselet va écrire des choses très méchantes sur vous. Je n'y suis pour rien.

– Je suis totalement étranger à tout cela.

– Je vous crois. Vous n'y aviez d'ailleurs aucun intérêt, et ceux qui sont les plus proches de vous, tels Monod et Verne, s'y sont opposés. »

Quand l'article de Rousselet, « Edouard m'a tuer » (on dit le titre imaginé par Séguéla), a paru dans *Le Monde*, Mitterrand m'a répété : « Rousselet a un caractère tel que moi-même je ne pouvais pas l'empêcher d'écrire ce qu'il a écrit. »

Pourquoi Rousselet, avec lequel je croyais avoir des relations convenables, s'est-il laissé convaincre que j'étais responsable de son éviction ? Chirac, dit-on, s'y serait employé ; j'ignore si c'est vrai, désormais on lui prête beaucoup, croyant voir sa main dans toutes les entreprises qui me sont hostiles. Quel intérêt Rousselet avait-il à se laisser duper ? Peut-être a-t-il trouvé flatteur d'être éliminé pour des raisons politiques plutôt que professionnelles, et a-t-il voulu se poser en victime d'un pouvoir hostile ?

Il y a une malédiction française : les problèmes de la télévision sont perpétuellement débattus, jamais résolus. Il existe un rapport maladif entre la télévision et le pouvoir. Les hommes politiques s'imaginaient encore qu'ils pouvaient contrôler l'audiovisuel ; en tout cas, ils étaient soupçonnés de le vouloir. On avait tenté d'y remédier avec la création du Conseil supérieur de l'audiovisuel, qui n'est qu'un subterfuge ; une administration de plusieurs centaines de personnes a été mise sur pied : sa seule raison d'être est de remplacer un ministre de la Communication dont les décisions étaient préjugées impures et toujours critiquées ; en raison du mode de nomination de ses membres, les décisions du CSA ne le sont pas moins.

Dans quelques années, j'en étais convaincu, le problème se poserait en termes différents, en raison de l'évolution des techniques. Nous étions confrontés à un danger bien plus grave que le prétendu mauvais esprit des journalistes ou que la volonté dominatrice des gouvernements : celui de la prédominance de l'information et de la culture américaines. Le monde serait menacé d'une acculturation généralisée, avec la domination d'un anglais primitif impropre à la nuance et à la sophistication intellectuelle ; les questions que nous nous posions aujourd'hui seraient résolues par d'autres et à notre détriment. Les Européens seraient-ils capables de préserver leurs cultures face à l'imprégnation américaine ? C'est l'un des enjeux que j'avais en tête lorsque je demandai la modification des accords du GATT afin que fût préservée l'« exception culturelle ».

Je lui annonce la réunion que les ministres de la Défense américain, anglais, allemand, italien, français tiendront samedi ou dimanche, à la veille de l'expiration de l'ultimatum envoyé aux Serbes et aux Bosniaques d'évacuer leurs armes lourdes de Sarajevo. Il partage désormais mon point de vue que je rappelle à nouveau :

« Nous ne voulons pas la guerre en Bosnie, nous voulons la paix. Il ne faut pas y accroître notre présence militaire. Notre dispositif s'est considérablement étiré le long de Sarajevo et a besoin de se regrouper, si l'on veut qu'il soit plus sûr.

– J'entends un cliquetis d'armes dans votre majorité sur la loi de programmation militaire. Certains voudraient que notre doctrine nucléaire évolue vers des frappes tactiques précises. L'arme nucléaire n'est pas faite pour ça, je ne l'accepterai jamais. Je suis prêt à aller jusqu'au bout, sur cette affaire.

– Vous n'avez nul souci à vous faire, je n'ai pas l'intention de me laisser mener là où je ne veux pas aller. J'étais à "L'Heure de vérité", avant-hier, le 14, vous avez observé que j'ai suivi votre avis sur les problèmes de la Bosnie.

– Tiens ! Cela vous arrive donc !

– Mais oui ! Chaque fois que cela m'est possible, je ne demande pas mieux. »

Dimanche 20 février 1994

Je rentre de Chamonix à Matignon. C'est le jour de l'expiration de l'ultimatum aux Serbes et aux Bosniaques. Nous devons décider de ce que nous avons à faire, en nous informant d'abord soigneusement de ce qui se passe.

Par téléphone je m'entretiens plusieurs fois avec Mitterrand. Je réunis à Matignon Juppé, Léotard et Lanxade avant de me rendre avec eux à l'Élysée à 21 h 30.

Mitterrand, le ton bref et impérieux, prend l'attitude d'un chef de guerre ; il téléphone en notre présence, au cours d'un Conseil de défense très restreint, à Clinton et au général Cot, commandant de nos troupes en Bosnie. L'accord se fait sur l'idée qu'il n'y a pas lieu de procéder à des frappes aériennes, les belligérants ayant – dans les apparences, en tout cas – respecté l'ultimatum que nous leur avions adressé.

Pour être à tout moment informé de l'évolution de la situation et apte à intervenir, je coucherai à Matignon plusieurs nuits de suite, ce que je n'apprécie pas. C'est une maison incommode où nulle intimité ne peut être préservée.

Mercredi 23 février 1994

Je l'interroge sur la possibilité de changer la date des élections municipales qui doivent normalement avoir lieu en mars 1995, soit à peine plus d'un mois avant la présidentielle, prévue en avril. Cette quasi-concomitance est jugée incommode par beaucoup, les candidats à l'élection présidentielle devant, pour pouvoir se présenter, avoir le soutien de plusieurs centaines d'élus locaux en fin de mandat. Ceux-ci hésiteront à le leur apporter avant leur propre élection, et après cela pourrait être trop tard.

« Je n'y suis pas favorable a priori : moins on touche aux dates, mieux ça vaut, me dit Mitterrand.

– Mais il est vrai qu'il semble difficile d'organiser les élections municipales avant l'élection présidentielle...

– Je vais vous parler de la théorie de Kreisky, chancelier autrichien qui était de mes amis. Il était fort mal placé dans les sondages avant une élection législative, et il a organisé un référendum. Je m'en suis étonné auprès de lui ; il m'a répondu : "Cela va les purger, ils exprimeront leur mécontentement, et ensuite cela me dégagera la voie." C'est ce qui s'est produit.

– Quel rapport avec nos élections municipales ?

– Le rapport, c'est vous. Vous purgeriez la situation en organisant les élections municipales avant. Vous savez bien que je vous préfère, car vous avez le sens de l'État, et vous avez, en l'état actuel des choses, les plus grandes chances de gagner. »

J'ai eu tort de ne pas l'écouter : peut-être ai-je là laissé passer ma chance. Mais Chirac – que Pasqua appuyait pour des raisons techniques, me disait-il – se faisait fort véhément ; il ne pouvait pas, à un mois d'intervalle, être successivement candidat à la Mairie de Paris, puis à la présidence de la République. Quant à moi, je n'étais candidat ni à l'une, ni à l'autre, mais le soupçon rôdait. Surtout, je répugnais à semer le désordre dans ma majorité en paraissant décréter intangible le calendrier électoral pour mon intérêt personnel, à l'époque fort éventuel. Dans cette affaire, je me suis comporté comme le responsable du bon fonctionnement de nos institutions, pas comme un candidat virtuel ; j'ai manqué de cynisme. Si l'élection présidentielle avait été précédée des élections municipales, le résultat eût peut-être été autre.

Je change de sujet :

« Je vous reparle de la loi de programmation militaire ; les choses ne se présentent pas mal au Parlement.

– Je suis prêt, me répond-il, à prendre toute la responsabilité du moratoire sur les essais. Vous n'avez qu'à le dire.

– Non, c'est à moi de la prendre. C'est pour moi un problème d'autorité, comme je l'ai fait lors de l'accord du GATT, lorsque j'en ai imposé l'approbation à la majorité de ma majorité, qui n'en voulait pas. »

J'entends ne pas me dissimuler derrière sa décision ; puisque je ne peux l'en faire changer, autant vaut la faire mienne.

Il me parle de deux problèmes qui concernent des amis à lui : Dominique Jamet, qui écrit à mon sujet des articles quelque peu désagréables et qui voudrait bénéficier d'une indemnité de départ de son poste de président de la Très Grande Bibliothèque ; le Collège international de philosophie, présidé par Jacques Derrida, groupant quelques soixante-huitards nostalgiques, serait menacé par Fillon, ministre de l'Enseignement supérieur et de la Recherche, qui « leur fait des misères », me dit-il, en voulant les faire déménager et en supprimant leurs subventions. Je lui promets de m'en occuper.

Mercredi 2 mars 1994

Nous parlons de la situation en Bosnie et du projet de confédération croato-musulmane auquel poussent les Américains. Je ne crois pas qu'un État bosniaque soit viable ; sa séparation en deux, Musulmans et Croates catholiques d'un côté, Serbes orthodoxes de l'autre, serait le moindre mal. Nous évoquons aussi l'initiative des États-Unis et de la Grande-Bretagne proposant une administration anglo-américaine à Sarajevo. Je réagis vivement :

« Si tel devait être le cas, qu'aurions-nous à faire dans ce guêpier ? Ne serait-ce pas un motif de retrait des troupes françaises ? Devons-nous conserver un rôle d'exécutants ?

– Il faut en effet que nous en parlions. »

Il me répond toujours cela, mais, manifestement, il ne veut pas de notre retrait, auquel je pousse, dès lors qu'Américains et

Allemands refusent de s'engager. Heureusement, ils changeront d'avis en 1995 grâce à Chirac, une fois celui-ci devenu Président.

Je poursuis :

« On nous demande d'augmenter de 800 hommes nos effectifs à Sarajevo. Je crois que notre but doit être de nous renforcer à Sarajevo et de quitter nos autres implantations en Bosnie et en Croatie. Nous ne pouvons pas accepter le renforcement global de nos effectifs alors que la plupart de nos alliés ne font rien.

– D'accord. »

Vranitsky, chancelier d'Autriche, nous a appelés tous deux à propos de l'adhésion de l'Autriche à l'Union européenne. Nous avons eu la même position de fermeté et d'ouverture : oui à l'Autriche, mais sous réserve que les conditions normales de l'entrée d'un nouveau membre dans l'Union soient respectées.

Quant à la garantie de sécurité demandée par l'Ukraine (qu'elle ne soit pas frappée par des armes nucléaires en premier à moins qu'elle ne nous fasse la guerre comme alliée à des États nucléaires), nous sommes tous deux d'accord pour réaffirmer une garantie négative à laquelle ont droit tous les pays ayant adhéré au traité de non-prolifération.

« J'ai vu Monory à son retour de Chine, dis-je. Il est tout de suite venu à Matignon. Il affirme que Li Peng, le Premier ministre chinois, voudrait être reçu en France.

– Dites oui, en principe ! Nous verrons tous deux au vu du résultat de votre voyage. »

Sur la raffinerie de Leuna qu'Elf devait construire en Allemagne de l'Est, il semble que nous arrivions à un accord avec les Allemands. Mitterrand y tient beaucoup, Kohl aussi.

Mercredi 9 mars 1994

Il me demande de faire étudier par Silguy, Anne Lauvergeon et Thierry Bert les procédures d'élargissement de l'Union européenne pour que nous disposions de règles claires et simples.

« C'est tellement confus, personne ne s'y retrouve !

– Je suis d'accord, mais nous ne pouvons pas accepter le système anglo-espagnol qui consisterait à maintenir à 23 voix la minorité de blocage au Conseil des ministres, malgré l'élargissement. Notre position, c'est 27 : le blocage ne doit pas être trop facile ni trop fréquent. Je n'approuve pas l'initiative de Delors qui propose de réunir tout de suite un nouveau groupe d'étude pour envisager les changements institutionnels à apporter à l'Europe en 1996. Mieux vaudrait que les gouvernements délibèrent au préalable sur les conséquences que pourrait avoir un élargissement trop rapide, et donnent une mission précise à ce groupe d'étude.

– Je partage votre sentiment. Pour le cinquantenaire du débarquement, nous avons des problèmes avec l'Allemagne. Il faudrait organiser deux moments dans cette journée du 8 Mai : le premier entre Alliés de la Seconde Guerre mondiale ; le second avec les Allemands, comportant la présence de deux personnalités, le président de la République et le Premier ministre.

– Ce serait préférable, en effet... Je souhaite aussi vous parler de la loi de programmation militaire. On me dit que vous êtes favorable au M5, sur la mise au point duquel on pourrait gagner quelques années. J'attire votre attention sur le fait que tous ceux qui sont partisans du M5 en tireront argument pour la reprise des essais nucléaires...

– Je vais me prononcer sur la défense. Le M5 est indispensable, et vous en aurez besoin, où que vous soyez dans l'État l'année prochaine. Nous ne pouvons pas rester jusqu'en 2005 sans rien, si le M4 n'est plus utilisable.

– On me dit que ce ne sera pas le cas. Je souhaiterais vous en reparler. »

Il me donne son accord pour l'envoi d'un bataillon à Sarajevo. Accord aussi pour accepter un contingent de 1 700 soldats italiens, mais il redoute que cela entraîne l'envoi d'un contingent turc, ce qui, dans cette région des Balkans, ne manquerait pas de poser problème. Accord également pour un candidat français au poste d'administrateur à Sarajevo. Accord enfin pour le sommet franco-africain à Biarritz, à quoi tient Juppé.

Pour la présidence de la SNCF, il est hostile au choix de Denoix de Saint Marc, Secrétaire général du gouvernement, pour remplacer Fournier. Il préférerait un ingénieur ou un chef d'entreprise, ce que Fournier n'était pas quand il y a été nommé.

Il me confirme son hostilité à un scrutin dans le cadre régional pour les élections européennes : toujours la même hantise de voir l'État écrasé entre les régions et l'Europe...

« Il faut que nous réexaminions avec les Allemands toutes les questions portant sur nos relations du point de vue économique, européen, militaire... »

Tandis que nous descendons vers la salle du Conseil, il me dit :

« Vous allez avoir de grandes difficultés sur le plan social avec cette affaire du CIP. Ce n'est pas contre vous : nous sommes dans une situation où l'opinion refuse tout. »

En effet, j'ai fait voter en décembre 1993, dans la loi quinquennale pour l'emploi, l'institution d'un contrat d'insertion professionnelle (CIP) pour les jeunes : ils seraient recrutés dans les entreprises, y travailleraient 80 % de leur temps, y suivraient une formation durant les 20 % restants, et seraient payés 80 % du salaire normal correspondant à leur qualification. Le décret d'application vient de paraître. Conformément à la loi, infléchie sur ce point au cours de la discussion parlementaire, à la demande de la Confédération générale des cadres, la disposition s'applique à tous les jeunes sans considération de leur niveau de qualification, ce qui signifie qu'elle concerne aussi ceux qui sont diplômés.

Aussitôt c'est un tollé de protestations : ce texte, que tout le monde avait souhaité, manifesterait le mépris de la jeunesse qu'on voudrait sous-payer, alors qu'il était conçu et aménagé pour l'aider ! De violentes manifestations se dérouleront tous les jeudis, avec le soutien de la presse, de l'opinion, des partis de l'opposition, mais aussi d'une partie de la majorité.

La campagne de la présidentielle est commencée, avec son cortège obligé de polémiques ; on inquiète les députés en leur affirmant que je dissoudrais l'Assemblée si j'étais élu Président ; on saisit toutes les occasions de critiquer le gouvernement pour sa prétendue passivité en réclamant des réformes profondes, et, ne redoutant aucune contradiction, on combat celles-ci, tel le CIP, dès qu'elles sont décidées ; on n'évoque plus le CIP qu'en le qualifiant de « SMIC-jeunes », afin de fortifier l'hostilité contre lui ; on répète à tout va que je renoncerai certainement à être candidat, alors que je n'ai manifesté aucune intention d'aucune sorte et que je demeure silencieux.

Pasqua affirme soutenir ma détermination à maintenir le texte, tout en s'inquiétant, ce qui est normal pour un ministre de l'Intérieur, des risques de violences incontrôlées que comportent les manifestations. Le souvenir de la mort de Malik Oussékine lors de manifestations étudiantes en 1986, alors que, déjà, il était ministre de l'Intérieur, le hante. Dans l'opinion, la crise me fait perdre une partie de mon crédit, mais je demeure en tête dans les sondages. Elle illustre bien la difficulté de la réforme et, avant une élection présidentielle, la politisation de tous les problèmes ; les mêmes qui critiquaient le CIP me reprocheront mon immobilisme quand, de guerre lasse, je l'aurai retiré…

Ainsi se vérifie ma solitude : personne ne me soutient vraiment ni dans les partis ni dans la presse où des journaux prétendument favorables pratiquent un double jeu, cachant mal une partialité qui m'est de plus en plus hostile ; la plupart des ministres restent silencieux et souhaitent sans le dire le retrait du CIP, ce à quoi durant des semaines je me refuse.

Mercredi 16 mars 1994

Je reparle de la raffinerie de Leuna construite par Elf en Allemagne :

« L'affaire paraît en voie de règlement entre MM. Jaffré et Bitterlich, conseiller d'Helmut Kohl.

– C'est indispensable. Le Chancelier y accorde une très grande importance. Votre M. Jaffré n'est qu'un financier, pas un industriel.

– Je ne le crois pas ; en outre, c'est un honnête homme.

– C'est bien le moins, dans la fonction qu'il occupe.

– Ce n'est pas nécessairement toujours le cas… »

Mitterrand me parle de Sauter, qui était préfet de la région Île-de-France et qui est sans emploi. Il a songé à lui comme administrateur à Sarajevo.

Il revient sur l'affaire Canal + :

« Je savais que Rousselet ferait un article violent, je lui ai dit au téléphone qu'il avait eu tort de choisir le titre qu'il avait choisi ["*Edouard m'a tuer*"]. Cela étant, on ne peut rien lui dire, il est très volcanique.

– Je suis persuadé qu'il sait que je suis parfaitement étranger à cette affaire, qui n'est qu'une manœuvre politique.

– Peut-être. »

Manifestement, il ne veut pas s'appesantir sur le sujet, sauf pour me convaincre qu'il est tout à fait étranger à la polémique.

À propos du cinquantenaire du débarquement :

« Il faut éviter de vexer publiquement Kohl pendant une année électorale. J'essaie de distinguer, pour le 6 juin, les cérémonies avec tous les Alliés, le matin, et une cérémonie franco-allemande avec les Anglais et les Américains, l'après-midi. Il ne faut pas en parler avant que nous ayons un accord, car cela ferait tout échouer. »

Il évoque ensuite l'affaire Touvier : il s'agit d'un milicien, condamné à la Libération, qui se cachait et que Georges Pompidou avait gracié avant qu'il ne fût arrêté, ce qui avait soulevé une tempête politique. Finalement, son procès a eu lieu à Lyon pour des crimes contre l'humanité qui, découverts après son arrestation, ne lui furent reprochés qu'après que la grâce présidentielle lui eut été accordée.

« Je désapprouve tous ces procès et je trouve, au point où nous en sommes, et quitte à vous choquer, que les organisations juives exagèrent. C'est comme si nous recherchions si Jérémie s'est bien conduit sous Nabuchodonosor lors de la déportation à Babylone. J'avais dit à Badinter comme à Kiejman que je n'étais pas partisan de gratter sans cesse nos plaies. J'approuve tout à fait l'attitude de

Georges Pompidou qui, d'ailleurs, s'en était expliqué, et bien expliqué.

– Vous savez les motifs qui l'ont inspiré : la pitié pour les enfants Touvier, sans nom, puisque leur père se cachait et n'avait pu les reconnaître, et sans domicile ; il n'a gracié que la peine accessoire d'interdiction de séjour ; à l'époque où il l'a fait, Touvier n'était pas inculpé de crimes contre l'humanité pour la déportation d'enfants juifs dans la région de Lyon. Cela étant, je ne peux pas dire comment la décision a été prise ; j'avais reçu le prélat romain protecteur de Touvier, j'en avais parlé à Georges Pompidou qui avait refusé de le gracier, et je n'en avais plus entendu parler.

– Je le sais et je sais que c'est passé par Mme Dupuy, chef de cabinet de Georges Pompidou, femme exemplaire mais difficile, n'est-ce pas ?

– Exemplaire, sûrement.

– De toute façon, si votre témoignage était requis comme Secrétaire général de l'Élysée au moment des faits, vous ne devez pas témoigner. Le Conseil des ministres ne vous y autorisera pas. »

Il revient sur la date des élections municipales :

« Je vous ai donné mon sentiment. Faites-les en février, ça les embêtera tous, et ça vous dégagera la voie. »

Peut-être, mais cela perturberait toute ma majorité. Quel que soit son calcul, j'ai eu grand tort de ne pas l'écouter. Chirac souhaitait avec véhémence le report des élections municipales après la présidentielle, en faisant même, selon sa formule favorite, un *casus belli*. Mais j'avais d'autres préoccupations que je croyais plus importantes...

J'aborde l'affaire du CIP :

« Il y aura beaucoup de monde à la manifestation des étudiants ou prétendus tels, demain ; on peut redouter qu'elle soit suivie d'autres.

– Peut-être. Un conseil : il ne faut jamais parler du chômage, ce qui est négatif, mais toujours de l'emploi, ce qui est positif. C'est ce que je fais.

– Je n'ai pas l'intention de retirer le texte, je l'ai déjà modifié afin de prévoir les formes du tutorat pour la formation des jeunes dans l'entreprise, qui justifie qu'on ne les paie qu'en fonction de leur temps passé au travail, soit 80 %.

– Je ne vous demande pas de le retirer ; d'ailleurs, cela ne me regarde pas. Il faudrait inventer quelque chose de présentable pour l'opinion. Par exemple : "Il y a un chômage des jeunes, je cherche de bonne foi toutes les solutions, mieux vaut travailler que de ne pas travailler, aidez-moi ! Je demande aux chefs d'entreprise de se mobiliser, c'est une période expérimentale." Il faut que vous apparaissiez comme le défenseur des jeunes. Croyez-moi, c'est une situation difficile : dans notre société, on ne peut pratiquement plus rien faire.

– Ce que vous conseillez est déjà ce que j'ai commencé à dire et à faire. Je continuerai.

– Vous avez une forte position dans l'opinion, et je m'en réjouis. Elle demeure forte, ne vous laissez pas influencer par les sondages d'aujourd'hui, moins bons que ceux d'hier. En même temps, il ne faut pas être trop complaisant, car le pays, de temps à autre, a besoin de sentir une autorité ferme. Je vous dis tout cela de bonne foi. Je ne suis pas votre ennemi. Pourquoi le serais-je, d'ailleurs, à ce moment de ma vie ? »

À propos de la politique de la Ville :

« La situation est dangereuse. Il n'y a pas de ministre de la Ville. Simone Veil ne connaît que les salons parisiens, dans ses tailleurs Chanel. (*C'est fort injuste. Simone Veil a une action utile, efficace, elle est respectée par tous, considérée par les jeunes un peu comme une grand-mère ferme mais compréhensive.*) Il faut trouver une sorte de Tapie. Vous devez bien en avoir un dans vos réserves : quelqu'un de rustique, par exemple Raoult, qui pourtant m'a injurié souvent, et pourquoi pas Santini qui est un gros malin ? C'est dans votre intérêt que je vous dis tout cela, car, après tout, je ne veux pas être compromis avec le gouvernement.

– Compromis ? Est-ce le mot juste ?

– À vous d'apprécier. »

Vendredi 18 mars 1994

Durant une heure et demie, le matin, nous évoquons les relations franco-allemandes embrumées par les cérémonies du cinquantenaire du débarquement, auxquelles les Allemands ne sont pas invités. Afin de compenser pour eux ce désagrément, je lui donne le conseil d'organiser, l'après-midi du 8 mai prochain, c'est-à-dire avant les cérémonies de juin en Normandie pour fêter le cinquantenaire du débarquement, une cérémonie franco-allemande à laquelle nous nous rendrions tous deux. Il trouve l'idée « astucieuse » ; il me promet de s'en occuper et de m'en reparler, tout en me demandant le secret.

Nous parlons longuement du Pacte de stabilité que j'ai proposé et de la Confédération européenne, idée qu'il avait émise il y a quelques années et à laquelle on avait fait le reproche de concerner un trop grand nombre d'États. Je lui dis qu'il serait tout à fait possible d'organiser un lien entre le Pacte de stabilité et la Confédération, sous la forme d'une réunion annuelle entre les pays membres de l'Union européenne et les États signataires du Pacte de stabilité, qui sont beaucoup moins nombreux que les États membres de la CSCE. Il trouve que c'est une bonne idée, et s'engage à y réfléchir.

Nous en venons ensuite à la loi de programmation militaire qui est l'objet essentiel de notre entretien :

« Vous êtes très correct, c'est pour cela que nous pouvons travailler ensemble », me dit-il.

En fait, il accepte tout ce que je lui propose : le M5 sera terminé en 2010 au lieu de 2005 ; il reconnaît qu'un gros effort est fait pour la simulation, mais il demande à savoir en quoi consiste le système PALEN, destiné à la mettre en œuvre.

« Vous devenez un homme politique avisé : vous avez parlé de la nécessité des essais *même avec* la simulation.

– Déjà tellement avisé !

– Mais oui, mais oui ! Je préviens tous les hommes politiques qui sont en situation de devenir chef de l'État – vous êtes deux, peut-être trois au maximum à être dans cette situation : vous ne pourrez pas reprendre les essais. Il faut donc donner des directives pour éviter que PALEN ne rende indispensables des essais. Pour le M5, ajoute-t-il, à cinq ans près, ce n'est pas grave, je n'ai pas d'argument décisif contre. »

Il poursuit en se lançant dans des développements techniques avec, devant lui, des fiches sur lesquelles il jette les yeux. Il est question du TN75 concernant Albion et qui coûterait 12 milliards en dix ans. Il insiste sur sa volonté de conserver le plateau d'Albion et de faire un effort financier supplémentaire pour y adapter le M4. Il regrette l'abandon du S5 sol-sol, mais, finalement, s'il déplore le report de certains programmes à 2010, il ajoute :

« J'en prends la responsabilité avec vous sur le plan moral et national, car je ne crois pas que la France courrait des risques simplement de 2005 à 2010. »

Il multiplie les considérations techniques, les jugements sur l'utilité et la portée des armes. Je demeure silencieux.

Il conclut :

« Vous êtes très généreux avec l'armée, malgré toutes vos difficultés. Il faut vérifier que le deuxième porte-avions n'est pas prévu, et surtout ne fermez pas la possibilité du M5 à Albion. Je vais écrire sur les essais, mais de sorte à ne pas vous compliquer la tâche ; je vous montrerai ce que je vais écrire. »

Il soupire : « De toute façon, je le sais bien, dans cette affaire, nos sorts sont liés. »

Dimanche 20 mars 1994

Le premier tour des élections cantonales donne un bon résultat : 45 % des voix pour la majorité, soit plus que lors des élections législatives de l'année dernière. Les commentaires relèvent que cela constitue un succès pour le gouvernement et pour moi. Le RPR et l'UDF parlent plus volontiers d'un succès pour la majorité, mais cela n'a aucune importance.

La presse, prompte aux variations, est très bonne.

Mercredi 23 mars 1994

Nous parlons des relations franco-allemandes et de la mise en cause par le gouvernement allemand de notre ambassadeur, M. Scheer ; il est vrai, il a fait des déclarations maladroites sur les difficultés de la coopération franco-allemande, qui ont déplu à Bonn.

« Les Allemands nous cherchent une querelle d'Allemands. Nous ne pouvons pas accepter que notre ambassadeur soit mis en cause et leur jeter sa tête en pâture. C'est une question de dignité nationale.

– Vous avez raison, me répond-il, Scheer est quelqu'un de très compétent, mais c'est un démocrate-chrétien honnête, c'est-à-dire maladroit, ce qui est une espèce fort rare. Je dirai à Kinkel (*ministre allemand des Affaires étrangères*), qui vient me voir, que, de la part des Allemands, de pareils propos sont des propos de pays au bord de la rupture, ce qui n'est pas notre cas. »

Nous parlons du cinquantenaire du débarquement allié en Normandie : « Les affaires progressent avec les Allemands, et nous allons trouver un compromis. Inutile de dramatiser tout cela. »

Sur l'Algérie, je lui fais part de mon intention de réunir les ministres compétents à midi :

« Il nous faut arrêter une position claire. Y règne désormais une véritable guerre civile entre l'armée et le FIS. Nous ne devons surtout pas nous en mêler, mais nous ne pouvons pas non plus rester indifférents. À la réflexion, cette réunion pourrait avoir lieu autour de vous.

– Volontiers. Il faudra que nous envoyions un émissaire au Président algérien pour savoir où nous en sommes avec eux.

– Pour votre déclaration sur les essais nucléaires et la loi de programmation militaire, je vous demande de ne pas dire que la loi de programmation qui prévoit la simulation rend inutiles les essais nucléaires, ce qui compliquerait beaucoup ma tâche au Parlement.

– Je vous le promets ; Conze, le délégué général à l'Armement, ne cesse de faire des déclarations favorables aux essais ; Léotard en fait autant ; c'est ce qui m'oblige à réagir. »

Il aborde les élections cantonales :

« Les choses sont en train de revenir à la normale : le parti socialiste remonte, la majorité résiste bien. Tout cela exprime l'état réel des forces dans le pays ; votre position n'est pas affaiblie. Les chiffres seuls doivent vous guider. Il était évident que je ne pouvais pas être élu en 1974, et que je devais l'être en 1981.

– Ne pensez-vous pas que votre échec en 1974 a été dû à votre alliance avec les communistes, encore très forts et qui faisaient peur ?

– Non, pas du tout. La majorité était usée en 1981, elle ne l'était pas encore en 1974. »

Il poursuit : « Ce qui est terrible, c'est le sectarisme. Je me souviens d'avoir bénéficié de votes favorables au conseil général de la Nièvre de la part d'élus de la droite que je traitais bien. Or, les socialistes ont une tendance constante au sectarisme, et votre parti aussi. Chirac aura grand mal à se faire élire. Il n'a d'ailleurs jamais atteint 20 % sur son nom, malgré la force de son parti. »

Sur la date des élections municipales en 1995, je lui explique à nouveau pourquoi j'ai choisi de les reporter au mois de juin, car, politiquement, je ne pouvais pas faire autrement. Il me dit le comprendre, comme à regret.

Pour Michel Noir qui a été condamné en raison des modalités de financement de son activité politique, il trouve que les juges exagèrent et font preuve d'une sévérité injustifiée.

« Après tout, dit-il, quand Chirac tenait un meeting à Vincennes et que quatre-vingts wagons amenaient les participants, qui payait ? »

Il me dit que Sarkozy – qui est pour moi d'un soutien constant et courageux – a été remarquable à la télévision dans son dialogue avec les jeunes. C'est bien mon avis. Il insiste :

« Tout à fait excellent : coupant, percutant !

– Vous devriez le lui dire vous-même, vous lui feriez plaisir.

– Vous croyez ?

– J'en suis certain.
– Pourquoi pas ? »

À l'issue du Conseil, il félicitera en ma présence Sarkozy, qui s'en montrera heureux.

Quant au débat sur la réforme des institutions européennes consécutif à l'élargissement, je lui fais confirmer qu'il faut nous en tenir, pour les décisions du Conseil des ministres, à une minorité de blocage de 27 voix et non pas 23, comme le réclament les Espagnols et les Anglais. Les grands pays ne doivent pas être marginalisés ni mis devant le fait accompli par une minorité de blocage trop faible. J'ai téléphoné à Felipe Gonzalez pour lui dire de ne pas oublier que la France était une puissance méditerranéenne, et qu'elle pouvait l'aider.

Après le Conseil des ministres a lieu la réunion sur l'Algérie avec Juppé, Pasqua et Léotard. Il est convenu de faire le tri dans toutes les demandes des binationaux qui veulent quitter l'Algérie, et surtout de ne pas les inciter au retour en France ; d'envoyer un émissaire au président algérien Yamine Zeroual pour lui demander quelles sont ses intentions ; de ne pas nous mêler du débat entre le FIS et le gouvernement algérien ; d'intervenir vigoureusement auprès de l'Espagne et de l'Italie pour éviter l'afflux sur leur territoire de réfugiés algériens dont il est évident que la destination finale serait la France. Tout le monde convient qu'alors la situation sur notre territoire serait fort difficile à maîtriser. La venue du FIS au pouvoir en Algérie est, pour la France, le danger le plus grave.

Je serai conduit à tenir une nouvelle réunion de ministres sur cette affaire le vendredi suivant 25 mars.

Lundi 28 mars

Mitterrand évoque la crise suscitée par le contrat d'insertion professionnelle :

« Il faut éviter la “cristallisation négative”, pour parler comme Stendhal. Vous avez eu raison de déclarer ce que vous avez déclaré hier soir. »

Le ton est goguenard, car j’ai dû annoncer que je suspendais le CIP. J’ai le sentiment que cela lui retire une occasion d’intervenir, ce qui le laisse insatisfait. La mesure était bonne, mais prise trop tôt et mal expliquée. Je me le reproche. Il sera impossible de donner des emplois aux jeunes sans que les entreprises contribuent à les former et que l’État les y aide.

Je lui parle de la situation en Algérie ; son gouvernement souhaite bénéficier de l’assurance que la France ne le condamnera pas s’il rétablit l’ordre d’une façon « très énergique » en affrontant le FIS.

« Il faut leur dire : Faites-le, mais faites-le vite et qu’il n’y ait pas de répression “sale”. »

Je lui demande : « Qui a dit déjà : “Faites-le, mais faites-le vite” ?

– Je ne m’en souviens plus.

– Moi non plus. Charles IX, peut-être, la veille de la Saint-Barthélemy ?

– Peut-être », remarque-t-il, peu satisfait du rapprochement. Il ajoute :

« Si cela dure longtemps et va trop loin, j’en parlerai publiquement, mais pas sans vous en avoir informé au préalable. »

Je propose la révocation d’Haberer de la direction du Crédit national en raison de l’ampleur des pertes du Crédit lyonnais découvertes progressivement et qui scandalisent l’opinion.

« Oui, je suis d’accord. D’ailleurs, il n’est pas de mes amis.

– Il n’est pas non plus des miens, mais ce n’est pas le problème.

– Je crois que c’est un ami de Delors.

– Peu importe.

– D’accord, faisons-le pour mercredi prochain. »

Il revient sur le résultat des élections cantonales et le début de redressement de la gauche :

« Cela redevient normal, mais il faudra encore plusieurs années pour que le parti socialiste retrouve son niveau naturel.

– Sans doute. Par ailleurs, M. Giscard d'Estaing, ai-je appris, souhaiterait être l'un des experts désignés par le Conseil européen pour réfléchir à la réforme des institutions européennes. Qu'en pensez-vous ?

– Oui, pourquoi pas ?

– Pour moi, je veux bien, cela résoudrait un problème en l'occupant. »

Sans doute s'attendait-il à ce que je refuse. Il se reprend :

« Finalement, je ne vous le conseille pas, il nous gênerait tous deux. Et puis, n'oubliez pas que c'est un ancien président de la République. »

Giscard d'Estaing, qui ne l'oublie jamais, ne devait pas estimer que la position qu'il sollicitait était inférieure à son statut.

Mercredi 30 mars

Accord pour que j'invite à Paris Felipe Gonzalez, puisque j'étais allé le voir à Madrid. Accord aussi pour que, lors de mon voyage en Chine, j'invite le président de la République populaire au nom de Mitterrand, ce qui m'évitera d'inviter Li Peng, le Premier ministre, jugé par l'opinion internationale, à tort ou à raison, responsable des incidents de la place Tien'anmen.

« Oui, vous avez raison, c'est une bonne idée.

– Je peux le faire en votre nom ?

– Oui, tout à fait. »

Pour les deux futurs commissaires européens que la France doit choisir, je propose Élisabeth Guigou et Silguy. Il est très réservé et ne répond rien.

Nous reparlons de la Bosnie. Devant l'afflux des propositions de nos partenaires qui, maintenant que le danger paraît révolu, veulent tous envoyer des soldats, je répète ma position :

« La sagesse serait de concentrer les forces françaises à Sarajevo et d'évacuer nos autres implantations.

– Vous me l'avez déjà dit, c'est une idée fort raisonnable. »

S'agissant de la révocation d'Haberer de la direction du Crédit Lyonnais, il me dit qu'il ne peut l'accepter que s'il y a un rapport faisant état de la défense d'Haberer.

« Cela signifie-t-il que vous demandez que l'on n'en parle pas au Conseil des ministres, tout à l'heure ?

– En effet.

– Je ne peux pas l'accepter. Tout le monde sait désormais que c'est inscrit à l'ordre du jour.

– Oui, mais les droits de la défense doivent être respectés... et, finalement, je ne sais rien.

– Je suis venu vous voir avant-hier et je vous ai remis sur le sujet une note que vous avez lue en ma présence.

– Oui, c'est possible, mais je ne l'ai plus.

– Sans doute : c'est vous qui avez insisté pour me la rendre.

– Peut-être... (*Le ton dilatoire ne respire pas la sincérité.*)

– Je vous propose une solution : que la décision de révocation soit prise au Conseil des ministres tout à l'heure, et que vous ne la signiez que dans quelques jours, lorsque vous aurez reçu un rapport complémentaire sur les motifs de cette révocation.

– D'accord, mais je veux aussi qu'Haberer soit entendu.

– Il a refusé de se rendre à la convocation de son ministre, ce matin.

– Alors il faut créer une commission d'enquête.

– J'en suis d'accord. »

Les choses se passent ainsi au Conseil des ministres, mais il apparaît qu'une commission d'enquête parlementaire serait désastreuse pour l'image du Crédit Lyonnais, et comporterait pour lui des risques très grands. Mitterrand m'avait fait observer qu'on pourrait remonter au-delà de 1988, c'est-à-dire au temps où j'étais ministre des Finances ; à cette menace voilée j'avais répondu que peu m'importait, je n'avais rien à me reprocher.

Nous reparlons du retrait du CIP ; il me dit :

« Ne me comptez pas parmi vos adversaires. Je n'ai pas envie de changer de gouvernement, je ne gagnerais pas au change.

Continuez sereinement votre tâche, vous vous redresserez avant l'été, malgré vos amis. N'écoutez pas ceux qui vous recommandent la fermeté ; la fermeté, cela ne consiste pas à aller dans le mur.

– Certains me recommandent la fermeté au nom, disent-ils, du gaullisme. Or il est arrivé à de Gaulle de changer de position, sur l'Algérie comme sur la grève des mineurs.

– Et sur bien des sujets encore... », renchérit-il, triomphant.

L'après-midi même, je retire le CIP et le remplace par une prime aux entreprises pour l'embauche des jeunes. L'accueil est bon. La manifestation du lendemain se dégonfle. Plus tard, je regretterai de n'avoir pas proposé que les jeunes soient payés à 100 %, et non pas 80 %, les 20 % de leur rémunération correspondant à leur temps de formation étant pris en charge par l'État. Le coût eût été bien moindre que celui d'allocations de chômage, et, dès lors, personne n'aurait pu critiquer la mesure. C'est une occasion gâchée, qui ne se représentera pas de sitôt.

Cependant, au RPR, de nombreuses critiques sont formulées contre Michel Giraud, ministre du Travail ; en fait, elles sont dirigées contre moi. Le lendemain, je m'en explique sans détours avec Pons, président du groupe, que j'ai invité à venir me voir ; je suis prêt à une explication publique avec le bureau du groupe. Il minimise les critiques, promet que le climat va s'assainir. Je n'en crois rien, et le lui dis.

Je refuse la démission de Giraud, comme celle de Bosson, comme celle de Bayrou. Ai-je tort ? Je ne le crois pas : accepter leur départ serait une lâcheté. J'aurai l'occasion de le dire publiquement : la théorie des « fusibles », qui justifie le départ des ministres afin de préserver le chef du gouvernement, n'est pas la mienne, comme je le déclare devant le groupe RPR ; il n'y a qu'un seul fusible, c'est moi. Prendre toutes les responsabilités quoi qu'il en coûte est la seule façon d'assurer son autorité, de faire taire les malveillants qui n'ont jamais le courage d'aller jusqu'au bout de leurs intentions. Je n'accepterai que la mise en cause de la responsabilité du gouvernement tout entier. Personne n'osera aller jusque-là, je le sais.

Mercredi 6 avril 1994

Nous parlons de mon voyage en Chine. Il me confirme son accord pour que j'invite le Président chinois à venir en France, ce qui me dispense d'inviter Li Peng, le Premier ministre. Il me recommande de remettre en privé une liste de personnes emprisonnées ou assignées à résidence auxquelles nous nous intéressons, et de ne pas citer de noms en public ; il me conseille de dire aux dirigeants chinois : « Vous obligeriez la France en libérant quelques dissidents, et vous justifieriez mon voyage en le faisant après mon retour. »

Mon voyage, sur lequel Mitterrand était tellement réticent, mais qu'il a été contraint d'accepter, sera un succès économique et politique et permettra le rétablissement de relations normales avec la Chine que la vente à Taiwan de frégates françaises, décidée par les gouvernements socialistes précédents, a offensée ; les Chinois sont heureux de renouer avec nous. Ce voyage est néanmoins gâché par le fait que trois dissidents ont été convoqués par la police, ce qui a été présenté comme un camouflet par la presse française, nombreuse à me suivre, laissée inoccupée et à la recherche d'incidents à mettre en exergue. Après mon départ, ces trois dissidents furent libérés. J'avais fait part de mon étonnement et de mon mécontentement, devant cette coïncidence volontaire, au ministre qui m'accompagnait à Shanghai et à l'ambassadeur de Chine à Paris. Je crois que les Chinois ne souhaitent pas être désagréables avec la France en particulier, mais uniquement affirmer leur indépendance comme ils l'ont fait lors des voyages de Christopher, le Secrétaire d'État américain, et de Kohl. Les réactions de la presse sont disproportionnées : transformer en événement mondial le fait que trois dissidents soient invités à se présenter à la police et relâchés quelques heures après, témoigne d'une réelle mauvaise foi ou bien d'un grand aveuglement sur les véritables enjeux.

Je retournerai à Pékin en 1996 ; j'y serai accueilli comme celui qui a restauré les relations entre la France et la Chine.

« Je reviens, me dit Mitterrand, sur les élections municipales ; pour vous, ce serait mieux en septembre qu'en juin. Vous avez de bonnes chances d'être élu, et mieux vaut dissoudre immédiatement après l'élection. Vous ne pourrez, dans l'espace d'un mois avant l'été, avoir à la fois l'élection présidentielle, des législatives et des municipales. Vous le voyez : j'en suis réduit à vous donner des conseils !

– Je ne vous répondrai pas que je suis conduit à les accepter, puisque je vous ai toujours dit que je le ferai volontiers.

– Il ne faut jamais choisir un Premier ministre qui sera candidat à l'Élysée, car il ne gouverne plus et ne pense plus qu'à cela. On a huit jours de tranquillité avec lui parce qu'il vient d'être nommé, et le neuvième jour, les difficultés commencent, c'est-à-dire que cela devient la cohabitation... C'est pourquoi je crois que la cohabitation va durer. Elle a déjà eu lieu deux fois, et elle donne un nouveau pli à nos institutions. En définitive, c'est un régime qui correspond mieux à mes conceptions. Certes, j'aimerais davantage de pouvoir, mais, finalement, les choses se passent bien entre nous deux. »

Il est vrai que je lui laisse la quasi-exclusivité des relations téléphoniques avec Clinton, Kohl et Eltsine, ce qui ne me gêne en rien puisqu'il me prévient toujours à l'avance et n'a, jusqu'à ce jour, pris aucune décision contraire à mes souhaits, sauf sur le choix de Francfort comme siège de l'Institut monétaire européen.

« Votre point faible, ajoute-t-il, c'est les banlieues. (*Je ne sais qui lui a mis en tête cette idée.*) Les choses vont s'agiter, cet été. Il vous faudrait quelqu'un d'autre que Simone Veil. Vous devez lui imposer un ministre délégué, il y va de votre intérêt. »

J'ai essayé à plusieurs reprises, non pas pour les raisons mises en avant par Mitterrand, mais pour soulager Simone Veil, car sa tâche est immense, avec la responsabilité de toutes les affaires sociales ; mais elle est irréductible. Elle assume bien sa fonction, avec efficacité et réalisme, avec cœur aussi. Au sein du gouvernement, elle représente pour moi un réconfort, un irremplaçable appui moral, en quelque sorte une sécurité : quand nous ne sommes pas spontanément du même avis, ce qui est fort rare, nous en parlons tous deux directement et nous trouvons une solution. Elle fait tout pour faciliter ma tâche.

Mercredi 13 avril 1994

Je dis à Mitterrand mon hostilité à l'idée des Affaires étrangères et de la Défense d'assurer M. Boutros Ghali de la mise à disposition permanente de l'ONU d'un contingent de 10 000 militaires français. Ce serait considéré par lui comme un « droit de tirage » sans contrepartie.

« Je suis pleinement d'accord avec vous.

– Giscard d'Estaing demande la nomination au Crédit National de Mentré.

– Encore Mentré ! Pourquoi pas ? Cela m'est égal. Giscard ne cesse de formuler des demandes. Quand il a été battu, il m'a fait attendre onze jours. Moi, je ne ferai pas attendre mon successeur vingt-quatre heures. Il a demandé de très nombreux avantages, j'ai tout accepté, sans même regarder. Il est vorace ! »

Pour le choix des deux commissaires européens, je redis ma préférence pour Élisabeth Guigou, sans prononcer le nom d'Édith Cresson dont la nomination serait, à mes yeux, mal accueillie. Pour le commissaire issu de la majorité, j'évoque plusieurs noms : Jean-Bernard Raimond ne trouve pas grâce à ses yeux ; Jean-Pierre Fourcade est, selon lui, dépourvu d'expérience internationale ; il n'a rien contre François-Poncet.

« J'ai reçu Badinter et je lui ai donné mon accord pour qu'il parle, lors de la conférence sur la stabilité en Europe, de la Cour de conciliation et d'arbitrage qu'il propose.

– Vous avez eu raison, me dit-il, et je suis tout à fait d'accord ; c'est d'ailleurs tout à fait complémentaire de votre projet.

– Badinter m'a également remis une note sur l'élection présidentielle et les modifications qu'il y aurait lieu d'apporter à la législation. Je l'ai fait étudier par Pasqua. Cela me semble bien compliqué.

– Avez-vous amélioré vos relations avec lui après l'incident de la réforme constitutionnelle ?

– Je le crois. Dans cette affaire, nous étions tous deux convaincus d'avoir raison, parce que tous deux de bonne foi. Les cyniques sont plus accommodants. J'ai de l'estime pour lui, mais je tenais à bien montrer que le pouvoir constituant est supérieur au Conseil constitutionnel ; un juriste comme lui aurait dû l'admettre de meilleure grâce ; la démonstration a été faite, pour la première fois sous la Vᵉ République ; je m'en tiens là. »

En ce qui concerne la présidence de la SNCF :

« Je préfère, me dit-il, Michel Bon à Le Bris, directeur de l'ENA, mais si Bon n'est pas possible, j'accepte Le Bris. »

Il revient sur le report des élections municipales :

« J'y suis hostile, car je suis persuadé qu'il était techniquement possible de les maintenir à la même date. (*Il a raison, je l'apprendrai à mes dépens.*) En outre, le report empêchera la dissolution de l'Assemblée par le futur Président. Voyez combien je suis bienveillant pour mon successeur ! Or, s'il attend quelques mois, cela devient plus difficile.

– En effet, le charme est rompu.

– Je vous redis ce que je vous ai déjà dit l'autre jour, vous devez trouver que je me répète, c'est sans doute l'effet de l'âge.

– Pas du tout. Tout le monde se répète !

– Oui, mais pas trop. Il ne faut jamais choisir un Premier ministre qui est candidat à l'élection présidentielle, répète-t-il. Remarquez, ils le deviennent tous. Cependant, celui qui l'est dès le départ ne fait plus rien, afin de conserver de bons sondages. Il est vrai que vous, vous n'êtes pas comme les autres. Certes, vous ne méritez pas que des compliments, mais vous gouvernez en pensant au pays et à son avenir. »

J'enregistre le compliment acidulé, sans rien répondre. Ses propos sont comme la bonne cuisine chinoise : à la fois sucre et sel !

Je change de sujet.

« Il n'y a aucune urgence à retirer à Scheer l'ambassade à Bonn et à le remplacer par Paye. Je trouve d'ailleurs que, dans leurs façons d'être, ils ont bien des points communs.

– Vous avez raison. Je fais demander à Kohl s'il est vraiment désireux de faire partir Scheer. Dans le cas contraire, nous le garderons.

– Si vous lui téléphonez pour cela, vous pouvez lui parler de Dehaene, Premier ministre belge, pour la présidence de la Commission. Je crois que ce serait une bonne idée, nous en avons déjà parlé.

– Je le ferai, me répond-il.

– Je suis à tout fait hostile à l'idée de nommer automatiquement les membres du comité monétaire de la Banque de France au Conseil économique et social.

– Ah ! Tant mieux, moi aussi. Pourquoi veut-on cela ?

– Je pense que c'est pour augmenter leur rémunération, car, en fait, c'est contraire à leur statut. S'ils sont nommés au Conseil économique et social, ils feront des rapports, ils prendront la parole, ils voteront, alors qu'ils ont l'obligation de respecter un devoir de réserve. »

Mitterrand me parle longuement et spontanément du suicide de Grossouvre qui s'est tué à l'Élysée vendredi dernier d'une balle dans la tête :

« La presse raconte des tas d'histoires. Je n'avais nullement rompu avec lui. Il venait ici quatre fois par semaine. Il portait le titre de directeur des Chasses présidentielles, ce qui lui donnait un certain nombre d'avantages. Je le voyais moins souvent depuis quelques années, mais je le voyais tout de même beaucoup. Je l'ai reçu la veille, il était en pleine démence sénile, il le disait lui-même, et comme c'était un homme fier, il en souffrait certainement. Il était persuadé qu'on allait l'assassiner, et il avait dit à

Anne Lauvergeon, il y a quelques jours, qu'elle était elle-même menacée de l'être. Vendredi, il a reçu à l'Élysée, dans son bureau, un ami médecin qui est un grand chasseur et auquel il a tenu des propos tels que celui-ci a demandé à me voir tout de suite et m'a dit : "Il faut faire très attention, il est saisi de pulsions suicidaires, il va très mal." J'ai aussitôt demandé au médecin de service à l'Élysée d'aller le voir, ce qu'il n'a fait qu'au bout d'un quart d'heure, puisqu'il n'était pas au palais. À ce moment-là, Grossouvre s'était déjà suicidé. La presse propage des affabulations sur tout cela.

« Méhaignerie, ajoute-t-il, s'est très mal conduit en déclarant publiquement qu'il allait faire faire une enquête ; c'est dégoûtant ! Je pense qu'il est sous l'influence de Léger, le directeur de son cabinet, qu'il veut nommer avocat général à la Cour de Justice de Luxembourg. Je m'y oppose. »

Il est constamment désagréable pour Méhaignerie qui assume une tâche très difficile à la tête de la Chancellerie et le fait avec scrupule, impartialité, dans le souci de supprimer les mauvaises habitudes du passé… et du présent.

« Je ne suis pas certain que Léger ait une telle influence sur lui. Je ne vois pas ce que vous lui reprochez. Finalement, Méhaignerie s'est contenté des déclarations de la police et du parquet, et n'a fait faire aucune enquête à l'Élysée.

– C'était bien le moins. Cela étant, je vais voir, pour Léger. Après tout, je m'en fiche… »

Allers-retours !

★

Les échecs subis au début de l'année ont entraîné une baisse dans les sondages d'opinion ; ils me laissent en tête, mais avec une quinzaine de points de moins que durant les neuf premiers mois. Cela suffit pour que toute la presse conclue à mon affaiblissement ; certains tressaillent de joie.

Les élections européennes, qui ne sont jamais simples, donnent lieu aux manœuvres ordinaires. Giscard d'Estaing et Chirac se sont mis d'accord pour choisir Baudis comme tête de liste de la majorité, ce qui me convient fort bien. La semaine précédente, en mon absence, Chirac a présenté la décision au bureau politique du RPR comme la conséquence à la fois de mon désir d'une liste commune et de mon refus de la voir conduite par Juppé, alors que je ne veux pas que le gouvernement y soit impliqué, pas plus à travers Juppé qu'à travers un autre ; on laisse même entendre que c'est moi qui ai choisi Baudis. Le calcul est clair : si la liste Baudis obtient un faible score, constater que le gouvernement en est responsable et en conclure que, la liste commune n'étant pas une bonne idée, la candidature commune à l'élection présidentielle ne l'est pas non plus. Ils n'en veulent ni l'un ni l'autre, contrairement aux engagements qu'ils ont signés, et moi avec eux, deux ans plus tôt.

Je me suis rendu le même jour au bureau politique du RPR. Chirac m'a dit être peiné de l'évolution de nos relations ; je lui ai répondu être surpris de sa peine : il faisait tout pour que nous en arrivions là. Je lui ai proposé que Giscard et lui coprésident le comité de soutien à la liste Baudis ; il m'a répondu que ce serait au gouvernement de constituer un comité de soutien ; j'ai fait observer que l'intention était trop évidente et qu'à propos de la liste Baudis on devrait plutôt parler de la liste Giscard-Chirac. Cela étant, je soutiendrais activement la liste Baudis.

Lundi dernier, j'ai déjeuné avec Giscard d'Estaing, désireux d'être aimable, revenant peu adroitement sur un passé vieux de vingt ans, éprouvant le besoin de m'expliquer pourquoi il ne m'avait confié aucune fonction après son élection à l'Élysée : le désir manifesté par les collaborateurs de Pompidou de capter son héritage était, disait-il, évident, alors que lui, Giscard, était son héritier ! Qu'avais-je eu à voir dans ses relations avec Chirac et Pierre Juillet ? Pour couper court, je lui ai répondu que tout cela était bien ancien. Quel besoin de recourir à des explications aussi compliquées alors que les choses étaient tellement plus banales ? Il voulait qu'en présentant ma candidature à un poste, je fusse demandeur, et moi, je ne voulais pas le solliciter. Conflit aussi simple qu'insoluble !

★

Mardi 19 avril 1994

Je vais voir Mitterrand pour lui parler de la situation en Bosnie, qui s'aggrave. Je lui redis mon opposition à l'envoi d'un contingent français à Gorazde qui constitue, dans les circonstances actuelles, une véritable souricière. Il m'approuve et ajoute, ce qui est mon avis, que les Anglais devraient avoir sur place un contingent égal au nôtre, ce qui n'est pas le cas.

Pour le reste, je lui redis que le moment de vérité approche, que nous devrons choisir entre une présence maintenue en Bosnie, avec des dangers plus grands, ou un retrait qui présenterait, il est vrai, de considérables inconvénients internationaux et aussi intérieurs. Nous sommes entre deux risques, nous ne pouvons cumuler tous les inconvénients : être trop peu présents pour peser vraiment sur les événements, l'être suffisamment pour devenir la cible de toutes les agressions et de toutes les critiques.

Nous parlons du quinquennat. Il m'explique les raisons pour lesquelles il est maintenant partisan du septennat qui laisse le temps nécessaire pour agir au-delà des variations parlementaires. Selon lui, la meilleure formule serait le septennat non renouvelable tout de suite.

« Voilà, lui dis-je, qui fera plaisir à Giscard d'Estaing... »

Je lui propose Bergougnoux, directeur général d'EDF, comme président de la SNCF, ce qu'il accepte avec une réserve de pure forme :

« Il faudrait vérifier qu'il n'a pas les défauts de ceux qui sont restés trop longtemps numéro 2.

– Sont-ils plus graves que les défauts de ceux qui restent trop longtemps numéro 1 ? »

Il accueille ma question avec un sourire. En prenant la précaution de n'être pas agressif, il ne faut rien laisser passer, ne rien lui céder.

Mercredi 20 avril 1994

« Vous n'êtes pas revendicatif dans la forme, me dit-il, vous êtes modéré dans vos propos, mais vous êtes revendicatif dans les faits. Pourquoi avoir parlé de la présidence française de la Communauté, au premier semestre 1995, en présence de nombreux ministres et avec l'assistance du seul Thierry Bert pour me représenter ?

– Je voulais justement vous en parler pour que nous nous mettions d'accord sur les grands sujets de cette présidence ; ce n'était là qu'une réunion préparatoire. Par exemple, je pense que la deuxième réunion du Pacte de stabilité devrait se tenir en mars 1995, puisque c'est moi qui en ai pris l'initiative, que vous avez approuvée.

– Je suis d'accord. De toute manière, nous nous arrangerons tous les deux pour nous répartir les tâches. Mais il faut d'abord que nous parlions en tête à tête. Il n'y aura aucun problème : je n'ai pas à me plaindre de vous. »

Sa capacité de méfiance n'épargne pas ses collaborateurs.

Nous reparlons du quinquennat ; selon lui, le septennat conduit à la cohabitation.

« En ce moment, cela marche bien pour vous. Donc, Chirac et Rocard ne veulent pas du quinquennat, c'est-à-dire d'une élection présidentielle anticipée. Ils me l'ont fait dire. Leurs humeurs varient d'ailleurs avec les sondages.

– Croyez-vous, comme le dit Giscard d'Estaing, que l'article 11 ne puisse plus être utilisé pour réviser la Constitution ?

– Pas du tout, il le peut encore.

– De toute façon, je n'ai pas l'intention de vous demander un référendum pour faire approuver le quinquennat.

– Vous avez observé que j'ai une certaine faculté de refus.

– Je l'ai observé, en effet. »

Pour les nominations à la Cour de Justice de Luxembourg, il me donne son accord pour Puissochet comme juge, et un accord conditionnel pour Léger comme avocat général :

« J'ai observé que Léger, qui dirige le cabinet de Méhaignerie, est l'un des magistrats les plus sectaires qui soient ; cependant, je ne m'oppose pas à sa nomination. Lorenzi, chef de la cellule anticorruption, a déposé plainte contre le juge Jean-Pierre ; or la Chancellerie veut lui retirer sa fonction, et Lorenzi se tourne vers moi. Je ne signerai pas la nomination de Léger tant que l'on n'aura pas éclairci le problème opposant le juge Jean-Pierre à Lorenzi. »

Inutile d'insister. J'ignore pourquoi il poursuit Léger d'une telle hargne. Je change de sujet :

« Sarkozy vous accompagne en Ouzbékistan ; on me dit que vous ne voulez pas que ce soit Charette.

– Pas du tout. J'accepte volontiers Charette. Il a été député de la Nièvre et s'est comporté convenablement. De toute façon, lorsqu'il a été nommé ministre, j'ai été heureux qu'il y ait un ministre pour la Nièvre en 1986. »

Sur la Bosnie il est pour l'essentiel de mon avis :

« Nous ne ferons pas la guerre en Bosnie, c'est absurde, malgré ce que déclarent tous les faux intellectuels. Mais je vais m'exprimer là-dessus et leur dire ce que je pense.

– Vous savez que je partage votre sentiment, et même au-delà, parce que je pense qu'il faut étudier le retrait total de nos troupes si tous nos alliés ne s'associent pas à nous pour tenter d'établir la paix.

– Nous devons explorer toutes les voies, et notamment celles d'une réunion internationale au sommet sur la question. »

Il revient sur l'attitude des Juifs, sur ce qu'il appelle leur intolérance et leur sectarisme :

« Je reçois un groupe de rabbins, tout à l'heure. Je vais leur dire ce que je pense, et dimanche, dans la maison de Jean Moulin, également. Nous ne pouvons pas éternellement nous déchirer entre Français. Il faut tourner les pages ! »

Nous descendons vers la salle du Conseil.

« Vous avez eu une bonne réunion, hier, avec les parlementaires de la majorité, me dit-il.

– Oui, en effet. Ceux qui me sont hostiles sont un peu des velléitaires.

– De toute façon, on ne change rien à rien, du moins quand les intérêts sont en cause, sauf lorsque joue l'amour ou l'idéal religieux. Souvenez-vous d'Épictète : "Ce sur quoi tu peux agir, agis. Sur le reste, abstiens-toi." Vous allez avoir un répit, mais vous aurez toujours, malgré le répit, des intérêts contre vous. À mon avis, vous serez bien obligé de déclarer vos intentions à l'automne. Vous ne pourrez pas faire autrement.

– Nous verrons bien ! »

Vendredi 29 avril 1994

À son retour d'Ouzbékistan, nous parlons de la Commission européenne. J'évoque les deux portefeuilles que nous souhaiterions dans la nouvelle Commission : les Relations commerciales, d'une part, l'Industrie, de l'autre. Nous convenons qu'il y aurait lieu de faire une liste des postes qui nous intéresseraient. Nous sommes d'accord pour pousser Dehaene, le Premier ministre belge, vers la présidence de la Commission. Je n'ai aucune prévention contre Édith Cresson, au caractère courageux, mais sa personnalité semble peu adaptée à ce type de fonction collective ; je lui confirme mes réserves sur sa désignation, ce qui semble prodigieusement l'agacer, comme si je me mêlais de ce qui ne me regarde pas. D'une certaine manière, c'est vrai : il lui appartient de choisir l'un des deux commissaires.

« Le 5 mai, me dit-il, je ferai un exposé à l'Élysée devant quatre-vingts personnes sur les problèmes de défense, puisque vous-même vous vous exprimez le 9 mai à l'IHEDN[1]. Je ne

1. Institut des hautes études de défense nationale.

veux pas être le seul à ne pas parler de la défense ! J'ai l'intention de vous inviter et d'inviter un certain nombre de ministres.

– Je vous remercie ; je préfère ne pas être présent.

– Vous ne voulez pas que les caméras soient braquées sur vous lorsque je dirai qu'il faut arrêter les essais nucléaires ?

– Je n'y avais pas pensé, mais vous avez raison : ce serait un motif. Pas le principal. »

De toute manière, je ne veux pas cautionner par ma présence des positions qui ne sont pas les miennes. Il me dit :

« Mais nous sommes d'accord sur tout, sauf sur cette affaire des essais !

– Je n'éprouve, en ce qui me concerne, ni agressivité, ni obstination hors de propos ; si l'on peut se passer de désaccords, nul n'en sera plus heureux que moi. »

Il fera sa conférence le 5 mai, à l'Élysée, devant deux cents personnes ; parmi les membres du gouvernement, je n'ai autorisé que Léotard à y assister. Il a tenté de se faire attribuer le mérite du Livre blanc et de la loi de programmation militaire ; il a confirmé qu'il n'y aurait pas d'essais avant son départ, ce qui était bien inutile puisqu'il n'en avait pas été question. À l'évidence, il a essayé de s'affirmer pour éviter d'être marginalisé. C'est d'ailleurs à peu près ce qu'il m'a dit.

J'ajoute :

« Pourquoi, alors que nous étions d'accord, vous et moi, avez-vous fait dire à l'amiral Lanxade qu'il n'avait pas, mardi dernier, à participer à la réunion du Comité militaire de l'OTAN qui devait décider des réactions alliées pour faire respecter l'ultimatum adressé aux Serbes à propos de Gorazde ?

– Comme il n'y avait plus de Serbes dans Gorazde, il s'agissait simplement de décider des frappes aériennes afin de faire plaisir aux Américains, ce que je n'ai pas voulu.

– Il ne s'agissait nullement de cela, puisque cette réunion avait lieu avant l'expiration de l'ultimatum et que nous ignorions alors si les Serbes l'exécuteraient ou pas. Cela a mis l'amiral Lanxade dans une position impossible. J'ai été surpris que vous ne m'en préveniez pas. »

Je le sens gêné, ne souhaitant pas prolonger la conversation sur ce sujet.

Comme nous descendons pour le Conseil :

« Vous avez voulu une liste unique de la majorité pour les élections européennes, c'est une grave erreur, car cette liste unique fera moins que deux listes séparées, et on vous l'imputera.

– Vous avez sans doute raison ; de toute façon, on m'imputera le résultat, surtout s'il est mauvais. Je pense cependant qu'il vaut mieux une liste unique. »

Ma conviction, c'est qu'il redoute le trop grand écart entre cette liste et la liste socialiste. Pourtant, en suscitant une liste Tapie contre la liste Rocard, il accroîtra l'écart entre cette dernière et la liste Baudis.

Mercredi 4 mai 1994

Je reviens sur la Bosnie où nous restons piégés :

« Nous devons fixer un délai aux quatre (États-Unis, Russie, Union européenne, ONU) pour que la conférence internationale aboutisse à un plan de paix proposé aux belligérants, et avertir que sans cela nous retirerons nos troupes de Bosnie. C'est ce que j'indiquerai demain à l'Assemblée nationale. Si une levée de l'embargo sur la fourniture d'armes nous était imposée, nous nous retirerions également, nous devons le dire. La situation devient intenable !

– Vous avez raison. Le choix est simple : veut-on rester dans la situation actuelle ? Ou, sinon, veut-on favoriser la guerre en levant l'embargo sur les armes ?

– Nous devons refuser ce dilemme et dire que nous partirons si rien ne change. Chacun doit être placé devant ses responsabilités. »

Il me donne son accord sur la nomination de Puissochet et de Léger à la Cour de Justice de la Communauté. Il ne sera pas touché à Lorenzi, chef de la cellule anticorruption, bien qu'il soit très critiqué.

Je confirme que le lendemain, jeudi 5 mai, je n'assisterai pas à l'Élysée à la conférence de presse qu'il donnera sur les affaires militaires.

« Vous ne voulez pas que vos oreilles soient écorchées lorsque vous m'entendrez dire que les essais seront arrêtés.

– Je ne l'ignore pas : ils le seront aussi longtemps que vous serez là vous-même. »

Je lui demande :

« Faut-il une nouvelle modification de la Constitution pour permettre un éventuel référendum sur l'école ? (*C'est l'un des thèmes chers à la droite.*)

– Je le pense.

– Peut-on utiliser l'article 11 qui permet de modifier la Constitution directement par référendum, sans passer d'abord par le vote du Parlement, alors que certains le contestent ?

– Je le pense aussi. Il y a eu là-dessus une modification coutumière de notre Constitution. Je connais vos réserves, mais il faudra que vous étudiiez plus attentivement le rapport Vedel sur la réforme de la Constitution[1]. » (Je ne fais aucune réserve sur l'utilisation de l'article 11, mais sur certaines propositions du rapport Vedel.)

Sur l'Algérie, où la situation est inquiétante, il me demande de préparer ce qui pourrait être notre position publique si les choses venaient à tourner au pire.

Il s'absente quelques minutes. À son retour, rouvrant la porte :

« Les médicaments que je prends sont une sorte de poison qui entraîne une manière d'hémophilie. Je suis pris de saignements ; une fois, cela m'est arrivé devant une télévision où j'ai eu un saignement de nez que je suis parvenu à dissimuler. Évidemment, si c'était un saignement dans le cerveau, ce serait une tout autre affaire ! »

Je ne sais pas si, plus qu'à d'autres, il me parle de lui, de sa maladie, de sa mort, alors que nous n'avons aucune intimité.

1. Projet élaboré en 1992 par une commission de juristes.

Peut-être est-ce un besoin de se confier, chez cet homme si méfiant et sur ses gardes. Il tient tellement à la vie, il l'aime d'un tel appétit ! La perspective de la voir finir doit être plus tragique pour lui que pour bien d'autres.

Cela n'empêche nullement des mauvaises manières répétées dans les jours qui suivent.

Le 6 mai 1994, c'est l'inauguration du tunnel sous la Manche. Dans son discours, il cite Mme Thatcher, Mauroy, Geoffrey Howe, Dumas, Delors, Dehaene, Premier ministre belge, et John Major. Pas un mot sur moi. Après le déjeuner, où j'étais aux côtés de la reine, très simple et directe, ne portant aucun bijou, un ministre anglais s'approche de moi et me dit : « Monsieur le Premier ministre, quelle curieuse chose que la cohabitation ! Est-il bon pour la France que le Président cite tout le monde, sauf vous ? De toute façon, cela est mauvais pour lui, pas pour vous. » J'élude la question. Ce n'est pas à des tiers étrangers, aussi bien intentionnés qu'ils se prétendent, d'intervenir dans nos affaires.

L'après-midi, à Douvres, Mitterrand parlera du chef du gouvernement français et des ministres présents, sans doute parce qu'il a eu vent que l'incongruité qu'il a commise, de propos certainement délibéré, n'est pas passée inaperçue.

Le samedi 7 mai 1994, sur le porte-avions *Charles-de-Gaulle*, il fait mille grâces à Chirac qui, lui-même, s'en va répétant à tout un chacun : « Nous construirons le second porte-avions ! » Que ne l'a-t-il fait !

Je retrouve Mitterrand le 8 mai 1994 sur la place de l'Étoile pour les cérémonies habituelles. Il m'avait fait dire qu'il parlerait du nouveau contrat social, le 10, à la télévision, « mais sans rien de désobligeant » pour moi. Au cours de l'émission, il multiplie les réserves sur mon action : l'atteinte aux acquis sociaux, la loi Falloux, le CIP, « une politique à bien des égards regrettable » ; à seule fin de démontrer que je ne m'en tire pas mieux, il affirme qu'en 1986 la cohabitation entre lui et Chirac n'était pas plus conflictuelle qu'avec moi. Technique banale consistant à renvoyer dos à dos les dirigeants de la majorité pour éviter qu'on ne lui fasse grief de préférer l'un à l'autre, et qu'on ne me fasse crédit d'une vie politique plus sereine…

Mercredi 11 mai 1994

Il est très aimable, comme toujours lorsque, peu avant, il s'est montré agressif ; peut-être aussi est-il conscient d'être allé trop loin, hier, à la télévision ? Ses protestations de bonne volonté en perdent toute crédibilité. Or il souhaite éviter un conflit majeur. Qu'aurait-il à y gagner ?

Sur les affaires militaires, il me revient que l'état-major est très satisfait des réunions que je tiens tous les mardis avec les Affaires étrangères et la Défense ; il y a enfin une autorité claire, dit-on.

« Lors de la discussion de la loi de programmation, me répète-t-il, je m'opposerai à tout amendement prévoyant la poursuite des essais nucléaires.

– Vous n'aurez pas à vous y opposer, je ne vous offrirai pas ce prétexte. Moi-même, je demanderai le vote bloqué.

– Je ne souhaite pas l'affrontement avec vous, soyez-en persuadé. »

Je ne réponds pas. Il me le dit vraiment trop souvent.

Nous parlons de la future présidence française de l'Union européenne et de son programme, de la candidature à la présidence de la Commission de Lubbers, Premier ministre néerlandais, qui est en mauvaise posture.

« Eh bien ! Voilà que vous faites un bond extraordinaire dans les sondages, et que vous regagnez dix points ! Vous remontez comme l'éclair, ce qui prouve que la France est derrière vous. Vos amis vont avoir le tournis et ne plus savoir où donner de la tête. Cela rappelle la seconde Restauration, après les Cent Jours, quand plusieurs formules étaient possibles et que les responsables politiques ne savaient vers qui se tourner : le duc d'Orléans, Bernadotte, la République, Louis XVIII…

– Quel rôle me voyez-vous jouer dans cette répétition historique ?

– Louis XVIII, naturellement. »

Ce doit être une amabilité, puisque c'est celui-ci qui l'a emporté.

Nous nous levons pour descendre au Conseil. Je lui dis :

« Vous avez été très actif, vous avez fait beaucoup de choses, tous ces temps-ci.

– J'ai bien l'intention de continuer ! »

Un temps d'arrêt, puis :

« J'ai l'intention de continuer à vous combattre, mais sans vous enfoncer. J'espère que je ne vous ai pas blessé, hier ? Je n'ai aucun motif de le faire sur le plan personnel.

– De toute manière, dis-je, je sais bien que nous continuerons ainsi. »

★

Ces va-et-vient dans les sondages ne m'émeuvent guère. S'agissant de « communication », je me suis efforcé de ne dire que ce que je croyais vrai, sans faire de promesses chimériques. Pour le reste, je n'ai jamais sollicité le moindre conseil, je n'aime pas me réfugier derrière l'avis des autres, tout comme je me méfie de ceux qui, par prévenance ou conviction, abandonnent tout esprit critique pour m'approuver trop facilement. Je n'ai pas eu à mes côtés des spécialistes en « image » me conseillant de faire ou dire telle chose ou d'éviter telle autre. Avant la campagne présidentielle, deux ou trois m'ont fait des offres de service auxquelles je n'ai pas donné suite. Peut-être était-ce une erreur, mais je pensais que mieux valait être naturel, la fabrication d'un personnage laissant toujours paraître l'artifice à un œil ou à une sensibilité exercés. Surtout, je n'aime pas jouer la comédie.

Je n'ai jamais répété mes interventions devant une caméra afin de corriger mes défauts, ni soigneusement élaboré mon attitude, ni pris des cours de diction. La télévision ne m'effrayait pas, j'oubliais que cinq ou dix millions de personnes me regardaient, ce qui m'épargnait tout sentiment d'insécurité. Bien entendu, je préparais chaque émission, réfléchissant pour élaborer le message que je voulais transmettre, car je ne voulais pas être pris en contradiction avec moi-même, ni en flagrant délit d'erreur. Je ne recherchais pas à l'avance la formule qui ferait mouche ; elle viendrait ou ne viendrait pas ; pour cela, je me fiais à l'improvisation, en quoi je n'avais pas toujours raison.

J'étais assez lucide pour connaître mes lacunes. Mon image présentait des défauts : elle demeurait distante, et ma façon de m'exprimer, trop peu péremptoire, ne témoignait pas, paraît-il, d'une volonté assez affirmée. Autant le premier était avéré, autant le second ne l'était pas, comme le savaient tous ceux qui travaillaient à mes côtés ; simplement, je déteste jouer les matamores. Pour autant, je n'hésitais jamais à prendre rapidement mes responsabilités : la crise monétaire de l'été 1993, la négociation du GATT, la crise du Rwanda, l'affaire de l'Airbus en témoignent. De toute façon, peu enclin aux concessions, lorsque j'étais face à une position ou à une opinion que je trouvais absurde, je refusais de donner le change, de faire croire que je pouvais changer la mienne. J'ai une façon de m'exprimer fondée sur le désir d'authenticité : demeurer sincère, éviter la grandiloquence. Si je répugne à être utilisé, je n'aime pas non plus utiliser les autres, faire bon marché de leur dignité ou de leur intelligence.

Ai-je été un Premier ministre exceptionnellement présent dans les médias ? Pas plus que d'autres, il me semble. Je n'ai pas le sentiment de m'être réservé l'annonce de tout ce qui était agréable ou gratifiant, ni d'avoir limité la liberté d'expression de mes ministres. En principe, ceux-ci m'avertissaient lorsqu'ils prenaient la parole, mais ils n'avaient pas à solliciter mon autorisation préalable. Je n'ai pas été toujours heureux de ce qu'ils déclaraient.

Mercredi 18 mai 1994

Mitterrand accepte ma proposition de nommer Galmot président de la section des Finances du Conseil d'État, et Mandelkern de celle de l'Intérieur.

Nous sommes d'accord pour ne pas refuser un appui logistique français au contingent de 5 500 hommes que l'ONU compte envoyer au Rwanda. S'agissant du projet de communiqué que je lui ai adressé hier, il y a ajouté que le président de la République avec le Premier ministre ont pris les décisions nécessaires. Cette adjonction allait de soi.

Onze otages français sont détenus à Sarajevo par les miliciens serbes. On nous demande de verser une caution. Je suggère une double précaution : la verser à une organisation humanitaire qui, elle-même, la verserait aux représentants du gouvernement serbe de Bosnie. Mitterrand considère que c'est une sage précaution. Nous parlons longuement de la situation en Bosnie et de la difficulté de trouver une issue.

Il est ulcéré par les propos qu'a tenus hier Bernard-Henri Lévy lors d'un meeting à la Mutualité.

« J'ai le cuir tanné. Je ne l'ai pas tanné moralement, mais politiquement. À vrai dire, tous ces intellectuels sont des épiciers qui ont chacun leur fonds de commerce. Glucksmann a le sien, Finkielkraut aussi, Lévy s'est emparé de la Bosnie, ajoutez-y Schwartzenberg, et le pauvre Kouchner qui, n'ayant plus de place, s'est précipité au Rwanda. Avez-vous remarqué que la plupart des intellectuels français qui se passionnent pour la Bosnie et les musulmans, et qui estiment que je n'en fais pas assez, sont juifs ? C'est comme s'ils voulaient tous avoir leurs propres juifs à défendre. Ils les ont trouvés dans les musulmans de Bosnie…

– En somme, à vos yeux, c'est un transfert ?

– En quelque sorte.

– Vous excluez qu'ils y soient enclins par une tradition historique et spirituelle, eux qui ont été si souvent victimes de cruelles persécutions ?

– Non, je ne l'exclus pas, mais ils en font trop. J'ai été tenté d'aller au meeting pour leur dire leur fait.

– Ce n'était pas votre place.

– Pourquoi ?

– Parce que vous êtes président de la République.

– Vous êtes conformiste.

– Pas tellement plus que vous, puisque vous ne l'avez pas fait non plus.

– J'aurais dû. Il faut toujours être courageux, dire leur fait aux autres, se battre. Moi, je suis un sanglier ! »

Il me parle des élections européennes :

« Voyons ce qu'a dit Rocard (*il lit une dépêche de l'AFP en bredouillant, exprès*). Quel charabia ! C'est incompréhensible. Je n'ai pour Rocard ni mépris, ni hostilité, mais vraiment ! Souvenez-vous des bateaux qu'il voulait envoyer sur les rivages polonais au moment de la révolte de Gdansk. »

Faut-il que, jadis, Rocard lui ait paru redoutable pour qu'il l'accable ainsi en toutes circonstances ! Il ne lui pardonne pas de lui avoir fait peur ; même s'il a gagné contre lui, sa rancune ne s'éteint pas.

Il aborde un sujet dont je sais qu'il lui tient à cœur : l'article dont je lui ai communiqué le projet et que je dois faire paraître avec Kohl dans des journaux français et allemands sur le Pacte de stabilité dont la conférence initiale s'ouvre la semaine prochaine à Paris.

« Je ne dispute pas votre droit d'initiative en la matière.

– En effet, vous l'avez toujours soutenu, dès le premier jour.

– Oui, mais dans votre article vous brassez à ce propos toute la politique européenne. Or j'ai plus de pouvoirs que n'en a le président von Weizsaecker, président de l'Allemagne.

– Certes, et je ne le conteste pas. Si vous le souhaitez, je ferai référence à votre intervention et à votre appui.

– Tout à fait d'accord. »

Je le sens soulagé, désireux d'éviter un conflit public. Il a parfaitement compris que ses propos, la semaine dernière, à la télévision, sa critique de mon action, le fait qu'il m'ait ignoré dans son discours lors de l'inauguration du tunnel sous la Manche, m'avaient mécontenté. S'il ne cherche pas l'affrontement, il tentera sans doute de me faire payer mes initiatives. Les allers-retours continueront.

Mercredi 25 mai 1994

La Bosnie, mon discours sur le Pacte de stabilité, le programme des deux présidences, allemande et française, qui vont se succéder à la tête de l'Europe, la session extraordinaire du Parlement, le voyage touristique de Kurt Waldheim en France, la campagne européenne : c'est toujours la même chose...

Une difficulté : il refuse l'article 20 du projet de loi portant diverses dispositions d'ordre économique et financier et mettant fin à l'interdiction faite aux présidents d'entreprises publiques d'exercer plus de trois mandats ; il le fait par hostilité au renouvellement de Gomez, président de Thomson. Un conflit d'intérêts, me dit-on, serait né entre Thomson et d'anciens dirigeants d'Elf, proches du parti socialiste, qui concernerait le non-versement de commissions pour la vente d'armes destinées à équiper les frégates livrées à Taiwan. Je ne veux rien avoir à connaître de ces ténébreuses histoires passées, dont il est question qu'elles donnent lieu à un procès.

« Vous n'avez qu'à faire un projet de loi global réformant la gestion des entreprises publiques, me dit-il.

– C'est justement ce que je propose, puisqu'il est question d'allonger le mandat des présidents à cinq ans au lieu de trois, et de soumettre notamment le Crédit national au droit commun.

– Il n'y a aucune raison de prévoir une disposition législative pour régler un cas particulier.

– Ce n'est le cas que parce que M. Gomez est le seul à se trouver dans cette position.

– Vous le ferez plus tard.

– Je pense que vous êtes conscient du fait que cela rend sa nomination impossible en juin ?

– En effet, mais vous lui trouverez bien un autre poste... »

Je l'ai rarement vu aussi hargneux envers quelqu'un. J'en suis d'autant plus surpris que je n'ai aucune raison de prendre parti pour ou contre le renouvellement de Gomez.

Je n'ai pas apprécié qu'une partie de cet échange ait lieu devant Denoix de Saint Marc et Védrine, et moins encore qu'il ait cru devoir, au Conseil des ministres, préciser que c'était à sa demande que la disposition était retirée. Aussi lui ai-je écrit une lettre pour lui faire observer que le gouvernement détient, de par la Constitution, l'initiative des lois, et que ce droit ne saurait être contrarié par le refus du Président d'inscrire un projet à l'ordre du jour du Conseil des ministres. Voilà un problème nouveau, à ma connaissance jamais réglé.

Depuis plusieurs semaines, son hostilité va croissant : ses propos à la télévision, où il a critiqué ma politique, la remise en cause des conquêtes sociales qui en serait le résultat, ses éloges répétés de Chirac à des fins faciles à deviner, et maintenant son refus d'inscrire à l'ordre du jour du Conseil des ministres un projet de loi que je présente... En retour, je décide de contester la nomination comme Commissaire européen de toute personnalité socialiste, puisque la décision est notifiée à Bruxelles par le SGCI[1] placé sous mon autorité, sans intervention formelle du président de la République.

Sommet franco-allemand à Mulhouse, les 30 et 31 mai 1994

J'apprends à mon arrivée que Mitterrand, sans m'en prévenir, a invité le corps franco-allemand à défiler à Paris le 14 Juillet, qu'il l'a annoncé à Kohl et qu'il a promis à celui-ci de l'inviter aussi.

1. Secrétariat général pour la coopération interministérielle, chargé des Affaires européennes.

Je lui dis le soir même que sa décision, dont j'approuve le principe, est prématurée, qu'elle nécessiterait une discussion avec les organisations d'anciens combattants et de résistants. Il ne veut pas en démordre, et l'annonce le lendemain pendant la conférence de presse que nous tenons ensemble en la présentant comme une décision qu'il a prise après en avoir informé le gouvernement.

Lors du dîner avec la délégation allemande, la veille au soir, il prononce un toast interminable à l'issue duquel il trinque, heurtant son verre contre le mien, et me dit à haute voix :

« Voilà qui va instruire le procès en complaisance envers moi que vos amis font contre vous !

– Pour si peu !

– Ah ! Rien n'est peu en la matière !

– De toute manière, ce genre de procès ne me fait pas peur.

– Il faut quand même y faire attention. »

Pendant une demi-heure, il tourne le dos au Chancelier, son voisin de droite, et me raconte longuement son conflit avec de Gaulle, à Alger, son départ d'Algérie vers le Maroc, puis du Maroc vers Glasgow, dans l'avion de Montgomery, puis son voyage en train jusqu'à Londres, enfin son retour en France en bateau et, pour terminer, en barque. Objet du conflit : la fusion des divers mouvements de prisonniers sous la houlette du neveu de De Gaulle, Caillau, que Mitterrand refusait. Si c'est vrai, belle conscience de soi, à vingt-sept ans et face à de Gaulle ! À la Libération, il est l'un des quinze secrétaires généraux de ministère qui sont présentés à de Gaulle. Celui-ci, arrivant devant lui, s'exclame : « Encore vous ! » en lui tendant ce que Mitterrand appelle « sa grande main molle ». Je crois me souvenir que de Gaulle avait la main plutôt petite.

Il me parle une nouvelle fois de Rocard, auquel il s'en prend dès que l'occasion se présente, et même hors de propos :

« Je n'ai rien contre lui, il ne m'a jamais gêné, puisqu'il ne le pouvait pas. Simplement, je le crois incapable d'assumer la fonction à laquelle il aspire.

– Vraiment ? Vous le lui avez sans doute témoigné.
– Sans doute.
– Alors, comment expliquez-vous qu'il bénéficie d'une audience aussi durable dans l'opinion ?
– Il est entouré de dix journalistes propagandistes qui déjeunent et dînent tous les jours : ceux du *Nouvel Observateur*, du *Monde* et de *Libération*. »

Mercredi 1er juin 1994

Je regrette la tenue de la réunion des ministres de la Défense de tous les pays européens, en l'absence du nôtre. Ils étaient tous là, ceux des pays de l'Alliance atlantique, ceux de l'Europe de l'Est, qui se sont étonnés de notre absence. Mitterrand manifeste un zèle de converti pour un gaullisme appliqué comme un catéchisme intangible. Il me donne son accord pour que les réunions du partenariat pour la paix se déroulent en présence de notre ministre de la Défense.

Nous parlons de la candidature de Dehaene, Premier ministre belge, à la présidence de la Commission. Mitterrand va recevoir Lubbers, Premier ministre des Pays-Bas, qui est son concurrent, lui dire que la France ne lui oppose pas son veto et qu'elle se ralliera à lui, si nécessaire. Il va aussi, comme je l'ai fait moi-même, recevoir Brittan, lui aussi candidat, qui m'a fait valoir qu'il était plus proche des thèses françaises sur l'Europe que ne le sont les Bénéluxiens, ce qui n'est pas faux ; mais il a fait preuve, dans l'affaire du GATT, d'une obstination et d'une mauvaise foi qui m'ont conduit à lui rappeler énergiquement que ses pouvoirs en matière de négociation commerciale étaient subordonnés à la volonté des gouvernements dont il était le mandataire. Je suis hostile à sa candidature.

Je reviens sur la participation des soldats allemands de l'Eurocorps au défilé du 14 Juillet, participation que j'ai apprise le soir de mon arrivée au sommet franco-allemand de Mulhouse, ce qui m'a mis dans une position difficile à laquelle j'aurais dû être à même de préparer l'opinion. (Je ferai, quelques jours après, à Oradour-sur-Glane où je l'accompagne, une déclaration montrant bien que je n'ai pas été associé à cette décision, même si je ne la désapprouve pas.) Mitterrand reconnaît qu'il « aurait pu m'en parler » : de sa part, c'est un grand effort.

Sur le Rwanda, je lui dis que nous ne pouvons pas continuer à rester silencieux et passifs devant le drame qui s'y déroule. La guerre civile entre Hutus et Tutsis, déclenchée depuis deux mois, entraîne d'épouvantables massacres et un exode des populations vers l'ouest. Nous devons prendre une initiative, en appeler à la communauté internationale. Je demande à Juppé de prendre les premiers contacts en vue d'une action collective dont je n'aperçois pas encore les formes, l'ampleur ni le mandat. Dans tout le pays, l'émotion est vive.

Il me déclare : « L'institut de sondage le plus fiable est BVA. » La campagne présidentielle démontrera le contraire, mais il est vrai qu'on peut nourrir quelque doute sur ce qu'était à l'époque son objectivité. Il enchaîne : « Giscard d'Estaing a gâché sa carrière. S'il s'était tenu tranquille après 1981, il m'aurait battu en 1988. Il est toujours trop pressé. »

Changeant de sujet :

« Il faut que vous regardiez l'affaire des matières fissiles dont nous avons accepté que la Russie les exporte en plus grande quantité pour prix de sa bonne volonté dans la discussion du Pacte de stabilité. Nous ne pouvons pas tout laisser faire ; Eltsine ne durera pas ; il est à la fois malade, capricieux, inconscient des besoins de son pays… »

Nous ne parlons pas de nos désaccords sur les nominations, ni de la lettre que je lui ai écrite à ce sujet.

Il conclut aigrement : « Vous allez apprendre que l'on n'a pas de grandes chances sans courir de grands risques. »

Chaque semaine, il me parle des difficultés que je rencontrerai dans ma majorité, comme s'il s'en délectait. Souvent il voit juste, d'autant plus qu'il n'hésite pas à prêter la main à ces mêmes difficultés.

Mercredi 8 juin 1994

J'ai participé avec lui, le 6 juin, aux cérémonies du cinquantenaire du débarquement. Dans son discours, il n'a pas prononcé le nom de De Gaulle. Faut-il que sa rancune et sa détestation soient grandes pour qu'il commette aux yeux du monde, lui tellement soucieux du qu'en-dira-t-on, un tel impair ! C'est à lui-même qu'il fait tort, c'est son propre personnage qu'il rabaisse par tant de mesquinerie ! Fâcheux résultat, pour un homme si orgueilleux. Mais – est-ce dû à l'état de sa santé ? – il laisse parfois son humeur l'emporter sur toute autre considération.

Nous parlons de ses entretiens avec Lubbers, puis avec Brittan qui font suite aux miens, du Conseil européen à Corfou, de la visite de Clinton à Paris.

Je lui dis mon mécontentement devant l'attitude des ministres des Finances qui rechignent à financer les onze grands projets de réseaux européens, ce que je ne trouve pas admissible, puisque le Conseil européen l'a décidé.

« Je ne suis ici que pour quelques mois encore et je vous le laisse comme un message : il faut toujours opposer la volonté des politiques aux techniciens. »

Clinton est venu en visite à Paris à l'occasion de la commémoration du débarquement en Normandie. Il a déjeuné à Matignon et dîné à l'Élysée. Mitterrand évoque la visite du Louvre avec les Clinton, à minuit, après le dîner :

« Toubon, votre ministre de la Culture, a été égal à lui-même. Il m'amuse ! Il sait tout mieux que moi, cela va de soi, et même mieux que les conservateurs de musée...

– Il sait beaucoup de choses...

– Cette visite était très fatigante. Je suis fatigué. Je ne suis plus jeune... »

Nous parlons de la nomination des commissaires européens. Comme, il le sait, j'ai fait valoir que la Constitution ne lui reconnaissait aucun pouvoir en la matière, il me dit à sa manière allusive et indirecte :

« Je ne sais pas ce que sont exactement mes pouvoirs sur la nomination des commissaires européens. Nous en reparlerons, mais ne nommez pas François Guillaume, il est trop raide. »

Lors du Conseil qui suit, il indique que la journée de commémoration du débarquement du 6 juin en Normandie a été fatigante, mais qu'il a transmis ses pouvoirs au Premier ministre pour assister au spectacle du soir, à Caen.

« Vous ne m'avez pas laissé le choix, lui dis-je.

– C'est parce que je vous sais soucieux de vos prérogatives. »

Médusés, les ministres assistent à cet échange d'un style de plus en plus fréquent.

Dimanche 12 juin 1994

Les élections européennes ne donnent pas de bons résultats. J'avais prévu que les deux listes RPR-UDF d'une part et PS de l'autre, représentant les partis gouvernementaux, auraient du mal à atteindre 50 % des voix. Elles n'ont pas atteint 40 % : 24 % à droite, 12 % à gauche. Les succès des listes Tapie, Villiers, Le Pen marquent la journée. On tente, en vain, de m'imputer l'échec de la liste d'union conduite par Baudis. En fait, l'opinion ne m'en tient aucun grief, si j'en juge d'après ce qu'on me rapporte.

Mercredi 15 juin 1994

Le Président commente les élections européennes :

« C'est l'émiettement des partis. Cela vous favorise, car on vote pour des personnalités, on ne vote plus pour des partis. C'est votre chance. Chirac change sans cesse de personnage, il essaie de se transformer en une sorte de sage un peu fade, ce qui ne lui va pas. Il faut être naturel, comme vous l'êtes. Vous avez les plus grandes chances, la gauche n'a rien contre vous personnellement. Chirac aura le plus grand mal à se débarrasser de son image de sectaire. Quant à Rocard, il a fait une campagne détestable. Il n'est plus resté de lui que le charabia. Moi, je suis dans une position très agréable, je suis au balcon.

– C'est la première fois que cela vous arrive.

– En effet. En général, j'étais plutôt dans la bataille, mais j'aime assez ma position actuelle. »

Il revient sur son refus de modifier la loi interdisant aux présidents des entreprises publiques d'exercer plus de trois mandats.

« Vous avez tort, me dit-il, vous vous mettez en porte-à-faux, aucun fonctionnaire n'a le droit de s'opposer à l'État.

– Il ne s'agit pas de cela, mais d'un engagement que j'avais pris envers la majorité.

– Je n'ai rien contre vous, vous le savez bien, j'aime travailler avec vous et nos rapports sont empreints d'une certaine cordialité. Vous me succéderiez, j'en serais content. Vous m'avez envoyé, s'agissant des nominations, une lettre à cheval sur vos prérogatives. Vous avez juridiquement raison, mais il ne faut pas que cela entache nos rapports. J'aime travailler avec vous, c'est fort agréable et efficace.

– Vous ne pouvez nier qu'en refusant au dernier moment l'article du projet de loi concernant les mandats d'administrateurs des entreprises publiques, vous avez porté atteinte à mon autorité. Vous auriez dû m'en parler plus tôt afin que nous trouvions ensemble une solution.

– C'est vrai, j'aurais dû vous en parler plus tôt.

– Aujourd'hui je ne peux que maintenir ma proposition. »

Il ne répond pas.

« Je vous demande de laisser le général Fleury un an à la tête d'Aéroport de Paris, après quoi je vous demanderai de nommer le préfet Chassigneux, qui est à mes côtés et qui dirige mon cabinet.

– Il m'est difficile de m'engager au-delà du mois de mai 1995, vous le comprenez.

– Je suis sans inquiétude. Quoi qu'il en soit, ceux qui me succéderont auront à cœur, j'en suis certain, de régler le cas de trois ou quatre de mes collaborateurs. »

★

La situation au Rwanda s'aggravait, la guerre civile endémique entre Hutus et Tutsis entraînait des massacres dont des centaines de milliers d'hommes, de femmes et d'enfants étaient les victimes. Le drame impliquait la France, longtemps présente, trop présente ; nous devions au plus vite décider quelle serait notre action, d'autant plus qu'une campagne internationale venimeuse et violente mettait en cause notre responsabilité.

Depuis de nombreuses années, la France apportait son aide au gouvernement régulier, dominé par les Hutus. Arrivé au pouvoir, j'avais, dès avril 1993, décidé de limiter notre présence militaire, ramenée à quelques dizaines d'hommes, et de réduire nos livraisons d'armes à ce qui avait été arrêté avant 1993, puis de les supprimer totalement. À notre instigation, les accords d'Arusha avaient été signés entre le gouvernement et les rebelles tutsis à la fin de 1993 ; mais, destinés à rétablir la paix, ils n'étaient guère appliqués.

Le 6 avril 1994, les présidents du Rwanda et du Burundi furent victimes d'un attentat[1], les massacres s'amplifièrent, les rebelles tutsis poursuivant leur avance sur la capitale, Kigali. Dès lors, la France était devant un choix : devait-elle intervenir pour s'interposer entre les belligérants, stopper l'avance des rebelles, prendre part à une action de guerre menée au loin sur un sol étranger ? C'est ce que réclamait une bonne partie de l'opinion, à droite comme à gauche. Déjà certains militaires de haut rang, dans tel ou tel état-major, décrivaient les opérations possibles, tel le lâcher de parachutistes sur Kigali, qui, selon eux, aurait eu l'heureux effet de faire reculer les rebelles. Je n'en croyais rien : l'intervention envisagée aurait rapidement revêtu le sens d'une opération coloniale dont nous n'avions pas les moyens, et je m'y refusais absolument. En outre, je me méfiais des relations trop proches entre

1. L'avion dans lequel tous deux se trouvaient fut abattu au-dessus du territoire rwandais.

certains milieux français et les dirigeants africains. J'en avais eu la sensation presque physique aux obsèques d'Houphouët-Boigny, en janvier : lors du déjeuner qui suivit, la complicité entre Français, droite et gauche mêlées, et Africains éclatait sans pudeur. Je savais qu'à l'Élysée comme aux Affaires étrangères, des responsables alimentaient la presse en propos outranciers et militaient pour une intervention militaire ; j'étais résolu à y opposer mon veto.

En revanche, je proposai moi-même une opération strictement humanitaire, destinée à sauver des vies d'hommes quelle que fût leur appartenance communautaire. C'est ainsi que je fis adopter l'opération Turquoise, que les boutefeux, privés de leur entreprise guerrière, se vantèrent ensuite d'avoir suggérée. Mais un certain nombre de conditions devaient être réunies : l'opération devait être autorisée par le Conseil de sécurité des Nations unies, la France ne devait pas s'engager seule, l'objectif de l'opération devait demeurer strictement humanitaire, elle devait avoir une durée limitée à deux mois.

Pour que les choses fussent précises, quelques jours plus tard, le 21 juin, je tins à adresser à Mitterrand une lettre dans laquelle je fixais les principes de notre décision :

Monsieur le Président de la République,

Nous sommes tombés d'accord pour considérer que la France ne pouvait rester passive devant le drame du Rwanda, parce qu'il s'agit de l'Afrique, parce qu'il s'agit d'un pays francophone, parce qu'il s'agit d'un devoir de morale.

Nous avons donc décidé ensemble d'envoyer des soldats français dans la région. Les conditions de réussite de l'opération me paraissent être les suivantes :

• Autorisation par le Conseil de Sécurité des Nations unies. Nous serons fixés aujourd'hui ;

• Limitation de l'opération dans le temps à quelques semaines en attendant l'arrivée de la MINUAR[1]*. C'est également décidé, mais il ne faut*

1. Mission des Nations unies pour l'assistance au Rwanda.

pas nous dissimuler qu'il nous sera très difficile de partir si la MINUAR n'arrive pas, et que son arrivée n'est pas certaine ;

• Limitation des opérations à des actions humanitaires (mettre à l'abri des enfants, des malades, des populations terrorisées), et ne pas nous laisser aller à ce qui serait considéré comme une expédition coloniale au cœur même du territoire du Rwanda. Toute occupation durable d'un site ou d'une partie du territoire rwandais présenterait de très grands risques, compte tenu de l'animosité qu'elle susciterait et de l'interprétation politique qui lui serait donnée ;

• Positionnement de nos forces à proximité de la frontière, en territoire zaïrois, le seul qui nous soit disponible ;

• Déclenchement des opérations dès lors que des contingents significatifs nous seraient fournis par d'autres pays, sauf peut-être telle ou telle opération à la frontière que nous pourrions conduire seuls.

Je crois que toutes les précautions examinées doivent être prises et que toutes les conditions que nous avons posées doivent être respectées, faute de quoi nous serions entraînés beaucoup plus loin que nous ne le voulons, et avec des risques incalculables, dans un conflit qui risque d'avoir des répercussions dans toute la région.

Je suis frappé de notre isolement. Certes, les bonnes paroles et les encouragements ne font pas défaut. Mais il ne faut à aucun prix nous embourber seuls, à 8 000 kilomètres de la France, dans une opération qui nous conduirait à être pris pour cibles dans une guerre civile.

Le 21 juin, par la résolution 929, le Conseil de sécurité autorisa notre opération humanitaire. Le lendemain, 22 juin, je m'exprimai devant l'Assemblée nationale : il était indispensable que les motivations, le caractère et les limites de notre opération humanitaire fussent clairs aux yeux de tous. Notre intervention militaire était justifiée essentiellement par des considérations morales. Nous constations que nos efforts diplomatiques pour obtenir l'arrêt des massacres et le cessez-le-feu avaient échoué, que la force des Nations unies (MINUAR) qui devait se déployer au Rwanda ne pourrait le faire avant plusieurs semaines, si tant est qu'elle fût résolue à sortir de sa passivité. Il nous paraissait impossible de laisser les massacres se poursuivre. Pour des raisons humanitaires, et pour cela seulement, nous allions intervenir, mais à des conditions précises. La France n'agirait qu'avec un mandat du Conseil de sécurité des Nations unies devant lequel je me rendrais. D'autres pays avaient décidé de se joindre à nous, de très nombreux États africains francophones, lusophones et anglophones nous encourageaient. Les États-Unis nous apportaient un soutien politique très actif, et aussi un soutien logistique. Sans doute serions-nous amenés à faire usage de la force, mais avec un objectif essentiellement humanitaire, en vue de protéger les populations civiles.

Je remarquais que les plus menacées étaient pour l'essentiel des populations tutsis dans la zone contrôlée par le gouvernement. Nous agirions en nous installant près de la frontière avec le Zaïre ; en aucun cas nos forces n'interviendraient profondément en territoire rwandais, ni ne prendraient parti dans des luttes internes au Rwanda. Enfin, notre intervention serait de durée limitée à quelques semaines ; elle se terminerait fin juillet.

Il s'agissait d'une opération difficile. Il fallait s'y engager avec précaution et en respectant la légalité internationale. Ce qui nous inspirait, c'était notre solidarité ancienne avec l'Afrique, et la conviction que nous ne pouvions laisser des populations livrées au génocide. Notre décision était grave, mais il fallait qu'un pays se lève pour mettre fin à l'un des drames les plus insupportables de l'Histoire.

La position du gouvernement fut quasi unanimement approuvée. Si je songe aux critiques dont notre action a été l'objet plusieurs années plus tard, quand on a tenté de mettre en cause notre armée et de lui faire grief d'une prétendue complicité avec les auteurs du génocide, je suis indigné !

Vendredi 17 juin 1994

J'avais à plusieurs reprises discuté avec Mitterrand en tête à tête de notre action au Rwanda, et fait prévaloir mes vues lors d'un Conseil de défense, malgré les réticences initiales de certains ministres ou conseillers. Je tenais maintenant à acter notre décision commune.

« Vous êtes plus restrictif que je ne l'étais, me dit-il, mais, finalement, je suis d'accord avec vous. »

Je changeai de sujet :

« Vous avez reçu Delors, cet après-midi. Je l'ai reçu moi-même en début d'après-midi.

– Ah ! Ah ! Vous me parlez de Delors ! (*On évoque de plus en plus sa candidature à l'élection présidentielle.*)

– En effet, mais uniquement pour vous parler de l'Europe, et pas d'autre chose. »

Par ailleurs, le débat à l'intérieur de la majorité ne cesse de s'aigrir. L'affaire du Rwanda en est le nouveau prétexte. Le gouvernement est critiqué pour sa prétendue passivité ! Si j'avais écouté les conseils d'intervention militaire qui m'étaient donnés, dans quelle aventure la France n'eût-elle pas été entraînée, que ne dirait-on pas aujourd'hui de sa responsabilité dans le génocide du Rwanda !

Lundi 20 juin 1994

Je reçois chacune des têtes des listes ayant obtenu des sièges aux élections européennes, notamment Tapie et Le Pen ; Villiers refuse de venir et m'envoie Charles de Gaulle. Je les incite à coopérer pour mieux défendre les intérêts de la France à Strasbourg.

Le matin même, alors qu'il était annoncé depuis huit jours que je parlerais le soir sur France 2, Chirac a fait dire qu'il parlera sur TF1. Je décommande alors ma propre émission afin de ne pas verser dans le ridicule de la compétition médiatique. J'ai bien fait, les journaux ont relevé que je refusais de m'engager dans la campagne présidentielle.

La semaine sera d'ailleurs dominée par toute une série d'interventions publiques de Chirac ; elles resteront sans effet sur ses sondages comme sur les miens.

Mercredi 22 juin 1994

Mitterrand semble fatigué. Je lui demande :

« Envisagez-vous une intervention à la télévision, la semaine prochaine ? Je ne voudrais pas être obligé de me décommander une nouvelle fois, comme je l'ai fait avant-hier. »

Il sourit sans répondre.

Sur le Rwanda, je lui répète ma position : une opération strictement humanitaire à la frontière avec le Zaïre, et limitée dans le temps :

« Je pense qu'il faut fixer un terme à notre présence : au maximum deux mois.

– Dites un mois et demi. »

Maintenant, il s'est convaincu des risques de l'opération militaire qu'il n'avait pas rejetée dans un premier temps, poussé par les va-t-en-guerre de la majorité comme de l'opposition.

Tout cela me vaut la réputation de ne pas aimer le risque, ni en Bosnie ni au Rwanda. Peu m'importe : je suis sûr d'avoir raison ; nous ne devons agir, prendre part à un conflit que si c'est utile, si nous en avons la force et la capacité, pas pour donner à croire que nous pouvons faire plus que nous n'en avons les moyens, et en nous croisant pour des causes douteuses. Nous ne tromperions personne, les réalités auraient vite fait de montrer les limites de notre action.

Il me parle de Delors :

« Vous verrez, il ne se décidera jamais à être candidat à la présidence de la République. Il veut être nommé. Son conscient refuse sa candidature, et son inconscient la souhaite. »

Je lui apprends que j'ai reçu Douglas Hurd, Secrétaire au Foreign Office. Major mettra son veto à l'élection de Dehaene à la présidence de la Commission, car toute entente franco-allemande suscite sa méfiance, et il ne veut pas être placé devant un fait accompli ; en revanche, il serait prêt à se rallier à Lubbers. J'ajoute qu'un candidat de compromis pourrait être Ruggiero, ancien ministre du Commerce dans un gouvernement socialiste italien.

Mitterrand trouve l'idée bonne, mais nous convenons de n'en parler à personne (j'en parlerai au sommet de Corfou à Major qui la repoussera).

À propos des nominations, il évoque toute une série de candidatures ; il répète encore que je me livre à des opérations d'épuration, ce qui me fait sourire. Il demande le maintien de Kourilsky au CNRS pour un mois de plus, ce que j'accepte. Il ajoute comme si c'était un troc : « Pour Gomez à la présidence de Thomson, je me laisse faire. » À dire vrai, peu m'importait ; simplement, je ne voulais pas être partie prenante dans le conflit opposant Thomson et Elf pour des raisons obscures.

Incidemment, pour la réunion du G7 à Naples, alors que je n'ai nullement évoqué ma présence, il me dit :

« Pour Naples, on s'arrangera : nous assisterons aux séances à tour de rôle, en hommes civilisés. »

En réalité, cela ne s'arrange pas du tout, les Italiens y mettent beaucoup de mauvaise volonté. Je me refuse à être invité en surnombre, dans des conditions désobligeantes. Je n'irai donc pas à Naples et, comme l'an dernier pour Tokyo, je ferai connaître au Conseil des ministres qui précédera le G7 les directives données aux ministres représentant le gouvernement. Ainsi la négociation sera-t-elle encadrée.

Sommet européen à Corfou, jeudi 23 juin 1994

Dîner avec les chefs de délégation des membres de l'Union et Eltsine ; il déclare que la Russie veut entrer dans l'Union européenne ! À ma grande surprise, Mitterrand donne son accord sur le principe, ce que je crois totalement irréaliste. À dire vrai, personne n'y croit, sans doute Mitterrand non plus ; il plaide avec force pour le retour de la paix dans l'ex-Yougoslavie et en faveur de la conférence pour la stabilité en Europe centrale dont la France a pris l'initiative.

Eltsine demande que l'Europe tout entière se préoccupe de la situation au Caucase et au Tadjikistan, et qu'elle confie un rôle de maintien de la paix à la CSCE. Mitterrand se demande à haute voix si Eltsine le souhaite vraiment. Ce dernier répète qu'il faudrait que ce rôle fût confié à la CSCE, et non pas à l'Union européenne, et moins encore à l'Alliance atlantique. C'est contraire à notre position : nous ne souhaitons pas nous occuper des conflits de la Russie avec ses anciennes possessions ; en outre, nous ne voulons pas dessaisir l'OTAN et l'Union européenne au profit de la CSCE, organisme informe, peu préparé à des missions concrètes, au sein duquel la Russie exerce une influence. En revanche, j'exprime notre accord sur des manœuvres militaires communes aux pays de l'ouest et de l'est de l'Europe. Tout le monde fait mine d'approuver, mais nul n'y croit.

Vendredi 24 juin 1994, toujours à Corfou

Durant la réunion, je parle avec Mitterrand pendant les interventions des uns et des autres.

« Vous devriez, me dit-il, expliquer ce que nous faisons aux journalistes, vous qui avez les faveurs de la presse.

– Vous croyez ? Ce n'est pas si sûr.

– C'est certain, mais cela ne durera pas. »

Comme il est impatient de voir la fin de cet état de grâce persistant !

Durant une intervention de Delors :

« Je ne supporte pas ces démocrates-chrétiens, ils sont incapables de se décider. Il y en a, au parti socialiste. On ne se reconnaît pas toujours dans ses enfants. Vous qui avez quatre fils magnifiques, vous ne pouvez pas comprendre.

– Je ne crois pas qu'aucun d'eux soit démocrate-chrétien.

– Tant mieux pour vous !

– Vous savez, dans ma jeunesse, je l'ai été un peu.

– Ah ! »

Au dîner qui suit la réunion, longues tergiversations pour désigner le successeur de Delors. On vote : Dehaene obtient huit voix, Lubbers, trois (il fera preuve de beaucoup d'aigreur dans les jours qui suivront), Brittan, une.

Tout le monde se rallie à Dehaene, sauf Major qui m'avait prévenu lors d'une conversation d'une demi-heure que nous avons eue auparavant en tête à tête : il ne peut pas, politiquement, accepter une victoire du tandem franco-allemand et donc la désignation de Dehaene Je lui suggère, comme je l'avais fait à Mitterrand, de faire appel à Ruggiero, ancien ministre italien ; il s'y refuse, sans avancer de raisons.

Après des discussions sans fin, l'on s'apprête à se séparer. Je fais valoir que mieux vaudrait aboutir ce soir. On rappelle ceux qui étaient partis, mais Major demeure intraitable. En ce qui me concerne, je m'en réjouis, malgré ma sympathie et mon soutien pour Dehaene, parce que c'est bien la preuve que lorsque au sein de l'Europe un État veut s'opposer aux autres, il le peut. C'est une démonstration qui s'avérera fort utile par la suite.

Je pars le lendemain matin, laissant Mitterrand et Juppé pour la séance finale qui n'aboutit pas à davantage de résultats pour ce qui est de la succession de Delors. Incident savoureux : déjà, hier soir, Pangalos, le ministre des Affaires étrangères grec, avait proposé le maintien en fonction de Delors, et Mitterrand avait déclaré que c'était une « proposition sulfureuse ». La même proposition est faite le lendemain ; Delors déclare qu'il n'en est pas question, tandis que Mitterrand s'enflamme ; pour lui, c'est une « idée absurde ». Elle l'est, en effet, mais pas nécessairement pour les motifs avoués...

Mercredi 29 juin 1994

Mitterrand se livre à un long développement justificatif sur le Rwanda où j'ai fait prendre à la France une position courageuse mais infiniment plus sage que celle préconisée au départ par beaucoup qui envisageaient de lâcher des parachutistes sur Kigali et de nous impliquer dans la guerre civile. Je ne comprends pas qu'il éprouve sans cesse ce souci de justification, comme s'il était attaqué en permanence. Il lit trop la presse, il prête trop attention à ce qu'on y dit, tout en prétendant y être indifférent. Moi, je n'y suis pas du tout indifférent, mais je ne la lis guère. Trop peu ?

J'évoque les manœuvres du capitaine Barril qui prétend avoir retrouvé la boîte noire de l'avion abattu dans lequel se trouvaient les présidents du Rwanda et du Burundi ; il me dit une nouvelle fois tout le mal qu'il en pense.

Je lui parle du projet de loi de Pasqua sur l'organisation, parmi les élus et la population proches de la majorité, d'élections primaires dont l'objet affiché serait de leur permettre de choisir eux-mêmes un candidat unique pour l'élection présidentielle. Giscard d'Estaing et Chirac y sont hostiles, car ils redoutent qu'une telle consultation ne les favorise pas.

« Ce projet, me dit-il, est très certainement anticonstitutionnel ; je ne prendrai pas la responsabilité de l'inscrire à l'ordre du jour du Conseil des ministres. J'ajoute que ce serait un risque pour vous, car vous voyez très bien qui voterait lors de ces primaires : ce ne seraient pas forcément vos partisans. Il y a eu des sondages, ajoute-t-il, montrant que je serais battu à l'élection présidentielle et par vous, et par M. Chirac, et par M. Giscard d'Estaing. Sondages absurdes, puisque je ne me présenterai pas ! La vérité, c'est que vous seriez le seul en mesure de me battre.

– C'est une hypothèse peu réaliste, en effet. Il y a vraiment peu de chances que nous soyons candidats l'un contre l'autre.

– Pourquoi ? me demande-t-il avec vivacité.

– De votre fait, ou du mien, ou des deux. »

Il reprend :

« Je n'ai rien contre Chirac, mais il n'a pas le niveau nécessaire. Quant à Giscard, il n'existe plus ; il a gâché sa carrière. S'il s'était tenu tranquille après 1981 et qu'il s'était présenté en 1988, il m'aurait battu... Il est toujours trop pressé, il n'a pas assez de finesse dans l'esprit. Cela marche bien, pour vous, en ce moment, dans l'opinion. Dans le paysage actuel, vous êtes le seul qui compte. Cependant, faites attention, vous avez deux choses contre vous : le RPR, d'une part, mais les partis n'ont plus grande audience ; et, d'autre part, votre situation de chef du gouvernement, qui vous expose à des difficultés souvent imprévisibles. Ne vous illusionnez pas sur les sondages : la gauche atteindra, quoi qu'il arrive, 47 à 48 % le jour de l'élection.

– Je le pense comme vous, si bien que je ne crois pas que nous ayons beaucoup d'erreurs à commettre.

– Jusqu'à présent, vous n'en avez pas commis. »

Quelques jours après, Mitterrand et Pasqua ont eu une conversation dont celui-ci me rend compte. Mitterrand lui a dit :

« Le Premier ministre a une bonne position dans les sondages. Il rassure les Français, il est le plus capable d'être élu. Il ferait un bon Président. Je n'ai rien contre ce pauvre Chirac, mais la comparaison entre l'émission télévisée du Premier ministre et la sienne était accablante : quelle différence ! »

J'avais eu une demi-heure de conversation, sur France 2, avec Alain Duhamel, le lundi 27 juin. Je m'interroge sur ce flot de compliments qui transitent par Pasqua ; à coup sûr, il existe d'autres conversations, avec d'autres interlocuteurs, dont le contenu est rapporté à d'autres destinataires, et dans lesquelles je suis moins bien traité et Chirac bien mieux.

Mercredi 6 juillet 1994

Nous commençons à examiner l'ordre du jour du Conseil des ministres en présence de Védrine et de Denoix de Saint Marc.

« Vous continuez votre épuration !

– Pourquoi ?

– Vous voulez remplacer Gaudillière à la tête d'une banque filiale du CIC.

– Ce n'est pas impossible, mais je n'en étais pas informé.

– Vous verrez, l'Histoire parlera de vos épurations !

– Oui, si c'est vous qui l'écrivez.

– Oh non, ce n'est pas dans mon vocabulaire.

– Vocabulaire écrit ou parlé ? »

Cet échange a lieu devant les secrétaires généraux du gouvernement et de l'Élysée qui semblent stupéfaits et gênés ; manifestement, ce n'est pas le type de dialogue entre Président et Premier ministre auquel, en d'autres temps, ils avaient coutume d'assister ! Ils se retirent alors.

Je mets Mitterrand au courant de mon projet de voyage à New York pour informer l'ONU de notre position sur le Rwanda et obtenir son soutien à notre action humanitaire.

« C'est une bonne idée, vous avez raison d'y aller. Je vous y encourage. De toute façon, en Afrique du Sud d'où je reviens, j'étais tout à fait rassuré par votre prudence dans l'affaire du Rwanda. »

Il faisait bien de l'être ; si je m'étais laissé influencer par les projets discutés dans certains entourages, nous serions entrés dans la guerre civile au Rwanda et aurions été condamnés par la plupart des Africains, sans parler du reste du monde. Les cinq conditions que j'avais définies devant l'Assemblée ont été respectées.

Vérification faite, après avoir téléphoné à Boutros Ghali, c'est devant le Conseil de sécurité que je parlerai, et non pas devant l'Assemblée générale.

Je lui demande :

« Pourquoi avez-vous refusé d'accorder à Chevigné la grand-croix de la Légion d'honneur ?

– Je voulais vous en parler. J'ai beaucoup d'estime pour lui, c'est avec lui que j'ai fait le trajet de Rabat à Glasgow pendant la guerre, dans l'avion de Montgomery, mais il a été gouverneur de Madagascar après la guerre, et a réprimé très durement la révolte qui avait éclaté contre la présence de la France. Or, nous cherchons à nous rapprocher de Madagascar. Comment son élévation à une nouvelle dignité dans l'ordre de la Légion d'honneur serait-elle comprise là-bas ? »

Toujours la même obsession de mêler des considérations politiques aux décisions de l'État. Finalement, sur mon insistance, relayant celle de Pierre Messmer, Compagnon de la Libération comme lui, Chevigné, dont les titres dans la guerre et la Résistance sont éclatants, obtiendra d'être nommé grand-croix et demandera à Mitterrand de lui en remettre les insignes. Il est vrai que ce dernier lui avait fait dire que les objections venaient de moi… !

Pour remplacer Delors, on s'oriente vers le choix de Santer, Premier ministre du Luxembourg ; personne n'envisage de toucher au secret bancaire luxembourgeois, ce qu'il n'accepterait pas…

J'aborde le sommet du G7 à Naples.

« Comme je vous l'ai déjà dit, je n'irai pas, rien n'est prévu pour moi.

– Pourquoi ne pas venir ? Qui vous a dit que rien n'était prévu ?

– Mais qu'est-ce qui est prévu ? Tout est tellement réglementé, rien de précis n'est organisé pour ma présence. Je préfère rester à Paris. Je pense que les Italiens, toujours un peu jaloux des Français, ne veulent pas envisager de règles spéciales permettant que nous y participions tous les deux, et je ne veux rien leur demander. »

Il n'insiste pas. Je fais au Conseil des ministres une communication sur ce qu'on peut attendre du G7. Je souligne, s'agissant de la croissance et de l'emploi, que nous devons rechercher un accord sur une voie moyenne entre la déréglementation anglo-saxonne et le dirigisme européen ; je souhaite un appui politique donné par le G7 à la mise en œuvre rapide et concrète des accords de Marrakech sur la liberté du commerce ; les États-Unis devraient être invités à mettre un terme à l'affaiblissement de leur monnaie, sans se borner à des déclarations insincères ; l'Ukraine sera invitée à renforcer la sécurité nucléaire, et l'arrêt immédiat de la centrale de Tchernobyl, préconisé.

Le compte rendu du Conseil ne donne guère de détails sur ma communication, notamment en ce qui concerne mon refus d'engager de nouvelles discussions commerciales multilatérales avant la création de l'Organisation mondiale du commerce. C'est Mitterrand qui reprendra cette position à Naples, et le G7 l'approuvera.

Comme presque chaque fois, il m'a demandé de l'excuser au moment de descendre au Conseil. Je l'ai attendu dans son bureau. En revenant :

« Je vous prie de me pardonner ; je vous fais attendre chaque fois, c'est que je prends des médicaments, et des médicaments qui me fatiguent. Mais je ne peux pas faire autrement. »

Faute de savoir exprimer ma compassion, tant je redoute de paraître indiscret ou insincère, je suis resté muet. Qu'aurais-je pu dire ? Que je pouvais attendre deux minutes sans parler ? La semaine précédente, il m'avait indiqué, alors que nous descendions au Conseil :

« Je ressens une immense fatigue, tout cela ne m'amuse plus ; je serai content quand ce sera terminé. »

C'est là une part de sa vérité, celle du moment, l'autre étant son extraordinaire acharnement à posséder et garder le pouvoir, fût-ce seulement dans les apparences. Pour lui, n'est-ce pas la vie même ? Ne le serait-ce pas pour tout autre, s'il se trouvait dans la même situation que la sienne ?

Durant la semaine, la tension s'accroît au Parlement. S'agissant des écoutes téléphoniques, une partie de la droite rejoint Emmanuelli dans la critique de Pasqua, et organise la défaite de Méhaignerie dans la discussion du projet de loi sur la Justice. Je m'en accommode : en définitive, les excès de quelques-uns mécontentent la grande majorité du groupe RPR ; je suis surpris que ceux qui en sont les instigateurs ne le comprennent pas.

Mercredi 13 juillet 1994

Succession de Delors : nous sommes d'accord pour Santer, Premier ministre du Luxembourg. C'est un homme estimable dont la personnalité ne suscite aucun conflit ; c'est ce qui convient à la tête de la Commission. J'ajoute, et je le dirai demain à John Major, que son veto à la candidature de Dehaene ne soulève de ma part aucune critique de principe ; je suis bien décidé, si besoin est, à agir de même, comme j'en ai menacé nos partenaires lors de la négociation du GATT.

Nous parlons du sommet du G7 à Naples et de l'impair américain qui a suivi, les États-Unis préconisant l'ouverture d'un nouveau cycle de discussion du GATT. Mitterrand pense que Kantor, secrétaire au Commerce, s'est engagé sans l'aval de Clinton, et que ce dernier l'a réprimandé.

Je lui raconte mon voyage à l'ONU, le 11 juillet ; accompagné par Juppé, j'ai été reçu au Conseil de sécurité devant lequel j'ai pris la parole pour mettre chacun devant ses responsabilités au Rwanda, en tirant le bilan de l'action engagée par la France : l'arrêt presque complet des massacres, la nécessité d'un déploiement rapide de la force internationale, la MINUAR. Tel était le sens de mon voyage : préparer la suite. Mme Albright, représentant permanent des États-Unis à l'ONU, a une attitude très hostile à notre action, elle ne cherchait même pas à la dissimuler. Je me demande pourquoi : la France est la seule à agir pour empêcher les massacres. Les États-Unis auraient-ils une politique différente ? Mitterrand ne me répond pas.

J'évoque la démission de Carignon, ministre de la Communication, qui vient d'être mis en examen, et ma décision de confier l'intérim du ministère de la Communication à Sarkozy. Mitterrand m'approuve, fait l'éloge de Carignon qui était venu le voir, il y a quelques années, « pour me demander mon aide », me dit-il ; il fait aussi l'éloge de Sarkozy et de sa capacité d'explication et de clarification :

« Vous avez là un excellent porte-parole.

– C'est mon avis. »

Lors de son voyage en Allemagne, Clinton a désigné celle-ci comme le partenaire privilégié des États-Unis en lui souhaitant d'assumer le leadership en Europe ! Mitterrand feint de prendre cette déclaration à la légère. Ce n'est pas mon cas. J'ai le sentiment que les Allemands jouent un double, voire un triple jeu entre Américains, Français et Russes. Nous n'avons pas fini de constater les conséquences de l'unification de l'Allemagne, qui était inévitable, et de notre affaiblissement économique qui, lui, ne l'était pas.

J'évoque les cérémonies du cinquantenaire du débarquement en Provence. Mitterrand confirme qu'il se bornera à présider la revue navale le 14 août ; il ne trouve pas normal que l'on invite les chefs d'État les 1er et 11 septembre à Fréjus et Marseille, alors qu'il sera absent et que je serai présent. Je lui donne raison ; nous décidons de les inviter plutôt tous à prendre place sur le porte-avions pour assister à la cérémonie du 14 août, qu'il présidera.

En présence de Denoix de Saint Marc et de Védrine, nous examinons l'ordre du jour du Conseil ; je précise que le projet de loi sur l'élection présidentielle, qui ne contient que quelques détails techniques, ne comporte rien qui soit relatif à l'organisation d'élections primaires.

« Je n'accepterais pas d'inscrire à l'ordre du jour un projet de loi sur les primaires, même si le Premier ministre me suppliait.

– C'est un risque que vous ne courez pas. »

Il accepte le déplacement du haut-commissaire en Polynésie, qui est un socialiste militant, et qui sera nommé président de la Société du tunnel du Mont-Blanc. « Voilà un poste prometteur[1] », dit-il.

Après une pause qui permet à Denoix de Saint Marc et à Védrine de se retirer, il change de sujet :

« Puisque vous me faites confiance, je veux à mon tour me confier à vous. Je vais subir une nouvelle opération. Je ressens, à la septième vertèbre, des douleurs comparables à celles causées par un infarctus, mais cela n'en est pas un. J'ai eu trois crises hier, et une ce matin, ce qui explique que je vous ai fait attendre un quart d'heure. Je prends des médicaments, et, au bout d'une dizaine de minutes, c'est fini, mais on me dit qu'il faut absolument que je me fasse opérer. La question se pose pour le défilé du 14 Juillet, demain. J'ai fait aménager sous l'estrade un local où je puisse recevoir des soins si une nouvelle crise survenait, mais si je quitte la tribune, mon fauteuil ne peut pas rester vide, et les

1. J'avais occupé cette fonction dans les années 70...

troupes défiler devant un fauteuil vide. À qui dois-je demander de prendre ma place : à M. Monory ou à vous ? »

Question étrange : il connaît la réponse que lui donnent nos institutions. Je feins de ne pas apercevoir l'appât.

« Le président du Sénat ne joue un rôle pour vous remplacer que s'il y a vacance de la présidence de la République.

– Mais il n'y a pas vacance.

– Dans ces conditions, ce n'est pas son rôle.

– Vous avez raison. C'est donc à vous, monsieur le Premier ministre, que, le cas échéant, je demanderais de prendre ma place et de vous asseoir dans mon fauteuil afin que les troupes ne défilent pas devant un fauteuil vide.

– Monsieur le Président, vous n'y pensez pas ! Il n'en est pas question. Si tel était le cas, je ne prendrais pas votre place devant tout le gouvernement, l'armée, les corps constitués, les ambassadeurs, devant la télévision, c'est-à-dire devant la France entière. Je me contenterais de me tenir debout à côté de votre fauteuil.

– Soit, comme vous voudrez. Ma femme doit être opérée avant la fin de la semaine d'une affection grave, et moi je le serai la semaine prochaine. Je ne l'ai dit à aucun de mes fils, mais seulement à ma femme. Je vous demande de garder le secret.

– J'ai prévu un voyage de trois jours en Afrique avant la fin du mois. Dois-je l'annuler, ou pourrai-je m'y rendre ?

– Oui, puisque je serai à Paris dans ma chambre, vous pourrez y aller ; vous présiderez un ou plusieurs Conseils des ministres, cela dépendra.

– Si je peux faire quoi que ce soit, je vous demande de me le dire. Considérez que si je demeure silencieux, ce n'est pas par indifférence, mais par discrétion.

– Je vous en remercie. Je suis anxieux pour la revue de demain. Si je dois m'absenter, on pensera que c'est pour un besoin vulgaire. »

Je ne le crois pas, compte tenu de la mine qu'il a.

« Une fois opéré, je repartirai pour deux ou trois ans, et je terminerai mon mandat. La chimiothérapie me fatigue beaucoup, comme tout ce que l'on m'a fait subir ces temps-ci. En outre, je redoute les effets de l'anesthésie générale, après laquelle on reste plusieurs jours dans le brouillard. »

Que dire, que penser ? Pourquoi cet homme si secret, si convaincu de sa supériorité, se confie-t-il à moi, comme s'il avait besoin de parler, peut-être aussi de se prémunir contre toute manœuvre, d'où qu'elle vienne ? M'en croit-il capable ? Comment ne verrais-je pas un piège dans la proposition de profiter de son absence, demain, pour m'asseoir dans son fauteuil lors du défilé ? Comment peut-il imaginer que cela demeurerait sans influence sur notre relation ?

Nous descendons ensemble comme si de rien n'était, sans parler. Le Conseil des ministres se déroule ainsi qu'à l'ordinaire.

Avec sa maladie, le destin me mettait pour la seconde fois dans une situation dangereuse et propice à toutes les intrigues, à toutes les calomnies, aux côtés d'un président de la République dont la vie était menacée, comme lors de la dernière année de Georges Pompidou. Cette fois, néanmoins c'était différent : je n'avais pas les mêmes relations avec l'un et avec l'autre, je n'étais pas dans la même position par rapport à chacun d'eux. Sur bien des sujets, Mitterrand et moi n'avions pas les mêmes convictions ; aucun lien, aucun passé commun ne nous unissait. Mon pouvoir, je le tenais de la Constitution et de la situation politique qui l'avait contraint à faire appel à moi comme à un moindre mal, et je l'exerçais de façon indépendante. Cependant, pouvais-je demeurer indifférent à son sort, le spectateur cynique et intéressé de sa souffrance ? Mais, aussi, quel homme était-il ? S'employait-il, aux portes de la mort, à me faire tomber dans une chausse-trape ? Était-ce méchanceté naturelle, goût de l'intrigue cultivé comme un art ? Était-ce même son intérêt ? Était-il exaspéré de voir sa succession se dessiner trop aisément en ma faveur ? Comment pouvait-il me croire assez naïf pour succomber à la tentation de m'arroger une place qui n'était pas la mienne, au mépris de toute bienséance ? Ou bien n'était-ce rien de tout cela, et le soupçon m'égarait-il ?

C'est le même qui, un mois après, me ferait publiquement grief d'empiéter sur ses attributions constitutionnelles en matière de politique étrangère, y trouvant enfin prétexte à tenter de m'affaiblir en me présentant comme un homme vorace, incapable de maîtriser son ambition !

Jeudi 14 juillet 1994

Lorsque je l'accueille au pied de la tribune officielle, Mitterrand, en descendant de voiture, m'avertit que nous ne nous lèverons que deux fois au passage des troupes qui défilent, et pas devant tous les drapeaux ; il le dit aussi à Séguin et à Monory. Au début, parmi les ministres qui ne sont pas avertis, certains se lèvent tandis qu'il reste assis, comme ceux qui l'entourent au premier rang. Je fais en sorte que l'harmonie soit rétablie.

Par bonheur, Mitterrand ne sera pas contraint de se retirer dans son abri, sous la tribune. Était-ce dû à l'amélioration de son état, ou bien mon refus de prendre sa place l'avait-il dissuadé de sacrifier à une mise en scène ? Avais-je, sans en être conscient, déjoué un piège à la Volpone, ou était-ce la méfiance qui embrumait mon esprit ?

La revue terminée, je vais voir Kohl à l'hôtel de Crillon. Il me dit combien il se réjouit que les choses « aillent bien pour moi », et qu'il est prêt à tout faire pour m'aider.

Je me rends ensuite à l'Élysée où, dans le salon des Portraits, Mitterrand a réuni les chefs de gouvernement présents : Santer, du Luxembourg ; Gonzalez, d'Espagne ; Dehaene, de Belgique ; Kohl, d'Allemagne ; Konan Bédié, de Côte d'Ivoire.

Mitterrand, à la cantonade :

« Tout s'est très bien passé, vous le voyez ! Votre amiral, dit-il en se tournant vers moi, s'était trompé. Les troupes allemandes qui défilaient ont été applaudies.

– Pourquoi dites-vous “votre” amiral ?

– Parce qu'il est de vos amis.

– C'est vrai, mais c'est vous qui, en son temps, l'avez nommé amiral, pas moi ! »

Tout le monde rit, y compris Delors. Il s'agit de l'amiral de Gaulle, fils du Général, homme d'une parfaite dignité, pour lequel j'ai beaucoup d'estime, et qui avait jugé inopportun le défilé de troupes allemandes sur les Champs-Élysées.

Mitterrand continue :

« Il n'est entré dans le débat public que deux fois : la première pour dire qu'il payait trop d'impôts, la deuxième pour refuser le défilé de l'Eurocorps pour le 14 Juillet ! »

J'interviens :

« Il a aussi fait autre chose pendant la guerre.

– Il n'était pas le seul. »

Cet échange devant des chefs de gouvernement étrangers, qui paraissent aussi surpris que mal à l'aise, est indécent. J'ignore si, naguère, Mitterrand maîtrisait mieux ses humeurs. Je romps et demeure silencieux.

Ce 14 juillet à 20 h 30, Mitterrand me téléphone chez moi :

« On dit que Fabius va être inculpé dans l'affaire du sang contaminé. C'est épouvantable ! Nous allons vers une situation à l'italienne. Vous-même pourriez être responsable, en pareil cas.

– Mais c'est justement pour éviter ce genre de situation que nous avons fait voter, d'accord tous les deux, une réforme de la Constitution afin de rendre plus équitable la justice politique. De toute façon, c'est vous qui m'apprenez le risque qu'il court ; je vais me renseigner.

– C'est une véritable affaire Dreyfus qui va recommencer. J'ai peur que Fabius ne commette l'irréparable. »

Combien les suicides de Bérégovoy et de Grossouvre l'ont atteint !

Je m'informe et le rappelle un quart d'heure plus tard pour décrire la procédure qui est en cours : dans l'état actuel des choses, elle ne consiste pas en une mise en examen de Fabius, c'est une simple audition comme témoin. Je téléphone à ce dernier pour le lui dire. D'après tout ce que je sais, c'est très injustement qu'il est accusé d'avoir manqué de vigilance ; il a pris, comme Premier ministre, toutes les précautions qu'il pouvait prendre.

Vendredi 15 juillet 1994

Le matin, Fabius téléphone à Bazire, pas du tout sur le ton d'un homme désespéré, plutôt sur celui de qui est sûr de son bon droit. Son thème : « On m'avait promis que cela ne se passerait pas ainsi. » Bazire lui répond à juste titre que c'est lui-même qui a demandé à être entendu par la justice.

L'après-midi, nous nous rendons à Bruxelles, Mitterrand et moi, pour le Conseil européen qui doit désigner Santer à la présidence de la Commission. Il me parle de Mme Cresson ; je lui confirme que sa nomination comme commissaire ne me semble pas être la meilleure solution. Il réagit avec agressivité :

« Mais moi, je suis fidèle à mes amis. Je ne suis pas comme d'autres !

– Je ne vois pas ce que vous voulez dire, ou alors vous vous laissez influencer par la propagande. »

Il rit.

J'ai observé sa propension à aller trop loin ; il ne faut jamais l'accepter sans réagir.

Il m'apprend que son épouse a été opérée ce matin, qu'elle sera dans un état critique pendant deux jours, et qu'il a hâte de rentrer à Paris pour aller la voir.

Au cours de ce même Conseil, Kohl a une attitude bonhomme mais impérieuse. L'amitié franco-allemande deviendrait pour nous un piège si nous nous laissions manœuvrer par les Allemands. Le traité de Maastricht démontre sa complexité : les États sont en partie dessaisis au profit de l'Assemblée européenne qui voit ses pouvoirs étendus et au sein de laquelle dominent les Allemands.

Dimanche 17 juillet 1994

Je retrouve Mitterrand pour l'inauguration du monument à la mémoire des Juifs déportés, dont j'ai décidé l'édification près du site de l'ancien Vélodrome d'Hiver, dans le XVe arrondissement de Paris, la circonscription dont je suis l'élu.

Cérémonie émouvante et nécessaire : tout faire pour ne pas oublier les crimes commis sur notre sol par des fonctionnaires français, pour éliminer l'état d'esprit qui les a permis. Que de progrès moral à accomplir encore, que de réactions primitives à dominer !

En bien comme en mal, on ne peut être tenu pour responsable que de soi-même. Je n'ai jamais compris pourquoi, dans notre religion chrétienne, l'homme devrait supporter à jamais le péché de ses origines, de l'orgueil et de la désobéissance de son plus lointain ancêtre. Si l'homme porte le mal en lui, il n'a pas à en demander pardon à Dieu, ni à l'expier ; n'est-ce pas Dieu qui lui en doit réparation, l'ayant fait tel qu'il est ? Et quelles qu'aient été les vertus d'Abraham, choisi par Dieu pour être la souche du peuple élu, pourquoi seraient-elles réversibles sur la tête de ses descendants, marqués à jamais du signe de la préférence ?

Chaque homme est unique, personne ne reproduit personne. Nous ne portons pas plus le poids des fautes de nos pères que nos enfants le fardeau des nôtres ; nous n'avons pas à nous glorifier de leurs mérites, ni à nous morfondre de leurs forfaits. C'est pour ce que nous sommes, sur ce que nous avons fait nous-mêmes que nous devons être jugés.

L'Histoire est pleine de haines, de cruelles horreurs inspirées par la volonté d'éliminer une collectivité tout entière. Persécutions raciales, des Juifs, des Indiens, des Noirs, de tout homme qui est autre, différent, qui, de ce fait, paraît redoutable ; persécutions religieuses, des chrétiens par les païens, des païens par les chrétiens, des catholiques par les protestants et réciproquement, des musulmans par les hindouistes, ou l'inverse ; persécutions sociales, des esclaves par les maîtres, des paysans par les révolutionnaires marxistes, d'une classe par l'autre ; persécutions d'autant plus féroces qu'elles sont fondées sur la peur, le désir d'éliminer ce qui n'obéit pas au modèle unique qu'on veut imposer. Le respect de la diversité est la base même de la civilisation.

La morale, la justice consistent à reconnaître la responsabilité de chaque individu pour ce qu'il dit, pour ce qu'il fait, et rien d'autre. Le repentir personnel pour les fautes qu'on a commises soi-même est nécessaire ; en revanche, comment justifier la repentance collective et rétrospective ! Des générations après, un peuple, pas plus qu'une classe sociale ou une religion, doit-il demander pardon des crimes commis par ceux qui l'ont précédé et dont il a répudié les idées ? Willy Brandt n'était pas Hitler, ni les Allemands d'aujourd'hui les nazis d'hier. Vichy était Vichy, un État protégé par l'ennemi qui occupait la France ; celle-ci était « inconsolable », comme je l'avais déclaré l'année précédente lors de la même cérémonie, des crimes commis sur son sol par des Français complices ou asservis, mais devait-elle en être tenue pour coupable, en tant que nation, alors que de Gaulle l'appelait à résister à l'occupant ? Un Américain d'aujourd'hui n'est pas responsable du massacre des Indiens perpétré quelques siècles auparavant. Ce ne sont pas les prêtres catholiques issus de Vatican II qui ont massacré les protestants ni approuvé la persécution des Juifs. On ne peut imputer aux Européens du XXIe siècle le crime de l'esclavage des siècles passés. Mais la mémoire de l'Histoire permet un examen de conscience individuel ou collectif, mieux, elle l'impose comme un devoir constant : quel travers de l'âme explique le passé, comment s'en corriger ?

Je sortis de mes pensées : Chirac, présent comme maire de Paris, multipliait les amabilités envers Mitterrand, lui parlait sans cesse, au point que ce dernier faisait mine d'en être gêné. Si nous ne nous étions pas trouvés là où nous étions, c'eût été comique. Quel besoin d'afficher depuis quelque temps une proximité aussi manifeste ?

Tandis que je raccompagnais Mitterrand à sa voiture, il me dit : « Pour le rendez-vous que j'ai pris, ce sera mardi. »

Je quittai Paris en hélicoptère pour aller sur le navire *Jeanne-d'Arc* qui descendait la Seine jusqu'à Rouen à l'occasion de la fête traditionnelle de l'Armada.

IV

L'embellie
juillet 1994 - janvier 1995

Tout au cours de l'année, malgré les difficultés rencontrées et la grave récession de 1993, la situation de notre pays s'était améliorée et la confiance en l'avenir était revenue : la production reprenait sa croissance, l'investissement productif, la consommation également ; l'impôt sur le revenu était allégé, la construction de logements augmentait ; le chômage reculait, 20 000 emplois étaient créés tous les mois ; les déficits publics diminuaient de 65 milliards en deux ans ; le franc avait retrouvé sa stabilité ; le Système monétaire européen était sauvé, la monnaie unique pourrait voir le jour ; les réformes des retraites, la maîtrise des dépenses de santé, l'assouplissement de la réglementation du travail étaient mis en œuvre et enrayaient la dégradation des comptes de la Sécurité sociale ; la modernisation de nos armées, issue du Livre blanc que j'avais fait rédiger, était votée, comme les lois améliorant la sécurité et le fonctionnement de la justice. Sur le plan international, le Pacte de stabilité permettant de garantir le respect des frontières et des minorités en Europe centrale, condition de l'élargissement de l'Union, était un succès ; la dévaluation du franc CFA entraînait la reprise de l'activité en Afrique ; la ratification des accords du GATT, dûment amendés, permettait d'espérer le succès des discussions sur un nouveau système commercial mondial ; notre opération humanitaire au Rwanda était unanimement louée par l'ONU et par nos partenaires qui, d'abord méfiants, s'étaient prudemment tenus à l'écart. Surtout, au milieu du gué, le gouvernement conservait sa cohésion, les ministres respectant la règle de conduite que j'avais imposée : ne pas s'engager dans la campagne présidentielle avant le début de 1995. Plus que tout, l'incertitude conduisait chacun à une prudente expectative.

Mais, je le savais, la situation politique allait se détériorer. Il deviendrait de plus en plus difficile de maintenir la cohésion de la majorité parlementaire, écartelée par les ambitions contraires et les manœuvres de ceux qui entendaient compter dans la compétition future. Au sein des groupes parlementaires, les chausse-trapes se multipliaient. Cependant, la plupart des députés étaient favorables au gouvernement et le soutenaient. Certes, celui-ci allait être atteint par les démissions de Longuet et de Roussin, suivant celle de Carignon, tous excellents ministres, mais aucune dérogation à la règle fixée n'était concevable : un ministre mis en examen ne pouvait continuer à siéger au gouvernement même s'il constituait pour lui un soutien précieux. L'opinion réclamait que les « affaires » fussent réglées par la justice sans qu'aucune entrave ne fût mise à son action. J'allais moi-même être touché indirectement, même si je n'en étais en rien responsable, par un épisode aussi rocambolesque que répréhensible d'une procédure pénale, l'affaire Schuller-Maréchal. Quant à Mitterrand, il saisirait toutes les occasions de me gêner en manifestant pour Chirac une dilection sans doute feinte, dont l'objet était de me faire sortir de mes gonds ; je me persuadai que c'était, de sa part, un jeu plus que la manifestation d'une conviction ; la marque, aussi, de son désir de peser sur la suite.

J'étais préoccupé par l'état de sa santé : elle se dégradait, il travaillait moins, s'absentait davantage. Plus les jours passaient, plus augmentait sa lassitude, son indifférence aux problèmes dont nous devions débattre, sa concentration sur lui-même. Il demeurait, ce qui était légitime, intraitable sur le respect des apparences de sa fonction, même si, de son fait, elle était pour une part vidée de sa réalité et s'il n'en faisait plus guère d'usage. Sa présence à la tête de l'État lui semblait justifiée quoi qu'il advînt, parce qu'il l'avait fait sien ; il n'entendait y renoncer sous aucun motif, comme si, à elle seule, elle lui était une garantie de survie.

J'étais moins que quiconque en mesure d'entrer en conflit avec lui, ce qu'il savait de mon caractère l'en persuadait : comment, face à un homme si gravement atteint, affirmer de manière trop tranchée mes positions sans paraître tirer profit d'une situation sans précédent ? Comment, en cas de conflit ouvert avec lui, ne pas sembler brutal, inhumain ? J'étais le dernier à pouvoir me le permettre. Tout affrontement donnerait prise au soupçon de vouloir précipiter les échéances ; je ne le souhaitais à aucun prix. J'étais conduit à continuer ma tâche en proie à l'hostilité ouverte ou feutrée des uns et des autres, en me gardant de tout faux pas ; il fallait gouverner, assurer le redressement du pays, veiller à éviter les crises sociales, associer l'ensemble des Français à l'effort en les convainquant qu'ils en seraient les premiers bénéficiaires, préserver notre prestige dans le monde, ne pas nous laisser égarer dans des aventures militaires, représenter un espoir de paix et d'unité en Europe. C'est tout cela qui m'importait ; quant à ma candidature, ma décision n'était pas encore prise.

Lundi 18 juillet 1994

Mitterrand a subi l'opération qu'il m'avait annoncée. L'opinion semble moins émue que lors de la première, deux ans plus tôt. Védrine a une attitude digne et retenue, il m'apporte son concours pour que l'État fonctionne sans heurt. Je tiens pratiquement chaque jour une réunion sur le Rwanda. La ligne de prudence que j'avais arrêtée montre ses heureux effets : l'on assiste à un retournement de l'opinion internationale qui multiplie les louanges, alors que longtemps elle a critiqué notre implication dans le conflit en nous faisant grief de prendre parti dans la guerre civile.

Est passé le temps où l'on me reprochait de m'opposer à la volonté du Président, chef des armées : responsable de la défense nationale, j'étais résolu à éviter toute aventure, je l'en avais convaincu, contre l'avis de coteries militaires, diplomatiques ou économiques parfois proches de lui. J'entendais ne pas me laisser influencer par le grouillement des intérêts et des complicités ; chacun avait compris que ma volonté d'éviter que nos unités pénètrent trop avant dans le territoire rwandais était sage ; ceux de nos généraux qui s'étaient moqués, prétendant que j'exigeais que nos soldats franchissent tous les soirs la frontière pour rentrer coucher au Zaïre, s'étaient tus. De toutes parts on nous demandait de prolonger l'expédition humanitaire plus longtemps que prévu. Pour moi, il n'en était pas question : à la communauté internationale, si passive, si hypocrite, de prendre enfin ses responsabilités.

Mercredi 20 juillet 1994

En l'absence et à la demande du Président, je préside le Conseil des ministres qui se tient à Matignon. Manifestement, la façon dont les ministres me considèrent a changé, ce qui est surprenant : après tout, il ne s'agit pas là d'un événement extraordinaire. La presse parle de témoignage de confiance que m'a donné Mitterrand ; pouvait-il faire autrement, sauf à arrêter la marche de l'État ? Il s'est conformé à une procédure qui n'a rien d'inattendu ou d'exceptionnel, et que les institutions prévoient.

J'évoque, au cours du Conseil, le budget 1995 pour l'élaboration duquel je donne des directives très astreignantes : il faut poursuivre la réduction des déficits. J'évoque aussi la démission de Carignon, rendue publique dimanche. C'est Sarkozy qui assurera l'intérim des fonctions de ministre de la Communication.

Durant toute la semaine, les thèmes de la presse sont les mêmes : inquiétude pour la santé du Président, affirmation du rôle du Premier ministre. Juppé va jusqu'à me dire : « Vous êtes en train de démontrer qu'on peut se passer du président de la République. » Compliment susceptible d'une double interprétation : était-ce ce qu'il fallait dire à qui était soupçonné de vouloir le devenir ? On me rapporte qu'il s'interroge sur le choix du candidat qu'il soutiendra ; il ne me le laisse pas paraître ; moi-même, jamais je n'évoque le sujet avec lui.

Vendredi 22 juillet 1994

Mitterrand m'appelle dans ma voiture tandis que je me rends à la Lanterne. Je lui propose de le rappeler, ce que je fais dès mon arrivée.

Il me remercie de la lettre que je lui ai écrite après son opération ; il se sent maintenant mieux, il va sortir de l'hôpital demain, il me tiendra informé de sa décision pour la présidence du Conseil des ministres. L'anesthésie lui a été douloureuse dans la mesure où elle lui a enlevé le goût de lire.

« Vous devez, me dit-il, redouter comme moi cette perte de conscience.

– Je n'ai jamais été opéré, je n'ai donc jamais été anesthésié.

– J'ai été dans votre cas jusqu'à l'âge de soixante-quinze ans. Vous avez donc de la marge. Enfin, je vais mieux. Je mourrai d'autre chose ! »

L'entretien est cordial, il a une bonne voix.

Les événements des jours suivants, c'est toujours le Rwanda où Douste-Blazy, ministre délégué à la Santé, s'est rendu, et la Bosnie où la situation se détériore.

Bien que l'ordre du jour soit sans intérêt, Mitterrand décide de présider le prochain Conseil des ministres ; je comprends ses raisons : les apparences ont aussi leur importance.

Mercredi 27 juillet 1994

Lorsque j'entre dans son bureau, je le trouve amaigri, la mine fatiguée, le regard moins vif qu'à l'accoutumée. Il approuve le mouvement diplomatique, d'ailleurs sans grande importance, que je lui soumets. Il convient avec moi que nous aurons à décider, vers la mi-août, de nous retirer ou pas du Rwanda si personne ne prend notre relève. Il est hostile, comme je le suis, à l'élargissement du G7 à la Russie de façon permanente. Il pense que si l'embargo sur les armes est levé en Bosnie, nous devons, comme nous l'avons annoncé, retirer notre contingent. Ses réponses sont comme mécaniques ; manifestement, il a l'esprit ailleurs.

Il me parle longuement de lui en me disant son désir que notre conversation soit écourtée afin que le Conseil des ministres le soit aussi : « L'anesthésie m'a beaucoup fait souffrir. On m'a piqué dans les bras et dans les mains ; on m'opère de la prostate et j'ai mal aux mains ! Finalement, cela m'a fatigué davantage que la fois précédente. Je me rendrai à Latche dès cet après-midi et je reviendrai tous les huit jours. Ma femme, elle, doit rester encore quinze jours à l'hôpital ; fort heureusement, elle commence à émerger. »

Il n'a rien perdu de sa férocité. À propos de la libération de Paris et de la descente des Champs-Élysées, il me parle d'Alexandre Parodi[1] qui, délégué général du Gouvernement provisoire en France, était ce jour-là aux côtés de De Gaulle :

« C'était un homme très bien, un homme de parole, assez modéré dans ses propos et habile comme on l'est au Conseil d'État. (*Dans sa bouche, l'habileté n'est pas nécessairement un compliment, surtout lorsque je suis indirectement concerné ; pourtant, lui-même n'est pas maladroit.*)

– Pas toujours.

– C'était en quelque sorte son côté Marceau Long[2].

– Pour lequel des deux la comparaison est-elle la plus agréable ?

– À vous de choisir. »

---

1. Délégué du général de Gaulle en France, à la Libération, puis vice-président du Conseil d'État.

2. Vice-président du Conseil d'État en fonction en 1994.

Il s'absente assez longuement, ce qui me permet de faire appeler l'huissier pour prévenir que nous descendons une demi-heure plus tôt. Dans l'ascenseur, il s'assied sur la banquette et, comme nous nous rendons au Conseil :

« Si j'étais obligé de m'absenter, vous feriez la soudure.

– Cela signifie-t-il que vous souhaiteriez que la discussion se poursuive en votre absence ?

– Oui, que je revienne ou que je ne revienne pas présider, il faudra que vous continuiez. »

Je n'aurai pas à le faire

Je pars pour l'Afrique l'après-midi avec Léotard et Roussin. En principe, mon voyage doit durer trois jours ; il est prévu de le prolonger en me rendant au Rwanda, ce dont je n'ai averti personne, mais beaucoup commencent à le deviner. Je tiens à me rendre compte des conditions dans lesquelles se déroule l'opération humanitaire que nous menons. Je passe quelques heures dans l'ouest du pays, à la frontière du Zaïre. Notre armée est admirable de courage et de générosité, elle n'a qu'un but : sauver des vies, organiser la sécurité, sans prendre aucune part à une guerre civile dont elle tente de limiter les effets les plus cruels. Nos médecins et ceux qui les assistent travaillent dans des conditions de précarité qui m'impressionnent. Je visite les hôpitaux de fortune installés sous des tentes, les salles d'opération, je vois des femmes, des enfants affreusement mutilés ; leurs regards, leurs sourires quand ils en ont la force, déchirent le cœur. Je suis fier de ce qu'accomplissent nos soldats avec bravoure et abnégation.

3 août 1994

Je retrouve Mitterrand visiblement las, la voix voilée. Nous parlons de l'ordre du jour du Conseil des ministres, qui est extrêmement léger. Il me dit son souci que notre entretien soit plus bref, pour lui permettre de tenir rapidement le Conseil avant de repartir à Latche. Il fait preuve de dignité, de courage, mais, manifestement, il a du mal à supporter l'épreuve ; sans doute a-t-il repris trop vite son activité. Même aussi réduite, elle semble l'exténuer.

14 août 1994

À l'occasion du cinquantième anniversaire du débarquement en Provence, nous participons tous deux à une revue navale à bord du porte-avions *Foch*, au large de Toulon. De nombreux chefs d'État ou de gouvernement africains sont présents.

Les cérémonies, du défilé au déjeuner, sont entrecoupées de temps de repos pour le Président. Je lui demande d'organiser une réunion avec Léotard, Roussin et Pasqua, Juppé étant absent, afin de bien confirmer le départ de nos soldats du Rwanda le 21 août au soir. Je lui demande si Védrine doit assister à l'entretien :

« C'est inutile, puisque j'y suis », répond-il vivement.

Il a le souci de montrer qu'il a repris son activité. Cependant, c'est moi qui présiderai, demain, à Saint-Raphaël et à Cavalaire, les cérémonies du cinquantenaire du débarquement, ce qui me vaudra la jalousie des uns et l'agacement des autres, des commentaires de la presse prétendant que je suis déjà une sorte de « Président de fait », et, finalement, quinze jours plus tard, une réaction de Mitterrand affirmant en public qu'il est encore là – réaction prévisible et normale de sa part. Alors que, jusque-là, il était d'usage de vanter les mérites de la « cohabitation de velours », voire de me trouver complaisant envers Mitterrand, le ton change ; on parle de mon manque d'égards envers lui dont je tenterais d'accaparer tout le rôle, spécialement en politique étrangère. Nul ne pense à ce qu'il serait advenu si j'étais demeuré passif, alors que j'ai évité une crise internationale en concluant la négociation du GATT et empêché que la France ne se fourvoie dans la guerre civile au Rwanda. Si je me porte en première ligne, c'est le plus souvent à sa demande, ou qu'il me laisse agir, sans pour autant se dispenser de m'en faire grief.

Ma position devient chaque jour plus délicate : je dois remplir ma tâche sans avoir l'air de profiter des circonstances pour affirmer mon rôle. Je n'y parviendrai pas suffisamment pour dissiper malentendus et procès d'intention.

À dire vrai, le soir même, dans une émission sur Radio Monte-Carlo, j'ai commis l'erreur, parlant de politique étrangère, de ne pas citer Mitterrand et de ne pas mentionner la réunion tenue sur le porte-avions *Foch*, au cours de laquelle, sur ma proposition, tout a été décidé pour notre départ du Rwanda. Cette omission n'était nullement délibérée ; peut-être, à ses yeux, n'en était-elle que plus grave. Il en fut froissé et m'en tint rigueur. Il fit part de son mécontentement à Védrine qui transmit à Bazire, lequel m'en informa. Tout cela explique les propos qu'il allait me tenir avant le Conseil des ministres du 24 août, et servirait de prétexte au concours que lui et ses proches apporteraient à mes concurrents.

24 août 1994

Je retrouve Mitterrand, avant le Conseil, en meilleure forme que sur le porte-avions *Foch*, le 14 août. Apparemment, il a recouvré sa pugnacité. Il commence par les reproches attendus :

« Pourquoi avez-vous, dans votre interview sur RMC, parlé du Rwanda sans jamais vous référer à la conversation que nous avons eue sur le porte-avions, avec MM. Léotard, Roussin et Pasqua ?

– En effet, je ne l'ai pas fait (*je ne dis pas : parce que je n'y ai pas pensé, ce qui serait la vérité, mais serait pire*) et j'ai eu tort ; je le rectifierai tout à l'heure dans mon compte rendu au Conseil des ministres. (*Il m'écoutera très attentivement, au Conseil, lorsque je ferai l'historique de notre action au Rwanda et que je parlerai de cette réunion.*) Je donne une interview pour *Le Figaro* sur la politique étrangère ; elle paraîtra lundi prochain.

– Décidément, vous en parlez tout le temps !

– Quand on me le demande. Je vous en enverrai le texte dès cet après-midi. Dès notre premier entretien, ne sommes-nous pas convenus que la politique étrangère était un domaine partagé entre nous ?

– Sans doute, mais il faut me prévenir.

– C'est ce que je fais. Quant au fond, qu'ai-je jamais dit ou fait qui ne vous convienne pas ? Je me suis borné à déclarer dès le départ que j'étais partisan de mener à leur terme nos essais nucléaires. Ensuite je n'en ai plus parlé, contrairement à vous qui ne cessez d'évoquer notre désaccord.

– Peut-être, mais vous devez préalablement m'informer.

– Même pour des questions dont nous avons déjà parlé ensemble ?

– Oui. »

Inutile de poursuivre.

Dans cet entretien publié par *Le Figaro*, qui allait tant le contrarier, je proposais que l'Europe fût organisée en cercles de compétences et de compositions variables afin de tenir compte de la diversité des situations et des ambitions, les solutions uniformes pour tous les pays étant impraticables. Les critiques fusèrent de toutes parts : je mettais à mal l'unité de l'Europe, tous les États devaient procéder d'un même pas vers les mêmes buts. Des années après, je constate que cette conception de l'« Europe des cercles » est admise par tous, puisque son uniformité est impossible. Elle était contraire à ce que souhaitait Mitterrand qui, lorsque je le revis, m'en fit le reproche. Mais n'était-il pas à la recherche de tous les prétextes possibles ?

Il m'appellera, le lundi soir, pour me dire que cette interview exprime ma politique, que j'ai le droit de l'exposer, qu'il n'a rien à en dire. Malheureusement, contre mon souhait, exprimé plusieurs fois à la rédaction, *Le Figaro* aura donné pour titre à l'entretien : « Ma politique étrangère », ce qui ne manquera pas d'offrir un prétexte à tous ceux qui veulent raviver la polémique.

S'agissant du Rwanda, il est d'accord avec moi pour estimer qu'il n'y a pas lieu de recevoir le Premier ministre rwandais pour le moment ; nous décidons d'attribuer des décorations aux soldats qui se sont signalés dans notre intervention humanitaire.

Pour le Secrétariat général de l'OTAN, devenu vacant à la suite de la mort de Woerner, il est partisan, comme moi, de Willy Claes, ministre des Affaires étrangères de Belgique, plutôt que de Douglas Hurd, Secrétaire au Foreign Office.

Quant à la réunion du Conseil des ministres de l'OTAN à Séville, il est d'accord pour que Léotard y assiste, mais pas accompagné de Lanxade, seulement d'un militaire de rang moindre, ce qui est également mon avis, même si je trouve que nous nous perdons là dans les subtilités de la casuistique.

Je l'informe de mes intentions sur Renault : l'État restera majoritaire au capital et en privatisera 30 % environ.

« Conseil d'ami, me dit-il, restez-en là : inutile de rallumer des braises. »

C'est aussi mon avis.

Nous reparlons de la Commission. Il me dit qu'il va m'écrire à ce sujet pour demander la nomination de Mme Cresson comme commissaire.

« Avant de le faire, proposez-lui l'ambassade à Washington. »

Il trouve l'idée intéressante, me promet de l'appeler pour lui en parler. Je saurai, le soir, qu'elle a refusé, ce qui me conduira à accepter sa nomination comme commissaire et à nommer Silguy, qui est mon collaborateur et s'est montré fort efficace dans le succès de la négociation du GATT, ce qui m'évite d'avoir à choisir entre un RPR et un UDF.

Il revient sur la réunion de Séville :

« Il faut nous garder des Américains, ils cherchent à nous gagner à la main. Il faut être très vigilant, je vous l'indique parce que vous aurez à y veiller dans l'avenir. » (Toujours le même refrain, comme s'il ne se lassait pas de me pousser à la faute.)

Comme nous descendons, il aborde la politique :

« Je trouve l'ensemble des dirigeants de la majorité bien dociles envers vous. Pourquoi attendre pour se déclarer ; à leur place je foncerais, c'est ce que j'ai fait en 1980.

– Mais, s'ils foncent, comme vous dites, ils risquent de prendre l'allure de diviseurs pressés. C'est tout leur problème.

– Il faut diviser pour gagner.

– Cela dépend des circonstances. Vous l'avez constaté dans le passé, à votre profit. »

Il comprend l'allusion à sa collusion secrète avec Chirac, en 1980, pour faire battre Giscard d'Estaing.

On rapporte qu'il cite Foch : « Ma droite est enfoncée, ma gauche est en déroute, mon centre cède, j'attaque ! »

Son propos tombe sur un terrain favorable. Il stimule Chirac, multipliant les amabilités envers lui. Il le fait de manière ostentatoire lors du cinquantenaire de la libération de Paris, à la Préfecture de Police, puis à l'Hôtel de Ville, lorsque nous nous y retrouvons sur le parvis avec une bonne partie du gouvernement et qu'il s'isole spectaculairement avec lui dans son bureau, au cours d'une cérémonie méticuleusement réglée entre eux deux et retransmise à la télévision. Simone Veil en est indignée, beaucoup de ministres s'en émeuvent. Pour moi, je demeure silencieux et indifférent, seulement surpris que l'un et l'autre aient voulu que cet aparté soit aussi manifeste.

Pourquoi le fait-il ? Parce je l'irrite du simple fait que je suis là, que tout semble trop facile pour moi, et qu'il ne peut dominer sa rancœur ? Évidemment. Parce que je suis le plus dangereux pour un candidat socialiste ? Ce n'est pas certain : il ne croit guère au succès socialiste. En raison de mon intrusion supposée dans un domaine, la politique étrangère, où il devrait régner exclusivement, alors que nous étions clairement convenus, sur sa proposition publique, qu'il serait partagé entre nous ? Ce n'est là qu'un prétexte complaisamment utilisé à droite comme à gauche et répété comme une vérité incontestable. Par goût de diviser, de manipuler, malice de qui cherche à m'affaiblir ? À coup sûr. C'est un jeu qui lui permet de se convaincre qu'il conserve un rôle. Au terme de sa course, ne pouvant plus rien imposer aux siens qui prennent leurs distances, il choisit de rendre ma tâche plus compliquée, sans trop y croire, pour me gêner.

Mercredi 31 août 1994

Nous sommes d'accord pour que la France ne vote pas la levée de l'embargo sur les fournitures d'armes à destination de la Bosnie et ne donne aucun accord de quelque nature qu'il soit sur la levée de cet embargo ; d'accord aussi pour estimer qu'en pareil cas nos troupes devraient quitter la Bosnie.

Le Conseil économique et social doit être renouvelé et quarante personnes qualifiées nommées par l'État :

« Je suis conscient de vos difficultés, je prendrai quinze postes et vous vingt-cinq pour les personnes qualifiées. »

Ne comprend-il pas que ces perpétuelles références à mes difficultés, imaginaires, réelles ou fomentées, ne font que susciter ma méfiance ? Il ne peut pas s'empêcher de manœuvrer sans cesse ; c'est plus qu'un jeu : une seconde nature.

Je lui donne mon accord pour nommer Mme Cresson commissaire à Bruxelles et je lui fais part de mon intention de nommer Silguy.

« Vous avez tort », me dit-il brutalement.

Je pense surtout qu'il aurait préféré que je me crée un problème à l'intérieur de ma majorité et que le choix de Silguy, qui est un diplomate à la compétence incontestée, m'évite une décision politique délicate.

Je lui annonce que je prononcerai demain un discours devant les ambassadeurs réunis au Quai d'Orsay par Juppé, et, la semaine prochaine, un discours à l'IHEDN sur les problèmes de défense.

« Décidément, vous vous intéressez beaucoup à la politique étrangère !

– Pas plus que les autres années : c'est exactement la même chose, le même calendrier. Vous n'y avez, l'année dernière, vu aucun inconvénient. »

La présidence française de l'Union européenne commencera le 1er janvier 1995 ; il me donne son accord pour qu'on examine ce que pourrait être son programme, lors d'un Conseil restreint, un mercredi de septembre qui suivrait le Conseil des ministres.

Je lui parle des propositions de la Commission de Bruxelles sur les aides à la construction navale, qui lèsent gravement les intérêts français, et de mon intention d'invoquer, si besoin est, le compromis du Luxembourg pour nous y opposer.

« Il faut faire très attention, me dit-il, à ne pas nous mettre dans une position impossible. »

Je lui promets de lui envoyer une note précise montrant que, s'agissant de construction navale, le traitement réservé à la France est tout à fait injuste, comparé à celui dont bénéficie l'Allemagne.

Je lui demande s'il voit un inconvénient à ce que je n'assiste pas au dîner qu'il donne en l'honneur du Président chinois, vendredi prochain 9 septembre, qui est la veille de mon voyage à Marseille. Il me répond que lui n'en voit aucun, mais que les Chinois, eux, ne manqueront pas de le remarquer. Il a raison ; j'y assisterai donc. La vérité, c'est que ces grands dîners d'apparat sont pour moi d'un intolérable ennui. Tout y est apprêté, artificiel. À qui cela peut-il faire plaisir ? En quoi est-ce nécessaire au succès d'une rencontre, au prestige de l'État ? Quelle utilité ont-ils ?

Il se livre à un très long réquisitoire contre le Parlement européen :

« Il faut démystifier le vocabulaire : il ne saurait y avoir de Parlement européen, puisque l'Europe n'est pas un État. Il faut sans cesse le ramener à ses attributions, dont il a une tendance permanente à sortir. »

Je lui pose une question – cela a souvent le don de l'agacer ; il doit me soupçonner d'aimer le mettre en contradiction avec lui-même.

« Pourquoi avez-vous, dans ces conditions, accepté l'extension de ses pouvoirs dans le traité de Maastricht ?

– Je m'y suis opposé deux ans, mais, à la fin, je ne le pouvais plus. »

La vérité, c'est que Kohl faisait de l'extension du rôle du Parlement la condition de la création de la monnaie unique. Les relations des gouvernements avec le Parlement vont, j'en suis certain, devenir difficiles.

Avant que nous ne descendions, il demande à manger une banane.

« Je subis une chimiothérapie depuis six mois et j'ai des problèmes d'estomac. Le traitement a été interrompu depuis un mois, mais il va reprendre. »

Il a retrouvé de l'énergie.

En fin d'après-midi, il réunit les ambassadeurs et les ministres en ma présence pour un exposé sur la politique étrangère. Au début, il réaffirme sa prééminence en la matière, ce que toute la presse interprétera comme étant dirigé contre moi ; ce l'est aussi contre elle, puisqu'elle a beaucoup dit, depuis un mois, que je m'étais emparé de tous les pouvoirs. Il entend bien marquer que l'état de sa santé ne diminue en rien sa volonté d'exercer pleinement sa fonction. Je le comprends ainsi, même si je trouve que le reproche qu'il me fait à cette occasion est injuste, en tout cas excessif.

Depuis dix-huit mois les hésitations de Mitterrand sur la politique étrangère n'avaient pas manqué : il avait promis à Clinton, en mars 1993, 5 000 soldats de plus pour la Bosnie, je l'avais refusé – il n'en serait plus question ; il était enclin à la levée de l'embargo sur les armes auxquels étaient soumis les musulmans de Bosnie – il y était désormais hostile ; on lui avait suggéré d'envoyer des parachutistes sur Kigali afin de porter secours à des Rwandais enfermés dans un hôpital et une église, je m'y étais opposé car c'était prendre parti pour les uns contre les autres dans une guerre civile lointaine – il l'avait admis ; il était hostile au réchauffement de nos relations avec la Chine – cependant, j'avais obtenu qu'il reçût la semaine suivante le Président chinois ; sur le GATT, il était avant tout désireux d'éviter que la

France ne déclenche une crise internationale en refusant de ratifier l'accord conclu par le gouvernement précédent – c'est en les menaçant d'un éclat que j'avais obtenu de nos partenaires qu'ils cèdent. En revanche, il était attaché à quelques positions constantes, tels sa méfiance envers les Américains, l'un des rares sujets où il rejoignait de Gaulle; sa sympathie pour Cuba ; son attachement inconditionnel à la relation franco-allemande, quoi qu'il nous en coûtât : l'extension des pouvoirs du Parlement européen, par exemple, sans parler du choix de Francfort comme siège de la Banque centrale européenne.

Une fois terminé son exposé, il descend de l'estrade et se dirige vers moi, très aimable :

« Attention, il ne faut pas vous emparer de tous les pouvoirs et évincer le président de la République...

– Est-ce ce que je fais ou ce que je dis ?

– Non, vous avez trop de finesse pour cela, mais vous allez traiter de tous les sujets devant les ambassadeurs, demain.

– Comment pourrais-je faire autrement ? Je l'ai fait aussi l'année dernière, je vous l'ai déjà rappelé.

– C'est dans votre intérêt que j'agis ainsi. Vous n'avez aucun avantage à voir réduire les pouvoirs du président de la République en matière de politique étrangère. Songez à l'avenir ! »

Décidément, il y tient ! Inutile de poursuivre la discussion. Pourtant, il doit se douter qu'il ne me donnera pas le change sur ses véritables raisons.

★

L'opinion, émue par l'opération subie par le Président, restait favorable au gouvernement, mais fleurissaient dans la presse toute une série de commentaires qui, malgré les apparences, ne me firent aucun bien. On y affirmait que je détenais l'essentiel du pouvoir. Il est vrai qu'en politique extérieure j'ai joué un rôle plus important qu'il n'est coutume pour un Premier ministre, en partie en raison du climat apaisé qui, par intermittence régnait entre Mitterrand et moi. Par exemple, lors du sommet africain de

Biarritz, en novembre 1994, ou du sommet européen d'Essen, en décembre, j'ai fréquemment, à sa demande, représenté seul la France à la table des discussions. Nos partenaires étrangers étaient frappés du naturel apparent et de la facilité avec lesquels les choses se passaient entre nous. Nombreux sont ceux qui me l'ont dit. Ils en étaient à la fois étonnés et satisfaits. Dans leurs relations avec la France, cette concorde leur simplifiait la vie à eux aussi. Mais jamais, malgré les malveillances colportées, je ne me suis senti un « Président *bis* », je connaissais les limites de mon pouvoir, je savais quand je ne pouvais pas décider seul. Rien n'est pire que de croire qu'on peut tout se permettre.

La campagne de presse contre moi dura quelques jours sur le thème de la prééminence du Président, certains journalistes ajoutant que c'était lui et pas moi qui avait voulu l'intervention humanitaire au Rwanda (ce qui était faux) et que je m'y étais opposé (ce qui était encore plus faux) : je m'étais opposé à une intervention militaire qui nous aurait fait prendre parti entre les belligérants ; l'opération strictement humanitaire, je l'avais voulue le premier, elle s'était faite aux conditions que j'avais fixées, je l'avais pilotée jour après jour, lors de comités interministériels auxquels étaient associés les collaborateurs de Mitterrand.

Était-ce dû à la fin prochaine de son mandat ? À son état de santé ? Était-ce parce que l'avenir semblait bien se présenter pour moi ? Il se montrait beaucoup plus susceptible qu'un an plus tôt, soupçonneux, irritable, et en même temps soucieux de ne pas rompre.

Cela dura quelques mois, jusqu'au moment où, dans la perspective d'une candidature de Jacques Delors, les sondages révélèrent que celui-ci était en mesure de me battre au second tour, montrant que ma position étaient moins solide qu'on ne le croyait ; puis ce fut Chirac qui amorça son retour dans les faveurs de l'opinion. Alors il redevint plus amène.

La situation politique était en effet dominée par ce que l'on appelait ma « rivalité » avec Chirac. À défaut d'être, en raison de mon silence, déclarée, elle était implicite. Étions-nous en désaccord sur la politique à mener ? Il m'arrivait de me le demander. Comme il le faisait remarquer, il votait tous les projets présentés par le gouvernement. Bien entendu, s'il ne se privait pas toujours de les critiquer, le plus souvent cette tâche était assumée par ses acolytes qui suscitaient ou exploitaient les difficultés que je pouvais rencontrer ; cependant, l'inspiration était transparente, le mobile aussi.

La différence des situations dans lesquelles nous nous trouvions respectivement alimentait cette confrontation. J'étais au pouvoir, je voulais réussir. Chirac s'en inquiétait, craignant de voir surgir un rival, et ne le supportait pas. Moi, je n'ai pas supporté les obstacles dressés devant mon action ; j'en ai finalement conclu que si je souhaitais qu'elle fût poursuivie, je devais être candidat à l'élection présidentielle. Notre désaccord, apparaissant au grand jour, accaparait l'attention, suscitant des animosités fertiles en incidents. D'une certaine manière, ni l'un ni l'autre nous n'y pouvions plus rien.

À la fin de cette semaine-là se tinrent les Journées des jeunes du RPR à Bordeaux. L'opération avait été soigneusement concertée, la plupart des dirigeants s'étant relayés durant des jours sur les diverses chaînes de radio et de télévision pour en faire un événement en se déclarant en sa faveur ; ceux qui se voulaient habiles déclaraient que le mouvement gaulliste ne devait accorder aucune investiture, mais qu'à titre personnel ils voteraient pour lui. L'image donnée était celle de la fébrilité et de la précipitation ; selon les sondages, les trois quarts des électeurs de la majorité trouvaient que j'avais raison de ne pas souhaiter voir s'ouvrir la campagne présidentielle avant janvier.

★

Mercredi 7 septembre 1994

J'évoque le problème que pose l'accord sur la construction navale, négocié avec les États-Unis par la Commission, à propos duquel j'envisage d'invoquer le compromis de Luxembourg, ce qui contrarie vivement Mitterrand qui me demande à nouveau de ne rien faire trop vite. Je l'informe aussi de mon entretien avec Jacques Santer, le nouveau président de la Commission. Je sens Mitterrand très désireux qu'Édith Cresson se voie attribuer le meilleur portefeuille possible. Puisqu'elle est nommée, je n'y vois qu'avantage, dès lors que je suis assuré que Silguy aura celui des Affaires financières et monétaires.

Il me donne son accord pour que des décorations exceptionnelles soient attribuées aux soldats français ayant participé aux opérations du Rwanda.

Je lui dis mon souhait de voir réparer l'injustice commise envers le professeur Steg, personnalité éminente dont le mandat n'a pas été renouvelé au Conseil économique, ce dont il est légitimement surpris ; le professeur Steg est cependant le chirurgien qui l'a opéré et qui le suit, il devait être renouvelé sur son contingent.

J'évoque mon intention de ne pas me rendre à Berlin à l'occasion des cérémonies marquant le départ des troupes alliées ; lui-même y prolongera son séjour.

Je lui parle de mes conceptions sur l'avenir de l'Europe, différentes de celles de la CDU-CSU allemande : l'idée que je défends est celle d'une Europe diversifiée où les États ne s'associent pas pour faire tous en même temps la même chose. Il y aurait des cercles de composition et de compétences variables selon les sujets : un cercle de droit commun, commercial essentiellement ; des cercles plus étroits, monétaires, militaires ou de sécurité ; un cercle plus large auquel appartiendraient les voisins proches. Les cercles plus étroits ne devraient pas obligatoirement toujours comprendre la France, l'Allemagne et le Benelux. Autrement dit, je suis hostile à l'idée d'un noyau central de l'Europe regroupant quelques pays seulement, toujours les mêmes, même si, dans les faits, c'est souvent le cas.

J'en viens à la politique :

« Anne Sinclair, je vous l'ai fait dire, doit m'interroger sur le livre de Péan[1] qui parle de votre action durant la guerre et

1. *Une jeunesse française*, paru chez Fayard.

l'Occupation. Il est délicat pour moi d'aborder ce sujet, ou plutôt de répondre. Je me contenterai de dire que, dans ma position, je n'ai pas de commentaire à faire.

– J'ai ma conscience pour moi, tout le reste m'indiffère. À en croire la presse, je suis tantôt un concussionnaire, c'est le livre de Montaldo, tantôt un assassin, ce sont les déclarations de Vergès, tantôt un collaborateur, c'est le livre de Péan. Tout cela m'indiffère.

– Vous m'avez dit il y a quelques jours que vous trouviez que la classe politique était bien docile avec moi, puisque personne ne se déclarait candidat à la présidence de la République. Après la réunion des jeunes RPR à Bordeaux, vous devez être content, voire comblé !

– Les choses ne pouvaient pas aller plus longtemps comme vous le vouliez, il fallait bien que cela se passe ainsi.

– Peut-être, mais il n'est pas sûr que ce soit contraire à mes intérêts.

– Je suis en train (*il feuillette ostensiblement une liasse de pages devant lui*) de corriger l'interview que je donne à Giesbert, dans *Le Figaro*. Il me parle de vous à plusieurs reprises... »

Je ne réponds pas ; je connais sa méthode qui consiste à tenter d'éveiller l'inquiétude chez ses interlocuteurs pour les mettre en position d'infériorité. Que m'importe ce qu'il dira : je suis fixé !

★

La semaine se déroule dans une atmosphère particulièrement lourde en raison de la mauvaise mine de Mitterrand, qui frappe tout le monde. Dans ses déclarations au *Figaro*, il s'en prend à moi à plusieurs reprises en rappelant qu'il n'y a qu'un seul président de la République, comme si je l'avais ignoré. Il a enfin découvert le motif recherché depuis plusieurs mois pour donner une justification à l'hostilité qu'il me manifeste : la défense de ses attributions dans leur domaine le plus essentiel, la politique étrangère.

Que ses reproches fussent dépourvus de toute vraisemblance n'était pas fait pour l'arrêter, d'autant qu'ils trouvaient des oreilles complaisantes, au sein de la majorité censée me soutenir, parmi ceux qui, peu auparavant, me reprochaient tout au contraire une cohabitation par trop complaisante. J'étais ouvertement soupçonné de piétiner les institutions en faisant obstacle à la prééminence présidentielle en matière de politique extérieure. Or, justement, je ne reconnaissais pas cette prééminence, je l'avais fait savoir à Mitterrand lors de notre première conversation, et il avait admis qu'entre nous l'action fût partagée. J'étais prêt à respecter toutes les précautions de forme, mais j'entendais que rien ne pût être décidé contre ma volonté, ce qu'il avait toujours accepté.

Mais peu lui importait : il avait trouvé son terrain d'attaque. Le prétexte était que je n'avais pas mentionné son rôle dans l'affaire du Rwanda lors de mon intervention sur RMC, le 14 août précédent. La réalité est qu'il ne supportait pas tous les articles de presse disant qu'il disparaissait de l'horizon, que j'exerçais seul la quasi-totalité du pouvoir. Je n'en tirais ni bénéfice ni satisfaction : la presse compliquait inutilement ma tâche.

Le 11 septembre, je participe à l'émission « 7 sur 7 », dans laquelle je dis réprouver l'action du gouvernement de Vichy, sans mentionner Mitterrand ; je déclare aussi que, s'agissant du respect des institutions, j'ai la conscience tranquille. Précédemment, Védrine avait fait savoir à Bazire que Mitterrand considérait qu'il avait dit ce qu'il avait à dire au *Figaro*, mais qu'il ne souhaitait pas alimenter une polémique avec moi, ce qui signifiait qu'il préférait que je ne lui réponde pas. Je ne le souhaitais pas non plus, ce n'était pas l'idée que je me faisais de mon rôle ni de mon intérêt. Il n'empêche, ses propos donnaient de moi l'image d'un ambitieux pressé qui ne ménageait pas un homme malade et faisait litière des institutions.

Le lendemain, il a, sur France 2, un entretien d'une heure et demie avec Elkabbach, entretien au cours duquel il n'évoque pas nos relations, mais revient longuement sur sa santé, avec beaucoup de complaisance, et sur son attitude sous l'Occupation, non sans beaucoup de provocation. Je comprends mal son obstination à en parler, puisque personne ne lui en demande compte. Si c'est volonté d'écrire une histoire officielle, l'entreprise est vouée à l'échec, il le sait mieux que quiconque. N'est-ce pas plutôt un désir d'affronter l'opinion commune, besoin de s'affirmer contre tous, ou, plus simplement encore, le traitement qu'il subit ne lui fait-il pas perdre, alors qu'il était toujours si maître de lui, le sens d'une certaine mesure ?

De temps à autre, j'ai du mal à le comprendre quand il me parle, ses propos recourent à des associations d'idées parfois difficiles à suivre – à moins que mon propre esprit ne s'ankylose. Sans doute est-il bien conscient de connaître des moments de faiblesse. Il réagit avec d'autant plus d'agressivité, voire de provocation.

Il est comme obsédé par le passé ; lors de nos conversations, il y revient constamment, comme s'il voulait se justifier à mes yeux, ou me prendre à témoin.

« J'ai très peu connu Bousquet. Je l'ai rencontré comme tout le monde. Il avait pignon sur rue, était administrateur de sociétés, directeur de journal ; le procès qu'on me fait de l'avoir fréquenté est absurde ! »

Il omet de rappeler que Bousquet avait pleine autorité sur *La Dépêche de Toulouse*, le grand journal de gauche du Sud-Ouest, et l'avait soutenu en 1965 lors de sa campagne contre de Gaulle.

Il a favorisé, peut-être inspiré le livre de Péan sur sa jeunesse sous l'Occupation, comme s'il voulait imprimer sa marque sur sa propre histoire, afin qu'elle fût écrite à sa manière, sans trop cacher la vérité mais en l'habillant. Tentative vaine : il sait bien ce qu'elle a été et qu'elle sera toujours objet de polémique.

« J'appartenais à une famille catholique, c'est l'éducation que j'ai reçue, mais il n'y avait nulle trace d'antisémitisme ; ma mère, qui était très pieuse, nous disait : "Je ne suis pas antisémite, je n'oublie pas, mes enfants, que la Vierge Marie était juive !"

– Tous les antisémites affirment avoir des amis juifs. »

Il me regarde avec hostilité.

Puis il me parle de son retour en France en 1942.

« Je suis allé à Saint-Tropez en séjour pendant plusieurs mois chez des amis juifs, et nous ignorions qu'il y avait des lois raciales.

– Comment est-ce possible ? Le statut des Juifs promulgué par Vichy datait d'octobre 1940. Vous n'en aviez appris l'existence ni dans votre camp de prisonniers, jusqu'en 1942, ni chez vos amis juifs, alors que vous viviez sous le régime de Vichy ?

– Non, non, je vous assure. »

Toujours la même tendance à reconstruire sa vérité, le même désir de convaincre à tout prix. Quoi qu'il prétende, je suis convaincu qu'au fond de lui-même il ne porte pas sur tous les épisodes de sa vie un regard serein ni satisfait. Mais, il est vrai, qui, doué d'un peu de lucidité, n'est pas dans le même cas ?

★

Mercredi 14 septembre 1994

Son apparence ne s'améliore pas, sa démarche est malaisée. Cependant, il est toujours aussi pugnace et aux aguets, comme s'il voulait affirmer qu'il n'est pas atteint. Son courage est intact.

Pour la réunion du Conseil européen que présidera la France en juin 1995, il récuse Strasbourg ou Nice, préférant Tours, ou Antibes, ou Cannes. Je suggère Compiègne, mais c'est trop près de Paris. Finalement, ce sera Cannes.

Je lui parle de la cérémonie au cours de laquelle doivent être remises les décorations aux militaires qui ont servi au Rwanda, et je lui demande s'il veut y procéder lui-même :

« Faites-le ; sinon, je le ferai le 11 novembre, si vous ne l'avez pas fait. »

(Par prudence, je demanderai à Bazire de vérifier auprès de Védrine si, en pareil cas, cela ne poserait pas un problème du fait de sa susceptibilité toujours en éveil.)

Il prend un air grave :

« Vos conversations téléphoniques sont écoutées.

– Vraiment ? Pas, je l'espère, sur autorisation du directeur de mon cabinet, seul compétent pour autoriser des écoutes !

– Non, non, des écoutes sauvages ! Roland Dumas (*il est l'avocat du* Canard enchaîné) en a été informé par des journalistes auxquels on a proposé de les publier. Vous auriez intérêt à le voir aujourd'hui.

– Bien volontiers. Je sais parfaitement que des écoutes sauvages ont été faites à Chamonix lorsque j'étais en vacances ; la DST y a mis bon ordre. »

Pasqua m'avait envoyé des cassettes que je n'avais pas écoutées ; il m'avait affirmé qu'il ne les avait pas écoutées non plus, mais il m'a dit, quelques jours après, qu'il s'agissait uniquement de commandes passées par ma femme à des fournisseurs. De quoi d'autre aurait-il pu s'agir ? Mitterrand manifeste une sorte de satisfaction à m'informer de ces écoutes comme s'il voulait m'inquiéter, me montrer que je peux être, moi aussi, vulnérable, et faire l'objet d'attaques ; j'ai déjà perçu chez lui cet état d'esprit, comme si mon calme et la faveur dont, selon lui, je bénéficie auprès de la presse l'agaçaient suprêmement.

« Je vous ai regardé, dimanche soir, à « 7 sur 7 », et vous m'avez fait rire : vous avez parlé du 18 juin 1940 et de Vichy, mais Vichy n'existait pas, le 18 juin !

– C'est vrai, mais je n'ai pas dit que Vichy existait le 18 juin ; je me suis contenté de parler du général de Gaulle, le 18 juin. (*C'est sans doute ce qui lui est le plus désagréable.*)

– Oui, mais on ne l'a pas compris, car, dans la mémoire collective, vous êtes plus lié à Pompidou qu'à de Gaulle, même si Pompidou s'est parfaitement conduit durant l'Occupation.

– Voulez-vous me dire ce que j'aurais pu dire d'autre dès lors que je ne souhaitais pas formuler de jugement sur le livre de Péan ?

– Peut-être ! Quant à moi, j'ai à nouveau parlé avant-hier sur la deuxième chaîne. (*Pour quelqu'un qui trouve que je parle trop, il me semble que lui-même ne se tait guère.*) Je suis comme un sanglier, et quand je suis cerné par mes adversaires, je sors et j'attaque. Vous avez observé que je n'ai rien dit de vous dans mon émission avec Elkabbach ?

– En effet, mais puisque vous m'en offrez vous-même l'occasion, je vous dirai – ce que je n'aurais pas fait spontanément – que vous avez été spécialement injuste envers moi depuis quinze jours. Mis à part le fait que le 14 août, sur RMC, je n'ai pas parlé de vous à propos du Rwanda, je ne vois pas ce que vous pouvez me reprocher.

– Si vous ne voulez pas être soumis à des attaques, au lieu de faire de la politique vous feriez mieux d'entrer au couvent ! D'ailleurs, je crois que vous auriez des dispositions pour cela.

– Je crois vous l'avoir déjà dit, je trouve que vous avez une idée bien conformiste de mon prétendu conformisme.

– Je me réfère à ce que je sais.

– Vous ne savez pas tout. »

Comme nous voilà loin des amabilités des premiers temps ! Du moins la situation actuelle est-elle plus franche.

Alors que nous descendons :

« Au cours de toutes ces cérémonies du cinquantenaire de la Libération, j'ai été soutenu, malgré l'ennui, par un immense rire intérieur. Cela n'a pas été du tout ce que l'on a dit. Il n'y avait pas 25 000 résistants en France ! »

Quel goût de la dérision ! S'il y a eu une part d'excès dans cette commémoration, que dire de la façon dont il raconte sa propre vie durant la guerre ? Si, avec le même état d'esprit, l'on faisait l'histoire du socialisme sous son égide, qu'en resterait-il ? Ni la morale, ni la justice sociale. Ce serait à désespérer ! S'il n'en est pas conscient, c'est que l'amertume le submerge ; il est, spectacle pathétique, révolté à l'idée que sa vie va prendre fin.

Le bruit fait autour du livre de Péan, puis de son intervention à la télévision au cours de laquelle il n'a marqué aucun regret pour son rôle à Vichy, est immense. Je me tiens à l'écart.

Vendredi 16 septembre 1994

Sarkozy et Bazire organisent un déjeuner de quarante parlementaires à l'hôtel de Clermont. Ambiance réconfortante. Ils déclarent tous soutenir l'action du gouvernement et la mienne.

On y voit une riposte aux attaques dont je suis l'objet. Pour moi, le risque d'une pareille initiative est de me faire passer à mon tour pour un diviseur. L'avantage, c'est d'être une manifestation de force qui calmera les remous avant les journées parlementaires du RPR à Colmar.

Ai-je le choix ? Je ne peux rester passif devant l'agressivité croissante de ceux qui me prêtent des intentions que je n'ai pas encore arrêtées, et sont résolus à me barrer la route. Je suis décidé à ne pas me laisser intimider. Quant aux appareils des partis, celui du RPR m'est hostile, celui de l'UDF, favorable. Au sein des groupes de l'Assemblée comme du Sénat, les manœuvres se développent ; les parlementaires sont désorientés, ils redoutent le choc des ambitions, souhaitent éviter une compétition dont la majorité ferait les frais, mais, en même temps, ils désirent être du côté de celui qui vaincra. Dans l'administration, chacun s'emploie à se voir prodiguer des assurances. Bientôt, un proche collaborateur de Juppé viendra trouver mon cabinet pour solliciter son aide afin de convaincre celui-ci de se rallier à moi ; Pasqua se répand en cordiales amabilités ; Séguin multiplie les messages de sympathie dont Fillon est le truchement, mais son action ne manque pas de les contredire aussitôt. Au moins Giscard d'Estaing, froissé de n'être pas suffisamment consulté, offensé de voir l'UDF me préférer à lui, est-il sincère en me manifestant son animosité !

Mercredi 21 septembre 1994

Je trouve Mitterrand comme accablé de lassitude, ayant peu de choses à me dire, manifestement désireux de faire durer notre conversation jusqu'à 10 h 30 afin de ne pas susciter de questions dans l'esprit des ministres. Par moments il est presque inaudible ; cependant, me dit-il, il ira cet après-midi faire une conférence à l'École normale supérieure à l'occasion de son bicentenaire. Avec un courage intact, il s'acharne à dominer l'épreuve.

Le renouvellement de Paye au secrétariat général de l'OCDE a du mal à être accepté par nos partenaires.

« Je regrette, lui dis-je, que nous nous soyons acharnés dans cette affaire, quels que soient les solides mérites de Paye : quel est l'intérêt de le prolonger cinq ans de plus ? Si, à l'avenir, la France veut jouer un rôle en Europe, c'est à travers l'UEO, l'Union de l'Europe occidentale, puisqu'elle est toujours la première puissance militaire du continent, la Russie exclue, et que l'UEO pourrait constituer le pilier européen au sein de l'Alliance atlantique. En matière monétaire, nous serons toujours plus ou moins des suiveurs de l'Allemagne, en tout cas dans les dix années à venir. Raison de plus pour tirer profit de notre avantage relatif et pour tenter qu'un Français soit désigné à l'UEO ! »

Mitterrand m'approuve.

Sur Haïti, nous sommes d'accord : nous avons bien fait de ne pas nous engager aux côtés des Américains et de suspendre l'envoi de notre mission de coopération jusqu'à ce que le calme soit rétabli et le nouveau régime stabilisé.

« Roland Dumas, lui dis-je, est venu me voir, à sa demande comme à la mienne. Des journalistes du *Canard enchaîné* lui ont proposé des cassettes d'enregistrement de mes conversations ou de celles de ma femme à Chamonix. Je pense que c'est toujours la même affaire de ce voisin quelque peu déséquilibré qui écoute nos conversations à distance, grâce à un appareil dont je suis incapable d'expliquer le fonctionnement, et qui commet l'imprudence de s'en vanter. Normalement, ces cassettes auraient dû être récupérées par la DST. Roland Dumas m'a appris qu'il y en avait une, difficilement audible, d'une conversation avec Juppé, ce qui serait fort ennuyeux car je n'en ai eu de telles que sur une ligne en principe protégée qui me relie à Matignon. En outre, il a été informé que d'autres cassettes seraient proposées à d'autres journaux.

– Je vous conseille de faire interdire la diffusion de ces cassettes.

– À dire vrai, cela ne m'inquiète guère, mes conversations sont innocentes. Mais je vais faire vérifier la ligne directe qui me relie à Matignon. »

Après Carignon, c'est Longuet, ministre de l'Industrie et excellent ministre, qui risque d'être mis en examen pour le financement de l'achat d'une maison de campagne, et, en vertu du principe arrêté, de devoir lui aussi quitter le gouvernement.

Je demande :

« Serait-il possible d'imaginer, pour un ministre mis en examen, une formule intermédiaire entre le maintien en fonction et la démission, quelque chose comme une mise en congé ou une suspension provisoire, à l'image de ce qui est d'usage dans une procédure disciplinaire ?

– Je n'y serais pas hostile. Que pense Longuet de tout cela ?

– Il en est profondément meurtri, d'autant plus qu'il estime n'avoir rien à se reprocher.

– Je suis hostile à tout assassinat public. »

Vérification faite auprès de Denoix de Saint Marc, secrétaire général du gouvernement, il semble que cette formule intermédiaire soit juridiquement impossible. Mais j'ai sans doute eu tort de ne pas persister dans ma recherche d'une solution moins brutale.

Mitterrand appelle mon attention sur la candidature de Jean-Pascal Beaufret au poste de deuxième sous-gouverneur du Crédit foncier.

Il prend acte de la nécessité de fermer un certain nombre de consulats pour faire face aux dépenses croissantes résultant de la multiplication des États de par le monde ; je préfère pour ma part consacrer davantage d'argent à l'action culturelle et au renseignement.

Nous quittons son bureau pour descendre au Conseil. Je suis impressionné, il semble exténué de souffrance. Je lui demande des nouvelles de Mme Mitterrand :

« Elle commence à aller mieux, mais elle en a encore pour deux mois de repos. Finalement, elle se rétablit plus vite que moi qui ai un véritable passage à vide. Je suis très fatigué. »

Dans l'ascenseur, il s'assied sur la banquette, met la tête dans ses mains et pousse à deux reprises un soupir. J'admire sa force d'âme et sa volonté. S'il avait eu de plus grandes vues, et n'avait pas été préoccupé uniquement de la conquête et de la jouissance du pouvoir, c'eût été un homme d'une tout autre dimension. Il a témoigné un trop grand intérêt à la politique de tous les jours qui, à ses yeux, primait le reste ; certes, c'est la condition du succès dans la compétition, comme je l'apprendrai à mes dépens, mais ce n'est pas assez. Ainsi, sans y prendre garde, a-t-il rapetissé son personnage.

Pour moi, la situation devient dangereuse entre un Président qui semble gravement atteint, que je dois soutenir en masquant les difficultés, et des dirigeants politiques qui s'emploient à faire croire que je profite cyniquement des circonstances. Je m'emploie de mon mieux à faire fonctionner l'État sans trop de heurts.

★

Au cours des journées parlementaires du RPR à Colmar, je suis contraint de répondre publiquement aux attaques, ce qui fait de moi le protagoniste d'une querelle ; je ne pouvais sans réagir laisser s'accréditer les reproches injustes adressés au gouvernement.

L'affaire Longuet continue de susciter des remous. Après de multiples conversations, je réunis, le dimanche soir 25 septembre, Pasqua, Méhaignerie, Léotard, Longuet, Sarkozy. Nous arrêtons la position du gouvernement : l'enquête préliminaire, étape indispensable de la procédure, sera encadrée par des conditions de publicité et de délai ; Longuet s'engage à démissionner s'il est mis en examen à l'issue de l'enquête.

Le principe que j'applique présente, j'en suis conscient, un grave défaut : il permet à un juge qui met en examen un ministre de décider ainsi de son maintien au gouvernement. Mais, en l'état actuel de l'opinion, avec la multiplication des « affaires » impliquant élus et entreprises, force m'est bien de mettre le gouvernement à l'abri le plus qu'il est possible. Après l'élection présidentielle, il sera temps de définir un système plus équilibré où les juges eux aussi devront effectivement respecter le secret de l'instruction et les droits de la personne. C'est toute la procédure pénale qui doit être rendue plus respectueuse des libertés individuelles.

Toute une partie de la majorité est liguée contre Longuet, aussi bien au RPR qu'à l'UDF, pour des raisons faciles à comprendre : le parti républicain, qu'il dirige, est l'un de mes plus sûrs soutiens, et Longuet un homme de grande valeur. Cependant, je dois m'en tenir à la position que j'ai prise. Quelle autorité morale conserverais-je si, pour protéger mes intérêts personnels, j'enfreignais les principes que j'ai moi-même arrêtés ? Longuet me dit le comprendre ; comment ne pas voir qu'il est bouleversé ?

★

Que d'hypocrisie dans le retentissement donné aux relations entre la politique, l'argent et la justice ! L'argent est utile pour conquérir le pouvoir : les formes modernes de la propagande sont coûteuses ; la publicité, les réunions, les documents envoyés au domicile de chacun, les études d'opinion se diversifient et vont de sophistications en raffinements. Il faut se concilier, directement ou non, de multiples complaisances : les milieux influents, ceux de l'économie, du spectacle, de la presse, de l'administration. La politique est devenue un métier, elle nécessite une organisation de plus en plus lourde, recourant à des professionnels qui entendent prêter leurs services pour un profit immédiat, de telle sorte que leur concours soit rapidement le plus rémunérateur possible.

N'ayant pas les mêmes moyens financiers, malgré les lois qui essaient de chasser les intérêts privés du champ de la politique et d'en limiter le financement aux moyens fournis par l'État, tous les candidats n'ont pas des chances égales. Le risque de concussion existe toujours ; la politique demeure impure, inégalitaire, parfois elle blesse la dignité du citoyen, considéré comme un objet passif qu'il faut conquérir à tout prix. Le cynisme gagne, le besoin d'argent corrompt, la compétition devient un pugilat où tous les coups sont permis.

Nulle société démocratique ne peut s'en accommoder, toutes ont tenté de réagir avec un inégal succès. En France, depuis la loi que j'ai fait voter, il est interdit aux entreprises de financer les activités politiques ; seules les personnes privées y sont, dans certaines limites, autorisées ; le montant des dépenses permises est fixé de façon contraignante, leur contrôle, effectué par des organismes divers de nature plus ou moins juridictionnelle, toujours soupçonneux, parfois arbitraire. Personne ne sait avec précision où passe la frontière entre ce qui est licite et ce qui ne l'est pas. Il subsiste des lacunes : par exemple, des dépenses qu'il est impossible de prendre en compte dans celles dont la déclaration est obligatoire sont financées par certains sur des ressources occultes, à travers les canaux les plus variés ; ou bien, s'agissant des contributions individuelles autorisées, elles sont compensées par d'autres de manière secrète, et les souscripteurs bénévoles remboursés en espèces de leurs chèques. De temps à autre, la justice fait un exemple, chacun se terre, se promettant d'être plus prudent, puis tout recommence.

En principe, seuls les partis ont les moyens indispensables au financement de la vie politique, l'État leur en fournit l'essentiel, proportionnellement à leur influence électorale et à leur représentation parlementaire. Ils dominent la vie publique comme jamais auparavant, et toute tentative individuelle de s'imposer sur la scène se heurte à leur obstruction. Ainsi, leur poids se fait insupportable. Quelques dizaines de milliers de militants qui désignent les dirigeants des partis et les candidats aux élections tiennent dans leurs mains le pouvoir de décider de l'avenir de la nation.

Au fur et à mesure des déconvenues, les failles du système apparaîtront. La réglementation se fera plus exigeante, les contrôles plus contraignants, la fraude ne disparaîtra pas. C'est la conséquence ordinaire de l'hypocrisie. Mieux vaudrait autoriser le financement privé en le soumettant à des limites et en le rendant transparent, sans qu'il puisse, bien entendu, être soupçonné d'être octroyé en remerciement d'une décision publique.

Six mois avant une élection présidentielle, c'étaient là des problèmes impossibles à régler à l'improviste et durablement.

★

Mercredi 28 septembre 1994

Je lui parle du Grand Stade. Il faut choisir entre deux projets, celui de Nouvel, celui de Macary et autres, tous deux présentés par le groupe Bouygues :

« Décidez vite, débarrassez-vous de la patate chaude ! »

Pour le troisième réseau de radiotéléphone, il faut choisir entre Bouygues, Alcatel et la Lyonnaise des Eaux. Celle-ci est éliminée. Pour départager les deux autres, l'on doit avoir recours, sur la base d'un rapport d'experts, à des critères tenant à la composition du capital et à la fourniture des matériels. Qu'en pense-t-il ?

« Là aussi, débarrassez-vous de la patate chaude ! »

Désormais, tout cela l'indiffère.

Pour la Bosnie, nous tombons d'accord : il ne faut pas accepter une résolution des Nations unies qui nous conduirait automatiquement et nécessairement à la levée de l'embargo sur les armes.

« Je n'ai rien à redire au discours de Juppé aux Nations unies, me dit-il.

– Moi non plus. Il m'avait informé qu'il se montrerait assez ouvert sur l'entrée de l'Allemagne et du Japon au Conseil de sécurité comme membres permanents.

– Nous ne pourrons pas nous y opposer durablement, mais il faut gagner du temps. J'ai reçu un coup de téléphone de Clinton, hier soir, qui m'a dit que la stabilisation est en bonne voie à Haïti à la suite du débarquement américain. Vingt-six ou vingt-sept pays sont d'accord pour y envoyer des agents permettant la reconstruction administrative du pays, mais pas la France. Il m'a demandé comme un service d'envoyer rapidement les cent gendarmes que nous avons promis.

– Avant même la stabilisation de la situation ?

– Oui, faisons-le très rapidement, sans quoi nous serons les seuls. »

Assez curieusement, alors qu'il est âpre sur la politique intérieure, il est souvent ouvert au compromis en politique extérieure : Haïti, la Bosnie, le siège de l'Institut monétaire européen... Il veut être reconnu comme un interlocuteur compréhensif avec lequel on peut parler.

Je lui parle de l'affaire Longuet et de ma décision de lui laisser quelques semaines pour produire les preuves du financement de sa maison de Saint-Tropez, sur lequel la justice enquête.

« La Chancellerie, me dit-il, marque beaucoup de bienveillance quand la majorité est en cause, mais alors que le juge Courroye, de Lyon, a conclu au non-lieu dans l'affaire Emmanuelli, cela n'est toujours pas réglé.

– Je vais me renseigner. »

Renseignement pris, l'affaire est pendante depuis un an devant la chambre criminelle de la Cour de cassation qui ne se presse pas de juger ; je ne peux rien faire pour accélérer la procédure, comme je le lui dirai la semaine suivante.

Je l'interroge sur le 1 500e anniversaire du baptême de Clovis et sur la demande de l'Église de créer un comité officiel pour organiser les cérémonies.

« J'y suis hostile. La France est un pays laïc et ce serait mal compris, me répond-il.

– De toute manière, il s'agirait de mettre Bernard Billaud à la disposition de ce comité, et Joxe, Premier président de la Cour des comptes, refuse.

– Billaud ! Jean Guitton me dit que c'est un saint.

– Il le connaît ?

– Bien entendu, c'est un ancien du 104[1], comme vous et moi. »

1. Ancien foyer d'étudiants tenu par des pères maristes et situé 104, rue de Vaugirard. Mauriac, Guitton, Bettencourt, Mitterrand, entre bien d'autres, y ont séjourné.

Tout cela est expédié en dix minutes. Manifestement, il veut ensuite faire durer pour que nous ne descendions pas trop rapidement, et que, le Conseil des ministres étant bref, personne ne fasse de commentaires. Nous sautons donc d'un sujet à l'autre.

S'agissant de la procédure pénale, qui prévoyait que trois juges seraient seuls habilités à décider ensemble de la détention préventive, je lui dis mon regret d'avoir vu la nouvelle majorité, il y a un peu plus d'un an, annuler ce que je considérais comme un progrès accompli avant 1993.

« Vous avez une majorité très conservatrice, cela fait partie de vos problèmes. Je n'ai qu'un conseil à donner à mon successeur, qui sera vous, probablement, c'est de dissoudre rapidement pour être tranquille cinq ans. À part cela, comment voyez-vous la rentrée ?

– Elle semble calme sur les plans social et universitaire. Mais la campagne présidentielle commence à agiter beaucoup les esprits. J'essaierai de me tenir en dehors le plus longtemps possible.

– Vous n'y arriverez pas. »

Comme nous descendons :

« J'ai calculé que, lorsque je m'en irai, en mai prochain, j'en serai à mon millième Conseil des ministres.

– Le millième ! Comment arrivez-vous à ce chiffre ?

– En comptant les sept années où j'ai été ministre sous la IVe République. Mais n'allez pas croire que je sois blasé !

– Ce n'est pas l'image que je me fais de vous, c'est même tout le contraire. Avez-vous constaté une différence notable entre le premier et les plus récents ?

– Non, vraiment pas. »

Je n'en crois rien.

Je lui parle de la visite de Jack Lang qui est venu me dire son goût pour les débats d'idées, ce qui suppose des majorités variables selon les sujets, et donc le changement de loi électorale, avec une part de proportionnelle. Manifestement, il n'est pas du tout satisfait que j'aie reçu Lang. Il aime être propriétaire des siens. Je peux le comprendre.

Le Conseil des ministres se sera déroulé très brièvement et, à l'inverse de ce qui était le cas précédemment, il n'aura eu qu'un désir, me céder la parole. Malgré ses invitations répétées, je n'ai vu aucun sujet justifiant que je la prenne. Cela a semblé le contrarier, comme si je mettais de la mauvaise volonté à animer les débats.

Le climat dans lequel baigne la vie publique s'alourdit.

Pasqua comme Monory prétendent qu'on raconte que mon entourage évoquerait une élection anticipée, du fait de l'état de santé du Président. Vérification faite, c'est faux, naturellement et heureusement.

À Vittel, le samedi, je justifie devant les parlementaires de l'UDF, et le soir sur TF1, ma décision d'accorder à Longuet les délais nécessaires pour lui permettre d'apporter la preuve du financement de sa maison. J'y suis très bien accueilli ; Millon, président du groupe à l'Assemblée, est réduit au silence par la très grande majorité des parlementaires qui me sont favorables. Cependant, la question de la corruption devient le grand problème de la rentrée. Beaucoup n'ont qu'une seule idée en tête, les difficultés de Longuet sont un prétexte : à travers lui, l'on cherche à me nuire. Les rumeurs courent sur les diverses « affaires » pouvant mettre en cause les uns ou les autres, et déjà on évoque un nouveau durcissement de la législation sur la corruption alors que l'actuelle est, à mes yeux, encore suffisante, pour peu qu'elle soit appliquée.

Mercredi 5 octobre 1994

Sur ma demande, Mitterrand confirme qu'il a accepté, lors de sa conversation avec Clinton, la semaine dernière, que la France envoie 100 hommes chargés de mettre en place un dispositif de sécurité intérieure en Haïti avant même toute décision du Conseil de sécurité. C'est une innovation importante et dangereuse à bien des égards, qui témoigne de son désir de faire plaisir à ses interlocuteurs.

Il me recommande à nouveau d'aller vite dans le choix du projet de construction du Grand Stade, ce que je ferai d'ailleurs le jour même en faveur du projet n° 2, celui de Macary, sobre, léger, élégant.

Nous parlons de Taslima Nasreen. Il s'agit d'un écrivain bangladais, une femme, qui s'attache à la défense de la liberté des femmes et qui est menacée par les islamistes. Nous tombons d'accord : il ne faut pas l'empêcher de venir en France, notamment pour l'émission « Bouillon de culture », avec Pivot, mais il faut limiter ses déplacements afin qu'il n'y ait pas de troubles dans les banlieues. Force est de prendre en compte la situation de notre pays : le FIS algérien est toujours actif et menaçant, les banlieues en proie à leur mal de vivre, le port du foulard islamique, symbole de toutes les frustrations, se généralise. J'en ferai part à Juppé. Cela se traduira – ce qui n'est pas tout à fait ce que j'ai demandé – par un visa limité à seulement vingt-quatre heures ; Pasqua et Juppé, décidément allergiques l'un à l'autre, se renverront publiquement la responsabilité de cette décision. Je déciderai de le prolonger de deux à trois jours, à condition qu'il n'y ait pas de réunion publique. Mais l'émoi est grand chez tous les porte-voix de la gauche que le sort de la Bosnie semble intéresser un peu moins. Ils sont veufs d'une grande cause.

Je redis à Mitterrand l'importance que j'attache, pour notre pays, à ce qu'un Français soit Secrétaire général de l'UEO après l'échec de Paye à l'OCDE. Il me donne son accord pour Jean François-Poncet, mais j'ignore si celui-ci serait intéressé.

Je lui parle de ma décision de demander à Longuet sa démission si l'enquête préliminaire aboutit à sa mise en examen. C'est ce que j'ai déclaré à la télévision le samedi précédent.

« Il faut vous préserver, me dit-il, et ne pas associer votre nom à toutes ces affaires.

– Comment l'éviter ? Je serai tout de même bien obligé de faire une déclaration à l'issue du Conseil des ministres.

– D'accord. »

Il passe à autre chose :

« Il y a toute une série de conférences internationales auxquelles la présence de quelqu'un qui me représente n'est pas prévue.

– Lesquelles ?

– Tenez, en voici la liste. Je les ai énumérées.

– Je vais demander à Bazire de régler tout cela avec Védrine.

– De toute façon, j'irai en mars prochain à Copenhague à la conférence sur le développement social, à un moment où tout le monde sera pris en France par la campagne présidentielle.

– Peut-être serai-je aussi libre que vous... Pas nécessairement dans mon temps, mais en tout cas dans mon esprit. »

Longuet fait face avec beaucoup de courage, mais sa situation devient difficile. Je fais ma déclaration à l'Assemblée l'après-midi ; je souligne que toutes les procédures judiciaires se déroulent, depuis 1993, dans la transparence ; je propose que soit instaurée une commission composée de hauts magistrats, chargée d'examiner, chaque année, le patrimoine des parlementaires, des membres du gouvernement et des autorités exécutives des collectivités locales ; j'appelle également à un contrôle renforcé des procédures de passation des marchés publics. Cette déclaration est bien accueillie et permet de calmer les esprits que certains voulaient échauffer pour en tirer profit. On raconte que, tenant désormais pour nulles les chances de Chirac, d'autres – Pasqua, Séguin ou Giscard d'Estaing – prépareraient leur propre candidature. Rumeurs...

De concert, Giscard d'Estaing, président de l'UDF, et Chirac, président du RPR, refusant toute idée de susciter une candidature commune à l'ensemble de la majorité, font une déclaration en faveur d'un pacte de bonne conduite pour l'élection présidentielle. Voilà vingt ans qu'ils monopolisent la direction de la droite et du centre sans s'être guère souciés de bonne conduite.

★

Les difficultés s'accumulant, l'automne fut le temps des incertitudes. À droite, on me faisait grief d'une cohabitation « de velours », supposée complaisante ; à gauche, de manquer d'égards envers Mitterrand !

Mes rapports avec lui s'étaient tendus. Il ne négligeait pas de faire fi de la vraisemblance voire de la bienséance quand il y voyait avantage. Ses reproches répétés sur la politique étrangère, domaine dans lequel j'aurais empiété sur ses compétences, les cérémonies commémorant la libération de Paris, durant lesquelles il avait affiché sa bonne entente avec un candidat avéré à l'élection présidentielle, n'étaient pas, venant d'un homme tel que lui, des accidents fortuits. Rien ne justifiait ses griefs alors que j'avais à gérer une situation de plus en plus délicate, et que j'assurais pour l'essentiel la marche de l'État pour la conduite duquel il se montrait souvent indifférent. Peut-être la cause de sa mauvaise humeur était-elle là, dans son irritation à ne pouvoir accomplir sa mission, à exercer réellement ses prérogatives.

Il y avait autre chose : il voulait éviter que j'eusse une victoire trop facile ; dans son attitude, la jalousie avait sans doute sa part, le goût de l'intrigue aussi, comme le désir de faire sentir qu'il pesait sur l'événement. Était-il reconnaissant à Chirac d'avoir jadis facilité son élection face à Giscard d'Estaing ? J'en doutais. L'élection de Chirac lui semblait-elle préférable à la mienne, en raison d'accords qu'il aurait passés avec lui afin de préparer son apothéose ? J'en doutais également. Plus simplement, il nourrissait envers moi une rancune qu'il savait sans doute injustifiée mais qui lui permettait d'occuper encore une place dans le jeu.

Comment aurait-il pu supporter, sans m'en tenir rigueur, que je sache ce qu'il en était de son état – lui-même m'en parlait souvent et spontanément – et de la réalité du pouvoir qu'il détenait ? C'est ce qu'il me reprochait sans doute le plus, et le fait que je n'abusais pas de la situation l'irritait peut-être davantage encore. Quoi que je fisse, je demeurais à ses yeux un adversaire ; cela suffisait à cet homme dévoré par l'égocentrisme. À ses yeux, lui seul comptait, je le savais, et je n'ignorais rien de ce qu'il disait de moi en termes parfois injurieux. Il continuait à me jouer la comédie de la bonne entente, mais, par éclairs, il échappait à son propre contrôle : alors la vérité de notre relation éclatait.

L'opinion a su peu de choses des divergences qui m'ont opposé à Mitterrand. Il me semblait inutile de la prendre à témoin ; je préférais régler les problèmes avec lui en tête à tête, dans le secret. On m'a parfois reproché cette cohabitation qualifiée de trop douce, comme si le respect des formes ne pouvait s'accompagner de fermeté. Je n'aime ni la violence verbale, ni le côté souvent ridiculement théâtral de la politique. La France n'avait rien à gagner au spectacle d'affrontements publics entre le Président et le Premier ministre, alors que, sur les sujets qui me tenaient le plus à cœur, les institutions me laissaient libre d'agir comme je l'entendais. Il est vrai que, sur quelques-uns, essentiellement de politique étrangère, nous devions décider ensemble, et qu'en cas de désaccord tout était remis à plus tard. Par exemple, lorsque je faisais valoir à Mitterrand les risques de l'élargissement de l'Europe, le Conseil européen et la Commission ne pouvant fonctionner efficacement avec plus de vingt membres, il refusait de l'admettre et me répétait :

« Pourquoi pas ? Il y a bien plus de vingt membres dans votre gouvernement ; il ne fonctionne pas mal pour autant !

– C'est vrai, lui répondais-je, mais j'ai autorité sur eux, ce qui n'est le cas ni du président épisodique du Conseil européen, ni du président de la Commission. »

Pour sortir d'un blocage, il arrivait à l'un ou à l'autre de faire le geste nécessaire. Par exemple, je l'ai rappelé, lorsque Mitterrand refusa d'inscrire à l'ordre du jour du Conseil des ministres un projet de loi relatif aux administrateurs des entreprises publiques, les motifs qu'il invoqua furent tellement vagues que je ne pus admettre sa décision. Je le lui dis à plusieurs reprises, et finalement le lui écrivis : s'il lui revenait d'arrêter l'ordre du jour du Conseil des ministres, la Constitution me conférait l'initiative des lois, droit qui serait bridé si une censure préalable empêchait que le Conseil des ministres en délibère ; l'équilibre même des institutions était en cause. Mitterrand me fit observer que je ne cédais rien sur mes attributions, mais finalement il l'accepta.

Je l'ai souvent observé : c'était un homme d'une volonté intraitable, qui ne se laissait jamais forcer la main et ripostait aux pressions par l'intransigeance ; mais, toujours préoccupé d'équilibre, et désormais de tranquillité, il n'était pas amateur de conflits inutiles. Il entendait ne pas se laisser enfermer par ceux qui le soutenaient dans des attitudes qui restreindraient sa propre liberté. Quant à moi, je considérais que le caractère n'a nul besoin de brutalité pour s'affirmer, que celle-ci conduit aux entêtements dangereux ou aux retournements spectaculaires auxquels la crédibilité ne gagne rien.

La situation du pays s'améliorait. Après la grave récession de 1993, l'année 1994 devait se terminer par un certain retour de la confiance. L'opinion restait favorable au gouvernement, mais fleurissaient dans la presse des commentaires plus gênants qu'utiles. On y affirmait parfois sans bienveillance que tout se passait comme si l'élection était déjà jouée, ce qui inquiétait et irritait ceux pour lesquels rien n'était dit et qui avaient raison de le penser.

À la fin de l'été 1994, je n'étais nullement décidé à être candidat et me posais bien des questions : dans le choix auquel ils étaient appelés, les Français ne se satisferaient pas de l'état actuel des choses, même amélioré ; seraient-ils sensibles à ma vision de l'avenir, ne la trouveraient-ils pas trop favorable aux réformes, trop préoccupée d'ouvrir notre pays au monde, trop peu fertile en satisfactions immédiates ? Me croiraient-ils capable de la mettre en œuvre en les rassemblant dans le double souci de l'efficacité et de la tolérance ? Même si je croyais disposer de certains atouts, je jugeais que ce n'était pas assez ; encore fallait-il avoir en soi une force d'entraînement, être capable de s'extérioriser, combler l'éloignement entre le pouvoir et les citoyens, surmonter ma réserve naturelle, accepter de sortir de moi-même, faire comprendre que j'en ressentais le besoin, que j'y prenais goût et plaisir. Il ne suffisait pas de chercher à convaincre, il fallait séduire.

Ma décision ne devait pas non plus être un facteur supplémentaire de division de la majorité. Aussi longtemps que subsisterait l'espoir d'une candidature unique, je ne devais pas être celui qui la rendrait impossible. Mieux valait laisser la situation se décanter. Enfin j'entendais gouverner courageusement jusqu'au bout, y compris en prenant des mesures impopulaires s'il le fallait.

Je devais ainsi m'interroger jusqu'à la fin de l'année. D'autres allaient plus vite et, contestant que la France s'était remise en marche, déjà ils affûtaient leurs coups ; tantôt ils stigmatisaient ce qu'ils appelaient ma passivité, faisant fi des réformes décidées, telles celle des retraites auxquelles nul n'avait jamais osé toucher ou celle de la victoire remportée dans la négociation du GATT ; tantôt, se référant au CIP, ils condamnaient mes reculs, refusant d'admettre que mieux valait éviter des violences inutiles, que les changements qui ne sont ni compris ni acceptés ne sont guère durables. J'étais informé de cette campagne, des livres en préparation, des réseaux d'hommes de basse besogne réactivés, des rumeurs mensongères diffusées. J'en sous-estimais la force. C'est l'un de mes défauts : croire que la vérité finit toujours par l'emporter ; or, la calomnie joue son rôle dans la vie publique, et chacun s'en va répétant ce qu'il croit être vrai parce que nul ne l'a contesté ou parce qu'il a intérêt à le croire. J'ai négligé le rôle des partis, organisations structurées obéissant à des directives diffusées du haut en bas de la hiérarchie, et l'influence de la propagande orchestrée dans tout le pays par leur discipline. En définitive, j'avais trop de confiance en moi-même.

Le 15 octobre 1994, Pasqua, dans une interview au *Monde*, fit savoir que, selon lui, seul un système d'élections primaires permettrait de désigner un candidat unique de la majorité à l'élection présidentielle. Il rappelait que tous les dirigeants de la majorité avaient signé en 1991 un engagement qui figurait également dans son programme pour les élections législatives de 1993. Il souhaitait qu'avant la fin du mois d'octobre un comité national fût chargé d'organiser ces primaires, et relevait que l'union ne pouvait se réaliser qu'à travers ce système. Il déclarait être prêt à convaincre l'opinion, tout en restant fidèle à mon souhait de ne pas voir s'engager la campagne présidentielle avant le mois de janvier.

Lorsque je réunis l'ensemble du gouvernement, le 18 octobre, je me gardai de parler de l'organisation de ces élections primaires, devenues un sujet de contestation au sein de la majorité, Giscard d'Estaing et Chirac y étant désormais opposés et Juppé les jugeant dépassées, ce qui n'était pas faux ; je rappelai à tous la tâche que nous avions entreprise, les premiers résultats atteints, l'indispensable solidarité qui devait nous unir ; je les mis en garde contre le spectacle de division que la majorité offrait aux Français, et qui suscitait un malaise ; je leur rappelai qu'ils m'avaient, dix-huit mois plus tôt, donné leur accord pour que tous nous réservions nos choix pour l'élection présidentielle jusqu'au début de 1995, et les invitai à ne pas se laisser distraire de leur tâche.

Mon intervention fut longue, suscita peu de commentaires des ministres ; sans doute n'emporta-t-elle guère leur conviction ni ne modifia-t-elle leurs intentions.

★

Mercredi 12 octobre 1994

Mitterrand va mieux, il est plus alerte, plus vif. Tant mieux. Cela contribuera peut-être à atténuer médisances et soupçons.

L'article 88-4 de la Constitution prévoit que le gouvernement soumet à l'Assemblée nationale et au Sénat, dès leur transmission par le Conseil de l'Union européenne, les propositions d'actes communautaires comportant des dispositions de nature législative. Séguin se fonde là-dessus pour souhaiter que le Parlement délibère avant même le vote d'une simple recommandation émise par le Conseil des ministres de l'Union européenne en matière de politique budgétaire. Son initiative aurait pour conséquence de gêner la liberté d'action du gouvernement. Grâce à

Pandraud, président de la délégation pour les Affaires européennes, l'interprétation de Séguin n'a pas prévalu.

L'affaire Taslima Nasreen, écrivain bangladais en tournée en France, est prétexte à une nouvelle polémique entre Juppé et Pasqua qui s'affrontent sur tous les sujets : l'Algérie, l'Irak, l'Afrique, l'Arabie Saoudite. Il était absurde de limiter son visa à vingt-quatre heures ; j'avais prévu que nous nous bornerions à lui dire qu'elle serait accueillie en France pour l'émission de Pivot, à la télévision, mais pas pour assister à des manifestations en province. Je le redis à Mitterrand.

Sur Haïti : « Je vous ai déjà donné, me dit celui-ci, mon accord pour y envoyer cent hommes de la gendarmerie et de la police. À vous de juger du moment. »

Formule étrange : c'est lui qui a donné son accord à Clinton sans m'en parler !

« Je le ferai, lui dis-je, après le retour du père Aristide en Haïti, aux environs du 15 octobre. »

Sur les affaires : « La situation actuelle doit être très dure pour Longuet, très éprouvante », me dit-il.

Elle l'est à coup sûr. Je le soutiens de mon mieux, mais la procédure judiciaire a quelque chose d'inexorable. Les malveillants ne manquent pas d'en tirer prétexte pour attaquer le gouvernement.

« Je suis moi-même passé par là, il y a près de trente ans, je sais ce que c'est. Mettre Carignon en prison préventive, quelle folie ! En prison, pourquoi ? Il ne va pas s'enfuir ! Il faut absolument reprendre le contrôle de la justice.

– Vous n'y êtes guère parvenu vous-même depuis treize ans. Il y faudra de nouveaux textes et de nouvelles pratiques. Rien n'est possible avant la campagne présidentielle. »

Sur l'Irak, nous tombons d'accord pour ne pas suivre la position américaine, humiliant inutilement Bagdad parce que son gouvernement a procédé à un mouvement de troupes à sa frontière ; cette attitude trop dure est motivée à coup sûr par des considérations de politique intérieure avant des élections intermédiaires aux États-Unis, début novembre.

« Je ne comprends pas les mobiles de Saddam Hussein qui donne un motif au durcissement des sanctions alors que l'Irak pouvait espérer leur levée progressive, fais-je observer.

– Oui, me répond Mitterrand, c'est un joueur, un homme cruel. Il paraît qu'il abat les ministres en Conseil des ministres à coups de revolver. Cela vous donne des idées ?

– Mais c'est vous qui présidez le Conseil des ministres, pas moi ! »

Il rit de bon cœur.

Je le trouve plus détendu, voire souriant, comme si, après m'avoir attaqué injustement, il s'était rendu compte qu'il était allé trop loin. Je ne m'y fie guère. Même s'il n'espère pas être remplacé par un socialiste, il entend tout faire pour que les choses ne soient pas trop faciles pour moi.

« Votre gouvernement en prend à son aise. Vous l'avez tenu très serré, trop serré pendant dix-huit mois, maintenant les choses se relâchent. Regardez la polémique entre Pasqua et Juppé...

– Vous avez raison. C'est dû à deux causes que je ne peux pas totalement maîtriser : la cohabitation, puisque le Président et le Premier ministre ne sont pas des associés et que votre objectif principal n'est évidemment pas de me soutenir ; la proximité de l'élection présidentielle, qui aigrit les comportements. En outre, dans une situation de cohabitation, le Premier ministre dépend davantage du Parlement, or je ne suis pas chef de parti et je dois compter avec Giscard d'Estaing et Chirac. Ma seule force, ce sont les sondages.

– Ils sont encore très bons.

– En effet, mais cela ne durera peut-être pas. »

Le croyais-je vraiment ?

J'allais devoir, durant de longs mois, assumer la lourde charge de régler les relations entre les hommes politiques et la justice, tâche d'autant plus délicate qu'elle devait concerner trois membres de mon gouvernement. Fort heureusement, je bénéficiai du concours de Pierre Méhaignerie. Le garde des Sceaux, disaient ses adversaires, parfois au sein même du gouvernement, n'était pas assez énergique, il ne « tenait pas ses juges » ! Je ne suis pas de leur avis. Méhaignerie a agi en accord avec moi. Jamais une intervention intempestive dans une procédure judiciaire ne lui a été reprochée. Il a assaini l'atmosphère, nul ne peut le contester. On se trompe sur lui : il ne tient pas des propos tonitruants ni définitifs, mais il se montre d'une grande fermeté et d'une grande constance dans ses opinions.

De juillet à novembre, trois des ministres furent ainsi mis en examen et obligés de démissionner : Alain Carignon, ministre de la Communication, Gérard Longuet, ministre de l'Industrie, Michel Roussin, ministre de la Coopération.

Quels que fussent mes sentiments personnels, j'appliquai sans hésiter la règle que j'avais fixée, même si, je le savais, l'on me ferait grief de la prendre pour des motifs égoïstes, afin de me préserver et de protéger mon gouvernement : un ministre mis en examen ou menacé de l'être devait démissionner. À y réfléchir, règle assez injuste : la mise en examen peut être suivie d'un non-lieu ou d'un procès qui se termine par un acquittement ; dans un cas comme dans l'autre, celui qui est mis en cause est juridiquement innocent, mais, dommage moral irréparable, jeté en pâture à l'opinion. Voilà qui confère à un seul homme, le juge, un pouvoir immense sur la réputation, la dignité, la sécurité matérielle et l'avenir d'un autre homme. Mais aucun gouvernement ne pourrait fonctionner ni conserver son autorité politique et morale si l'un ou plusieurs de ses membres étaient obligés de subir une procédure judiciaire avec auditions, enquêtes, confrontations, fausses rumeurs, soupçons, le tout à visage découvert, la presse relatant, commentant, reconstruisant les faits – parfois les imaginant.

Ce fut une épreuve rude pour Carignon, pour Longuet, pour Roussin. Ils étaient de bons ministres, compétents, solidaires du gouvernement en toutes circonstances. Leur carrière et, plus grave, leur vie personnelle risquaient d'en être brisées. Je mesurais combien leur situation morale, celle de leurs familles étaient douloureuses. Ils trouvèrent peu de défenseurs. Notamment, Roussin, comme plus tard Juppé, furent abandonnés à leur sort, alors qu'ils s'étaient bornés à recourir au système de financement politique en usage, mis au point par ceux qui leur en avaient confié le fonctionnement. Les uns et les autres firent face à l'épreuve avec courage et dignité.

Longuet démissionna le 14 octobre. Je fis savoir que je comprenais ses raisons et son désir d'être mieux en mesure d'établir sa bonne foi, lui témoignant ma reconnaissance pour son action, tout particulièrement lors des négociations du GATT.

Je fus amené à le remplacer par Rossi et non par Gaudin qui y tenait et auquel j'aurais été heureux de confier cette tâche. Comme, de la Lanterne, je téléphonai à Mitterrand pour lui proposer Gaudin, je compris ses réticences : à l'instigation de Tapie, son rival à Marseille, une campagne se préparait contre lui. J'ai préféré le préserver. Je ne suis pas certain qu'il m'en ait été reconnaissant.

Il me revint qu'on faisait courir le bruit d'un ample remaniement, de nombreux ministres suspects de corruption quittant le gouvernement ; je serais même personnellement atteint, si bien que je ne pourrais me présenter à l'élection présidentielle. On allait répétant : « Les problèmes judiciaires de Roussin ne concernent pas Chirac, c'est avec Balladur qu'il travaillait depuis des années » ! Ces problèmes tenaient aux fonctions qu'occupait Roussin à la Mairie de Paris ; or, quoique membre du Conseil depuis cinq ans, j'étais totalement étranger à la gestion de la Ville.

La polémique entre Pasqua et Juppé sur la politique aussi bien étrangère qu'intérieure s'amplifiant, je décidai de réagir. Le mardi 18 octobre, je convoquai successivement Juppé, Pasqua, Léotard, puis les amenai à s'expliquer ensemble ; je leur dis que je ne supporterais plus leurs dissensions. En tête à tête, je fis observer à Juppé qu'il avait manqué à son engagement en se prononçant de façon répétée pour Chirac, contrairement à ce qui avait été décidé pour tous les ministres, astreints à demeurer silencieux jusqu'en janvier ; en entrant dans le « comité de pilotage politique » créé par lui pour sa campagne présidentielle ; en tolérant que ses adjoints au secrétariat général du RPR aient pour mission d'attaquer le gouvernement ; en laissant écrire par *La Lettre de la Nation* des brûlots incendiaires contre moi sur tous les sujets. Embarrassé, il me répondit : « Si rien ne bouge d'ici le 6 janvier 1995, je vous soutiendrai. » Malgré l'estime que j'avais pour lui et la valeur du concours qu'il aurait pu m'apporter, je ne le lui ai jamais demandé. Peut-être ai-je eu tort. Nous ne sommes jamais parvenus à avoir, l'un avec l'autre, des relations naturelles. La vérité est que, même si nous avions tous deux des affinités intellectuelles et, sur bien des points, des conceptions communes, Juppé était, l'habitude aidant, plus porté vers Chirac, plus à l'aise avec lui qu'avec moi, il en avait toujours été ainsi. Je ne voulais pas solliciter une adhésion qui ne m'était pas spontanément apportée.

Quant à Pasqua, il ménageait l'avenir en retardant le plus possible le soutien qu'il me dispenserait, estimant peut-être que le prix en serait plus élevé – ce à quoi je n'étais nullement disposé. Je ne pris aucun engagement envers personne, ne fis aucune promesse conditionnelle. Je voulais que, quoi qu'il advînt, ma liberté fût préservée.

J'annulai le rituel déjeuner du mardi réunissant les dirigeants de la majorité : il ne servait plus à rien, pas même à sauvegarder les apparences.

J'écrivis à Chirac et à Giscard d'Estaing pour leur proposer de nous rencontrer en vue d'organiser une meilleure cohésion de la majorité. À ma lettre, Chirac répondit que, préalablement à toute rencontre entre nous, il souhaitait « faire le point au sein de la famille politique à laquelle nous appartenons tous les deux », sans guère préciser ce qu'il entendait par là, ni rien proposer. Giscard d'Estaing, lui, souligna que ma lettre appelait « une réponse réfléchie », précisant qu'il ne souhaitait pas « voir déplacer vers l'UDF la responsabilité de la mauvaise agitation politique actuelle ». Réponses toutes deux dilatoires : la rencontre que je souhaitais n'eut pas lieu. Ils n'avaient ni l'un ni l'autre intérêt à une remise en ordre sous mon égide. Chirac refusait de s'expliquer directement avec moi ; la position de Giscard était plus nuancée : il me fit dire par Bayrou qu'il viendrait sans doute me voir la semaine suivante.

Mercredi 19 octobre 1994

Je trouve Mitterrand plus que détendu, joyeux, lui toujours si maîtrisé. Je me demande si le traitement qu'il suit, dont il me parle souvent mais dont j'ignore quel il est, ne commence pas à avoir une influence sur sa façon d'être. Je dois veiller à tout avec encore plus de soin, éviter de donner matière à un conflit imprévisible.

Le Conseil européen se réunira à Cannes en juin prochain ; le choix du logo de la présidence française est approuvé. Le G 7 ne pourra avoir lieu au Canada les 16, 17 et 18 juin en raison à la fois des cérémonies du 18 juin en France et des élections municipales. Sur tout cela nous sommes d'accord.

« Les élections allemandes ne sont pas très bonnes pour Kohl, commente Mitterrand. Il ne va pas terminer son mandat de quatre ans autrement qu'à la tête d'une grande coalition.

– J'ai l'intention, lui dis-je, d'organiser une réunion sur le programme de la présidence française de l'Union européenne qui commence le 1er janvier.

– Vous êtes possessif !

– Pourquoi ?

– Parce que vous attirez tous les dossiers à vous.

– Voilà plusieurs fois que je vous ai proposé de tenir une réunion vous-même afin d'arrêter les grandes lignes de notre action. Vous n'y avez jamais donné suite.

– Bon, si vous voulez ! »

Il a vraiment l'air de s'en moquer ; ce qui me frappe, c'est la dérision avec laquelle il considère tant de choses, cette indifférence généralisée, liée sans doute à l'intérêt qu'il porte à sa propre destinée qu'il sait menacée.

Il renouvelle ses félicitations pour le choix de Rossi en remplacement de Longuet :

« Mais il a eu tort de dire qu'il remplacerait Longuet parce qu'il est, comme Longuet, membre du parti républicain, donc essentiel à l'équilibre du gouvernement.

– J'en conviens.

– Vous êtes habile. Vous vous êtes tiré de cette affaire, mais si un troisième ministre devait être obligé de démissionner, vous seriez en difficulté. »

C'est une menace ; je peux la comprendre : il est vrai que la démission d'un troisième ministre, après Carignon et Longuet, serait pour le gouvernement une épreuve peut-être insurmontable.

Il reprend :

« Vous avez vu ce livre intitulé *Faut-il juger les Mitterrand* ?

– Non, mais j'en ai entendu parler. Il est question de votre action au Rwanda, je crois ?

– Oh non, pas seulement au Rwanda. Ailleurs aussi. On me reproche des génocides multiples... Je suis, comment dirait-on...

– Un génocideur... ?

– Oui, c'est ça ! (*Il rit.*) Un génocideur universel ! Mais, venant après les livres de Montaldo, de Jean-Pierre, de Péan et d'autres, cela fait beaucoup. Mais, vous verrez, cela vous arrivera aussi à vous...

– Pourquoi ? Me dire cela n'est pas très aimable de votre part.

– Oui, mais c'est juste. Pourquoi cela ne devrait-il arriver qu'à moi-même ?

– C'est vrai, j'avais oublié que vous êtes très attaché à la justice ! »

Il rit à nouveau. L'atmosphère entre nous devient irréelle.

Il me parle longuement de la IVe République :

« Robert Schuman était un homme très bien, très respectable, qui méditait et priait au moins une heure tous les matins avant de travailler. Il n'y avait pratiquement que des seconds couteaux parmi le personnel politique, et aucun homme de premier plan, sauf peut-être Mendès France.

– N'était-il pas profondément irrésolu ?

– En effet, c'est le terme qui convient. Quand on songe qu'il a conquis le parti radical et qu'il l'a perdu six mois après ! Ce n'est pas à moi que cela arriverait !

– N'y avait-il pas un groupe d'une dizaine d'hommes qui alternaient aux grands postes et dirigeaient en fait la République, entretenant entre eux des rapports étroits ?

– Oui, c'est vrai, mais je n'en étais pas. Moi, je servais de bouche-trou, quand on ne trouvait personne d'autre. C'est la raison pour laquelle j'ai voulu me mettre à mon compte, pour ne plus dépendre que de moi-même. »

Il me parle de De Gaulle, toujours avec ce même mélange d'admiration, de jalousie, de volonté de déprécier :

« C'était un homme politique supérieur. Quand je songe que durant la crise de mai 1958 Guy Mollet lui avait écrit une lettre pour le clouer au pilori et lui dire que le peuple de Paris élèverait des barricades contre lui, et que de Gaulle lui a répondu par une lettre fort aimable en lui disant : "Venez me voir, j'ai besoin de vous !" Quelques jours après, Guy Mollet était ministre d'État dans le gouvernement de Gaulle ! De Gaulle est digne d'admiration pour trois choses : le 18 Juin, le règlement de l'affaire algérienne, les institutions que j'ai combattues et qui, finalement, sont utiles.

– Il a restauré une République efficace.

– Comme vous y allez ! C'est parce que vous êtes gaulliste que vous dites cela ; le travail de préparation était déjà fait sous la IVe République.

– Oui, mais jamais la IVe République n'aurait pu le décider.

– J'en conviens. Je ne suis pas sûr, d'ailleurs, que vous soyez aussi gaulliste que vous le prétendez. Vous êtes plutôt pompidolien.

– Je ne vois pas beaucoup de différence. Pompidou était différent de De Gaulle, et, s'il voulait affirmer son propre personnage, il n'en était pas moins imprégné de son influence. Cela arriverait aussi si un socialiste vous succédait.

– Vous avez peut-être raison. Je me demande souvent qui est le moins gaulliste, de Chirac ou de vous.

– Chirac, voyons ! Vous avez dû vous en apercevoir. »

Il rit, très satisfait de me voir entrer dans son jeu.

Comme nous nous apprêtons à descendre au Conseil, il me confie :

« Voyez, j'ai une croûte au-dessus de l'œil, c'est parce que je suis tombé et que j'ai rencontré un meuble. Hier, j'ai déjeuné en Bretagne près de Brest avec des parlementaires et des amis. L'un d'entre eux m'a demandé ce qui m'était arrivé, et pourquoi cette marque sur mon front. Je lui ai répondu : “Parce que je suis allé me promener à Pigalle et que je me suis bagarré avec un Black.” Savez-vous ce qu'il a fait ? Après le déjeuner, il est allé trouver l'un de mes collaborateurs pour lui dire : “Le Président a tort d'aller à Pigalle, compte tenu de son état de santé.” En somme, il m'a cru. On croit rêver ! »

Il éclate de rire tandis que nous sortons de son bureau. Jamais auparavant il ne se serait comporté ainsi, c'est contraire à tout ce qu'il est, à l'image qu'il a toujours donnée ! Un homme tellement réservé, tellement maître de lui ! Ceux qui le soignent se rendent-ils compte de l'effet des médications qu'ils lui prescrivent ? Spectacle pathétique qui me remplit de consternation...

Peu après, un médecin que je connaissais vint me trouver pour me dire combien il était préoccupé de ce qu'on en disait :

« Sa psychologie a profondément changé. Il se croit un peu tout permis.

– Croyez-vous ?

– On le dit. En tout cas, c'est un grand réconfort pour nous tous de vous savoir là où vous êtes. Cela nous rassure.

– Pensez-vous que ce comportement nouveau ait sa cause dans les médicaments qui lui sont administrés ?

– Je ne sais pas. Je n'en suis pas sûr. »

Je trouvais ces alarmes excessives ; du moins témoignaient-elles de tout ce qui se racontait. L'état de sa santé expliquait la fatigue de Mitterrand, peut-être le traitement qu'il subissait expliquait-il aussi ses sautes d'humeurs, mais ses capacités, son jugement demeuraient intacts. Jamais je n'avais constaté qu'il fût en défaut, jamais je ne l'avais vu prendre en désaccord avec moi d'initiative intempestive présentant un risque, c'était la lassitude et l'indifférence qui dominaient. Dès lors que nous agissions ensemble il n'y avait pas lieu de s'inquiéter. Mon devoir était de l'aider, pas de tirer profit de la situation ; cela pouvait être incommode pour moi mais ne présentait pour le pays aucun danger. Je pouvais aussi compter sur Védrine, soucieux du bon fonctionnement de l'État et facilitant en toutes circonstances mes relations avec Mitterrand. J'ignore si celui-ci me faisait confiance ; il devait se douter, au fond de lui-même, que jamais je n'abuserais des circonstances et il s'en remettait à moi, presque trop facilement. Sans rien dramatiser, il fallait patienter dans l'espoir qu'il se reprenne.

Les langues se déliaient, on commençait à oser dire ce qu'on pensait. Plusieurs personnalités de la majorité vinrent me conseiller de saisir le Conseil constitutionnel afin qu'il déclarât l'incapacité au moins temporaire du Président. Je m'y refusai absolument. À mes yeux, nous étions très loin d'être dans une situation qui le justifierait. S'il rencontrait des difficultés, mon rôle n'était pas de tenter d'en tirer bénéfice en jetant le trouble dans l'opinion, en portant le désordre à son comble dans notre vie publique. J'étais offensé qu'on pût me croire capable d'exploiter les circonstances à mon profit. Comment n'aurais-je pas redouté aussi les commentaires qui auraient accompagné une démarche qui ne pouvait être que celle du gouvernement, c'est-à-dire la mienne ? J'aurais été suspecté non seulement d'une grave indélicatesse, mais aussi d'une ambition frénétique, de vouloir faire place nette avant le terme normal pour la satisfaire plus commodément. De plus, qui aurait pu prévoir ce qu'eût été, en pareille circonstance, la décision du Conseil constitutionnel ? Outre le caractère incongru, sinon scandaleux que n'aurait pas manqué de revêtir une telle initiative de ma part, outre le fait qu'elle eût semblé injustifiée, elle me paraissait inutile ; dès lors que je disposais des pouvoirs nécessaires pour assurer la conduite des affaires du pays et que Mitterrand me laissait agir, l'État n'était pas livré à la confusion, il n'y avait pas péril en la demeure. Je ne m'« emparais » pas de tous les pouvoirs : ils eussent été en déshérence si je ne les avais pas exercés. Si, un jour, ma mission se révélait impossible à assumer, il serait temps d'aviser.

Fort heureusement, au bout de quelques semaines, Mitterrand parvint à se ressaisir et à reprendre le contrôle de son humeur. J'en fus heureux. Pas seulement parce que ma tâche en était rendue moins difficile, mais je me réjouissais de voir cet homme courageux dominer l'épreuve, s'acharner à redevenir lui-même.

Mercredi 26 octobre 1994

Mitterrand s'excuse de m'avoir fait attendre, me dit qu'il a très mal dormi depuis deux jours, qu'il souffre tout le temps. Il ajoute :

« J'ai décidé de ne plus écouter mes médecins, à l'inverse de ma femme qui est fort docile envers eux, et de n'en plus faire qu'à ma tête. »

Au Conseil des ministres, une heure plus tard, la douleur qui l'étreint sera manifestement telle que je ferai signe aux ministres qui doivent prendre la parole d'abréger leurs communications. Les rumeurs sur sa santé continuent de courir ; je demeure muet, impénétrable ; nul ne s'enhardit à me questionner.

Sur Haïti : « Maintenant que je l'ai promis, il faut envoyer très vite le contingent de cent gendarmes et policiers, puisque les Américains insistent. Nous avons suffisamment de litiges avec eux sur la Bosnie ou sur l'Irak pour ne pas leur refuser un geste largement symbolique et qui est destiné à venir en aide à un pays francophone. »

Sur la Bosnie, les Américains ont déposé au Conseil de sécurité une résolution prévoyant l'automaticité de la levée de l'embargo sur les armes au bout d'un délai de six mois. Nous sommes tous les deux d'accord pour nous y opposer. La levée de l'embargo ne ferait qu'aggraver le conflit et mettrait nos soldats dans une situation plus périlleuse encore. Nous n'accepterons pas cette résolution. J'indique à Mitterrand que j'ai donné des instructions pour étudier le retrait de nos troupes, que nous devrions décider publiquement sitôt la résolution votée, si elle devait l'être. Toujours les mêmes questions, non résolues depuis des mois…

Pour le secrétariat général de l'UEO, je lui reparle du choix de François-Poncet. Selon moi, la France doit jouer un rôle prépondérant dans l'un des deux domaines de progrès de l'Union européenne : soit le militaire, soit le monétaire. Sur le plan monétaire, nous compterons toujours moins que les Allemands. Je n'obtiens toujours pas de réponse de Mitterrand, ce qui est son attitude ordinaire quand ma proposition ne lui convient pas et qu'il ne veut pas me le dire explicitement. Il demande d'accélérer le mouvement diplomatique afin que les nominations puissent avoir lieu suffisamment longtemps avant son départ.

Il me parle ensuite longuement de politique :

« Ne vous mêlez pas trop de politique, vous n'avez rien à y gagner. Vous cherchez à mettre de l'ordre dans la majorité, dans le gouvernement : vous n'y arriverez pas, car il est dans la nature des choses que les ambitions se manifestent désormais. Tout ce que vous obtiendrez comme résultat, ce sera qu'on dise que vous avez essayé, que vous n'y êtes pas parvenu et que vous manquez d'autorité. »

Il continue :

« Je pense que les Français doivent commencer à en avoir assez de ces trois non-candidats qui ne se déclarent pas. Vous, vous avez raison, c'est habile de votre part, et c'est votre jeu, mais les deux autres, Delors et Chirac, ont tort. Quant à Delors, je ne sais toujours pas s'il sera candidat. Je l'ai reçu il y a un mois et demi et j'en ai tiré la conviction qu'il le sera, malgré ses dénégations : "La politique, c'est la fosse aux lions ; cependant, le devoir moral est de s'engager, de témoigner, et l'on fait œuvre utile, même si on est battu, etc." L'habituel galimatias démocrate-chrétien !

« De toute manière, poursuit-il, Chirac ne sera jamais élu président de la République. Il n'a rien de ce qu'il faut pour cela. Vous devrez faire attention aux chefs de parti ; si vous avez un gouvernement à constituer, ne les y faites pas entrer…

– Vous y avez bien pris vous-même les chefs de courants du parti socialiste.

– Oui, mais à l'époque, c'était le début de mon premier septennat, ils étaient tous très obéissants. Croyez-moi, ne vous mêlez plus de politique, et bornez-vous à gouverner.

« J'ai eu, poursuit-il, une conversation avec Badinter, au cours de laquelle il m'a parlé de son souhait de voir Roland Dumas désigné comme arbitre à la Cour supérieure d'arbitrage dont la création est désormais ratifiée par la France. Je vais avoir des nominations à faire au Conseil constitutionnel, au CSA. J'essaierai de nommer des personnalités consensuelles, même si elles sont proches de moi. Je lis parfois que je nommerais Charasse au Conseil constitutionnel : il n'en est rien. Pour le CSA, je ne sais pas qui nommer. Bourges est un homme agréable et capable, le plus capable de tous… »

J'en tire la conclusion qu'il nommera Roland Dumas au Conseil constitutionnel et Bourges au CSA.

Il me parle ensuite longuement de ses parents :

« C'étaient des gens admirables, très stricts et rigoureux, mais en même temps très charitables ; ils avaient accueilli à leur foyer ma sœur aînée lorsqu'elle a divorcé, ce qui était contraire à leurs convictions. Mon père avait sur sa table de nuit un crucifix janséniste, les deux bras du Christ levés vers le ciel. »

Sur le plan politique, les choses se calment, malgré quelque bruissement autour d'une prétendue déclaration que j'aurais faite au *Figaro* : « Chirac est enfermé dans son parti comme dans une citadelle : est-ce cela le gaullisme ? » C'est anodin.

Pendant ce temps, Pasqua fait signer sa pétition pour l'union de la majorité et l'organisation d'élections primaires en vue de l'élection présidentielle ; elle a déjà recueilli plus de deux cents signatures de parlementaires. Je laisse faire. Je n'ai nulle raison de m'opposer à une initiative conforme à l'engagement que nous avons tous pris il y a trois ans.

À la suite de la lettre que je lui ai adressée, Giscard d'Estaing vient me voir. Conversation sans résultat.

*

Ma force, ma vraie, ma seule force, ce fut l'opinion, favorable durant vingt mois. Pour le reste, j'étais assez seul. Finalement, je ne croyais pas que Mitterrand me fût foncièrement hostile : simplement résigné à ma présence dont il se serait bien passé, mais force lui était de s'en accommoder ; parfois irrité par ma façon d'être, décidé à jouer un rôle, à peser dans la compétition qui s'annonçait, ce qu'il ne pouvait faire qu'à mes dépens aussi longtemps que je semblais le favori. Les appareils politiques se montraient, selon leurs porte-parole, « vigilants », ce qui ne les conduisait à aucune indulgence, voire à aucune impartialité lorsqu'ils jugeaient mon action. La majorité parlementaire étant très large, les soubresauts qui l'agitaient ne tiraient pas à conséquence, point n'était besoin de trop m'impliquer dans ses querelles ! Sans effort, je me suis habitué à vivre sous la surveillance attentive, rarement complaisante, des appareils centraux du RPR et de l'UDF.

J'avais voulu apporter dans la vie politique un air nouveau, différent ; au début, ce fut apprécié, mais rien ne dure. J'essayais de dire la vérité, fût-elle sévère ; les détracteurs mandatés trouvèrent que ce n'était pas suffisamment « mobilisateur » ; je ne promettais que ce que je pouvais tenir, c'était donc que je n'étais capable de proposer aucune espérance ; j'étais tolérant, respectueux d'autrui, n'hésitant pas à remettre en cause mes décisions pour éviter des crises sociales et politiques : quelle faiblesse ! Cependant, la France se redressait ; cela seul comptait à mes yeux. J'étais indifférent au reste – sans doute trop indifférent. Je n'ai aucun goût pour les bavardages politiciens. Je suis comme tout un chacun : parfois ils me distraient, mais j'en redoute les effets sur moi-même. Il faut répondre, entrer dans le jeu, utiliser les mêmes armes... Cela ne m'a jamais tenté.

Si j'ai joué en politique extérieure un rôle plus important qu'un Premier ministre à l'ordinaire, c'était, au début, en raison du climat apaisé existant entre Mitterrand et moi, malgré quelques moments de mauvaise humeur ; plus tard, en raison de sa lassitude. Lorsque des divergences survenaient entre nous et que nous ne pouvions les surmonter, nous nous en tenions à l'état de chose existant. En cas de désaccord, la cohabitation est un système d'empêchement mutuel.

Plus que jamais j'évitais de donner le sentiment que tout était joué d'avance en ma faveur.

Mercredi 3 novembre 1994

Au début de notre conversation, il manifeste une humeur parfois joyeuse.

Il se réjouit que j'aie fait envoyer hier en Haïti le contingent de cent militaires français ; s'inquiète de savoir si j'ai bien été averti de la mission à Abu Dhabi du général Quesnot, chef de son état-major particulier, envoyé apporter sa réponse à l'émir qui lui avait fait savoir qu'il était inquiet de propos tenus récemment par Juppé. Je ne perçois pas, pour ma part, ce que ces propos avaient d'inquiétant.

Pour le sommet des pays francophones réuni à Biarritz, il me promet de me communiquer son discours ; nous sommes d'accord pour voir ensemble Mobutu qui y est invité, ce qui suscite réserves et commentaires.

Sur la Bosnie, il pense que les Américains vont mettre de l'eau dans leur vin et que nous n'aurons pas besoin d'invoquer notre veto contre une résolution prévoyant la levée de l'embargo sur les armes au bout de six mois.

Pour le mouvement diplomatique, je lui demande s'il tient vraiment à nommer Thierry de Beaucé ambassadeur :

« Pas spécialement, mais enfin, vous êtes comme moi : j'aime bien donner quelque chose à ceux qui m'ont servi. Je sais que vous ne l'aimez pas.

– Je n'ai absolument rien contre lui, je ne le connais pratiquement pas. Je voulais vérifier que vous y teniez vraiment.

– J'aimerais bien. »

J'indiquerai à Juppé qu'il faut intégrer Beaucé dans le mouvement diplomatique ; Bazire dira à Védrine que je le fais sans intention d'un quelconque marchandage, que Beaucé y demeurera inscrit quoi qu'il arrive, mais que j'aimerais que la nomination de Bujon de l'Estang à Washington soit enfin acceptée. Elle ne le sera pas.

J'insiste à nouveau pour que tous deux nous puissions parler ensemble de l'Europe. Il me donne son accord ; manifestement, il n'est pas prêt, ou pas désireux de le faire. Il faudra bien que nous arrêtions ensemble le programme de la présidence française, même si elle doit se conclure en juillet 1995, après qu'il aura quitté l'Élysée et moi Matignon. L'affaire est difficile, car nous sommes en désaccord : il continue à estimer que le traité de Maastricht peut être appliqué tel qu'il est, malgré le futur élargissement à une dizaine de pays libérés du communisme, alors que je pense le contraire ; selon moi, les fragiles institutions de l'Union seront incapables de faire face à sa dilatation.

Il estime que les seize pays membres de l'Alliance atlantique n'auraient pas dû inviter les ministres des six pays d'Europe centrale à se réunir avec eux sans que lui et moi en ayons été informés. Je suis de son avis.

Il approuve tout à fait mon intention d'abaisser le plafond des dépenses pour la campagne présidentielle.

Nous avons ensuite une longue conversation plus personnelle, ou plutôt je l'écoute ; il est redevenu pleinement lui-même.

« Je vais être obligé de manger quelque chose pour ne pas avoir un accès de faiblesse en Conseil des ministres. (*Il se fait servir un chocolat chaud et un croissant, sans omettre de me proposer de m'en faire apporter.*) Je vous demande pardon, je me tiens mal devant vous. Voyez-vous, je tiens à la vie, je veux me battre ; il faut que je tienne encore six mois, après quoi, à partir du mois de mai, je pourrai me soigner sans penser à autre chose.

– Vous devriez alléger un peu votre emploi du temps.

– Mon emploi du temps officiel, non, mais pour ce qui est de mon travail personnel, oui. D'ailleurs, vous savez bien que c'est ce que je fais, même si vous n'en parlez jamais, ce dont je vous sais gré. Cela vous laisse une grande liberté.

– En tout cas, tout le monde admire le courage dont vous faites preuve.

– Je n'y ai pas grand mérite. Je n'aime pas qu'on m'impose les choses, j'aime me battre. En ce moment, j'ai commencé depuis huit jours un traitement de radiothérapie. Je me suis habitué à l'idée de partir au mois de mai.

– Comment faire autrement ?

– En effet. Mais enfin, maintenant, je l'ai accepté.

– Est-ce que votre longue présence au pouvoir a changé votre façon de voir les hommes ?

– La mienne, je ne crois pas, encore que cela m'ait rendu plus réaliste et moins idéaliste.

– C'est l'effet ordinaire du pouvoir.

– Il est vrai, mais ce qui a surtout changé, c'est l'attitude des autres envers moi, qui veulent faire ce que je suis supposé souhaiter avant même que je l'aie dit.

– Je vais voir Delors, cet après-midi, pour lui parler des questions européennes en suspens.

– Ah ! Ah ! Vous allez vous partager le pouvoir !

– Vraiment, vous y tenez !

– Je vois, me dit-il, que vous avez une cicatrice sur la joue...

– Oh, ce n'est rien : un bobo.

– Je vous ai raconté que j'ai choqué, à Brest, en plaisantant sur la mienne ?

– Oui. Vous avez dit que vous alliez vous promener à Pigalle, n'est-ce pas ?

– Oui ! on ne peut jamais rien dire ! »

Il me tend alors un numéro de *Paris-Match* avec la photo de couverture le représentant, et un titre sur sa fille qui a maintenant vingt ans et dont l'existence est révélée au grand public pour la première fois.

Fréquemment il me parlait des épisodes de sa vie passée, me prenant à témoin, cherchant à me convaincre, à me faire partager son point de vue sur les hommes ou les événements. En général, je restais moi-même silencieux, posant de temps à autre une question, par égard pour lui, afin de lui montrer que je n'étais pas indifférent à ce qu'il me disait, rarement par curiosité. Mais je n'entrais pas dans son jeu.

« Tenez, regardez cet article. »

Sans l'ouvrir, je pose *Paris-Match* à côté de moi sur un fauteuil.

« Vous aviez déjà vu cela ? me demande-t-il.

– J'en avais entendu parler. »

Notre conversation se poursuit sur des sujets concernant les affaires de l'État, puis, comme elle prend fin, je tends le journal fermé et le remets sur son bureau.

« Vous ne l'avez pas ouvert ?

– Non, cela ne me regarde pas. Je crois ce que vous m'en dites. »

Dans ses yeux, un éclair d'irritation.

« J'avais demandé à Roland Dumas, il y a trois semaines, d'intervenir auprès de Roger Thérond, directeur de *Paris-Match*, afin qu'il ne publie ni cet article, ni ces photos.

– Il n'en a rien fait ?

– Il a simplement attendu trois semaines, c'est tout. A-t-on pensé à ma femme, bien qu'elle n'ignore rien de cette situation ? A-t-on pensé à ma fille, encore si jeune, passionnée de littérature, et qui se voit ainsi brutalement transformée en vedette ? »

Quelle est la vérité ? N'a-t-il pas voulu, en réalité, favoriser cette indiscrétion de la presse, raconter à sa manière, sur ce sujet-là aussi, l'histoire de sa vie quand il le pouvait encore ? Pourquoi, sur un pareil sujet, me prendre à témoin ? Qu'en attend-il ? Approbation ? Compréhension ? Besoin d'en parler à qui, il le sait, n'exploitera pas la situation contre lui ?

Il y revient :

« Tout cela m'est égal : Péan, Jean-Pierre, Montaldo... Dans notre position, on doit s'attendre à être attaqué tout le temps. Mais cela me peine pour les autres, pour cette jeune fille qui est très brillante, reçue à dix-neuf ans à Normale supérieure, qui ne pense qu'à Baudelaire, à Nerval, à Rimbaud. On ne se préoccupe pas des réactions de ma femme non plus. Elle était au courant, bien entendu, mais enfin, cela peut lui être désagréable, cet article ! On ne se préoccupe pas non plus des réactions de mes fils avec lesquels j'ai d'excellentes relations, mais eux aussi peuvent être froissés. Il y a trois semaines, j'avais pourtant envoyé Roland Dumas à *Paris-Match* pour obtenir que l'article ne soit pas publié.

– Et Roger Thérond ne l'a pas compris ?

– Il ne l'a pas compris plus de trois semaines. Remarquez, ce qui serait gênant, c'est qu'on découvre un bébé de cinq mois, rose et souriant. Mais une jeune fille de vingt ans ! (*Il rit.*) »

Nous descendons.

« Je lis dans les journaux que la cohabitation se passe mal, ce qui n'est pas le cas. J'ai le souci d'avoir de bons rapports avec vous. Bien entendu, nous ne sommes pas toujours d'accord, mais les choses vont bien.

– C'est aussi mon sentiment. Je pense que ces rumeurs sont la conséquence des manifestations de Foix, la semaine dernière.

(Comme, à l'occasion du sommet franco-espagnol, nous assistions à une prise d'armes, Felipe Gonzalez, lui et moi, les socialistes massés sur la place m'avaient hué. Le Président m'avait fait part de ses regrets.)

– Certainement, me dit-il, j'en étais furieux ; j'ai refusé d'aller saluer les manifestants qui cependant m'applaudissaient.

– Oh, cela n'était gênant que parce qu'un chef de gouvernement étranger était présent.

– Non, non, c'était très incorrect vis-à-vis de vous aussi. »

Notre conversation a pris un tour personnel, il lui a donné un ton de confiance. Aucun reproche ne m'est fait sur de prétendues indiscrétions à propos de son état de santé émanant de mon entourage, soupçons dont Védrine et Charasse avaient fait part à Bazire sans les prendre, disaient-ils, à leur compte. Je ne crois pas que ceux qui m'entourent aient, sur pareil sujet, quoi que ce soit à se reprocher. Nul ne peut, je l'espère, leur faire grief d'une quelconque indélicatesse.

Du 4 au 10 novembre 1994

L'atmosphère politique se tend encore. Chirac a déclaré sa candidature et prend part le 6 novembre à l'émission « 7 sur 7 » au cours de laquelle, devenu professeur de sincérité, il me reproche de ne pas tenir mes engagements : argument qui sera ressassé ! Ma nomination à Matignon ne doit pas plus à sa bonne volonté qu'à un marchandage, à un partage des rôles présents et futurs entre lui et moi : jamais, je l'ai dit, je ne l'aurais accepté.

Roussin va probablement être mis en examen à la suite de l'affaire Méry ; elle concerne les relations entre la Ville de Paris, alors qu'il dirigeait le cabinet du maire, et des promoteurs immobiliers ; le département des Hauts-de-Seine serait également en cause. J'ai demandé à Roussin de me remettre sa démission, ce qu'il a accepté sans hésiter. Je le vois partir à grand regret ; c'est un excellent ministre, je mesure l'épreuve morale que cela représente pour lui.

Lundi 7 novembre 1994

Je suis allé à Pau puis à Biarritz pour le sommet franco-africain. L'accueil des chefs d'État a été déférent envers Mitterrand, pour des raisons tenant au passé et au présent, et cordial envers moi à qui ils sont reconnaissants d'avoir assisté à la conférence d'un bout à l'autre. À plusieurs reprises j'ai présidé les travaux, Mitterrand ayant du mal à rester plus d'une demi-heure en séance et s'absentant fréquemment. Comme j'allais le voir, alors qu'il était étendu dans sa chambre, pour relater ce qui s'était passé lors des entretiens publics ou privés avec les chefs d'État, il m'a dit à plusieurs reprises : « Je suis *out* », « Je suis au bout du rouleau ». Il demeure plein de courage et d'alacrité : alors que je m'excuse auprès de lui de ne pas assister à sa conférence de presse, car je dois partir à Colombey pour l'anniversaire de la mort de De Gaulle, il me répond d'un ton moqueur :

« Oui, j'ai remarqué, vous considérez que ces conférences de presse où vous n'avez pas le premier rôle sont une atteinte à votre dignité !

– Ce n'est pas du tout le cas, c'est simplement que je n'aurai pas le temps d'aller à Colombey, si j'assiste à votre conférence de presse. »

Me rejoignant à la séance finale, le mercredi 9 novembre, alors que j'assure la présidence du fait de son absence, il me glisse en s'asseyant :

« Décidément, vous êtes béni du Ciel : entre vos ministres démissionnaires et un Président qui ne peut pas marcher ! Cependant, vous faites face et vous restez impavide ! »

Je suis allé le voir, la veille au soir, pour l'entretenir de l'affaire Roussin :

« Je le regretterai beaucoup, me dit-il, c'est quelqu'un de très bien, qui a travaillé de façon impartiale et qui a réussi. Tout cela est très injuste, il doit le vivre très mal. Je vais d'ailleurs lui parler. Quant aux rumeurs qui courent sur une initiative que je prendrais contre vous en raison de la mise en examen d'un troisième ministre de votre gouvernement, elles sont folles. Ce serait très mal, de ma part, de profiter de vos difficultés ; certains m'y poussent, je m'y suis absolument refusé. Vous pouvez être tranquille : je ne me poserais des questions, évidemment, que si l'on en était au cinquième ou sixième ministre ! »

Voilà qui ne correspond à aucune assurance, qu'il ne me serait pas venu à l'idée de demander tant je l'aurais cru vaine. Charasse me tient les mêmes propos, parlant de la « loyauté de l'Élysée envers moi ». Peut-être sont-ils tous sensibles au fait que, agissant comme si de rien n'était, je me sois toujours abstenu du moindre commentaire sur la situation dans laquelle me place, pour exercer ma fonction, la santé de Mitterrand.

Je me rends donc à Colombey, l'après-midi du mercredi 9 novembre ; j'y suis accueilli par Pierre Messmer, président de l'Institut Charles-de-Gaulle, et le général Simon, grand chancelier de l'ordre de la Libération. Chirac, me dit Messmer, lui a téléphoné durant une demi-heure, mardi soir, pour le persuader de ne pas m'accueillir ; sans précaution excessive, Messmer a mis fin à l'entretien.

Les malveillants prétendent que nous organisons chacun notre pèlerinage à Colombey, alors qu'obligé d'être présent à Biarritz le matin je ne pouvais m'y rendre en même temps que le groupe parlementaire.

Jeudi 10 novembre 1994

D'un air confus, Mitterrand s'excuse de m'avoir fait attendre vingt minutes ; il donne l'impression d'être accablé de fatigue.

Je lui demande s'il compte se rendre au cinquantenaire de la libération de Strasbourg, le 23 novembre, faute de quoi il faudra que j'y aille moi-même. Il a un mouvement d'humeur :

« L'on me fait parcourir la France entière, c'est exténuant, cela ne sert à rien ! Pourquoi dois-je aller partout ? »

Il me promet de me rendre réponse dans les deux jours, ce qu'il ne fera pas. Je demande à Bazire de cesser d'interroger Védrine à ce sujet : dans la situation douloureuse où Mitterrand se trouve, je ne veux pas sembler le harceler comme pour le mettre à l'épreuve.

Pour remplacer Roussin à la Coopération, j'ai l'intention de faire appel à Bernard Debré ; il n'émet aucune objection.

« J'ai hésité à vous le proposer, parce qu'il s'agit de votre médecin.

– Ce n'est pas mon médecin, c'est le professeur Steg qui m'a opéré, mais je le connais. Dites-lui bien que je ne fais aucune objection. »

Il refuse un candidat à la grand-croix du Mérite, au motif que « sa femme a dit beaucoup de mal de moi très souvent ». Je me rappelle que, pour le même motif, Georges Pompidou avait rayé de la liste qui lui était soumise un candidat à la Légion d'honneur : « Cela lui apprendra à avoir une femme ! » m'avait-il dit, rageur. Nul n'échappe aux pièges du pouvoir.

Chevènement est venu me voir, de retour d'Irak, se disant chargé d'un message de Saddam Hussein : il critique l'embargo, qui aurait des conséquences cruelles pour la population, notamment pour les enfants. Je demande à Mitterrand s'il serait d'accord pour que nous ouvrions une section de représentation des intérêts français en Irak. Il me donne son approbation ; par prudence, je lui en reparlerai.

Vendredi 11 novembre 1994

Après la cérémonie à l'Étoile, nous descendons dans la même voiture jusqu'au rond-point des Champs-Élysées, devant la statue de Clemenceau.

« Ouf ! Je suis content, c'est la quatorzième et dernière fois que je préside cette cérémonie. J'en ai assez. Heureusement qu'il n'y a pas une quinzième après. S'il y en avait une quinzième, vous l'assumeriez sans doute… »

Il me parle ensuite de l'élection présidentielle :

« Voilà qu'on entend le cliquetis des armes ! Vous allez retrouver Chirac devant la statue de Clemenceau, et vous allez être très photographié. *(Décidément, ses centres d'intérêt sont constants, ses amusements aussi.)* De toute façon, moi j'ai une théorie : on sait trois mois avant qui va être élu. Nous le saurons donc en février. »

Comme toujours je ne réponds pas. Sa théorie était juste, j'aurai l'occasion de le constater.

★

La semaine a été agitée sur le plan politique : après la déclaration de candidature de Chirac, Pasqua et Séguin ont refusé de participer au congrès du RPR organisé le 12 novembre, Pasqua par hostilité à Chirac, Séguin par hostilité à Juppé. Moi-même je ne m'y rends pas, afin de ne pas être entraîné dans des querelles dont j'entends, aussi longtemps qu'il sera possible, me tenir éloigné.

Je vais passer deux jours à Chamonix pour réfléchir et travailler en paix. La démonstration de secours en montagne qui est faite en ma présence par les gendarmes sera commentée ; alors qu'elle est le fait du hasard, on y verra de ma part une marque d'ironie.

Selon les sondages, la déclaration de candidature de Chirac lui a fait gagner quelques points au premier tour et m'en a fait perdre, mais, au second tour, je battrais toujours Delors mieux qu'il ne le ferait lui-même. Fragiles supputations...

*

Mercredi 16 novembre 1994

« En Bosnie, dis-je à Mitterrand, nous devons indiquer aux Américains le point à ne pas dépasser, faute de quoi nous retirerions nos troupes.

– Nous ne devons pas, me dit-il, faire comme Schuschnigg et le cardinal Innitzer qui ont dit à Hitler : "Jusqu'ici, mais pas plus loin !" Dire cela à Hitler !

– J'espère que vous ne me comparez pas au cardinal Innitzer !

– Non, bien sûr, et je ne me compare pas non plus à Schuschnigg. »

Sur l'Irak, il me donne son accord pour que Tarek Aziz soit reçu par Juppé s'il passe par Paris.

« Lorsque je vous ai parlé de l'Irak, peu après que vous m'avez nommé Premier ministre, vous vous êtes moqué des relations entre le RPR et l'Irak comme si vous me soupçonniez de vouloir les faire fructifier, lui dis-je. Je vous ai alors répondu que je ne vous en reparlerais plus. Cependant, il n'y a aucune raison pour que nous nous laissions damer le pion par les Américains. Nous devons ouvrir une section des intérêts français à Bagdad.

– J'en suis d'accord. Ce sera une bonne réponse pour les Saoudiens qui se sont mal conduits envers vous, à la fois en tant qu'homme et en tant que chef du gouvernement, en vous laissant faire un voyage sans résultats. »

Je ne relève pas le propos ; les résultats de ma visite à Riyad commencent à apparaître malgré la campagne de presse organisée pour présenter mon voyage comme infructueux, mais je n'ai, il est vrai, aucune sympathie pour l'hypocrisie saoudienne.

Nous parlons du sommet franco-anglais, vendredi 18 novembre, à Chartres. Il ne fait aucune réserve sur le renforcement de notre coopération aérienne. En revanche, il est en « léger retrait », selon ses termes, sur la coopération nucléaire entre la France et la Grande-Bretagne.

« Cela ne les regarde pas, me dit-il.

– Ils sont, en effet, dans la main des Américains plus qu'ils ne le disent, mais nous devons essayer d'équilibrer les Allemands sur le plan monétaire, et les Anglais sur le plan militaire.

– Oui, je sais que c'est votre idée, mais notre défense nucléaire ne regarde pas les Anglais. »

J'ai bien l'intention de poursuivre en la matière les conversations avec les Anglais.

Je n'arrive pas à l'intéresser à la présidence française de l'Europe. Cela fait au moins la quatrième fois que je lui en parle !

« Oui, oui, il faudra que nous trouvions un moment pour en parler.

– Avez-vous lu les documents que je vous ai fait transmettre ?

– Oui, cela ne me pose pas de grands problèmes. »

Je l'informe que je vais commencer à m'exprimer sur un certain nombre de sujets. Je publie un article sur le rôle de l'État dans *Le Monde*, cette semaine. J'y expose mes propositions pour un État plus démocratique, mieux à même d'accomplir ses missions essentielles, mieux respecté des citoyens et plus protecteur de ceux-ci. Je conclus en écrivant qu'il faut adapter l'organisation de l'État afin qu'il ne fasse pas ce que d'autres peuvent faire, mais fasse mieux tout ce qu'il doit faire et qu'il est seul à pouvoir bien faire.

« Je ne voudrais pas que vous considériez une nouvelle fois que, ce faisant, je marche sur vos brisées.

– Non, il est normal que vous vous affirmiez et que vous vous démarquiez par rapport à moi. J'ai confiance en vous, vous le ferez de façon convenable.

– J'essaierai.

– Mais, de temps à autre, vous voudrez bien souligner nos démarches communes, notamment en matière européenne.

– Je le ferai pour le passé ; ce sera moins commode pour l'avenir. Vous savez combien je trouve contradictoire l'attachement au caractère intangible du traité de Maastricht et l'élargissement de l'Union à de nombreux nouveaux membres.

– Oui, oui, vous me l'avez souvent dit ! Mais vous voyez les choses à trop courte portée ; sur le long terme, la cohésion existera.

– Je ne le crois pas. »

Nous parlons de la situation politique et de l'élection présidentielle.

« Vous devez être satisfait, lui dis-je, Chirac et Delors suivent vos conseils, ils sortent du bois et se déclarent.

– Je n'ai pas donné de conseils à Delors (*ce qui prouve qu'il en a donné à Chirac*), et, aujourd'hui, je serais bien incapable de vous dire ce qu'il va faire (*je pense que Delors précipite son calendrier et qu'il sera candidat, ce en quoi je me trompe*). Chirac a bien fait de sortir du bois, mais, maintenant, il faut qu'il dure cinq mois. À lui de démontrer qu'il en est capable. Quant à Delors, il a fait une bonne émission, hier, sans ce style amphigourique et confus qui est celui de Rocard. Cependant, je suis d'accord avec Alain Duhamel.

– Qu'a-t-il dit ?

– Que Delors était votre challenger. À propos, je n'attache pas beaucoup d'importance à votre communication au Conseil des ministres sur les jeunes.

– À moi par rapport aux jeunes, ou aux jeunes ?

– J'accorde beaucoup d'importance à tout ce que vous faites, mais pas à cela. »

Nous parlons des « affaires » :

« Vous ne pouvez imaginer, lui dis-je, quelle épreuve elles représentent pour moi, pas seulement sur le plan politique, mais aussi sur le plan moral et amical : en quelques mois, trois ministres obligés de démissionner, c'est beaucoup !

– Dans les "affaires", vous n'êtes pas en cause, vous n'êtes nullement atteint (*ce sera sa position constante : sans doute n'a-t-il pas oublié ce que fut mon attitude envers lui il y a un an*).

– Je l'espère bien, ce n'est que justice ; mais mon jugement et mon discernement peuvent l'être ; on peut dire que je choisis mal mes ministres, que je les contrains à démissionner pour me garder intact, par égoïsme et intérêt personnel. La presse l'a déjà dit.

– Mon conseil : ne vous en mêlez pas et parlez-en le moins possible. Évidemment, si cela doit continuer, il y aurait un problème. On parle de Giraud...

– Giraud, non, je ne vois pas pourquoi. D'autres évoquent le nom de Lucette Michaux-Chevry, pour des motifs que j'ignore.

– Cela n'aurait aucune importance.

– De toute façon, le problème des rapports entre la justice et l'État ne manquera pas de se poser très vite.

– D'autant plus, répond-il, que le président de la République aura dans l'avenir beaucoup moins de pouvoir sur l'Assemblée, même s'il est tenté de dissoudre, ce qui ramènerait cent socialistes de plus.

– L'équilibre des pouvoirs n'en serait que meilleur ! La majorité à l'Assemblée est trop forte.

– Oui, mais après l'élection d'un nouveau Président, cela ressemblerait pour lui à une défaite.

– Dans la situation d'aujourd'hui, la cohabitation est pour moi une gêne d'autant plus lourde que je dépends d'une Assemblée où la majorité est excessivement nombreuse et où les présidents des deux groupes qui la composent me sont hostiles.

– La cohabitation vous gêne ? Est-ce à cause de moi ?

– Non, pas à cause de vous, mais parce que la majorité parlementaire est trop massive. Je dépends davantage de l'Assemblée qu'un Premier ministre n'en dépend quand il n'y a pas cohabitation et que le président de la République le soutient.

– C'est tout à fait vrai. Mais alors, vous préféreriez dépendre de moi seul ?

– Grands dieux non, merci ! Je préfère encore être en équilibre entre l'Assemblée et vous ! »

Nous nous rendons au Conseil de bonne humeur.

Sommet franco-anglais à Chartres, vendredi 18 novembre 1994

Bonne conversation en tête à tête avec John Major, le Premier ministre britannique, notamment sur les affaires nucléaires. Mitterrand est en assez bonne forme, parfois tenté par des plaisanteries aux limites de la familiarité.

À table, il se tourne vers moi :

« Avez-vous remarqué, monsieur le Premier ministre, que les Anglais ont envoyé à Paris un ambassadeur qui est tout le portrait de M. Giscard d'Estaing (*il s'agit de Christopher Mallaby*) ? »

Les Anglais rient, pas moi.

« Que penseriez-vous, poursuit-il, si, étant élu Président, les Anglais vous envoyaient un ambassadeur qui soit mon portrait ?

– Cela me comblerait de joie ! »

Les Anglais deviennent hilares. Que pensent-ils de pareilles plaisanteries échangées devant eux ?

En fin d'après-midi, réunion publique devant trois mille personnes ; je fais un bilan de l'action du gouvernement et de ses projets en présence de Rossi, Juppé et Léotard. Je déclare que l'on aurait mieux fait de m'écouter et de ne pas ouvrir trop tôt la campagne électorale. J'affirme que le principal problème est de savoir si, pour la troisième fois, la France doit élire un président socialiste ; que tout doit être fait pour l'éviter.

Le lendemain, à Liévin, lors d'une réunion d'élus et de militants socialistes, Mitterrand me répond : « Élire une troisième fois un président socialiste, ce ne serait pas mal ! » C'est bien ainsi. Le dialogue public est noué entre nous deux sous une forme courtoise, mais qui permet de marquer les différences.

Le dimanche, ralliement général des parlementaires au système des primaires prôné par Pasqua pour désigner le candidat unique de la majorité à l'élection présidentielle ; affolement au RPR comme à l'UDF. Je demeure silencieux : les primaires n'auraient rien pour me déplaire, à condition qu'elles soient honnêtes ; elles permettraient d'échapper à l'étreinte dominatrice des partis et de ceux qui les contrôlent.

Mercredi 23 novembre 1994

Lors de notre entretien, son ton est plus vif, son allure plus alerte.

Nos informations font apparaître que les Américains envoient des armes et des instructeurs aux Bosniaques musulmans. Nos soldats sont dans une position dangereuse, pris entre deux feux ; je n'accepte pas, depuis le début je n'ai jamais accepté qu'ils courent inutilement des risques alors que la politique suivie par les Européens et les Américains est confuse, contradictoire. La guerre peut être nécessaire à condition d'avoir un but ; à défaut, elle perd toute justification. Je propose que Mitterrand écrive à Clinton pour lui préciser quelles sont les conditions à partir desquelles nous considérerions que l'embargo sur les livraisons d'armes à la Bosnie étant de fait levé, nous retirerions notre contingent.

Il refuse que je fasse la semaine prochaine une communication au Conseil des ministres sur le programme de la présidence française de l'Union. Prétexte : tout cela est trop technique. À la vérité, il ne veut pas que ce programme soit décidé hors sa présence au cours d'une réunion ministérielle que je présiderais, puisqu'il refuse implicitement de l'organiser lui-même ; il souhaite y ajouter des engagements de resserrement de l'union monétaire entre la France et l'Allemagne, engagements inutiles et qui ne manqueraient pas de poser des problèmes politiques à la majorité comme à l'opposition.

Il donne son accord pour la mission de l'amiral Lanxade qui doit discuter d'un accord de défense avec le Qatar ; le chef d'état-major doit se montrer souple, ne pas fermer la porte au Qatar, mais ne pas conclure à ce stade.

Il insiste pour que Beaufret, chef de service au Trésor et mari de Dominique Bredin, soit nommé sous-gouverneur du Crédit foncier. À l'issue du Conseil des ministres, il fera tout le tour de la table pour m'en reparler, preuve qu'il y tient.

Comme chaque fois, maintenant, il évoque l'élection présidentielle :

« Je ne comprends pas cette affaire de primaires, c'est inconstitutionnel ! (*Je ne vois pas en quoi : rien n'interdit à un parti d'organiser la consultation de ceux qui le soutiennent. Préférerait-il que la majorité demeure divisée ?*) Je ne sais pas ce que cherche Pasqua, qui est un homme intelligent. Quant à Juppé, que je croyais fidèle à Chirac, je ne le comprends pas non plus : voilà qu'il se rallie aux primaires ! » Il ne me semble pas que Juppé ait été aussi clair sur le sujet.

« Chirac, poursuit-il, n'atteindra jamais plus de 20 % des voix au premier tour. C'est peut-être injuste, et certainement pitoyable, car il a consacré sa vie à cette ambition. En dehors de vous, personne dans la majorité ne peut, au premier tour, atteindre 20 % des voix, ce qui fait que vous êtes toujours bien placé et que vous avez les plus grandes chances d'être Président. Delors et vous, au moins, cela donnerait lieu à des débats intéressants ; sinon, vous aurez un débat avec le candidat socialiste, Mauroy ou un autre, qui fera 47 % des suffrages, n'en doutez pas. Avec Delors, le jeu est plus ouvert, il monte, et, à droite, vous faites tous ce qu'il faut pour cela ! (*Il a raison : depuis un mois, la candidature de Chirac et les tensions au sein de la majorité font que j'ai baissé dans les sondages ; selon plusieurs d'entre eux, désormais, Delors me battrait.*)

« La campagne va commencer, elle va être dure. Qu'est-ce que vous allez prendre ! J'espère que vous vous y préparez, me dit-il non sans délectation, comme s'il s'en réjouissait d'avance.

– J'ai une idée sur les coups préparés et sur ceux qui les préparent. Cela demeurera sans influence sur ma décision.

– Eh bien ! C'est courageux ! (*Il doit me trouver inconscient des risques.*) Vous n'avez pas trop d'inquiétude à vous faire, conclut-il, les Français vous aiment bien. De temps en temps, ils ont une bouffée de colère contre vous, mais, après, ils reviennent vers vous. Les affaires de corruption ne vous atteignent pas. »

Sur les candidats potentiels, il n'est pas avare d'appréciations sévères. Il est d'ailleurs rare que deux hommes politiques parlant d'un troisième n'en disent que du bien. Mitterrand aimait tellement la politique, à laquelle il consacrait une bonne moitié de nos entretiens, le jeu des relations entre les hommes, leurs variations, qu'il les observait avec minutie et gourmandise, toujours prêt à s'en amuser au prix de quelque simplification. Il avait l'esprit caustique, ou de l'esprit tout court, rapide, vif, sans illusion sur les autres ; pour tout dire, il était porté à la médisance. Il se tenait informé de tout, même des petites choses, plus importantes et significatives pour lui que pour moi. J'imagine qu'il m'y a souvent trouvé trop peu porté, voire indifférent. Il me décrivait, en s'en délectant, les luttes d'influence et les rivalités des uns et des autres ; il les observait, toujours à l'affût, y prenant un plaisir d'entomologiste. Il se jugeait désormais extérieur à ce monde où s'était déroulée toute sa vie, supérieur à l'affrontement d'ambitions qui n'étaient plus les siennes.

★

Dans la semaine qui suit, je me rends à Mayotte et à la Réunion en compagnie de Perben qui, sans illusions excessives, fait bénéficier l'administration des départements d'outre-mer de ses qualités et de son discernement ; ma visite, à laquelle se sont joints Fillon et Douste-Blazy, se déroule dans un bon climat, même si j'ai refusé, malgré la compétition électorale qui s'ouvre, d'aligner la valeur du SMIC à la Réunion sur celle du SMIC métropolitain de crainte d'alourdir encore le chômage et d'affaiblir l'économie de l'île face à la concurrence des pays qui l'entourent. Cette décision-là sera prise après mon départ de Matignon ; l'économie de l'outre-mer français en supporte toujours les fâcheuses conséquences : les emplois sont créés ailleurs que dans nos territoires, chez leurs voisins.

Les tensions s'accroissent au sein de la majorité, Giscard d'Estaing, Millon, Chirac, Séguin faisant l'apologie de la multiplicité des candidatures, tandis que Juppé et Bayrou, élu président du mouvement centriste, déclarent être prêts à mettre en œuvre les primaires destinées à désigner un candidat unique de la majorité.

L'affaire de Bihac, en Bosnie, tourne mal ; tous nos partenaires paraissent résignés à une victoire serbe. Dès mon retour de la Réunion, le dimanche soir 27 novembre, je réunis un comité de défense. Personne ne propose des frappes aériennes contre des objectifs militaires serbes. Cependant, Juppé est très contrarié que j'aie, avant la réunion, reçu une délégation comprenant, notamment, Bernard-Henri Lévy, Daniel Rondeau, Alain Finkielkraut, qu'il juge hostiles à l'action de notre pays ; je ne voyais pour ma part aucune raison de refuser de les recevoir.

Le Monde du lundi 28 novembre publie un article évoquant un désaccord entre l'Élysée et Matignon, qui aurait empêché la publication d'un communiqué commun ; probablement pour plaire aux « intellectuels » pro-bosniaques, il fait l'apologie de la vigueur du Quai d'Orsay tout en stigmatisant la timidité de Mitterrand, voire la mienne.

Je vais voir Mitterrand, lundi soir, et obtiens de lui un communiqué un peu plus vigoureux que celui qu'il aurait souhaité : le gouvernement condamne le principe de la reconquête des territoires par la force, appelle à la relance de la négociation et souhaite un accord global sur la Croatie, la Bosnie-Herzégovine et la Serbie-Monténégro. Je souligne que cet accord ne saurait évidemment tenir compte du « nouveau fait accompli par les Serbes de Bosnie à Bihac ».

La question est toujours la même : les Américains nous font la leçon, ils se disent prêts à bombarder les forces serbes, ils veulent lever l'embargo sur la vente des armes aux Musulmans, mais ce sont nos soldats qui, au sol, pris entre deux feux, risquent de faire les frais de ces fanfaronnades. Seule une volonté affirmée de tous les alliés, décidés à fournir les troupes nécessaires à la défense des Bosniaques, pourrait faire plier Milosevic ; or cette volonté est absente. À elle seule, la France ne peut agir efficacement. Toutes les rodomontades n'y changeront rien.

Mitterrand est tendu, très sévère pour tous ceux auxquels il reproche irréalisme et manque de solidarité gouvernementale :

« Que veut-on ? Frapper ? Mais frapper qui ? Pouvons-nous, nous Français, gagner tout seuls ? Sommes-nous responsables de la paix dans les Balkans ? (*Il y a deux ans, il se conduisait comme si c'était le cas.*) Qui peut s'opposer aux Serbes ? Nous seuls ? Je suis tout prêt à prendre devant les Français la responsabilité de la décision.

– Vous savez très bien que si nous décidons ensemble, je prendrai cette responsabilité avec vous, à la condition, bien entendu, que nous soyons d'accord.

– Je le sais, ce n'est pas pour vous que je dis cela. Je vous fais confiance. »

Il est nerveux et se laisse aller à une impatience à laquelle je ne l'ai jamais vu succomber ; il intime l'ordre de disparaître à un jeune huissier apeuré qui, avant que la réunion commence et que les ministres entrent dans son bureau, ne dispose pas à son idée les sièges autour de lui.

Commence ensuite la réunion avec Juppé, Léotard, Lamassoure, Lanxade, où il répète la position sur laquelle nous nous sommes mis d'accord.

Mardi 29 novembre 1994, avant le Conseil des ministres

Nous devons nous rendre à Bonn pour le sommet franco-allemand. Nous parlons une nouvelle fois de la Bosnie, sujet si souvent présent dans nos conversations, où nous demeurons dans la confusion. Avant mon arrivée à Matignon, nous y avions envoyé des milliers de soldats, le plus important des contingents militaires mis à la disposition de l'ONU, sans que les missions et le rôle de notre force d'intervention aient été précisés : défense de la paix et des populations civiles ? Force d'interposition agissant sur mandat des Nations unies ? Simple force d'action humanitaire ? Sans bien savoir pourquoi nous y étions, nous y avions maintenu des moyens importants. Et cependant nous étions isolés, accusés de laisser faire les Serbes, pris entre les Américains pro-bosniaques qui préconisaient la levée de l'embargo sur les armes et les Européens indécis, divisés ou absents.

Comment assurer la stabilité de l'Europe dans les frontières actuelles des États, et garantir les droits des minorités afin d'éviter la prolongation du drame yougoslave et sa répétition ailleurs ? Malgré le décor de la cohabitation et ses usages, j'étais convaincu que nous ne pouvions pas poursuivre dans la voie où nous étions engagés, que notre action manquait à la fois de clarté et de cohérence. Je m'irritais de nous voir englués dans une situation sans issue, faute d'une volonté nette, commune à tous les pays impliqués dans l'action pour la paix. Je ne cessais d'insister sur le choix qui s'imposait à la France : soit y rester présente, à condition d'être efficace, avec d'autres animés des mêmes intentions, soit s'en retirer. À mes yeux, le moment était venu d'en menacer nos alliés. Je souhaitais que les choses bougent, mais Mitterrand, lui, ne les percevait pas comme moi. J'étais persuadé que laisser notre contingent militaire en Bosnie sans fixer à son action un sens précis, sans lui donner les moyens de réagir, devait nous conduire à nous interroger sur notre présence elle-même ; seule la mise en œuvre d'un véritable plan de paix accepté par toutes les parties pouvait la justifier.

J'avais demandé à François Léotard, ministre de la Défense, qui remplissait sa charge avec courage et habileté, de renforcer la sécurité de nos soldats en les regroupant sur quelques points, afin de réduire leur vulnérabilité et de faciliter leur éventuel départ. Nous avions retiré nos forces des Krajinas, puis de la poche de

Bihac en septembre 1994. Nos effectifs étaient déjà ramenés de 7 000 à un peu plus de 4 000 hommes.

Je chargeai Alain Juppé, avec lequel j'étais en accord sur l'analyse de la situation et sur les mesures à prendre, de tenter de mieux harmoniser l'action de la communauté internationale, et surtout de lui donner un sens qui fût clair aux yeux de tous – resserrement de notre dispositif militaire, définition d'objectifs politiques précis soutenus par nos partenaires : tels étaient les préalables indispensables au maintien de notre présence militaire.

Au début de 1995, je devais à plusieurs reprises redéfinir publiquement l'alternative : ou bien les belligérants souhaitaient réellement faire taire les armes et mettre en œuvre un plan de paix, et, dans ce cas, la France serait prête à contribuer à la mise en œuvre de ce plan ; ou bien la volonté de guerre entre Bosniaques continuerait de l'emporter dans l'indifférence des puissances, et, dans ce cas, nos soldats n'auraient plus leur place dans l'ex-Yougoslavie. Nos partenaires occidentaux ne nous ont guère suivis pour apporter alors une réponse tant soit peu satisfaisante à ces questions ; quelques mois plus tard, l'élection présidentielle passée, l'unité du pouvoir exécutif reconstituée, Chirac a pu leur tenir le langage énergique qui a mis chacun devant ses responsabilités et a débloqué la situation.

Durant notre entretien, Mitterrand semble souffrant, l'esprit ailleurs ; il marque une grande indifférence pour ce dont je parle. Je me dis que si nos soldats en Bosnie étaient témoins de nos conversations où se joue leur sort, ils perdraient l'espoir de sortir du piège dans lequel ils sont enfermés.

« Juppé m'agace. Que veut-il, à la fin ? Sa conduite est très incorrecte ; on ne se comporte pas ainsi en politique étrangère !

– Je ne vois rien à lui reprocher. Il respecte la ligne que nous avons fixée. Comment voyez-vous l'évolution de la situation en Bosnie dans les mois et les années qui viennent ?

– Nous n'empêcherons pas la victoire serbe, puisque personne ne veut s'associer à nous pour l'empêcher.

– Dans ces conditions, puisque nous avons encore 4 000 hommes à Sarajevo, il faut alléger progressivement notre présence militaire ; les professionnels doivent remplacer les soldats du contingent.

– Je suis d'accord. »

Il donne également son accord pour une session extraordinaire du Parlement en janvier 1995.

Mercredi 7 décembre 1994

Les jours précédents, la candidature Delors a pris force et relief. En un mois, je suis, selon les sondages, passé de 55 à 48 % des intentions de vote au second tour, tandis que Chirac est tombé à 40 %. Cependant, le doute demeure sur cette candidature.

La proposition de loi présentée par Séguin et Mazeaud sur la lutte contre la corruption n'a pas été retenue, le groupe RPR a suivi le groupe UDF et refusé de s'y associer. Les socialistes cherchent à jeter le trouble dans la majorité, comme il est normal dans leur position ; ils ont provoqué l'après-midi, lors des questions d'actualité à l'Assemblée, un grave incident, prenant prétexte que je ne répondais pas moi-même à M. Malvy, président de leur groupe. Comme ils se portaient vers le banc du gouvernement pour me prendre à parti, les huissiers se sont interposés tandis que des députés de la majorité faisaient rempart. Du bien mauvais théâtre !

Enfin la rumeur s'est répandue que mon cabinet serait intervenu afin que le Parquet ne fît pas appel du jugement estimé trop indulgent du tribunal de commerce contre Tapie. J'ai dû m'en expliquer à la télévision, lundi soir, avec un argument simple : « Serais-je assez absurde pour protéger M. Tapie alors que je n'ai pas protégé trois de mes ministres, contraints de démissionner en raison de leur mise en examen ? » Beaucoup, au RPR, murmurent que ces indiscrétions intéressées viendraient de Méhaignerie qui serait décidé à rendre service à Delors, favorisé si la condamnation de Tapie interdisait à ce dernier de se présenter ; du coup, on me prête l'intention inverse, celle d'aider Tapie ! Monde de rumeurs, de soupçons, de mensonges...

Comme il y a quelques jours, Mitterrand paraît revenu de tout. La voix lasse, l'œil sans son éclat habituel, il traverse à nouveau un passage difficile ; l'on sent sa volonté de se reprendre, de faire face, son acharnement à vivre, à refuser l'inéluctable.

Je lui donne mon sentiment sur ce qui s'est passé à la CSCE : si les pays d'Europe centrale entrent dans l'Union européenne, ils entreront dans l'UEO, et donc dans l'OTAN ; je ne vois pas comment l'éviter. Il convient que j'ai raison, mais estime que cela prendra de nombreuses années. J'en suis moins sûr.

À ma demande, il accepte, contrairement à sa réaction initiale, que le porte-avions *Foch* soit envoyé dans l'Adriatique, s'il s'agit d'une relève déjà convenue entre alliés.

Il soupçonne Charles Pasqua d'être hostile à Europol, organisation européenne de coopération policière, parce qu'il est hostile à Maastricht. Je lui affirme qu'il n'en est rien, qu'il a des objections techniques qui sont légitimes : nous ne pouvons pas accepter que nos services de police soient dessaisis de leur rôle normal ; je dois trouver une solution avant le sommet d'Essen, puisque Kohl tient beaucoup à Europol.

S'agissant de la Bosnie, je l'informe des dernières orientations prises : si l'on assiste, dans un mois, à un nouveau changement d'attitude des Américains qui les conduirait à la levée de l'embargo sur les armes, nous devons, par précaution, étudier l'allègement de notre présence militaire, demander aux Américains le concours qu'en ce cas ils seraient prêts à nous apporter, et nous mettre d'accord avec les Anglais, les seuls avec nous à compter sur le terrain. J'ai demandé à Léotard d'étudier l'hypothèse d'un départ décidé le 1er janvier prochain. Selon lui, pour l'assurer dans de bonnes conditions, il faudrait dans un premier temps y envoyer 3 à 4 000 hommes supplémentaires, et un délai de cinq à six semaines au moins serait nécessaire pour mener l'opération d'évacuation à son terme. J'interviendrai au Conseil des ministres pour préparcr l'opinion, prévenant que la décision présentera pour le gouvernement de sérieuses difficultés sur le plan international comme sur le plan intérieur ; il faudra faire comprendre que nous n'abandonnons pas la partie, que c'est l'attitude américaine qui rend impossible la poursuite de notre mission.

Je regrette l'erreur commise par son cabinet qui a accepté que le sommet du G7 ait lieu au Canada les 17 et 18 juin :

« Aucun président de la République ne pourra accepter d'être absent de Paris le 18 juin.

– Le Canada devra s'incliner et changer de date, me répond-il. Le nouveau président de la République française sera la vedette ; il est impossible qu'il ne soit pas là. »

Il est d'accord pour la naturalisation de la famille de Ben Barka si le roi du Maroc n'y voit pas d'inconvénient.

Il me dit n'être toujours pas sûr de la décision de Delors et tend plutôt à penser qu'il ne sera pas candidat. Il s'interroge sur les raisons du prestige de Delors, sans me dire – c'est sous-entendu – qu'il lui semble injustifié. Il ne succombe jamais à la tentation de l'aménité.

Il ajoute que Tapie ne se présentera pas contre Delors, et qu'il aurait tort de le faire. Je le crois aussi, car l'élection présidentielle, ça n'est pas l'élection européenne où la candidature de Tapie a considérablement affaibli celle de Rocard, conduisant ce dernier à abandonner la direction du parti socialiste.

Conseil européen à Essen, les 9 et 10 décembre 1994

Toujours aussi morne et long ! Dans ces pompeuses réunions, que de temps perdu en palabres inutiles ! Mitterrand n'a pas encore tout à fait repris le dessus ; je participe pratiquement tout le temps aux séances, lui-même seulement par épisodes. Les choses se passent d'ailleurs très bien entre nous, quoiqu'il éprouve le besoin de me contredire sur l'avenir de l'Europe pour bien marquer sa place, me semble-t-il, plus que par conviction. Tout le monde, sauf moi, ne parle que de la candidature Delors, lequel est fort aimable avec moi, comme à l'accoutumée.

Au dîner des chefs de délégation, Mitterrand se retire très tôt ; je reste jusqu'à minuit pour défendre mes positions dont chacun est finalement bien obligé de prendre acte, tant elles sont incontestables : l'Europe élargie ne pourra fonctionner que différemment de l'Europe actuelle, de façon moins uniforme ; il faudra instituer des cercles de coopération plus étroits entre les pays qui y sont prêts, la composition de ces cercles étant variable selon les sujets. C'est ce que j'expliquerai à la conférence de presse en reprenant les thèmes exposés dans mon interview au *Figaro* il y a quelques mois ; je m'abstiendrai de répondre à la question concernant l'éloge dithyrambique de Delors auxquels se livrent, à l'occasion de son départ de la commission, Kohl et Mitterrand. Il est convenu que je recevrai Kohl chez moi, à Chamonix, le 5 janvier prochain.

Émission de Delors sur TF1, dimanche soir 11 décembre. Il annonce qu'il ne sera pas candidat, confirmant ce que m'avait dit Kohl trois semaines plus tôt. Je ne comprends pas son attitude : publier un livre, accorder des interviews de tous côtés, s'entretenir avec d'innombrables journalistes... pour en arriver là ! C'est un homme à certains égards indéfinissable, mélange d'orgueil et de doute sur lui-même, dont les hésitations donnent parfois le sentiment qu'il manque d'esprit de décision. Les socialistes sont furieux qu'il leur fasse faux bond. Dans son intervention, Delors a eu des propos fort peu flatteurs pour moi, bien différents de ceux qu'il tient en ma présence ; il a été bien pire avec Mitterrand, qualifié de roi fainéant dont je serais le maire du palais !

Tout le monde pensait que le retrait de Delors favoriserait dans un premier temps Chirac ; les sondages montrent qu'il n'en est rien, que c'est moi qui en sors renforcé. Du coup, certains à l'UDF, qui ne me sont pas favorables, sont tentés de pousser Barre en avant. Cela n'aura guère de suite.

L'attitude de l'appareil du RPR devient de plus en plus hostile ; sur tous les sujets, il critique ouvertement le gouvernement, au mépris de toute vraisemblance, lui reprochant son immobilisme, son manque de courage, voire de sens de l'intérêt national ; il ne recule devant rien, la simple bienséance devrait-elle en souffrir.

Mercredi 14 décembre 1994

Je demande à Mitterrand s'il se rendra à Strasbourg, le 17 janvier, pour présenter le programme de la présidence française devant le Parlement européen. Il me répond que c'est son intention, que j'aurai moi-même d'autres occasions d'y aller, ce que je m'étais bien gardé d'évoquer.

Il me donne son accord sur la présidence du Centre national d'études spatiales, sur la session extraordinaire du Parlement en janvier et son ordre du jour ; son accord aussi pour que, dans un premier temps, seul un couloir aérien, à l'exclusion d'un couloir terrestre, fonctionne à destination de Sarajevo pour alimenter nos troupes en carburant et en ravitaillement. Au début, je le sens à la fois fatigué, détaché, puis, petit à petit, il reprend le dessus et s'anime quand il aborde la politique ; comme toujours, cela le stimule.

Il me parle longuement de la prestation de Delors :

« Je vous l'avais dit, son renoncement ne m'a pas surpris. Il n'est pas fait pour cela ; en fait, il n'est pas courageux et il est très hésitant. Je l'ai vu constamment ainsi au gouvernement.

– Je crois qu'il a en lui à la fois la certitude de ses talents et un manque de confiance, comme s'il redoutait de ne pas les voir reconnus.

– Je le crois aussi ; et puis, quelle vanité ! Il n'a parlé que de lui, et jamais de la France ! Il ne vous aurait pas battu, j'en suis certain. Ses 53 % dans les sondages, cela exprime chez les Français un sentiment de mécontentement. Il se serait dégonflé comme une baudruche. Votre vie est simplifiée, mais aussi rendue plus difficile...

– On me dit qu'il a rencontré Barre pour l'inciter à se présenter afin de me gêner en lui promettant le soutien des socialistes au second tour.

– C'est bien possible. Ce pauvre Rocard m'impute ses difficultés comme si j'étais un manœuvrier retors. Il n'a qu'à s'en prendre à lui-même ! Ses erreurs, c'est lui qui les a commises, je n'ai rien eu à faire. D'ailleurs, pourquoi m'a-t-on fait cette réputation de manœuvrier ? Je suis resté vingt-quatre ans dans l'opposition, et, après tout, j'aurais pu moi aussi me rallier. D'autres l'ont fait...

– Delors va rester comme une sorte de nouveau Mendès France ; l'opinion aime bien ce type de personnage.

– Oui, mais Mendès France, lui, agissait.

– Vraiment ? Lui qui disait : "Gouverner, c'est choisir" n'a guère choisi au moment de la ratification de la CED. Pourtant, il dirigeait alors le gouvernement, vous en étiez. Je crois qu'il était beaucoup plus manœuvrier qu'il ne voulait l'avouer.

– En effet, mais ses manœuvres échouaient. »

Nous parlons de la mort d'Antoine Pinay à cent trois ans. Je lui demande :

« Irez-vous aux obsèques ?

– Non, je ne l'appréciais pas particulièrement.

– Il a exploité le thème : "Je ne fais pas de politique." C'est un thème imparable à droite : Pétain, de Gaulle, Pinay... Je l'ai moi-même cultivé quelque peu, au début.

– Pas longtemps, sinon vous n'auriez rien fait. »

Il revient à Delors ; je lui demande qui sera le candidat du parti socialiste qui, je le pense comme lui, obtiendra de toute façon 47 à 48 % des voix, son minimum incompressible.

« Naturellement. Je ne vois pas Lang. Emmanuelli, cela risquerait de lui faire perdre le secrétariat général, au cas très probable où il serait battu. Mauroy ? Il a peur, lui, de perdre la mairie de Lille. Vous le voyez, vous avez la part belle. Moi, de toute façon, j'accueillerai comme un hôtelier celui que le peuple m'enverra. »

Nous descendons, et, avant d'entrer dans la salle du Conseil, il passe derrière moi pour aller vers la fenêtre et regarder une voiture garée dans la cour.

« Quelle est donc cette voiture ? » demande-t-il à l'huissier.

Personne ne le sait. Je regarde à mon tour.

« Je crois que c'est la mienne, il me semble reconnaître mon chauffeur.

– Il faudra tout de même faire déplacer cette voiture, elle n'a rien à faire dans la cour.

– Bien entendu ; j'ignorais qu'elle fût garée là. »

Compte tenu des habitudes, à ce moment-là ma voiture ne devait pas être parquée dans la cour. Était-ce à lui de me le faire remarquer ?

Mercredi 21 décembre 1994

Mitterrand souhaite inviter un certain nombre de chefs d'État à célébrer le cinquantenaire de la Victoire, le 8 mai 1995. Ce sera le second tour de l'élection présidentielle.

« De toute façon, mon successeur ne sera pas laissé de côté, il aura une place honorable. »

Je ne réponds rien.

Pour la prochaine promotion, il refuse de nommer Lagardère commandeur de la Légion d'honneur, sans avancer de raisons. Je le présenterai à nouveau :

« Soit, nous verrons plus tard. »

À la suite de sa condamnation, Tapie doit être déclaré déchu de son mandat parlementaire par le Conseil constitutionnel, mais pour le déclarer déchu de son mandat de député européen il faut un décret du président de la République et du Premier ministre.

« Je trouve, lui dis-je, cette procédure étrange. Comment le pouvoir exécutif peut-il déchoir un élu d'un mandat qui lui a été confié par le peuple ?

– Vous avez raison, le mieux est de ne pas nous en mêler.

– Il faudra bien, tout de même, prendre une décision.

– Nous verrons... La presse dit n'importe quoi : Jean Guitton était un ancien du 104[1], comme nous deux. Je suis allé le voir parce que c'est un très vieux monsieur ; je n'ai rien dit de ce qu'il prétend sur la vie éternelle et sur l'après de la mort... »

Nous parlons de Berlusconi qui quitte la présidence du Conseil italien ; il estime que son destin politique est scellé, et qu'il ne reviendra pas en scène ; je le crois aussi. L'avenir montrera que nous nous trompions tous les deux.

Il en vient, comme chaque fois, à la prochaine élection présidentielle :

« Je vous avais dit que Delors ne se présenterait pas : c'est un numéro 2, pas un numéro 1. Il est certain qu'il y aura un socialiste présent au second tour. Vous verrez bien.

– Je le crois aussi. C'est une réalité de la France, sauf s'il y a plusieurs candidats socialistes.

– Je ne le crois pas. De toute façon, ce sera un candidat de droite qui sera élu, et cela reviendra vers vous.

– Vous, qui ?

– Vous. Aujourd'hui, vous seriez élu sans aucune difficulté. Je crois d'ailleurs que Delors ne vous aurait pas battu, et qu'il n'aurait pas duré quatre mois.

– Croyez-vous que Rocard puisse être à nouveau candidat ?

– Non, pas du tout. Il n'est pas crédible, il a des ambitions exagérées. »

Décidément, il n'abandonne pas ses rancunes ! C'est une obsession.

« Vous aurez face à vous Chirac. Je le connais : en campagne, il tape de tous les côtés. Méfiez-vous, il ne vous épargnera rien. »

Prévision juste – facile à faire, il est vrai.

Il me parle de sa santé :

« Mon traitement de radiothérapie est terminé. J'ai maintenant des formules normales, notamment pour les globules rouges, aussi bonnes que les vôtres. On saura entre le 1er décembre et le

1. De la rue de Vaugirard. Voir, *supra*, la note de la page 301.

15 janvier le tour que prendront pour moi les choses ; de mon point de vue, elles prennent une bonne direction. Je me sens mieux et je vais aller passer quelques jours en Italie pour Noël. »

★

Le lendemain jeudi, il m'invite à venir le voir avec Méhaignerie. On soupçonne la police, lui a-t-on rapporté, d'avoir manipulé le docteur Maréchal, beau-père du juge Halphen chargé d'instruire l'affaire des HLM des Hauts-de-Seine ; à sa demande, une valise avec un million de francs en billets lui a été remise à l'aéroport de Roissy, le 20 décembre, afin qu'il accepte d'influencer le juge, son gendre.

En février 1994, le juge Halphen avait commencé l'instruction d'une affaire Poulain qui déboucha rapidement sur l'affaire dite des HLM de Paris. Il avait constaté que les entreprises mises en cause traitaient également avec l'Office HLM des Hauts-de-Seine dont le directeur général, de septembre 1986 à mars 1994, avait été Schuller, élu conseiller général de Clichy en mars 1994. Se rendant compte, en examinant la comptabilité des entreprises concernées, que nombre d'entre elles supportaient d'importantes dépenses de publicité pour le journal de Schuller, *Le Petit Clichois*, il avait, le 13 décembre 1994, effectué une perquisition au siège de ce dernier.

Schuller était, depuis le début de l'enquête, en contact avec le docteur Maréchal, membre, disait-on, de la même loge maçonnique que lui, à Neuilly, et beau-père du juge Halphen envers lequel il nourrissait des griefs de nature familiale. Maréchal, racontait-on, aurait à plusieurs reprises proposé à Schuller d'intervenir auprès du magistrat afin qu'il modère ses investigations, moyennant rétribution de ses services. Informé par Pasqua, j'avais interdit toute utilisation de ces informations nauséabondes pour faire pression sur le juge. Je trouvais le procédé à la fois répugnant et inefficace. Quelques jours plus tard, fin novembre, Pasqua revint me voir et m'affirma que, comme il allait de soi, mes instructions seraient respectées, que la police n'interviendrait pas dans cet imbroglio.

Cependant, le 15 décembre 1994, Schuller déposa contre Maréchal une plainte pour tentative d'extorsion de fonds. Ceux qui l'avaient conseillé pensaient que cette plainte suffirait à conduire le juge Halphen à se dessaisir du dossier des HLM des Hauts-de-Seine. Ils firent en sorte que la tentative d'extorsion de fonds pût être constatée en flagrant délit, le 20 décembre, à Roissy.

Cette affaire, à laquelle j'étais totalement étranger, me fit par la suite un tort irréparable. Comment ne pas être frappé de la disproportion entre les causes et les conséquences ? Il s'agissait d'obscures tractations, où les échanges de services mêlaient l'utilisation de faits privés à des tentatives de pression sur le déroulement de la justice. Rien que de vulgaire et de subalterne, comme avait dit de Gaulle parlant de l'affaire Ben Barka.

Dans l'esprit des instigateurs du piège mis en place, dont le but était d'établir le flagrant délit d'extorsion de fonds qu'aurait commis le médecin, le juge Halphen devait être dessaisi du dossier Schuller en raison du comportement de son beau-père. Mais seule la chambre criminelle de la Cour de cassation était compétente à cet effet. Cependant, Mitterrand me fit connaître son intention de saisir de l'affaire le Conseil supérieur de la magistrature, même si pareille procédure n'était pas prévue par la Constitution et si elle empiétait sur les attributions de la chambre criminelle de la Cour de cassation.

« L'affaire suscite un grand émoi, dit Mitterrand. L'Élysée est assailli de coups de téléphone. Même Barre a appelé pour dire son indignation contre le recours à de tels procédés. »

Méhaignerie déclare qu'il n'est nullement dans ses intentions de demander d'emblée au procureur de la République de saisir la chambre criminelle ; la décision sera prise en janvier.

« Compte tenu de ce que vous dites, répond Mitterrand, je peux surseoir à la saisine du Conseil supérieur de la magistrature. »

Je lui demande alors :

« La presse est-elle informée de notre visite ? N'y a-t-il pas lieu de lui conserver un caractère confidentiel afin de me laisser le temps d'y voir clair ?

– Il est impossible de garder quoi que ce soit de secret », me répond-il.

Le piège a été préparé avec soin, cette fois à mon détriment.

À peine ai-je quitté l'Élysée, alors que je suis dans ma voiture pour me rendre à Roissy, qu'il m'appelle d'une voix indignée pour me dire qu'il a sous les yeux une dépêche dans laquelle le procureur général Burgelin déclare son intention de saisir la chambre criminelle.

« J'ai été honteusement trompé par le garde des Sceaux ! Comment peut-il mentir au Premier ministre et à moi-même ? Dans ces conditions, je fais saisir immédiatement le Conseil supérieur de la magistrature. »

Je ne peux pas croire que Méhaignerie ait travesti la vérité au moment même où il pouvait être démenti par une déclaration du procureur général. Dans quel but l'aurait-il fait ? Quelle utilité pour lui ?

Je demande à Mitterrand quelques heures de délai afin de débrouiller l'affaire. En fait, comme me le dit Méhaignerie, et comme je le vérifierai plus tard, le procureur général s'est borné à indiquer que la question de l'éventuel dessaisissement du juge serait évoquée début janvier ; c'est exactement ce que Méhaignerie a indiqué en ma présence à Mitterrand.

C'est ce que je fais observer à Mitterrand, qui n'en tient aucun compte.

La presse, à coup sûr dûment avertie par ses soins, fait état, le lendemain, d'une « convocation » du Premier ministre par le président de la République, défenseur de l'indépendance de la magistrature. Apparemment, il a oublié tout ce qu'il m'a dit sur les juges, leur corporatisme, leurs pouvoirs excessifs, leur intrusion dans le jeu politique, toutes ses philippiques contre le juge Jean-Pierre dont il a fini par se débarrasser !

Cet incident révélait ce que je savais : en dépit des amabilités et des flatteries, l'animosité de Mitterrand envers moi allait croissant. En témoignaient, entre autres choses, le comportement de certains de ses amis les plus proches, qui m'étaient ouvertement hostiles, la dramatisation de cette misérable affaire Schuller, dans laquelle le comportement de la justice n'était pas critiquable, et maintenant l'accusation formulée publiquement contre moi de porter atteinte à l'indépendance de la magistrature, ce qui, venant de lui, ne manquait pas de saveur ! Tout témoignait du désir de multiplier les obstacles sous mes pas.

★

Dimanche de Noël ; lundi 26 décembre 1994

Le 24 décembre, alors que j'étais à Chamonix, je fus informé de l'immobilisation, sur l'aéroport d'Alger, d'un Airbus d'Air France à destination de Paris, sans que l'on pût encore me fournir beaucoup de détails.

Le lendemain, jour de Noël, mon cabinet était averti par le directeur de la DGSE que des extrémistes islamistes avaient pris en otages dans l'avion les 173 passagers et les membres de l'équipage. J'en fus informé, ainsi que l'Élysée et le ministère des Affaires étrangères, chargé, comme il est de règle en pareil cas, de mettre sur pied une cellule de crise.

Aussitôt je rentrai à Paris à midi. La situation était dangereuse. Le gouvernement algérien, prenant motif de la souveraineté de son pays, refusait l'intervention du GIGN sur l'aéroport d'Alger pour libérer nos otages ; il refusait également que l'avion retournât en France, avec ou sans les passagers.

Dès mon arrivée, je constatai que Pasqua et Juppé avaient des positions divergentes ; après avoir discuté avec l'un et l'autre, je décidai, dans l'après-midi, que nous devions par priorité demander que l'avion puisse reprendre son vol pour la France. La confusion régnait, le climat était tendu au sein de la cellule de crise où certains, saisis d'une ardeur brouillonne, préconisaient l'intervention du GIGN sur l'aéroport même d'Alger, avec tous les risques qu'elle comportait et malgré l'opposition du gouvernement algérien qui la rejetait violemment. Quant à Mitterrand, en vacances en Italie, il demeurait silencieux.

À plusieurs reprises, je téléphonai au Premier ministre Sifi pour réclamer le retour en France de l'Airbus ; il me répondit que les terroristes ne l'accepteraient pas, que ce retour mettrait en cause la souveraineté de l'Algérie.

De son côté, Pasqua n'était, au départ, guère désireux que l'avion reprenne son vol pour la France, car le règlement de l'affaire serait alors de notre seule responsabilité, avec tous les risques qu'il comporterait. Moi-même, je n'acceptai pas que l'avion fût dérouté d'Alger vers une capitale lointaine, en Somalie ou ailleurs ; par souci de sauvegarder la vie des otages, j'avais la volonté de retirer aux autorités algériennes la responsabilité de leur libération, tant je redoutais le comportement de leurs services de sécurité s'ils étaient amenés à intervenir à Alger. Dès lors que l'avion s'envolerait pour la France, comme je l'exigeais, le gouvernement français, en prenant lui-même la responsabilité de cette libération, courrait certes des risques énormes ; mais il fallait les affronter. C'est un choix que je fis sans hésiter : en pareilles circonstances, les préoccupations inspirées par la prudence politique ne sont pas de mise.

À 21 h 30, le cuisinier de l'ambassade de France à Alger, présent dans l'avion, fut assassiné par les terroristes, et son corps jeté par la porte sur le tarmac. J'ai alors téléphoné à Zeroual, président de l'Algérie, pour le mettre en demeure, en des termes d'une vigueur inhabituelle et qui l'ont ébranlé, de laisser l'avion décoller ; je lui ai dit que je le tenais pour personnellement responsable de la vie des otages et que j'en prendrais à témoin l'opinion internationale. J'avais eu du mal à le joindre : manifestement, il ne souhaitait pas me parler. Notre conversation étant demeurée sans résultat, je l'ai appelé une seconde fois, mais c'est Sifi qui a pris l'appareil alors que, manifestement, Zeroual était dans la pièce. Sifi me dit que la décision d'autoriser le retour en France de l'avion était prise. Il fallut encore plusieurs heures avant qu'elle fût exécutée, les autorités algériennes ayant eu quelque mal à convaincre les terroristes. Entre-temps, j'avais fait connaître publiquement que j'exigeais le retour en France de l'Airbus et de ses passagers.

Dans la soirée, je rentrai chez moi pour réfléchir seul. Ayant appelé Matignon, je constatai que, l'avion n'ayant toujours pas quitté Alger, la tension montait dans les esprits ; il était plus sage de regagner mon bureau. J'eus du mal à joindre l'inspecteur affecté à ma protection et le chauffeur de ma voiture. Apercevant par la fenêtre une petite voiture de police qui stationnait sur le boulevard tandis que deux gardiens de la paix se tenaient à la porte de mon immeuble, je descendis et demandai au jeune policier assis dans la voiture en stationnement de me conduire à Matignon. Il ne connaissait pas Paris et ne savait pas où était Matignon. Je m'assis auprès de lui et le guidai sans grande peine puisqu'il suffisait de suivre les berges de la Seine et, par l'esplanade des Invalides, de rejoindre la rue de Varennes. Mon arrivée à Matignon dans un tel appareil causa quelque surprise, et le ministre de l'intérieur me téléphona peu après pour me dire son étonnement. Je lui recommandai de veiller à ce que les conducteurs de véhicules de police dans Paris connaissent mieux la ville. Aux circonstances les plus graves le hasard peut mêler quelque épisode cocasse.

Pour une fois, j'ai couché à Matignon dans la petite chambre qui m'était dévolue, à quelques mètres de mon bureau.

L'avion atterrit à 3 h 30 du matin à Marignane. On me réveilla. Les pourparlers avec les terroristes ne donnaient aucun résultat. Ils demandaient à faire le plein de carburant et à redécoller pour atterrir à Paris ; on leur fit croire que c'était impossible dans l'immédiat et qu'il fallait attendre ; on redoutait, me disait-on, un attentat-suicide, et qu'ils ne dirigent l'avion sur la ville même afin qu'il s'écrase sur la tour Eiffel, à leurs yeux symbole de la France.

Vers 8 heures du matin, après avoir déclaré publiquement que c'était à moi seul de prendre toutes les décisions nécessaires à la libération des otages, je décidai de faire donner l'assaut par le GIGN. Je savais que les risques étaient immenses. Quatre terroristes armés, des explosifs dans la carlingue : on redoutait une boucherie, des dizaines de morts ; mais j'étais résolu à faire cesser au plus vite les discussions et tergiversations pour des raisons tenant à l'autorité de l'État, à l'image de notre pays, mais aussi et d'abord parce qu'il fallait sauver le plus de vies possible, et qu'aller vite était le meilleur moyen d'éviter le pire. Je n'eus, même un instant, aucun doute sur la décision à prendre : elle s'imposait d'elle-même. Les choses étaient pour moi très claires ; si j'osais, je dirais qu'elles étaient simples.

Pour le choix de l'heure de l'assaut, je m'en remis aux responsables des forces de l'ordre sur place ; je ne voulais pas leur compliquer la tâche en intervenant de loin par des conseils, voire des directives prises dans l'ignorance des réalités. Dès lors que la décision était prise et revendiquée par moi au vu et au su de tous, il leur appartenait d'agir à leur guise pour la mettre en œuvre ; j'étais – je le leur ai fait dire – solidaire de leur action en toute hypothèse ; j'en prenais toute la responsabilité.

J'ai passé la journée à travailler comme à l'ordinaire, tout en me tenant informé de la situation à Marignane. Ce furent de longues heures. Je déjeunai à Matignon en compagnie de Bazire et de Sarkozy qui était venu me rejoindre. Comme toujours dans les moments difficiles, il tenait à être présent à mes côtés. Puis je restai seul dans mon bureau. Je refusai d'aller dans la pièce voisine où était installé un poste de télévision sur l'écran duquel on pouvait voir le terrain d'aviation, avec l'Airbus immobilisé, et entendre les commentaires inévitablement creux des journalistes qui n'avaient aucun mouvement à observer. Pour tromper l'attente, durant l'après-midi, je corrigeai une interview que j'avais accordée sur le rôle de l'État dans la vie culturelle.

L'assaut fut donné peu après 17 heures. Grâce au courage, à l'audace, à l'entraînement des gendarmes du GIGN, il connut un succès foudroyant, spectaculaire, total, les quatre pirates étant aussitôt abattus ; parmi le personnel d'Air France et les passagers, il y eut quelques blessés, mais aucun tué.

Le lendemain, je me rendis à Marseille, dans quatre hôpitaux où je pus m'entretenir avec les membres du GIGN blessés, le copilote d'Air France et la secrétaire de l'ambassade. Pasqua m'accompagnait.

À mon retour, l'après-midi, j'eus une conversation avec Juppé ; un article du *Monde*, manifestement inspiré par le Quai d'Orsay, pouvait être interprété comme signifiant que, par mes tergiversations, j'étais responsable de l'assassinat du malheureux cuisinier français intervenu quelques heures après mon retour de Chamonix à Paris, donc bien avant que j'eusse enfin obtenu du Président algérien le départ de l'avion pour la France. Je suis persuadé que Juppé n'avait aucune responsabilité dans cette malveillance.

Dans les mois à venir, du fait de la campagne présidentielle, la direction du gouvernement allait, jusque dans ces circonstances dramatiques qui auraient dû imposer cohésion et solidarité, devenir compliquée. Force m'était de m'accommoder de cette situation.

Le succès de l'opération, dû aux capacités sans pareilles du GIGN, commandé par le colonel Favier, me valut, à en croire la presse, un crédit considérable dans l'opinion. Les accusations de faiblesse dont l'affaire du CIP avait été le prétexte devenaient dérisoires. Chacun louait la rapidité de ma décision, et le fait que je l'eusse prise malgré tous les dangers qu'elle comportait, alors que ma probable candidature eût été gravement atteinte si l'assaut avait eu des conséquences meurtrières pour les passagers et l'équipage. J'avais pensé à ce risque, bien entendu, mais sans m'y attarder un instant. J'avais décidé seul.

Quant à Mitterrand, je n'avais eu aucun contact avec lui durant ces jours et ces nuits. Régulièrement informé par Védrine, il s'était gardé de me téléphoner. Lui, tellement jaloux de ses prérogatives quelques semaines plus tôt, n'avait manifesté aucune intention d'intervenir auprès des autorités algériennes, n'avait pris nul ombrage de mes conversations avec le Président algérien, ni manifesté le moindre désir de m'apporter un quelconque concours. Il m'avait laissé prendre seul la responsabilité des décisions, ce qui me convenait fort bien. Il était moins soucieux que quelques mois auparavant de défendre les pouvoirs qu'il jugeait siens et qu'il m'avait reproché de méconnaître.

*

Juppé vint me voir à son retour de vacances, le mardi 3 janvier 1995, après m'avoir téléphoné pour me souhaiter une bonne année. Nous nous sommes sereinement expliqués, sans nous comprendre bien. Il me dit être mortifié qu'on pût, en la circonstance, lui faire des reproches, nia la déloyauté de son entourage. Je regrettai cette incompréhension qui s'était installée entre nous, à bien des égards nos conceptions et nos réactions étaient voisines.

Au déjeuner auquel j'avais invité les ministres, je leur ai présenté mes vœux, leur disant que, conformément à notre engagement commun, pris il y avait près de deux ans, ils avaient désormais la liberté d'exprimer leur choix personnel dans la campagne présidentielle ; je souhaitais seulement qu'ils se consacrent par priorité à leur tâche gouvernementale, défendent notre bilan commun et préservent entre nous une relation cordiale. Propos convenus, réponses contraintes, convenues elles aussi.

Le 31 décembre, Mitterrand qui, alors en vacances en Italie, s'était soigneusement gardé de toute relation avec moi avant comme après le dénouement de l'affaire de l'Airbus, avait présenté ses vœux aux Français. Un sentiment nostalgique, quelque peu emphatique, leur conférait une tonalité étrange. Il avait conclu en évoquant les vœux qui, dans un an, leur seraient présentés par son successeur : « Je crois aux forces de l'esprit. Je ne vous quitterai pas ! » Sans doute les souvenirs de son enfance reprenaient-ils alors le dessus ; même Jean-Paul II, lors de son agonie si spectaculaire et publique, dix ans plus tard, ne se sera jamais exprimé ainsi.

*

De retour à Chamonix pour deux jours, je pris ma décision : je me présenterais à l'élection présidentielle. Prise, elle ne l'avait nullement été en 1993, ni même plus tard, malgré les rumeurs et les soupçons. Plusieurs raisons m'y portaient désormais : la situation de notre pays s'était améliorée ; pour demain j'étais certain qu'il fallait poursuivre dans la même voie, libérer la société des entraves inutiles qui en bridaient le dynamisme, développer l'incitation à l'activité, étendre la participation des salariés, décentraliser, élargir la part du contrat dans la vie sociale, appeler les Français à l'effort et à la réforme ; les sondages, à la vérité mon seul appui – appui fragile, comme on allait le voir –, m'étaient constamment favorables ; les attaques dont j'étais la cible de la part des hiérarques du parti auquel j'appartenais me poussaient à réagir et à aller plus loin ; le goût du pouvoir, enfin, me stimulait. Je l'avais exercé sans partage dans le domaine économique de 1986 à 1988, imprimant à notre société un visage nouveau grâce à des réformes libérales sans précédent ; je l'exerçais à nouveau depuis 1993, cette fois comme Premier ministre d'un Président qui ne se représentait pas et ne gênait guère mon action. Les obstacles, c'est au sein d'une partie de la majorité que je les avais trouvés ; j'entendais les surmonter définitivement afin que la France se dégageât des ornières du passé. C'était tout le sens de ma candidature. S'il l'avait fallu, l'heureux et rapide dénouement de l'affaire de l'Airbus m'y aurait incité : le succès avait couronné les risques que j'avais pris sans hésiter, au grand jour. Il y a une grande différence entre exécuter une décision prise par un autre et décider soi-même en prenant seul toute la responsabilité. La preuve était faite aux yeux de tous.

J'étais convaincu que mon projet était le bon, que j'étais le seul à défendre la modernisation et l'ouverture au monde de notre pays, contre un populisme étatiste et un socialisme suranné qui, tous deux prisonniers de la même vision passéiste, se retrouveraient associés pour défendre le statu quo. Mon ambition était d'ouvrir un nouvel avenir à notre pays contre les conservatismes de droite et de gauche, de donner à chacun davantage de liberté au prix de réformes indispensables, fussent-elles rudes à faire accepter. Ma candidature donnerait un sens à la campagne qui s'annonçait, elle permettrait un choix. J'avais confiance en moi, dans la justesse de mes convictions ; j'étais animé de la volonté de relever un défi, de montrer qu'une campagne électorale pouvait être gagnée sans concession à la démagogie, sans recours aux mauvais procédés ni aux vilénies. Je voulais montrer que la politique pouvait être autre chose.

Que de risques, cependant, alors que, pour moi, il s'agissait d'une expérience nouvelle ! De certains j'étais conscient : pour le financement de ma campagne j'avais interdit qu'on donnât suite aux offres de contribution venues de l'étranger, qu'elles émanent d'autorités officielles (plusieurs gouvernements manifestèrent des intentions de cette nature !) ou d'organismes occultes ; quant à son organisation, elle serait improvisée, marquée de lacunes, sources de bien des mécomptes. Je n'avais aucun parti solide pour soutenir ma candidature : le RPR, officiellement neutre, était en réalité tout entier au service de Chirac ; l'UDF, mal structurée, malgré l'adhésion des nombreux élus qui me soutenaient, était sous l'influence de Giscard d'Estaing et de Barre qui me faisaient grief de leur avoir manqué de considération et de m'être emparé de ce qui leur appartenait naturellement. Je connaissais l'animosité envers moi de plus en plus difficilement cachée de Mitterrand, qui aidait Chirac chaque fois qu'il le pouvait. N'était-ce pas un juste retour des choses ? Celui-ci ne l'avait-il pas aidé à se faire élire, en 1981, contre Giscard d'Estaing ? On disait parfois que je n'avais pas eu pour lui les égards qu'il souhaitait : ce n'était là qu'un prétexte, lui-même ne l'invoquait pas lors de nos entretiens. Sans doute avait-il davantage d'affinités de comportement et de conviction, si je puis dire, avec Chirac. Comment un homme tellement possédé du sentiment de sa prééminence et uniquement préoccupé de lui-même pouvait-il supporter sans aigreur de voir son probable successeur face à lui, exerçant déjà une grande part du pouvoir qui lui était tombé des mains, ne prenant même pas la peine de paraître se laisser prendre au jeu de sa feinte amabilité ?

Mon caractère répugne à la démagogie, je n'y vois qu'un mensonge intéressé, exploitant la faculté des hommes à perdre la mémoire de ce qui leur a été promis ; il ne me poussait pas à multiplier les engagements au mépris des réalités, à promettre à tous que les salaires seraient augmentés, les conquêtes de la protection sociale indéfiniment préservées à l'identique, que les structures de l'administration et de la fonction publique demeureraient intactes, que nous pourrions remplir nos obligations européennes, retrouver un progrès durable, améliorer la justice dans notre société sans peine ni efforts pour réduire nos déficits. Je dédaigne la comédie. Cependant, j'avais gravement sous-estimé la bassesse des moyens qui allaient être utilisés contre moi, mettant en cause mon intégrité morale, la fermeté de mon caractère, les méthodes de mon action, grâce à des campagnes de presse, à des libelles calomnieux, à des pièges minutieusement mis en place, lesquels allaient brutalement bouleverser une situation qui, au départ, m'était favorable.

Très vite, ma campagne, commencée dans l'euphorie, se heurterait à de graves difficultés, et je perdrais du terrain ; dans les dernières semaines, je réagis et en regagnai une partie, mais il allait me manquer quelques jours pour reprendre l'avantage.

Si j'avais hésité si longtemps, c'était par goût de la liberté, parce que j'étais conscient de la contrainte qu'exerceraient sur moi les fonctions que j'ambitionnais. J'étais averti des oppositions que je rencontrerais ici et là au sein de la majorité, mais, en cas de succès, je n'avais nulle inquiétude pour la suite : le ralliement au vainqueur est une habitude assez répandue. Je savais aussi qu'une campagne serait menée sans relâche contre moi sur le thème de la rupture de l'engagement que j'étais censé avoir pris envers Chirac, qui chantait la complainte de l'amitié déçue. Cela n'était pas fait pour m'émouvoir : j'ai déjà dit ce qu'il en était. Depuis 1988 et bien plus encore depuis 1993, j'étais l'objet de critiques constantes, j'avais le sentiment d'avoir été trompé pour être mieux utilisé, on m'avait joué la comédie de l'amitié, l'invoquant pour mieux s'employer à m'affaiblir et à m'isoler.

J'entendais bien ne pas me laisser emprisonner dans les liens de sentiments factices.

Je me sentais d'autant plus libre de ma décision que le RPR avait choisi de ne soutenir officiellement aucun candidat par crainte de se diviser ; Chirac comme Giscard d'Estaing avaient refusé l'organisation d'élections primaires destinées à choisir un candidat unique, bien qu'ils s'y fussent tous deux engagés.

Une lourde contrainte pesait sur moi : je ne pouvais, prenant motif des obligations auxquelles me soumettrait la campagne électorale, démissionner du gouvernement ; alors que le Président était affaibli, souvent absent, c'eût été un abandon de poste. J'étais conscient des difficultés qui en résulteraient : le temps me serait compté pour convaincre. Plus grave : l'on me ferait porter la responsabilité du moindre incident. La direction du gouvernement comporte ses risques, accrus quand sévit une compétition électorale.

Dans les mois qui suivirent, je mesurai combien grande était ma solitude face aux appareils et aux réseaux. J'avais voulu en faire un atout aux yeux de l'opinion, lui apparaître différent. Certes, il y entrait de l'orgueil ; du moins me soutint-il pour affronter les événements lorsque les nuages s'amoncelèrent.

V

L'épreuve
janvier - mai 1995

Mercredi 4 janvier 1995

Manifestement, Mitterrand va mieux. Il semble avoir surmonté l'épreuve qu'il a traversée durant l'automne. Je m'en réjouis pour lui et, plus égoïstement, pour moi dont la mission sera, de ce fait, moins malaisée à assumer.

Il me donne son accord pour que des décorations dans l'ordre de la Légion d'honneur ou celui du Mérite soient attribuées aux gendarmes du GIGN et au personnel d'Air France dont le sang-froid et le courage ont permis le dénouement du drame de l'Airbus. Il ne me dit rien du mécontentement qu'il éprouverait, me rapporte-t-on, du fait que je ne l'aurais pas suffisamment informé. Ce serait un comble ! Il se trouvait en Italie, injoignable par moi. Il a été informé par Védrine, que Bazire tenait au courant, et il n'a pas jugé bon de m'appeler. Durant ces heures de Noël, nous n'avons eu aucune conversation ; je n'ai pas tenté de le joindre, lui non plus. À l'évidence, il souhaitait me laisser seul face aux conséquences de mes décisions auxquelles il n'entendait prendre nulle part, ni apparente ni réelle. Quant à moi, j'étais résolu à me passer des interventions et des conseils : je savais ce que j'avais à faire.

À propos de ma rencontre avec Kohl, demain à Chamonix :

« Je ne tiens nullement à voir modifier le traité de l'Élysée ; je l'ai trouvé tel qu'il était, j'ai vécu quatorze ans avec, je ne veux pas le changer.

– Il n'est pas dans mes intentions de proposer une modification du traité avant votre départ. Ce sera de la responsabilité du nouveau Président. »

Il me confirme qu'il ira à Strasbourg, le 17 janvier, pour prononcer devant le Parlement européen un discours décrivant le programme de la présidence française. Comme ce n'est pas de sa seule responsabilité, et que son mandat en France prendra fin en mai, je demande qu'il soit établi ensemble par nos collaborateurs respectifs. Il en est d'accord.

Nous parlons de l'attitude à prendre envers l'Algérie ; elle doit changer, afin de marquer à son gouvernement combien nous sommes mécontents de son comportement dans l'affaire de l'Airbus. La marge est étroite : aller trop loin dans la voie de la rétorsion serait enlever son dernier appui au gouvernement algérien, et risquerait de faire triompher les islamistes du FIS ; en revanche, ne rien faire serait continuer à apparaître aux yeux du monde comme son seul soutien.

« Il faudrait faire les choses de façon subtile, me dit-il.

– Comment ?

– Par exemple, intervenir pour des prisonniers du FIS afin qu'on les libère...

– Il y a beaucoup plus de tués que de prisonniers...

– Prôner des élections libres...

– Pourquoi pas ? Mais soyons lucides : ce sera considéré comme un désaveu du gouvernement algérien.

– Tout dépend de la forme. »

Je n'obtiendrai de lui rien de plus précis.

Je lui parle de Roland Dumas, qui m'a demandé d'intervenir auprès du Crédit foncier afin que celui-ci consente un prêt au parti socialiste qui en a besoin pour la prochaine campagne présidentielle, avec, comme garantie, l'immeuble de la rue de Solférino dont il est propriétaire. J'ai fait part de sa démarche à Colli, le gouverneur du Crédit foncier. Mitterrand me confirme qu'on lui avait demandé de m'en parler.

Puis il aborde l'affaire Halphen-Maréchal et son attitude de la semaine dernière :

« Lorsque vous avez quitté mon bureau, on m'a apporté la dépêche faisant état de l'intention du procureur général de saisir tout de suite la chambre criminelle. J'ai eu un coup de sang. Vous étiez encore dans votre voiture et je vous ai appelé tout de suite.

– En effet, mais j'ignorais, comme vous, et je crois comme Méhaignerie, l'initiative du procureur.

– J'ai eu le sentiment qu'on m'avait trompé.

– Qui vous a trompé ?

– Pas vous, bien entendu, mais Méhaignerie, dont je sais qu'il avait donné des instructions au procureur Burgelin.

– Je ne le crois pas. Même si vous ne l'estimez pas à sa vraie valeur, plus grande que vous ne le pensez, vous ne pouvez pas le croire inconsidéré au point de vous mentir dans votre bureau et devant moi à l'instant même où vous auriez la preuve qu'il ment. Il a été surpris, comme vous et moi.

– Je n'en crois rien. De toute façon, ce serait une erreur de dessaisir le juge.

– Les choses étant ce qu'elles sont, et de votre fait, permettez-moi de vous le dire : je suis de votre avis.

– Je n'ai qu'un conseil à vous donner, c'est de vous tenir en dehors de tout cela.

– C'est en effet mon attitude, sauf lorsque c'est vous qui m'y mêlez.

– Comment ?

– Puisque vous m'en parlez, je vous le dirai sans détours, je n'ai pas beaucoup apprécié que la presse dise que vous m'avez convoqué pour me réprimander.

– Comment, la presse a dit cela ?

– Elle n'a même fait que cela, vous devez bien le savoir !

– Mais non, ce n'est pas vous qui étiez visé... »

Peu désireux de s'appesantir sur le sujet, il en change rapidement :

« La situation se présente mal au parti socialiste ; il y a beaucoup de candidats possibles, mais aucun de bon. Jospin et Joxe sont des protestants raides, aussi peu électoraux que possible. Lang est détesté par le parti. Emmanuelli n'est pas populaire, et pourtant il est intelligent.

– Pourquoi est-il si souvent désagréable ?

– Vous trouvez ? Il n'y a aucune chance pour le parti socialiste en 1995, l'affaire est réglée : ce sera vous. Vous n'avez plus qu'à regarder du côté de Barre. Mon successeur ne sera pas socialiste, je n'en ferai pas une maladie... d'ailleurs, c'est déjà fait. »

Toujours la même propension à parler de soi, à tout ramener à son propre sort. Cette complaisance explique aussi son acharnement, le courage dont il témoigne dans l'épreuve.

Mercredi 11 janvier 1995

Nous parlons de la Cour européenne de conciliation et d'arbitrage créée à l'initiative de Badinter. Ce dernier propose comme conciliateur français François-Poncet. Nous en sommes l'un et l'autre d'accord, moi plus que lui sans doute.

Je lui demande s'il est exact qu'il serait contrarié de me voir visiter le *Triomphant*, dernier sous-marin nucléaire en voie de construction. Il n'y voit aucun obstacle.

Nous évoquons la situation en Algérie. Je crois nécessaire d'infléchir l'attitude de la France afin qu'elle ne puisse pas être considérée comme favorable au gouvernement en place. Il est de mon avis.

Pour le sommet du G7 à Halifax, il est bien conscient de l'erreur commise dans le choix de la date, erreur que je m'emploie à faire rectifier.

« De toute façon, me dit-il, le G7 en juin à Halifax, c'est vous que cela concernera beaucoup plus que moi.

– Est-ce vraiment sûr ?
– Pour une moitié de la phrase, oui ! »

Je lui parle de ma décision de me présenter à la présidence de la République, décision que j'annoncerai la semaine prochaine.

« Si vous devez confirmer vos projets, je n'ai qu'un conseil à vous donner : continuez à gouverner et ne répondez pas aux critiques ; soyez indifférent.

– Telle est bien mon intention. »

Je ne pourrai pas faire ma déclaration le lundi suivant, puisque je serai à l'île Longue, à Brest. Je fais dire à Mitterrand que je ne la ferai pas non plus le mardi, par égard pour lui, puisqu'il doit s'exprimer à Strasbourg sur la présidence française. De toute façon, à un ou deux jours près, ce ne sera une surprise pour personne !

Mercredi 18 janvier 1995

Je lui annonce mon intention de remplacer Sarkozy comme porte-parole du gouvernement par Douste-Blazy ; Sarkozy doit devenir porte-parole de ma campagne.

À la direction de l'ENA, il me donne son accord pour nommer Le Bris, ancien préfet, ancien recteur.

Pour la Bosnie, je lui suggère de désigner Juppé et Hurd, Secrétaire au Foreign Office, comme négociateurs conjoints, au nom de l'Union européenne, ce qu'il trouve une bonne idée. Il faudra que j'en parle à Kohl.

Il sera indispensable, au G7 de Halifax, d'évoquer les questions monétaires. Je dois lui écrire une lettre à ce sujet.

« Mon discours hier à Strasbourg, me dit-il, m'a beaucoup fatigué, car, pour le prononcer, j'ai tenu par orgueil à rester debout une heure, alors qu'un siège avait été préparé. Je mettrai deux ou trois jours à m'en remettre. Je dois dire que Juppé et Lamassoure ont été très loyaux et, en répondant aux questions, ont bien défendu notre point de vue, ce qui a montré l'unité de la France.

– Vous voyez que ce n'est pas un si mauvais gouvernement !

– Je ne m'en plains pas, même si, sur un certain nombre de points, son action n'est pas conforme à ce que je souhaite. Où en est-on, dans les "affaires" ?

– En l'état actuel des choses, je ne vois pas de risque majeur pour un membre du gouvernement ou pour un dirigeant politique.

– Faites attention à l'affaire Emmanuelli ; le procureur était pour le non-lieu, c'est la Chancellerie qui a insisté pour qu'il n'y ait pas de non-lieu. Or il va peut-être être candidat à l'élection présidentielle, et l'absence de non-lieu sur pression de la Chancellerie va être utilisée contre vous pendant la campagne. Je vous dis cela par amitié pour lui et par estime pour vous.

– Je vous en remercie. Je fais vérifier où l'on en est. »

(Méhaignerie m'indiquera qu'il n'y a eu aucune pression d'aucune sorte de la Chancellerie.)

Je l'informe que je ferai ma déclaration de candidature tout à l'heure, à midi. Il n'émet aucun commentaire.

Comme nous descendons, il me dit :

« C'est fou, tous les médicaments que l'on me fait prendre, alors que je n'en avais pris aucun jusqu'à l'âge de soixante-quinze ans (*d'après ce qu'on dit, ce n'est pas le cas*). Si je faisais le Tour de France, je serais éliminé pour dopage !

– Mais vous n'avez pas l'intention, je suppose, de faire le Tour de France ?

– Certainement pas. Je n'ai nulle intention de me mêler de la campagne présidentielle ! »

À l'heure convenue, je fis à la télévision et à la radio ma déclaration. Je décidai d'user de termes simples, dépourvus de fioritures, sans emphase ni promesses inconsidérées : c'était la difficulté même de la tâche qui me déterminait à souhaiter être élu président de la République, afin de préparer la France à entrer dans le prochain siècle plus forte, plus juste, plus influente, et de ressusciter l'espérance ; je voulais que ma campagne fût positive, sereine, optimiste, exempte d'attaques personnelles. La France ne devait pas avoir peur, ni peur de l'avenir, ni peur des autres, ni peur du monde ; tout serait possible si les Français se rapprochaient et acceptaient ensemble le changement, une réforme sans fracture, qui susciterait l'adhésion grâce au dialogue avec tous. Réconciliation, optimisme, confiance en soi, fierté d'être français : tel était l'enjeu. J'avais voulu que cette déclaration reflète avec vérité les convictions qui étaient les miennes ; je n'avais sollicité le conseil d'aucun spécialiste en « communication ».

Elle fut enregistrée à Matignon, dans mon bureau. Pour ce motif, on la jugera plus tard trop solennelle ; à l'époque, chacun la trouva sobre et simple. Entre-temps, le sort ne m'ayant pas été favorable, l'appréciation avait changé.

Quelques jours après, je bénéficiais, d'après *Le Journal du dimanche*, d'un soutien de l'opinion encore élargi. La campagne de Chirac, qui avait du mal à rendre crédibles ses ambitions sociales, me prenait pour cible : j'entretiendrais une connivence avec Le Pen pour lequel j'aurais manifesté de la complaisance ; je serais le candidat des beaux quartiers ; ma politique économique serait trop libérale, trop peu soucieuse du maintien des droits sociaux ; on me reprochait un prétendu immobilisme ; on mettait en cause mon intégrité personnelle à propos de mes activités professionnelles passées, limpides et scrupuleuses, parfaitement légitimes et conformes au droit. Rien de tout cela n'était imprévisible. C'était même ce qui m'avait déterminé à affronter le combat. Je voulais débarrasser notre vie publique de ces vilaines habitudes. Illusions !

Mercredi 25 janvier 1995

La Commission européenne doit se rendre à Paris, le 3 février, pour une réunion avec le gouvernement qui sera suivie d'une conférence de presse. Mitterrand, désireux d'affirmer son rôle jusqu'à la fin, paraît beaucoup y tenir.

Il souhaite nommer maître des requêtes au Conseil d'État un candidat qui lui a été recommandé. Comme je lui fais observer que Monory a également un candidat, il riposte :

« Je m'en vais, Monory ne s'en va pas, il peut attendre ! »

Il me donne son accord sur l'attitude à maintenir face à l'Algérie ; accord aussi pour une initiative de la France, qui exerce la présidence de l'Union européenne, sur la Bosnie, mais il préfère que cette initiative soit traitée au niveau des ministres ; nous proposerons aussi que l'Union consente un effort militaire supplémentaire pour tenter d'apaiser le conflit.

Il souhaite remettre lui-même les décorations aux gendarmes du GIGN qui se sont distingués dans l'affaire de l'Airbus.

« Faites attention aux rapports, me dit-il. Celui que vous avez demandé sur le fonctionnement des universités risque de mettre le feu aux poudres. Je me suis toujours très mal trouvé des rapports que j'ai demandés, puisqu'ils sont toujours aussitôt publiés. »

Sa mise en garde était justifiée, l'avenir le montrera bientôt.

Comme candidat socialiste à l'élection présidentielle, sa préférence va nettement à Emmanuelli plutôt qu'à Jospin.

Mercredi 1er février 1995

Il doit dîner avec Kohl. Je lui remets un projet de lettre au Chancelier sur la 8e réunion du Fonds européen de développement ; les Allemands se font tirer l'oreille pour accroître son rôle. Nous reparlons de la conférence internationale sur l'ex-Yougoslavie pour confirmer notre accord à la proposition de Juppé. Nous décidons de faire en sorte que Santer, président de la Commission européenne, reporte à plus tard sa proposition sur les quotas de diffusion pour les programmes de télévision. Tout cela va très vite.

Le 3 février, la Commission vient à Paris. La réunion avec le gouvernement se passe très bien, mais, lors de la conférence de presse, Mitterrand se laisse aller à parler d'une initiative franco-allemande prise la veille au soir avec le Chancelier sans que j'en aie été informé, et qui subordonnerait une aide économique supplémentaire de l'Union européenne à l'Algérie à l'ouverture de négociations dans le cadre des accords de San'Egidio.

Émotion considérable. Pour une fois tous deux du même avis, colère de Juppé, qui redoute que l'on « antagonise » le gouvernement algérien, et colère de Pasqua. Finalement, je ferai rédiger un communiqué qui, après ma conversation avec Mitterrand, la semaine suivante, mettra fin à la querelle. Il a commis une imprudence et le reconnaît.

J'interviens à la télévision, le 2 février. Je crois avoir fait justice aussi bien des absurdes soupçons sur ma collusion avec le Front national que des propos de Chirac qui prétend qu'il représente désormais la gauche, que le seul débat politique est entre lui et moi. Sur ce point-là, pensais-je, la désignation, à la fin de la semaine, de Jospin comme candidat socialiste clarifierait les choses. Je l'espérais – je me trompais.

Mercredi 8 février 1995

Je trouve Mitterrand très las, soucieux d'éviter toute divergence avec moi, en réalité indifférent. Moi-même, dès lors que ce qui est l'essentiel à mes yeux n'est pas en jeu, je m'emploie à le ménager.

La semaine dernière, à la fin du déjeuner qui avait suivi la réunion avec la commission Santer, il m'a confié : « Quatre heures de suite en réunion, c'est trop pour moi. »

Comme nous rejoignions l'hôtel Marigny où devait se dérouler le Conseil des ministres, et que, venant de l'Élysée, nous traversions l'avenue à pied, il fut contrarié que l'huissier qui marchait devant nous portât son chapeau.

« Vous vous rendez compte, s'il y avait un photographe !

– Il y en a déjà certainement un !

– Cela ne fait rien, je dirai que ce chapeau était le vôtre.

– Cela ne m'étonnerait pas.

– Ça, par exemple ! »

Pour l'Algérie, il reconnaît qu'il aurait mieux fait de ne pas en parler lors de sa conférence de presse, alors qu'il s'était justement fixé pour règle de ne pas intervenir dans le débat.

Nous modifions ensemble le projet de communiqué que j'ai fait établir pour préciser notre position ; il me donne son accord, sous réserve que je rajoute la mention de l'Union européenne.

Il insiste pour que Paule Dayan soit nommée au Conseil d'État, en me parlant de son père qui était son ami.

« Il est probable que l'opposition à sa désignation ne vient pas de vous.

– Je dois à la franchise de vous dire qu'elle vient de moi : il y a eu beaucoup de nominations politiques au Conseil d'État.

– Oui, mais c'était de bonnes nominations.

– Peut-être, mais cela fait tout de même beaucoup. J'ajoute que Mme Dayan a déjà été nommée par vous magistrat alors qu'elle était avocate, et que d'autres candidats avaient, me dit-on, des titres aussi évidents.

– Je me sens tenu envers la mémoire de son père, qui était mon meilleur ami.

– Si vous le souhaitez vraiment, je vous en reparlerai. »

Il me connaît assez pour savoir qu'en évitant de créer un conflit et en plaçant les choses sur un plan personnel il peut parvenir à ses fins plus aisément. Comment l'affronter sur des sujets finalement secondaires, alors qu'il est si près de terminer sa course ?

Il me parle de l'élection présidentielle, son sujet de prédilection :

« Jospin fera ses voix au premier tour : 20 à 22 % s'il est bon ; il passera devant Chirac qui, vraiment, a commis une erreur historique dans sa campagne en prétendant récupérer les voix socialistes. Rocard, je n'ai rien contre lui : c'est simplement une création des médias. » Sa rancune n'est toujours pas éteinte.

Je l'interroge sur ses intentions concernant la présidence du Conseil constitutionnel.

« Je ne peux pas nommer Charasse pour bien des raisons, bien qu'il soit intelligent et bon juriste, mais il n'a pas le profil. Jean Kahn est très raide. J'incline pour Roland Dumas qui est un homme très brillant, capable, et qui ne m'a rien demandé. Je n'aurais pas le sentiment de gêner mon successeur, ni de faire une nomination trop politique. Il est bien avec tout le monde, il comprend les choses.

– Je vais vous faire sourire, mais n'auriez-vous pas pensé à Barre ?

– Badinter me l'a proposé en numéro 2, après Dumas. Ah ! Je vois ce que vous voulez dire...

– Vous voyez juste !

– On me soupçonnerait de faire place nette pour vous dégager la voie. Vous vous rendez compte des commentaires, si je nommais Barre !

– Oui, je m'en rends compte, c'est pourquoi je pense que vous ne pouvez pas le nommer.

– Les gens seraient épatés et ils diraient de nous deux : "Quelle paire ils forment !"

– Ce serait vraiment inutile ! »

⋆

Bientôt se multiplièrent sous mes pas des incidents qui m'étaient imputés dès lors que j'assumais ma fonction de Premier ministre ; j'étais responsable de tout ce qui se passait de bien ou de mal dans le pays, donc plus vulnérable que quiconque. Les uns étaient suscités par tous les événements quotidiens, les décisions du gouvernement étant par définition critiquables en pareille période ; les autres sciemment provoqués par des officines spécialisées à cet effet.

Deux d'entre eux allaient me porter grand tort, me faire perdre un terrain considérable et renverser le cours des choses tel qu'on le prévoyait en janvier ; je mis deux mois à réparer les dommages qu'ils causèrent à ma campagne, sans y parvenir tout à fait.

L'affaire du CIP passée, la rentrée sociale d'automne s'était bien déroulée. En janvier 1995, une circulaire du directeur de l'Enseignement supérieur mit à nouveau le feu aux poudres : elle limitait de façon considérable, et sans aucune concertation préalable, la possibilité pour les élèves des IUT de passer, sauf à titre exceptionnel, dans les filières plus classiques du second cycle de l'enseignement supérieur. Or rien ne m'est plus insupportable que l'idée d'enfermer la jeunesse dans un cadre rigoureusement préétabli, une filière sans voie latérale pour en sortir ; c'est contraire à toutes mes idées sur la liberté, l'innovation, la souplesse indispensable à une société moderne. Aussitôt les manifestations d'étudiants reprirent dans les établissements, aux abords des bâtiments publics, des gares, moins violentes qu'au printemps de 1994, mais étendues à tout le pays ; elles m'accueillaient à chacun de mes déplacements, perturbaient les réunions que je devais tenir sous la protection renforcée de la police ; image peu gratifiante d'un candidat !

Les étudiants des IUT réclamaient le retrait de cette circulaire, prise sans que j'en eusse été informé, pas plus, comme il me le dit lui-même, que le ministre de l'Enseignement supérieur, François Fillon, sincèrement consterné qu'elle eût échappé à sa vigilance et en qui j'avais confiance. Je leur donnai raison et la fis abroger. On me reprocha de reculer dès qu'une décision faisait l'objet d'une contestation, de redouter d'affirmer ma politique quels que fussent les risques, alors qu'au contraire c'était ma politique que j'affirmais en faisant retirer la circulaire.

Dans cet incident, quelle était la part de la sottise, celle de la malveillance ? Était-ce une maladresse ou une manœuvre délibérément ourdie pour susciter à nouveau la contestation dans le monde universitaire et démontrer que, décidément, il y avait incompréhension entre la jeunesse et moi ? Je ne perdis pas de temps à choisir entre les hypothèses : le mal était fait. M'en prendre au directeur auteur de la circulaire n'eût rien arrangé. Voilà qu'à mon tour j'aurais semblé me mettre à la recherche de boucs émissaires. Je m'en tins donc à mon attitude constante : réparer l'erreur commise comme si elle était mienne.

Plus grave, mon crédit moral fut mis en cause. J'ai parlé de l'affaire Schuller-Maréchal, et, Mitterrand attisant le feu, du tort qu'elle avait déjà fait au gouvernement. Je n'avais pas tout vu !

Dès le mois de novembre 1994, j'avais, je l'ai déjà dit, interdit que rien fût tenté pour déstabiliser le juge Halphen, chargé de l'instruction de l'affaire des HLM de Paris, en prenant prétexte des difficultés personnelles qu'il pouvait rencontrer avec sa belle-famille. Je considérais que c'était contraire à la morale, à la loi, et, de surcroît, voué à l'inefficacité. Je ne fus pas obéi.

La mise sur écoute téléphonique ne peut intervenir qu'après autorisation du cabinet du Premier ministre. Cependant, il existe une procédure d'urgence dans laquelle le service demandeur peut s'adresser directement aux services techniques pour obtenir un branchement immédiat qui, quelques jours après, est validé ou refusé par ledit cabinet. C'est ce qui se passa, à l'automne 1994, à l'initiative de la Direction centrale de la Police judiciaire qui décida de faire placer sur écoute le docteur Maréchal, beau-père du juge Halphen. Pour ce faire, prenant motif que c'était un samedi, elle utilisa la procédure d'urgence et fit procéder au branchement sans l'autorisation préalable de Matignon.

La motivation avait été rédigée d'une manière floue, si bien qu'on pouvait croire qu'il s'agissait de surveiller une bande de malfaiteurs organisée, le contexte invoqué étant une tentative d'extorsion de fonds avec complicité ; les liens de famille du docteur Maréchal n'étaient pas indiqués. A posteriori, mon cabinet ne disposait d'aucun motif pour justifier un refus de validation ; même si elle était mensongère, la demande adressée à Matignon était formellement correcte, conforme aux dispositions de la loi ; la validation fut donc accordée quelques jours plus tard, comme toujours dans la procédure d'urgence. La ligne du docteur Maréchal ne tarda d'ailleurs pas à être débranchée parce qu'il se trouvait à l'étranger et que l'écoute, fort brève, se révélait dépourvue de tout intérêt. Tout cela, je l'ignorais.

Deux mois passèrent ; le samedi 18 février, l'affaire fut ébruitée, et l'écoute publiée ; la presse s'empara de l'incident. Mis au courant, je m'en expliquai le 19 février sur France 2 dans les limites que me permettait le secret défense. Ma thèse était simple : Matignon n'avait pas été saisi préalablement et ne disposait d'aucun élément qui aurait permis de ne pas valider le branchement a posteriori.

J'ajoutai que je mettais quiconque au défi de démontrer que la procédure suivie n'avait pas été régulière. Déclaration malencontreuse : la procédure avait été régulière, certes, mais les informations qui avait servi de base à la décision de mise sur écoute avaient été à la fois insuffisantes et mensongères, ce qui la viciait.

Ce fut un déchaînement : cette malheureuse affaire, mettant en cause une seule écoute qui n'avait donné aucun résultat, puisque Maréchal était à l'étranger, n'en fut pas moins assimilée à celle du Watergate ! Afin de lui donner le plus de retentissement possible, ceux qui combattaient ma candidature s'en saisirent. Le président de l'Assemblée nationale, mettant fin à ses feintes tergiversations, réclama une commission d'enquête qui ne pouvait être constituée, il le savait, dès lors que la justice était saisie de l'ensemble de l'affaire Schuller-Maréchal ! Le président de la Commission des lois réunit celle-ci à grand tapage et convoqua M. Bouchet, président de la Commission de contrôle des écoutes téléphoniques et gardien sourcilleux de la loi comme des droits de la personne ; celui-ci fit justice des soupçons et des médisances et déclara que s'il avait eu à en décider sur la base des informations dont le Premier ministre avait disposé, il n'aurait sans doute pas pris une décision différente.

Pourtant, le mal était fait. Cette affaire si secondaire, qui n'avait eu aucune conséquence, puisque le branchement avait été levé au bout de quelques jours, devenait une affaire d'État aux effets dévastateurs pour moi. On ne parlait plus que d'elle alors qu'au même moment il était établi et publié que, dans les années 1980, la cellule des gendarmes de l'Élysée avait procédé à près de cinq mille écoutes téléphoniques selon une procédure, elle, tout à fait irrégulière !

D'où venait la révélation, tellement opportune, de l'existence de cette écoute unique ? Des fuites coutumières dans ce genre de circuits ? D'un règlement de comptes entre services ? De l'Élysée, pour servir de contre-feu à l'affaire des gendarmes ? De l'entourage d'un autre candidat ? Toutes les hypothèses circulaient. À l'évidence, dans cette affaire Schuller-Maréchal s'étaient combinées les actions de divers réseaux, officiels ou occultes : la volonté pour certains de neutraliser le juge Halphen, dont ils redoutaient les investigations ; pour d'autres, informés ou même complices de la manœuvre, le désir de l'utiliser en m'en faisant porter la faute, afin de démontrer que ma parole et ma rectitude pouvaient être mises en doute ; certains hauts responsables du ministère de l'Intérieur s'employaient à propager la calomnie, ils y gagnèrent une durable longévité dans leurs fonctions. Ce n'est jamais par hasard que pareils documents sont portés à la connaissance de la presse.

Finalement, peu m'importait : là encore, je ne perdis pas de temps en recherches stériles. Il y avait eu utilisation abusive d'une procédure en soi régulière. Pasqua étant venu remettre à ma disposition son poste de ministre de l'Intérieur, je me contentai d'exiger la démission du directeur de la Police judiciaire signataire de la demande de branchement de l'écoute, qui fut mis à pied. Il retrouverait une fonction au sein de l'État sitôt passée l'élection présidentielle ; ce n'était pas sans signification.

À la violence des attaques, à la calomnie dont j'étais l'objet, j'opposai ensuite le silence d'une conscience sans reproche. Il me semblait que le calme et l'indifférence étaient les meilleures réponses aux attaques, que, tôt ou tard, lorsqu'on a raison, l'opinion redevient favorable, consciente, sans l'avouer, de réparer une injustice. Je me trompais. L'on a vite fait de travestir la pudeur en dédain, le mépris des injures en mépris de l'opinion. De nos jours, il faut toujours répondre à tout : aux turpitudes inventées, aux mensonges propagés, bref, se justifier sans cesse. Voilà qui transforme l'homme politique en être sans liberté, sommé de s'abaisser pour affronter toutes les agressions, sauf à sembler reconnaître la véracité de ce qui lui est imputé.

C'est cette affaire qui, au moment où ma campagne démarrait, m'a fait le plus de mal ; elle fit douter de ma droiture, de ma franchise lorsque je m'adressais aux Français ; je semblais complice d'une opération illégale, nauséabonde, et désireux de la cacher. C'était à la fois ma capacité gouvernementale et mon comportement moral qui étaient mis en cause devant l'opinion par tous les candidats, de la droite à la gauche. La majorité, déjà divisée, n'en était que plus affaiblie ; les socialistes, spectateurs réjouis, exultaient. Cela se passait au mois de février, période durant laquelle, selon la comptabilité du CSA, j'étais réduit au silence à la télévision, car j'étais censé, à l'en croire, avoir « pris de l'avance » en janvier ; tandis que tous mes adversaires occupaient sans relâche de leurs invectives écrans et antennes, je ne pouvais répondre.

Les effets ne se firent pas attendre : en moins de quinze jours, l'opinion bascula ; j'étais au-dessus de 25 % des intentions de vote début février, je descendis au-dessous de 20. Le dommage allait se révéler irrémédiable, même si je n'en croyais encore rien, tant j'étais sûr de ma bonne foi.

Mercredi 15 février 1995

Mitterrand évoque la discussion avec les Allemands sur le Fonds européen de développement :

« La France doit s'entêter. Elle ne peut pas s'associer à un recul. L'Europe doit accomplir son devoir envers les pays en développement. Les Allemands seront bien obligés d'accepter, pour des raisons de politique internationale. Il faut leur tenir la dragée haute. »

En Bosnie, c'est toujours la même chose : les Français font des efforts pour relancer la négociation, nos partenaires ont des positions contradictoires et confuses qu'exploitent les trois parties, Serbes, Croates, Musulmans.

Pour la Cour internationale d'arbitrage, j'indique que je ne peux pas, pour des raisons d'équilibre politique, accepter que l'on nomme Badinter arbitre et Delors conciliateur. J'accepte Badinter ; je propose Deniau ou François-Poncet comme conciliateur. Mitterrand me donne son accord. Manifestement, il n'y attache aucune importance.

Il me parle de l'avenir de ses collaborateurs :

« Paule Dayan est la fille de mon meilleur ami. Je vous demande de le comprendre.

– C'est entendu. Je suis d'accord pour la nommer au Conseil d'État. Vous m'avez dit il y a quelques semaines que vous me feriez part ce que vous souhaitez pour vos collaborateurs.

« Védrine n'est pas pressé, Lauvergeon pourrait avoir une présidence de société, plus tard ; Chassigneux, l'Aéroport de Paris, et Vidal, plus tard aussi, le Conseil d'État. »

Il passe à la campagne présidentielle :

« Votre situation est bonne (*l'écoute Schuller-Maréchal ne sera révélée que quelques jours plus tard*). Je ne vois pas en quoi Barre ou Giscard pourraient vous menacer. S'ils se décidaient à y aller, ce serait uniquement pour vous nuire. Je ne vois pas non plus comment Chirac pourra s'en sortir. Vous avez un mauvais moment à passer à cause de cette affaire de circulaire sur les IUT, qui était prévisible. Souvenez-vous, je vous avais mis en garde contre les rapports et les initiatives des prétendus spécialistes, mais je demeure confiant pour vous. Quel âge avez-vous ?

– Soixante-cinq ans.

– C'est l'âge que j'avais quand j'ai été élu. C'est bien tard. Enfin, ne nous plaignons pas !

– Vous, naturellement pas, puisque vous avez été élu et réélu. Ce n'est pas mon cas – en tout cas, pas encore ! »

★

Atteignant mon crédit moral, le doute propagé sur ma sincérité par l'affaire Schuller-Maréchal continua de me faire baisser dans les sondages. Pasqua m'avait mis dans une position difficile en ne m'informant pas en temps utile de ce qui s'était réellement passé, à son insu ou pas. Je me rendis cependant à Puteaux à un meeting qu'il avait organisé ; je fis de mon mieux pour défendre la régularité de la procédure qu'avait suivie Matignon. Cependant, le 20 février, je fis savoir qu'en raison du mauvais fonctionnement du système d'autorisation des interceptions téléphoniques d'extrême urgence j'avais décidé de suspendre jusqu'à nouvel ordre toute mise sur écoute sans autorisation préalable, et de saisir le président de la Commission nationale de contrôle des interceptions de sécurité en lui demandant de proposer une procédure nouvelle qui mît le gouvernement à l'abri de toute polémique. Rien n'y fit.

Pour une large part, ce sont ces « affaires », dans lesquelles je n'avais aucune part de responsabilité, qui me coûtèrent mon élection. Les calomnies de toute sorte, jointes aux variations, complaisantes ou non, de certains instituts de sondage, créèrent une situation critique que je surmontai peu à peu, mais trop tard pour l'emporter. Ma défaite ne résulta pas de la confrontation de deux projets dont l'un, le mien, trop ambitieux, trop favorable aux réformes, trop européen, trop responsable et soucieux des réalités, trop honnête, en somme, eût été écarté parce que ne laissant pas sa juste place au rêve, tandis que l'autre promettait la fin de la « fracture sociale » tout en proposant un assemblage hétéroclite de mesures allant de la hausse générale des salaires au déficit budgétaire et au laxisme monétaire, sans voir qu'elles auraient pour première conséquence de casser la reprise de l'économie et de l'emploi, enfin obtenue à grand-peine au prix de deux années d'efforts. La fameuse « fracture sociale », dont un cabinet de communication avait découvert, horrifié, qu'elle était source de la destruction du « lien social », était d'abord et essentiellement la conséquence du chômage ; c'est à ce dernier qu'il fallait en priorité porter remède, au lieu de l'aggraver par la démagogie ! Cependant, beaucoup de Français, à droite comme à gauche, crurent au miracle avant que la réalité ne se charge d'éventer la formule.

Quelques mois plus tard, l'élection passée, le nouveau Président dut faire volte-face, reconnaître que la réalité s'imposait à lui comme à quiconque. On lui fit alors grief d'avoir propagé des illusions, sa crédibilité fut durablement entachée. Mais que lui importait ? Il était installé dans la place.

Mercredi 22 février 1995

Je trouve Mitterrand tendu.

« Pour la première fois depuis deux ans, j'ai un reproche à vous faire. Je vous tiens pour un honnête homme ; or vous avez dit hier, dans votre émission sur France Inter, que l'affaire des écoutes de l'Élysée (*Il s'agissait des vingt lignes téléphoniques spéciales qui avaient donné lieu à plus de 5 000 écoutes illégales dans les années 80*) était une affaire Watergate.

– Je n'ai pas dit cela ; on me parlait de Watergate à propos de cette unique écoute dans l'affaire Maréchal ; j'ai dit qu'on pourrait trouver d'autres exemples plus convaincants à comparer au Watergate.

– Non, non, vous l'avez dit ! Vous verrez, on saura la vérité et on saura qu'il n'y a rien eu, dans tout cela, d'irrégulier, que cela se passait à l'époque où le terrorisme sévissait à Paris, et qu'il fallait bien réagir.

– Avec le recul, trouvez-vous que vous avez eu raison de faire attribuer vingt lignes téléphoniques à l'Élysée ?

– Non, bien entendu. Je ne le referais pas.

– Mon intention n'était pas de vous mettre en cause ; d'ailleurs, qu'est-ce que cela changerait pour moi ? Vous avez tort de me reprocher d'avoir dit ce que je n'ai pas dit.

– J'ai confiance en vous, vous le savez. Nous avons de bonnes relations et, après tout, il me serait facile, à moi aussi, de dire que votre affaire d'écoutes est anormale.

– Facile, en effet, mais discutable, vous le savez sûrement. Croyez-vous que l'on puisse mettre fin à cette procédure d'urgence qui m'est reprochée, et transférer ailleurs qu'à Matignon le pouvoir de délivrer les autorisations indispensables ? Ce serait un oursin de moins dans la main du Premier ministre !

– Vous n'y arriveriez pas. Vous ne pouvez pas abandonner cette responsabilité ; vous pouvez avoir des choix à faire et des décisions à imposer. N'essayez pas. Vous n'y arriverez pas !

– Cela veut dire que je serais tenu pour responsable de décisions que je n'aurais pas prises ?

– C'est notre lot commun... Je reviens sur votre émission de France Inter. Je comprends que vous avez eu le sentiment d'être cerné. Ils ont été très désagréables avec vous, notamment Philippe Meyer.

– Pas très agréables, en effet.

– Savez-vous ce qu'il a dit une fois, dans une émission ? Qu'il était venu me voir, qu'il croyait se trouver face à Machiavel, et qu'il s'était trouvé face à Al Capone ! »

Il revient sur la situation politique :

« Ne vous faites aucun souci : vos sondages vont s'améliorer. Vous avez naturellement une audience plus grande que Chirac et Jospin. Surtout, ne manifestez aucune inquiétude et restez serein comme vous l'êtes. »

Depuis quelques mois, ses réactions obéissaient à des sentiments divers : agacé de voir en moi un trop probable successeur qu'il rencontrait sans cesse sur son chemin, dans un premier temps il favorisa Chirac sans croire à son succès, mais pour éviter que le mien fût trop facile ; devant d'autres, il me reprochait injustement, il le savait bien, d'empiéter sur son domaine, mais devant moi il affirmait être satisfait de nos relations ; puis l'éclosion de la candidature de Delors, à laquelle il était viscéralement hostile, le ramena vers moi, convaincu qu'il était que Chirac ne pourrait jamais vaincre Delors ; il n'aimait pas davantage Jospin, apparu ensuite sur la scène, mais, eu égard aux socialistes, il fallait éviter qu'il fût écrasé, et il estimait que Chirac en aurait raison plus difficilement que moi. Bien des raisons le conduisaient à chercher à me nuire, mais longtemps il ne crut guère possible de m'empêcher d'atteindre le but. Que lui importait que ce fût l'un ou l'autre ? Ce qui comptait, pour lui, c'est qu'il allait quitter un pouvoir dont la conquête et la possession étaient la saveur de son existence, que la vie l'abandonnerait lui-même bientôt. Tout et tous lui étaient devenus indifférents.

★

Il y a bien des raisons qui conduisent à vouloir conquérir le pouvoir. Pour jouir des satisfactions de toutes sortes qu'il procure : celle de compter davantage à ses propres yeux comme aux yeux des autres ; pour être sur le devant de la scène, objet de curiosité et d'envie, d'amour et de haine : le pouvoir ne laisse personne indifférent, pas plus ceux qui le détiennent que ceux sur lesquels il s'exerce ; pour soumettre toutes les volontés à la sienne, s'imposer, finalement avoir le sentiment d'être plus vivant parce que plus fort ; pour – objectif plus noble – agir sur le cours de l'Histoire, peser sur les événements, faire naître une société différente ; pour prendre rang au sein des grands hommes du passé, admirés, choisis comme modèles ; pour son épanouissement personnel : mieux informé, plus influent, car doté de moyens que les autres n'ont pas, celui auquel le pouvoir appartient a l'illusion d'être au-dessus de ses semblables, d'appartenir à une espèce particulière, d'une qualité supérieure, parce qu'il compte parmi les puissants du monde ; pour l'espoir de survivre ainsi à soi-même, de lutter contre la déchéance et l'anéantissement : vivre pour le pouvoir, c'est combattre la mort.

Le plus souvent, la lutte pour le pouvoir est marquée par la férocité ; c'est l'affrontement des égoïsmes piétinant tout ce qui se met sur leur chemin. Rien ne compte, sinon dépasser ses rivaux, les subjuguer, les anéantir ; alors la politique a un côté meurtrier, animal. Mais, quelquefois, le mobile est différent : goût de se dévouer à autre chose que son seul intérêt personnel, d'avoir une vie qui n'ait pas d'utilité que pour soi-même, mais aussi un sens par rapport au bien commun ; volonté d'améliorer le sort de ses semblables, de rendre la société moins cruelle, le monde moins absurde ; ambition de traduire dans les faits l'idéal de justice, de paix, de charité qu'on porte en soi ; désir de mettre de l'ordre dans le monde en le libérant de la loi du plus fort, qui opprime les faibles, en offrant à tous la possibilité de mener une existence qui soit digne de la condition d'homme. Au cœur de l'ambitieux, il n'y a pas seulement le goût de la possession, l'égoïsme, la violence, il peut aussi y avoir la générosité, l'idéalisme.

Mais il est intimement convaincu que des buts aussi élevés ne peuvent être atteints que s'il s'y emploie lui-même. Il ne pousse pas l'altruisme jusqu'à imaginer qu'un autre que lui pourrait accomplir ce qu'il a dans l'esprit. Il n'y a pas de grandes ambitions désintéressées : en 1917, aussi patriote qu'il fût, Clemenceau n'imaginait pas qu'un autre pût gagner la guerre ; ni de Gaulle qu'un autre pût, en 1940, sauver la France, plus tard lui donner de solides institutions, la tirer du drame algérien ; ni Kohl que l'Allemagne pût être réunifiée dans de bonnes conditions par un autre que lui ; ni Reagan ou Thatcher qu'ils n'étaient pas les seuls à concevoir et à pouvoir imposer la révolution libérale ; ni Deng qu'il n'était pas le seul à même de maintenir la cohésion politique de la Chine tout en modernisant son économie. Ils ont beau faire, si noble que soit leur caractère, l'égoïsme rattrape toujours les ambitieux ; chacun se croit irremplaçable, inimitable. Illusion qui les aide à vivre et confère sa légitimité à leur action.

★

Je bénéficiais de concours nombreux et actifs, en premier lieu parmi les parlementaires : la majorité de ceux de l'UDF, une forte minorité de ceux du RPR ; maires, présidents de conseil général ou régional, ils m'apportaient leur capacité d'influence sur leurs électeurs ; chez beaucoup jouait en ma faveur leur désir de s'émanciper de la contrainte trop lourde que les partis faisaient peser sur eux. J'étais encouragé par le soutien d'hommes tels que Pierre Messmer qui, avec celui de bien d'autres compagnons de De Gaulle, témoignait que le souvenir de celui-ci ne devait pas être capté par ceux qui n'étaient pas toujours fidèles à son exemple. La confiance qui m'était accordée dans les milieux les plus divers, aussi bien à droite qu'à gauche, fortifiait ma conviction. Mais le piège qui m'avait été tendu prouvait son efficacité : l'adhésion de l'opinion, qui m'avait été longtemps favorable, s'effritait, le vent tournait.

Contrairement à ce qu'on a dit, la plupart des dirigeants politiques de la droite et du centre m'étaient hostiles : Giscard d'Estaing et Chirac, présidents des deux mouvements politiques de la majorité, Barre, Chaban-Delmas, Séguin, président de l'Assemblée, Monory, président du Sénat, les deux présidents de groupe. Bien qu'il ait en apparence refusé de choisir, l'appareil du RPR, le plus efficace, le plus puissant, était tout entier mobilisé au service de Chirac. Même l'UDF, qui m'était dans l'ensemble favorable, vacillait, Giscard d'Estaing entendant défendre son pré carré. On rapportait qu'il avait déclaré, tandis qu'il descendait l'escalier en sortant d'un déjeuner à Matignon : « Évidemment, c'est le meilleur, mais je le ferai battre : il m'a piqué l'UDF ! » Je serais surpris qu'il se soit montré aussi flatteur dans son jugement et aussi familier dans son expression.

Des chefs d'entreprise connus pour être favorables à Mitterrand s'activaient en faveur de Chirac, dans une ombre qui les dissimulait de moins en moins. J'avais la réputation d'être quelqu'un avec qui « on ne s'arrange pas », ce qui les inquiétait. Quant à la presse, elle se reprochait d'avoir trop longtemps prédit ma victoire, et se libérait par une sévérité qui, croyait-elle, compensait l'indulgence dont elle estimait avoir fait preuve envers moi.

Le jeu des alliances et des défections donnait son spectacle habituel : en 1974, Chirac avait contribué à faire battre Chaban-Delmas et élire Giscard d'Estaing ; en 1981, il avait concouru à faire battre Giscard d'Estaing et élire Mitterrand ; en 1995, Mitterrand favorisait Chirac comme pour le remercier de ses bienfaits passés, tandis que Giscard d'Estaing prenait parti pour celui qui l'avait fait battre, imité en cela par Chaban-Delmas, dont la défection de Chirac avait fait échouer la candidature, et par Barre. Je ne perdis pas de temps à démêler les motifs qui les conduisaient tous à s'allier contre moi : il y allait des intérêts, politiques ou autres, mais pas seulement. Je troublais leurs jeux et leurs habitudes, ma candidature faisait éclater les frontières trop bien établies entre les organisations dont ils s'étaient crus les maîtres, j'étais un facteur de désordre et d'imprévisibilité, mon indépendance d'esprit les inquiétait. Tous voulaient retrouver leurs repères coutumiers.

Dès lors, tout était critiqué : ma politique, ma personne, mon projet, le seul novateur face aux deux rhabillages hâtifs de la social-démocratie que proposaient tant Chirac que Jospin. Si mon succès semblait compromis, ce n'était pas que mon programme fût rejeté au profit d'un autre qui aurait paru plus exaltant, mais parce que les « affaires » suscitées et invoquées contre moi continuaient de produire leurs effets. J'étais la victime d'une tradition bien établie à droite, consistant à tenter de faire battre ses amis, comme l'avaient déjà éprouvé à leurs dépens de Gaulle, Pompidou, Chaban-Delmas ou Giscard d'Estaing, et, pour cela, à recourir aux mauvais coups et aux vilains procédés, toujours les mêmes, émanant des mêmes officines où se retrouvaient les mêmes amateurs de basse besogne.

Il y avait aussi de ma faute. Mon comportement était souvent trop retenu, je n'aimais guère l'emphase, pour moi synonyme de mauvais théâtre et d'hypocrisie ; on me faisait reproche d'être distant, peu chaleureux, et même pusillanime, alors que le règlement du contentieux du GATT, celui de la prise d'enfants en otages à Neuilly, la libération des passagers de l'Airbus d'Alger, l'expédition humanitaire au Rwanda, avaient témoigné que je décidais vite, sans précautions superflues et sans redouter de m'exposer. Reste que ma réserve naturelle, ma tendance à parler à la raison plus qu'au cœur, mon refus de répondre aux attaques personnelles me desservaient. Je décidai de réagir en offrant l'image de la constance dans mes convictions, de l'indifférence aux mauvais coups du sort, de la confiance en moi, en somme de l'optimisme.

J'ai tout fait pour insuffler cet optimisme à ma campagne et lui donner une nouvelle vigueur. J'ai multiplié les déplacements, les réunions où l'assistance était toujours très nombreuse. J'y ai pris plaisir. Ces rencontres avec tant d'hommes et de femmes qui me disaient leur confiance et leur espoir m'ont aidé, stimulé ; je me suis senti davantage encore responsable devant eux du destin de notre pays.

Malgré ma détestation de la polémique, je me résolus à dire les choses plus nettement. Je critiquais sans plus de ménagement ceux qui prônaient la relance de l'activité par l'aggravation de déficits publics encore énormes ; je prédisais que, loin d'être réduite, la « fracture sociale » ne pouvait qu'être aggravée par l'affaissement de l'économie et de l'emploi ; je condamnais l'absurdité d'une « autre politique » qui ne trouvait sa cohérence que dans la facilité.

Je simplifiai ma campagne en la ramenant à quelques thèmes essentiels : le progrès, la justice, la liberté, la réforme, l'Europe, accompagnés de propositions précises. Je la rendis plus mordante en stigmatisant la démagogie, en appelant les Français au courage. Je voulais tenir un discours de vérité et les mettre en garde : leur mieux-être, la force de la nation ne seraient pas obtenus, comme la plupart des candidats le prétendaient, par l'affaiblissement de la monnaie, la dérive des déficits publics, l'explosion incontrôlée des dépenses sociales, la diminution générale de la durée du travail, l'augmentation générale des salaires... J'étais le seul à parler ce langage, à en appeler à leur patriotisme pour justifier l'effort que je leur demandais. J'étais résolu à ne pas chercher à plaire à n'importe quel prix. Peu à peu, l'atmosphère changea, le redressement dans l'opinion s'amorça, encore insuffisant mais réel ; un certain espoir revint parce que je m'étais résolu à faire ce qu'on attendait de moi.

Autour de moi, le spectacle offert par les uns et les autres variait : tous ne manifestaient pas la même force de caractère ni la même constance. Quelques-uns passaient du soutien exalté au soutien précautionneux, se faisaient évanescents, absents durant quelques jours ou quelques semaines, avant de revenir occuper leur place à mes côtés quand le moment leur semblait à nouveau propice. Mais, dans l'ensemble, j'ai été impressionné par le courage et l'élan de ceux qui m'ont soutenu, par leur générosité, leur oubli d'eux-mêmes, de leurs intérêts à court terme. Il y a en politique beaucoup moins de cynisme qu'on ne le croit, bien plus de dévouement désintéressé et de conviction.

Je tiens à rendre ici hommage, sans pouvoir les citer tous, à ceux dont la présence à mes côtés fut constante, fidèle, efficace et stimulante : Nicolas Sarkozy, Simone Veil, François Léotard et bien d'autres. Pasqua, lui, se montrait plus mesuré, me téléphonant de temps à autre pour me demander de tempérer Sarkozy, fort vigoureux dans l'attaque et la riposte contre mes adversaires. Je n'en fis rien.

Mercredi 1er mars 1995

Mitterrand est de retour d'Égypte. Il me demande des nouvelles de ce qui s'est passé en France, ce dont il est déjà bien informé : l'affaire Schuller-Maréchal, l'écoute téléphonique, régulière en la forme, injustifiée cependant et illégale, qui a fait un tel tapage ; l'affaire de la DST, dont les enquêtes mettent en cause des ressortissants des États-Unis, notamment des diplomates se livrant à des activités incompatibles avec leur statut, et qui a suscité un nouvel affrontement entre Juppé et Pasqua. J'ai dû le régler en les réunissant avec Léotard, avant de rappeler dans un communiqué les principes de base qui président aux relations internationales : protection des intérêts nationaux légitimes, absence de tout commentaire public sur les agissements des services spéciaux. Désormais, toutes les occasions sont saisies pour me critiquer : mon gouvernement est désuni, l'enquête de la DST sur les services américains en témoigne. Chacun a choisi son candidat. Comme j'ai décidé de geler certains crédits budgétaires, on explique aux Français de l'étranger que je suis seul responsable de la fermeture des consulats, et aux artistes que je le suis de l'amputation de moyens du ministère de la Culture dont ils sont les bénéficiaires. Des ministres font chorus.

« On a bien fait de renvoyer les Américains qui s'étaient rendus coupables d'espionnage, mais il ne fallait pas en parler, me dit Mitterrand.

– C'est tout à fait mon avis. Ce n'était pas l'usage, et pas davantage notre intérêt. Vous observez que mon gouvernement fonctionne moins bien.

– Vous n'y pouvez plus rien. Cela étant, je ne change pas mon pronostic. J'ai bien du mal à voir Chirac élu ; je pense que votre position est beaucoup plus solide que ne le montrent les sondages.

– J'espère que vous avez raison. Jospin ne bouge pas beaucoup et ne dit pas grand-chose.

– Il est très sérieux, c'est un professeur. Avant de faire connaître ses projets, il veut que tout soit bien bordé ».

Le ton est sarcastique.

La semaine voit l'affaiblissement continue de ma position dans l'opinion, et la montée de Chirac. Décidément, l'affaire Schuller-Maréchal continue de produire ses effets ; j'ai eu beau exiger la démission du directeur de la Police judiciaire responsable de l'illégalité commise à l'insu de mon cabinet, rien n'y a fait. Je n'ai pas voulu, malgré les conseils, accepter la démission de Pasqua, pour ne pas ouvrir une crise au sein du gouvernement dans un moment si périlleux et parce que je n'ai aucune preuve étayant un reproche précis à lui faire.

Pour l'heure, la manipulation, montée manifestement avec soin et de longue main, a atteint son but. J'espère que le mouvement va s'inverser.

Mercredi 3 mars 1995

Nous convenons d'entamer la procédure pour la nomination de deux conseillers d'État au tour extérieur : Mme Dayan et Mme de Guillenchmidt. Nous sommes d'accord pour la nomination de Denoix de Saint Marc comme vice-président du Conseil d'État, mais aussi pour laisser au nouveau Président et au nouveau Premier ministre le soin de nommer le secrétaire général du gouvernement. Le directeur des services législatifs fera l'intérim du secrétariat général.

Mitterrand se dit déçu du comportement de Juppé, car fermer des consulats nécessite son accord préalable et le mien ; il n'a sollicité ni l'un, ni l'autre.

Voici qu'à la recherche de tous les prétextes on me reproche maintenant de mélanger l'intérêt général et mon intérêt personnel. Président durant dix ans, lorsque j'avais quitté le Conseil d'État, d'une société privée d'importance moyenne dont j'avais concouru à assurer le développement, j'avais naturellement résilié ma fonction lorsque j'étais devenu ministre de l'Économie. Deux ans plus tard, élu député après avoir quitté le gouvernement, j'avais accepté la proposition de devenir conseiller de mon successeur, fonction salariée dûment déclarée à la questure de l'Assemblée nationale et parfaitement légale, puisqu'il s'agissait d'une activité privée ; c'était, déclara le juge Jean-Pierre, promu professeur de morale publique, une faute, sans qu'il prît la peine de préciser en quoi. Durant la même période, j'avais, comme cela avait été proposé à ses centaines de salariés, acheté des actions de cette société à un prix qui était le même pour tous et pour un montant qui était fort loin d'être le plus important ; il s'agissait d'un achat ferme, pas de stock-options. Devenu Premier ministre, je les avais revendues afin d'éviter tout conflit d'intérêt et alors que, dans les années à venir, leur prix devait considérablement augmenter. Le seul reproche que je peux me faire, c'est d'avoir été trop scrupuleux, dans un souci de clarté et de probité. En aurais-je conservé la propriété, nul n'y aurait trouvé à redire et elles auraient représenté une valeur bien plus grande. Mais je ne voulais pas être actionnaire d'une société privée tout en étant Premier ministre ; de la même manière, sans tapage aucun, j'avais renoncé à ma pension de conseiller d'État afin de ne pas la cumuler avec mon indemnité de chef du gouvernement.

« Il vous reste quinze jours, me dit Mitterrand. Si vous avez quelque chose à faire pour renverser le courant, c'est maintenant qu'il faut le faire, après quoi il sera trop tard. »

Le conseil était elliptique, mais clair.

« Je le sais, mais il y a des procédés qui me répugnent. »

Même si je n'ignorais rien du rôle de certains réseaux, je trouvais indigne d'en faire état. Je m'en tins à ma volonté de donner une autre image de la politique, de ne pas patauger dans le même bourbier que les autres.

« De toute manière, vous avez raison : vous refusez de faire de la démagogie, vous le dites ; à terme, cela paiera. Peut-être est-ce que je vieillis, car je m'obstine à ne pas voir Chirac comme président de la République et à penser que les Français n'en voudront pas, alors que les sondages disent le contraire. L'un de mes amis m'a dit : "Pourquoi le Premier ministre n'a-t-il pas démissionné du gouvernement après avoir annoncé sa candidature ?"

– Cela aurait été rompre l'engagement que j'ai pris envers le pays en acceptant que vous me nommiez.

– C'est vrai, et puis cela m'aurait beaucoup gêné. Méfiez-vous du juge Jean-Pierre : c'est un méchant. »

Mercredi 15 mars 1995

Nous parlons des affaires en cours : de la Bosnie, bien entendu ; du 8e FED, où les Allemands demeurent intraitables. Je lui parle d'Alcatel qui est l'objet d'une manœuvre de déstabilisation de la part des Américains et d'ITT, comme d'Empain-Schneider ; à mes yeux, nos entreprises, au capital insuffisamment structuré, n'ont guère de moyens de se défendre contre les tentatives de prise de contrôle.

Tout cela le laisse lointain, indifférent. Il a hâte d'aborder la campagne électorale :

« Bazire a dit à Védrine que l'Élysée aidait Chirac. Il n'en est rien. Ce ne serait pas correct vis-à-vis de vous, et je ne vois toujours pas Chirac en président de la République. Je persiste à penser que vous avez plus que lui l'étoffe d'un chef d'État, et que les Français s'en apercevront. Si tel ne devait pas être le cas, ce serait la première fois que je me serais trompé. Je suis sûr que si vous aviez le temps, trois mois devant vous, vous redresseriez la situation. En quinze jours, c'est plus difficile. Vous devriez sortir tous les soirs, de 18 à 22 heures, et faire trois réunions dans trois départements différents. Le temps presse. J'y reviens : je ne me suis jamais trompé, mais, cette fois, véritablement, je suis perplexe.

– Vous m'aviez bien dit que les difficultés du Premier ministre ne manqueraient pas d'avoir des conséquences politiques pour le candidat ; vous avez pu constater que j'ai eu quelques ennuis, depuis deux mois.

– C'est vrai, et notamment Pasqua vous a rendu de mauvais services, avec toutes ces affaires, notamment celle de l'écoute téléphonique...

– ... unique ! Cela m'a fait perdre d'un seul coup dix points dans les intentions de vote.

– Je sais, mais en trois mois, voire deux, vous pourriez les récupérer. »

Il veut me donner l'impression d'être très préoccupé de mon sort ; est-ce à l'idée de me voir battu, ou à celle qu'il ait pu se tromper dans ses prévisions ? Se reproche-t-il d'avoir trop bien concouru à aider Chirac à seule fin de m'éviter une victoire trop facile ?

Le dimanche précédent, j'ai pris part à l'émission « 7 sur 7 », sur TF1, avec Anne Sinclair ; elle s'est bien passée. Bonne réunion aussi, hier, à Montpellier. Tous ceux qui m'entourent prétendent sentir un frémissement de l'opinion ; cependant, les sondages n'en enregistrent guère les effets.

Mercredi 22 mars 1995

Nous parlons de Salman Rushdie, que j'ai reçu ; je soutiens sa demande d'une intervention de la France en sa qualité de présidente de l'Union européenne, afin que l'Iran soit invité à lever la « fatwa » lancée contre lui dans tous les pays de l'Union.

« Je suis d'accord avec vous, me dit Mitterrand, il faut que nous le fassions, mais pas par une délibération officielle du Conseil des ministres de l'Union, plutôt par des contacts officieux.

– Je crains que cela soit moins efficace ; ce qui est important, c'est l'effet sur l'opinion.

– Vous avez peut-être raison, mais je ne nous vois pas agir ainsi.

– La situation continue de se détériorer à Sarajevo. Je le répète : je suis déterminé à vous proposer de quitter Sarajevo si les choses ne doivent pas s'arranger. Ils veulent tous se faire la guerre les uns les autres et s'entre-tuer. Nous ne pouvons pas accepter que nos soldats soient mis en danger si nos alliés persistent à demeurer indifférents et passifs.

– Ce serait une grande décision.

– Il faudra la prendre si rien ne change et que nous demeurons quasi seuls. Avons-nous les moyens d'inciter enfin nos alliés, et en premier lieu les Américains, à agir ? C'est la clé de tout. Sinon, notre présence passive n'a plus aucun sens.

– Vous avez sans doute raison ; reparlons-en. »

Depuis quelques mois, il en va dans le domaine de la politique étrangère comme du reste : nous évoquons les problèmes sans les régler.

Nous parlons de cravates de commandeur de la Légion d'honneur. Mitterrand m'indique qu'il accepterait Dailly, qui vient d'être nommé au Conseil constitutionnel. Ce n'est pas moi qui le lui ai proposé.

J'ai fait établir le catalogue des problèmes à soumettre à la conférence intergouvernementale de 1996, catalogue qui doit être discuté au sommet de Cannes, en juin prochain, et je le lui remets.

Comme chaque fois, à la fin de notre entretien, il me parle de l'élection présidentielle :

« Je ne comprends qu'une chose : Chirac a 20 % ; je ne vois pas comment il peut dépasser ce chiffre. Vous, vous le pourriez et vous le devriez.

– En tout cas, aujourd'hui, je suis en dessous, les sondages me sont défavorables.

– Oui, c'est vrai, je ne comprends pas. »

En effet, les intentions de vote continuent de m'être hostiles ; je subis toujours les conséquences des fâcheux incidents du mois de février. La presse, sans doute lasse de ma trop longue suprématie dans l'opinion, orchestre ces mauvaises nouvelles, ravie d'y trouver un aliment. Elle redoutait que l'élection fût jouée d'avance et qu'elle n'eût guère à en dire. La voilà servie ! Le coup de théâtre du retournement des intentions de vote donne enfin du piment aux commentaires.

Mercredi 29 mars 1995

Je lui confirme ma proposition : Mme Dayan, il y tient, conseiller d'État en service ordinaire, et Riolacci, conseiller en service extraordinaire.

Il accepte que la cérémonie au Panthéon en l'honneur de Pierre et Marie Curie soit fixée à 17 heures et non pas à 18 heures, le 20 avril, afin de me permettre de prendre la parole au meeting organisé à Lyon.

Il m'indique qu'il est d'accord sur la rédaction de mon document sur l'avenir de l'Union européenne, ainsi que sur le questionnaire qui l'accompagne, qui doit être soumis au sommet de Cannes.

Il me donne également son accord sur la démarche française en faveur de la prorogation illimitée du traité de non-prolifération nucléaire.

La campagne électorale, comme à chaque fois :

« Qu'est-ce que vous prenez !

– C'est vrai. Il y a un degré de bassesse, dans le mensonge intéressé, que je suis surpris de voir atteindre.

– Vous ne *les* connaissiez pas ?

– Sans doute pas suffisamment. Peut-être parce que je n'avais jamais été moi-même l'objet de leurs attentions.

– En tout cas, il n'y a aucune attaque contre vous venant de cette maison. Je déteste les attaques contre les personnes.

– Moi aussi. Mais elles sont plus efficaces que je ne l'aurais supposé. Finalement, les gens sont prêts à croire n'importe quoi.

– N'êtes-vous pas tenté de répondre avec des arguments de la même veine ?

– Non, jamais je n'y aurai recours, je vous l'ai déjà dit ! Pourtant, il en existerait. »

Voilà un spectacle qui ne lui sera pas offert.

Mercredi 5 avril 1995

Nous parlons de la Turquie dont l'armée a franchi la frontière avec l'Irak.

« Il faut, me dit-il, être plus ferme pour condamner son incursion.

– Nous l'avons été, nous sommes intervenus diplomatiquement.

– Il faut donner des signes de réprobation plus vigoureux et prendre une position morale plus ferme, comme les Allemands qui ont condamné sans ambages Ankara, ce qui ne nuit en rien à leurs intérêts. Il faut le dire à M. Inonu, ministre des Affaires étrangères de la Turquie, qui vient à Paris.

– Je dirai à Juppé de lui en faire part.

– Ces élections se déroulent de façon difficile pour vous, mais c'est une expérience qui vous sera utile.

– Tout dépendra de l'issue. J'ai décidé de réagir sans me laisser décourager.

– Je n'ai aucune raison de jouer contre vous : nous avons des relations cordiales et nous nous sommes toujours bien entendus. N'hésitez pas à me saisir, si l'Élysée se conduit mal.

– On m'a beaucoup dit que la publication de l'écoute téléphonique du beau-père du juge Halphen était le fait de l'Élysée.

– Vraiment ?

– Oui. »

Le Groupement interministériel de contrôle des écoutes téléphoniques l'affirme. Mitterrand ne fait aucun commentaire.

« Vous commencez à remonter le courant, mais je me demande si ce n'est pas un peu tard. C'est curieux : j'étais persuadé que vous seriez élu facilement, et ce serait la première fois que je me trompe. Si je me trompe, ce sera à cause de vous.

– Ce sera également à cause de moi, si vous ne vous trompez pas. Vous semblez plus affecté par votre erreur que par le sort de ma candidature... »

Il me le laisse voir, ce qui me surprend et m'irrite un peu. On peut y voir de la franchise, ou bien une totale indifférence à autrui qu'il ne prend même pas la peine de dissimuler.

Depuis la fin du mois de mars, j'ai réagi vigoureusement, je me suis donné davantage de mal, je suis entré dans le débat sans précaution ni distance. Je multiplie les réunions, je parle plus clairement des enjeux, mettant en garde contre la démagogie ; je suis plus critique, plus concret ; ce regain est bien accueilli. Sans doute ai-je amorcé une remontée dans l'opinion, mais elle marquera le pas aux environs du 10 avril.

Mercredi 12 avril 1995

Mitterrand se plaint de son dos, semble mal à l'aise sur son fauteuil, changeant sans cesse de position.

« Je suis en mauvaise forme. Pardonnez-moi de bouger comme cela devant vous. J'ai très mal au dos. La radiothérapie a recommencé. »

Sur la Bosnie, apparemment, il a changé d'avis :

« Nous ne devons pas nous singulariser.

– Ne pas nous singulariser, c'est rester prisonniers sur le terrain en laissant nos soldats exposés.

– Oui, oui, je sais, vous avez sans doute raison... »

Comme toujours, nous parlons ensuite de la campagne électorale :

« Il vaudrait mieux pour l'État que ce soit vous qui le dirigiez. Vous avez pour cela l'autorité nécessaire et vous bénéficiez, au fond, de la confiance. Quand j'entends parler de la force de Chirac, quelle plaisanterie ! C'est un hanneton dans un tambour ; s'il était élu, il déclarerait la guerre à Panama dans les huit jours ! »

Pourquoi éprouve-t-il désormais le besoin de critiquer sans cesse Chirac et de faire mon éloge ? Il ne doit être porté à aucune indulgence envers son successeur, quel qu'il soit !

« Je ne vous connaissais pas beaucoup et je ne m'attendais pas à ce que, dans l'épreuve que vous traversez, vous réagissiez ainsi. Quel courage ! Alors que BVA vous classe troisième derrière Jospin ! Vous forcez mon admiration par votre façon d'être. Cela témoigne d'une grande force intérieure. Vous étiez à Clermont-Ferrand ?

– En effet ; j'ai vu Giscard d'Estaing.

– Vous avez eu tort d'aller le voir après ce qu'il vous a fait. Il s'est mal conduit en soutenant Chirac quasi ouvertement. Vous êtes trop poli. Soyez donc plus spontané et laissez parler votre véritable caractère, beaucoup plus intraitable qu'on ne le croit !

– Cela ne m'a pas coûté grand-chose : moins que de ne pas aller le voir alors qu'il m'y invitait.

– Je reviens à la campagne : vous payez votre situation de Premier ministre.

– Cela me paraît évident.

– Vos ennuis du mois de février, vous n'y pouviez rien. Peut-être fallait-il faire quelque chose, par exemple un remaniement gouvernemental, en vous séparant de Pasqua et de Fillon.

– Non.

– Je me souviens, il est vrai, que dans l'affaire Habbache nous avons sanctionné des fonctionnaires, et que dans l'affaire du *Rainbow Warrior* j'ai fait partir Hernu : cela n'a rien changé.

– C'est la raison pour laquelle je me suis résolu à ne m'en prendre à personne ; j'aurais semblé me décharger sur d'autres de mes difficultés. Je le sais, on a vu dans mon attitude un signe de faiblesse ; à mes yeux c'était tout le contraire. Quant à Hernu, je crois savoir qu'il n'a donné son accord à l'opération du *Rainbow Warrior* qu'avec l'autorisation de l'Élysée. Il était donc spécialement injuste de le sanctionner : l'opinion n'a pas été dupe. »

Il ne répond pas.

Je me remémorais le passé. Lorsque j'étais secrétaire général de l'Élysée, en 1973, j'avais reçu la visite d'un des chefs de notre marine. Il voulait m'informer que Greenpeace reprenant sa campagne contre nos essais nucléaires dans le Pacifique, la marine souhaitait couler son bateau. Je le lui avais immédiatement interdit, dans les termes les plus nets. Le soir même, j'en avais parlé à Georges Pompidou qui s'était récrié :

« Ils sont devenus fous ! J'espère que vous le leur avez interdit !

– En effet, mais je tenais à vous en rendre compte.

– Comment pouvez-vous imaginer que je voie les choses différemment ? Confirmez-leur mon interdiction ! »

Ce que j'avais fait dès le lendemain matin.

Lorsque, douze ans plus tard, en 1985, l'on parla de l'attentat contre le *Rainbow Warrior*, il ne me vint pas une seconde à l'esprit que cela pût avoir été décidé dans l'ignorance de l'Élysée ; peut-être même le ministre de la Défense n'était-il pas au courant. En tout cas, c'est Hernu qui fut tenu pour coupable, et le seul à être sanctionné.

Nous nous dirigeons vers le Conseil des ministres ; il me dit dans le couloir :

« Vous présiderez le Conseil si je suis obligé de me retirer.

– Devrai-je y mettre fin si vous ne revenez pas en séance ?

– Oui, faites comme si c'était terminé, mais, enfin, je ferai tout pour l'éviter. »

Il l'a évité. Ce n'était pas la première fois qu'il me prévenait ainsi, avant de descendre au Conseil, qu'il pourrait être victime d'un malaise, mais, chaque fois, il a fait face.

Mercredi 19 avril 1995

Le Protocole avait imaginé, pour la cérémonie du transfert au Panthéon des cendres de Pierre et Marie Curie, que je ne sois pas aux côtés du président de la République, dans sa tribune, mais dans une autre. C'était contraire à la fois à l'usage comme au fait que j'étais cosignataire du décret transférant les cendres des Curie au Panthéon.

Mitterrand convoque Védrine pour le lui dire.

« Il faut être correct, votre place est à mes côtés, et nulle part ailleurs ; je n'ai aucune raison d'accepter qu'on ne se conduise pas bien avec vous. »

Je lui dis qu'il faut nommer le moins de préfets possible durant cette période, conformément à l'engagement que j'ai pris devant l'Assemblée. Il en est d'accord, sous réserve, bien entendu, que l'on tienne compte de ses propres désirs.

Ensuite la politique, comme à l'accoutumée :

« Nous allons terminer nos deux mandats ensemble. Je ne me plaindrai pas de vous.

– Je vous en remercie ; moi non plus.

Ce n'est tout à fait vrai ni pour l'un, ni pour l'autre.

– Je vous dis cela pour vous tranquilliser.

– Je ne suis nullement inquiet. De quoi le serais-je ?

– Mon intention n'est d'ailleurs pas d'écrire des Mémoires. Mais je tiens à vous dédicacer mon livre, celui que j'ai écrit avec Wiesel. Il faudra que je le fasse. »

Pourquoi imaginer que je puisse être inquiet de ce qu'il écrirait dans ses Mémoires ? Je ne suis pas victime du complexe obsidional, ni porté à cultiver le soupçon. Pas assez, sans doute.

« Je suis dans le doute sur votre élection. Vous avez encore une chance d'être au second tour, et, si vous y êtes, vous battrez Chirac sans aucun doute. Mais arriverez-vous au second tour ?

– C'est toute la question.

– Vous êtes toujours la victime de la semaine tragique que vos ministres vous ont fait vivre par leurs erreurs, au mois de février.

– C'est sans doute vrai, mais je n'y pense plus. Vous connaissez l'histoire de saint Louis de Gonzague à qui l'on demandait ce qu'il ferait si on lui annonçait qu'il allait mourir dans une heure ?

– Oui, mais rappelez-la-moi.

– Il était très jeune et il a répondu : "Je continuerais à jouer à la balle."

– C'est cela qui compte : la paix intérieure, et, manifestement, vous l'avez. Il y a des tourbillons qui agitent les choses mais, au-dessous, l'âme reste un lac calme. »

Je lui avais auparavant parlé de la Bosnie, comme je lui en parle chaque semaine pour lui répéter qu'il était temps de sortir de ce guêpier, d'une façon ou de l'autre, si nos alliés demeuraient passifs.

« Vous vous intéressez toujours à la Bosnie ? répond-il, sarcastique.

– Il me semble que c'est mon devoir. »

Je suis frappé de son indifférence. C'est bien lui qui nous a engagés en Bosnie, il y a trois ans, lui qui voulait y renforcer notre engagement, il y a deux ans, et, aujourd'hui, alors que nous y avons 4 000 soldats vulnérables et isolés, cela le laisse de marbre.

Il faut mettre en demeure la communauté internationale de se joindre à nous. Moi, je ne le peux pas tout seul et en ce moment.

*

Les résultats du premier tour de l'élection présidentielle, le dimanche 23 avril, surprennent. Je fais moins mal que prévu : presque 19 %. Chirac moins bien, dépassant à peine 20 %. Jospin, 22 %.

Ma présence au second tour était manquée de peu. J'étais en tête dans la plupart des départements et des grandes villes de la métropole, tandis que les voix de l'Île-de-France et de l'outre-mer s'étaient massivement portées sur mon concurrent de droite. Je me souvenais de mon voyage à la Réunion, quelques mois auparavant, durant lequel j'avais refusé d'aligner le SMIC de l'outre-Mer sur le SMIC métropolitain, parce que je redoutais que cela y fût nuisible à la croissance économique et à l'emploi ; d'autres l'avaient promis, l'engagement fut tenu après l'élection, l'on en vit les effets : le chômage s'accrut encore à la Réunion, confrontée à la concurrence des pays voisins.

Je supportai les conséquences de l'attitude d'une partie de la majorité qui avait pris prétexte de toutes les difficultés rencontrées pour saper l'action du gouvernement. La campagne « sociale » de Chirac ne lui avait guère profité, elle avait plutôt apporté de l'eau au moulin des socialistes : il ne parvenait pas au second tour en aussi flatteuse position que prévu. Quant aux calomnies que j'avais affrontées en février, elles m'avaient coûté ma place au second tour, donc mon élection. Même si j'avais, deux années durant, mis en œuvre des réformes rompant avec la politique socialiste, j'étais Premier ministre en exercice, donc moi aussi un « sortant »; après quatorze ans de présidence socialiste, les Français voulaient tourner la page. J'étais dans la page.

Sans hésiter, sans avoir négocié ni pris le conseil de personne, et après avoir publiquement, le dimanche soir, imposé silence aux protestations de ceux qui, réunis au siège de notre campagne, m'avaient soutenu avec tant de dévouement, dès 20 h 30 j'appelai à voter pour Chirac. Ma décision était prise depuis longtemps, depuis toujours : quelles que fussent mon jugement sur ses méthodes, l'inquiétude que suscitaient les thèmes de sa campagne où la démagogie le disputait à l'irréalisme, je n'envisageais pas un instant, s'il restait seul en lice contre un socialiste, de ne pas appeler à voter pour lui ; j'entendais le faire sans retard, sans en être sollicité. Allais-je, par mes atermoiements, faciliter l'élection du candidat socialiste dont le projet suscitait plus d'inquiétude encore ? Je l'excluais sans la moindre hésitation. La télévision retransmit mon discours qui dissipa toute ambiguïté sur mon attitude. Je ne voulais à aucun prix, avant de me prononcer, me livrer à un quelconque marchandage, ni me faire longuement prier, comme Chaban-Delmas en 1974, Chirac en 1981 ou Barre en 1988. J'entendais que ma décision ne dépendît que de moi, qu'elle fût spontanée et non motivée par quelque amabilité, concession ou promesse.

La veille, seul à la Lanterne, j'avais rédigé deux déclarations : l'une pour le cas où je serais présent au second tour, comme depuis quelques jours cela ne semblait plus impossible, l'autre si je ne l'étais pas. J'aime ne pas être pris de court. Ainsi avais-je, l'esprit libre, passé un dimanche serein.

Lundi 24 avril 1995

Dès le matin, Chirac me téléphone pour me remercier de ma déclaration et demander à me voir. Après l'avoir félicité, je lui réponds que je ne le verrai qu'en compagnie des principaux dirigeants politiques qui ont soutenu ma candidature, ce à quoi il se refuse. Il veut éviter que ceux qui m'ont soutenu forment un bloc qui pourrait peser sur l'avenir. Il préfère, comme il va de soi, discuter avec les uns et les autres, hors ma présence, afin d'obtenir leur ralliement et les traiter à sa guise.

J'évoque la campagne de calomnies menée contre moi, les lettres anonymes reçues chez moi, adressées aux miens ; il affirme n'en être pas responsable ; j'ajoute que s'il cherche à nuire à ceux qui m'ont soutenu, je ne l'accepterai pas sans réagir ; il répond que je le connais mal : rien de tel dans ses intentions ; il demande à nouveau à me rencontrer en tête à tête ; je prétends le connaître bien, c'est la raison pour laquelle je ne veux pas le voir sans témoins. Finalement, peu lui importe : il a enregistré, sans négociation ni marchandage, mon soutien instantané qui, c'est d'un grand prix à ses yeux, ne lui coûte rien. Désormais, il est en position de force pour le second tour.

Léotard, toujours prévenant, courageux, digne en toutes circonstances, présent dans mon bureau lors de l'entretien, est surpris par son ton.

Dans la matinée, Mitterrand me téléphone :

« Les choses ne se sont pas bien passées pour vous. Vous le savez, je n'ai jamais cru que Chirac dépasserait 20 %, et là-dessus j'avais raison. Vous traversez un moment de solitude et de difficulté, et, sur le plan personnel, ma pensée est proche de vous. »

Je l'en remercie.

L'après-midi même, je réunis l'ensemble des parlementaires et tous ceux qui avaient participé à l'animation de ma campagne. Je les remerciai de leur aide, revendiquant pour moi seul la responsabilité de l'échec. Rien n'est plus méprisable que de s'en prendre aux autres de ses mésaventures. Je forçai même un peu la note.

Bayrou insista à plusieurs reprises pour que je voie Chirac en tête à tête. Ayant réuni dès le lundi matin les ministres et les dirigeants des partis qui m'avaient soutenu, et ayant décidé avec eux que je m'en tiendrais à notre décision commune, c'est-à-dire à des conversations collectives, je maintins ma position. Simone Veil et Sarkozy, qui avaient fait campagne avec ardeur, ne ménageant pas leur peine, sans restrictions ni précautions, m'approuvèrent vigoureusement. Ce qui n'empêcha ni Bayrou, ni Douste-Blazy, les plus empressés, de se rendre avenue d'Iéna, au siège de campagne de Chirac, en omettant de m'en prévenir. Leurs contacts avaient été pris dès avant le premier tour, chacun le savait.

À l'évidence, Bayrou n'avait qu'une seule crainte : me voir conserver un rôle à la tête d'une partie de la majorité, celle qu'il ambitionnait de diriger ; il voulait faire place nette et peinait à le dissimuler ; il tint publiquement des propos sans équivoque : « Il n'y a pas de place pour un parti balladurien qui serait en embuscade contre le nouveau gouvernement. » Que j'eusse sauvé sa carrière publique, il y avait à peine plus d'un an, en refusant sa démission lors de la malencontreuse affaire Falloux dont il était responsable, aurait pu lui épargner de recourir à d'inutiles mauvaises manières, d'autant qu'il n'était guère en situation de tenir une place à la mesure de ses ambitions.

Le mercredi 26, je reçus Robert Pandraud avec qui j'avais toujours eu de bonnes relations. Il estimait que la position que j'avais prise l'avant-veille en faveur de Chirac garantissait l'élection de celui-ci, qu'une « compensation » m'était due, que je devrais réclamer la succession de Chirac à la Mairie de Paris. Je le remerciai de son bon vouloir ; si j'avais déclaré ce que j'avais déclaré tout de suite et spontanément, c'était justement pour ne pas négocier quoi que ce fût, mais pour me placer par avance hors de ce jeu habituel. Je m'en tiendrais là. Pandraud me dit le regretter, mais ajouta :

« Je vais tout de même en parler à Chirac.

– Vous ne parviendrez à rien. J'ai donné mon atout sans contrepartie. S'il vous plaît, restons-en là. »

Mercredi 26 avril 1995

Mitterrand commente l'élection, puis :

« Au second tour, Chirac va faire 53 % et Jospin 47 %. Il vous a manqué huit jours, sans quoi vous le battiez au premier tour. C'est que vous n'étiez pas suffisamment organisé.

– Je l'étais comme quelqu'un qui n'a pas à sa disposition l'appareil d'un grand parti ; il n'y en a que deux : le RPR et le PS.

– C'est vrai. Je vous le répète, j'ai admiré votre force morale, tout le monde l'a admirée avec moi. Maintenant, vous allez commencer une carrière politique, ce à quoi vous vous êtes toujours refusé ; vous êtes le chef naturel d'une fraction importante de l'opinion.

– D'autres se voudraient ces chefs naturels, ou ces chefs tout court ; ils ne me faciliteront pas la tâche.

– Bien entendu. En tout cas, nous sommes entrés dans l'ère de la cohabitation permanente ; c'est vous qui avez inventé une nouvelle Ve République.

– Je n'avais pas imaginé faire de la cohabitation une loi perpétuelle de la Ve République.

– Non, mais vous lui avez fait prendre de nouvelles habitudes en vous emparant de tous les pouvoirs pendant deux ans.

– J'ai respecté les institutions, et aussi vos propres pouvoirs tels qu'elles les décrivent.

– Certes. Finalement, je me suis prêté à notre coopération. »

Il m'indique à nouveau, alors que nous descendons au Conseil des ministres :

« Il se peut que je sois obligé de quitter le Conseil ; vous continuerez comme si de rien n'était.

– Devrai-je y mettre fin si vous ne revenez pas en séance ?

– Oui, mais cela n'est pas sûr, je vais pouvoir peut-être tenir le coup. »

Il l'a tenu.

*

L'après-midi du mercredi 26 avril, je partis pour quelques jours chez moi, à Chamonix. Après l'heureux effet de ma déclaration de soutien à Chirac, le dimanche précédent, quelques-uns, y voyant un mouvement d'humeur, s'interrogèrent, alors que je voulais simplement m'éloigner, mon rôle ayant pris fin.

Le printemps allait revenir ; je marchais, seul, loin de l'agitation, heureux de retrouver les montagnes que j'aime. Les événements que j'avais traversés ne quittaient pas mon esprit. Je ne jouerais pas, dans notre pays, le rôle que j'avais ambitionné, son histoire continuerait sans moi, je n'aurais aucune influence sur son destin. Un temps, j'eus quelque peine à m'y résigner.

Longtemps l'opinion m'avait été favorable, m'accordant un crédit dont peu avaient bénéficié à ce degré ! Très vite, je m'étais vu préféré à bien d'autres, je m'y étais accoutumé ; une fois la première surprise passée, cela m'avait semblé légitime et naturel ; me voir rejeté n'en fut que plus rude. J'avais négligé la force des sentiments, celle des passions et des préventions, l'efficacité des caricatures ; j'avais dédaigné d'y répondre, même de sembler m'en apercevoir. Mais nier la réalité des choses ne les fait pas disparaître, elles existent tout autant. Cela, je n'avais pas voulu l'accepter. J'en payais le prix.

Les épreuves venues, les déceptions éprouvées avaient entamé ma position ; les intentions des électeurs, elles, n'étaient plus les mêmes, ils tournaient vers d'autres leurs faveurs, mais le jugement porté sur ma personne et mon action demeurait encore, à la veille du scrutin, réconfortant. On ne mettait pas en cause ma capacité à gouverner, ma volonté de changement ; c'était le sens même de ce changement qui n'était pas compris. L'effet de nouveauté qu'avait représenté mon arrivée à Matignon était éventé. Quelques mois plus tôt, beaucoup appelaient ou se résignaient à mon élection ; désormais, n'importe quel autre choix semblait préférable. À cela s'ajoutait l'inexpérience de l'organisation qui me soutenait, bâtie en toute hâte, à laquelle le talent et le dévouement de quelques-uns, dont Sarkozy et Léotard, ne pouvaient entièrement suppléer.

Au départ, j'avais combiné deux handicaps dont j'avais sous-estimé l'importance : la cohabitation d'abord, qui même si elle ne m'avait guère gêné, comme je n'avais cessé de le reconnaître publiquement non sans quelque maladresse, me faisait apparaître comme associé à la fin d'un règne que les Français souhaitaient voir se terminer ; l'absence, aussi, d'un parti bien organisé pour me soutenir, ce qui me privait de relais solides dans le pays. Pour compenser ces deux handicaps, j'aurais dû me montrer plus offensif, moins retenu, dénoncer sans relâche la démagogie obscurantiste des propositions de mes concurrents. Je ne l'avais pas fait, par dédain pour la polémique, certain que la vérité l'emporterait. Je m'étais trompé.

Il y avait davantage, et qui m'était également imputable : j'avais tardé à me mettre en campagne ; absorbé par les tâches du gouvernement, je n'y avais pas consacré le temps nécessaire ; je croyais, à tort, que ma position dans l'opinion me dispensait d'une campagne de tous les instants, alors qu'au pouvoir depuis deux ans il m'était difficile de représenter le changement ; je tenais un discours honnête, sincère, sans démagogie, je vantais l'effort, l'esprit de liberté, je donnais l'impression de considérer le résultat comme acquis ; j'étais trop confiant, dédaigneux des arrière-pensées et des préoccupations des uns et des autres, trop sûr de moi.

Je n'ai jamais regretté d'avoir accepté d'être Premier ministre, au contraire. J'ai gouverné avec une très grande liberté, comme jamais sous la Ve République. Pour l'essentiel, j'ai tenu mes promesses. En deux ans, les choses avaient changé, la prospérité était revenue. Cela valait la peine. Stimulé par la tâche à accomplir, j'étais convaincu d'avoir engagé notre pays dans la bonne voie, assuré de lui proposer, au prix d'efforts que je ne cherchais pas à lui dissimuler, un avenir meilleur. Même dans les tout derniers mois, menacé par une défaite de plus en plus probable, je n'avais rien abandonné de ce à quoi je croyais, rien dissimulé de mes intentions.

Contrairement à ce qu'on dit, Matignon n'est pas un enfer, c'est tout le contraire. Ceux qui déclarent que le pouvoir est une souffrance ne devraient pas ambitionner de l'exercer, et s'épargner des lamentations ridicules. Durant ces deux années, alors que les difficultés de tous ordres étaient plus grandes que jamais, j'ai été heureux, j'ai aimé gouverner, soutenu par l'idée que j'accomplissais une œuvre utile au prix d'une discipline de vie qui me laissait la liberté d'esprit nécessaire pour réfléchir.

Avais-je bien rempli ma tâche ? Gouverner est une affaire sérieuse ; je l'avais fait sérieusement. La France ne s'était pas encore relevée du bond en arrière constitué par la politique socialiste de 1981 et son refus des réalités du monde. Malgré les échecs et les crises, notamment avec les jeunes, les choses étaient sur la bonne voie, des réformes essentielles avait été mises en œuvre ; déjà elles portaient leurs fruits, la prospérité était de retour, l'économie créait à nouveau des emplois. Sans cesse j'insistais sur l'alternative : la réforme ou le déclin. C'est un thème qui devait redevenir d'actualité bien des années après, mais, en 1995, mes adversaires le rejetaient ; l'un comme l'autre prétendaient que la France pouvait progresser en garantissant des avantages nouveaux au profit de tous, sans se réformer, sans appeler à l'effort.

Aurais-je dû faire plus, la perspective présidentielle m'en a-t-elle dissuadé ? En rien, mais, dans la majorité comme dans l'opposition, la création d'une société de plus grande liberté était contestée. Le conservatisme et le populisme vont de pair, à droite comme à gauche. Ils permettent d'être élu par un peuple qu'aveuglent ceux qui devraient l'éclairer, servent de trompe-l'œil pour ne rien changer. Il existait un fossé entre l'attachement aux droits acquis, la préférence accordée aux prélèvements publics et à la redistribution, afin, croyait-on, de rendre la société plus juste, l'alourdissement de la contrainte étatique, et ma propre conviction fondée sur l'esprit de responsabilité et de liberté et sur la volonté de modernisation. Deux conceptions de l'avenir de la France s'opposaient. J'avais pu faire prévaloir la mienne en quelques domaines, pas dans tous.

Malgré l'approche de l'élection présidentielle, la vie publique avait été marquée d'un effort constant de tolérance. Mon autorité sur le gouvernement assurée, hors des atteintes de Mitterrand, de Giscard d'Estaing, de Chirac, je n'avais accepté aucun partage du pouvoir avec quiconque ; n'ayant demandé à personne d'être Premier ministre, j'entendais exercer ma fonction sans subir d'entraves. Je concevais mon rôle comme un consulat de deux années, exercé avec la plénitude des pouvoirs.

Je n'ai jamais regretté de m'être présenté à l'élection présidentielle ; je le devais. J'étais libre de tout engagement, ma candidature était nécessaire. J'avais quelque chose à dire aux Français, que personne ne pouvait, ne voulait, n'osait leur dire à ma place. Je l'ai fait sans farder la vérité.

Entre mes deux concurrents et moi, c'était d'un choix de société qu'il s'agissait. L'idéal à atteindre était un libéralisme populaire, conçu en faveur de tous, profitant à tous, placé sous le contrôle d'un arbitre assurant le respect des règles indispensables afin d'éviter que la liberté fût dévoyée en loi de la jungle. À mes yeux, seul ce libéralisme populaire, ordonné au service de l'intérêt général, pouvait permettre de retrouver la prospérité, de créer une société plus équitable qui, justement, aurait réduit la « fracture sociale », formule tellement utilisée pour justifier la démagogie. Après les facilités de la campagne électorale, beaucoup en convinrent sans le dire trop haut ; mon tort fut d'avoir raison trop tôt, de ne pas habiller mon discours des colifichets de la complaisance.

Aurais-je été un Président à la hauteur de sa mission ? Comment le savoir ? En tout cas, je n'aurais pas été écrasé par la responsabilité que je revendiquais, pas plus que je ne l'avais été par celles que j'avais, à plusieurs reprises, exercées par le passé. Certes, elle eût été d'une autre nature, propice à l'isolement, mais je connaissais la solitude. D'une certaine façon, j'avais déjà assumé deux années durant la fonction à laquelle je prétendais, Mitterrand m'ayant laissé prendre seul toutes les décisions difficiles sans que je pusse compter sur le soutien constant d'une majorité parlementaire rétive. Enfin, j'aurais eu l'occasion d'inscrire dans la réalité les rêves que je formais pour la France. Cela suffisait à mon exaltation.

Je n'avais ni crainte ni appréhension. Je me sentais prêt, avec des idées claires, une volonté arrêtée, l'expérience nécessaire. J'étais confiant dans ma capacité à imaginer et à décider, résolu à changer la société, à la libérer, à faire prendre un visage nouveau à la politique française, loin des vilénies ordinaires. J'étais serein. J'avais confiance en moi. Sans doute trop. Ambition ? À coup sûr. Encore faut-il être prêt à en payer le prix. La conquête du pouvoir ne souffre pas de distance avec une réalité parfois peu ragoûtante. Rien ne va de soi, rien n'est offert en cadeau.

J'étais responsable de ma défaite. J'aurais dû réagir plus vigoureusement contre les calomnies au lieu de les dédaigner. De cela, bien plus que de mon échec, je conçus une tristesse que j'eus du mal à surmonter. Que d'atouts dissipés en pure perte ! C'était un cas d'école. Deux années durant l'espoir était repassé à droite, je le symbolisais : dans son propre parti, la plupart se détournaient de Giscard d'Estaing ; Barre était hors du temps, immuable dans ses qualités comme dans ses défauts ; chez les uns, les manières de Chirac suscitaient la sympathie, chez les autres, ses capacités faisaient naître la perplexité. En quelques semaines, tout s'était retourné, tout avait été gâché.

Je n'avais à m'en prendre qu'à moi-même. En 1993, j'étais parvenu au pouvoir grâce au soutien de l'opinion, sans avoir à faire l'effort de conquérir un parti, sans me prêter au jeu politique habituel. J'avais cru qu'il continuerait d'en être ainsi. Je me trompais. Alors qu'à deux reprises j'y avais en partie réussi, je ne jouerais donc pas le rôle que je m'étais assigné, celui d'apporter à la société française les changements indispensables. À mon regret s'ajoutait celui d'avoir déçu ceux qui avaient cru en moi, s'étaient battus pour moi. Malgré ce que nous avions accompli ensemble, dans leur souvenir cet échec inattendu l'emporterait sur le reste.

La France reste attachée à une vision héroïque de la politique, celle qui s'incarne dans ceux que Claude Weill a appelés « de formidables pourvoyeurs de rêves » : Louis XIV, Napoléon, de Gaulle, véritables « enchanteurs », ce qu'à sa manière, et à un autre niveau, était aussi Mitterrand qui prétendait rompre avec le capitalisme et qui s'était empressé, peu après son élection, de rompre avec le socialisme. Voter, en France, ce n'est pas choisir entre les possibles, c'est « demander l'impossible » ; c'est défier le réel qui, toujours, finit par se venger, comme en 1983, comme à l'automne 1995.

Justement, on me reprochait de ne pas faire rêver ; je m'y refusais, par principe. Je ne crois pas que tout soit possible, je doute que tout soit affaire de volonté, je déteste l'apologie de la décision politique défiant la raison. C'est pur mensonge : comment les Français auraient-ils pu croire que la justice serait atteinte sans que le progrès fût assuré, en refusant la réforme, en ignorant les réalités du monde ? Je ne pouvais l'imaginer ; je voulais, au sens propre, les désenchanter. J'étais obsédé du désir de ne pas mentir pour me faire élire, je redoutais de tromper. Sans doute commis-je l'erreur de ne pas fournir l'effort nécessaire pour être mieux compris. Une élection, ce n'est pas seulement un dialogue des esprits, c'est aussi gagner les cœurs.

Je ne voulais pas conquérir le pouvoir à n'importe quel prix. Je n'étais nullement disposé à parler de moi à tort et à travers ; ce qui m'importait, c'était d'exposer aux Français l'avenir que je souhaitais pour notre pays, les moyens de parvenir à mes fins ; quant à ma capacité à comprendre leurs aspirations et à tout mettre en œuvre pour accomplir mes promesses, il me semblait que mon action passée en témoignait. La « communication », telle qu'elle est ordinairement entendue, est un exercice peu flatteur pour le jugement de ceux auxquels on s'adresse ; elle consiste à faire son propre éloge à n'importe quel prix. Je déteste l'exhibitionnisme : parler de soi, c'est donner prise aux autres. Je refusais d'être, parce que candidat, devenu comme un bien collectif sans cesse soumis au regard public.

Par la suite, les pratiques se sont encore dégradées : il est d'usage d'exposer ses joies et ses peines passées et présentes, de détailler les replis de sa sensibilité, d'en appeler aux sentiments au détriment de toute pudeur. Rien n'est épargné pour tenter de plaire, se déclarer proche de tous. Ceux qui se laissent aller à ce jeu ne témoignent guère d'égards au peuple auquel ils s'adressent, mais plutôt de leur complaisance envers leur propre personne. Si de Gaulle, tellement cité, parlait de « la rencontre d'un homme et d'un peuple », il se bornait à exposer l'ambition qu'il nourrissait pour celui-ci, à lui demander sa confiance, sans estimer utile de mettre à nu les arcanes de son âme et de son caractère.

Me refusant à jouer ce jeu, était-ce que je ne désirais pas assez violemment le pouvoir ? On m'en soupçonnait, on l'insinuait, c'est tout juste si l'on ne me reprochait pas une manière de dilettantisme. La vérité est que je désirais être choisi, mais croyais pouvoir l'être exclusivement pour ce que j'avais fait et promettais de faire.

J'avais persisté dans mon refus de recourir aux vieilles méthodes éprouvées ; je ne voulais ni solliciter, ni pactiser, ni chercher à plaire à tout un chacun, ni me lier les mains et compromettre l'avenir en faisant des concessions sur ce qui me paraissait essentiel. Je m'attachais à convaincre les esprits, pas à mobiliser les intérêts. Trop absolu dans mes convictions, quoique tolérant pour celles des autres, je n'ai guère le sens du compromis ; je ne fais aucun effort pour masquer mes sentiments, mes jugements sur les hommes ; ce que j'aime, ce que je n'aime pas est trop apparent, je ne prends aucune peine pour le dissimuler ; peu porté à solliciter, j'ai tendance à attendre que les événements me donnent raison, qu'on se tourne vers moi, ce qu'on n'est pas nécessairement porté à faire spontanément. Cette volonté d'indépendance a contribué à susciter autour de moi une impression de distance, comme si j'étais inaccessible ou indifférent.

Je ne recherchais pas systématiquement, à coups de complaisances ou d'engagements, le soutien des corporations, des groupes, des corps intermédiaires ; je comptais trop indistinctement sur le concours de l'opinion entière. Me faisait défaut le goût des intrigues menées avec persévérance. Tout cela requérait une application dont je dédaignais l'utilité. Je redoutais de témoigner du mépris à mes interlocuteurs si je sollicitais leur adhésion en faisant miroiter à leurs yeux des perspectives mirobolantes. Pourtant, ces promesses, beaucoup les attendaient, les espéraient pour franchir le pas vers moi. De combien d'adhésions me suis-je privé ? Personne n'admet facilement la supériorité qu'autrui revendique pour soi-même, n'accepte spontanément de se ranger sous sa bannière, sauf à y être contraint. Nul n'est reconnu sans efforts ni longs travaux.

Certes, j'étais en paix, je disais ce que je pensais, ce à quoi je croyais. Le succès n'aurait-il pas justifié que je prenne davantage sur moi et en paie le prix ? Après tout, l'enjeu le méritait. Mon ambition était de changer la société, cela valait bien de changer un peu ma façon d'être. Pour plaire, il faut aussi montrer qu'on en a envie.

Il s'en était fallu de peu ; je conservais le regret d'une occasion manquée, manquée aussi par ma faute. La France, refusant de faire un choix clair, demeurerait engluée dans de vieilles habitudes, elle s'exposerait à de nouvelles déceptions. J'en serais pour une part responsable. C'était plus important que de me voir privé, à l'avenir, du rôle que j'avais ambitionné.

Je me reposais sur la vérité. Un jour, me disais-je, j'aurais raison. Je le pense encore. Je ne crois pas aux vertus durables du mensonge. S'il y a des vices usuels en politique, ils sont plus commodes que nécessaires, cela ne les rend en rien légitimes ni n'oblige à s'y laisser aller pour parvenir à ses fins.

★

Mercredi 3 mai 1995

Mitterrand évoque le débat d'hier à la télévision entre Chirac et Jospin :

« Ce fut d'une grande platitude. En outre, ils se sont contredits : ils disent tous deux qu'ils veulent un président de la République qui n'intervient pas à tout propos, et en même temps ils parlent de questions techniques auxquelles je ne comprends rien, des PALULOS, par exemple, à propos du logement.

– Je n'y comprends pas grand-chose non plus ; c'est peut-être pour cela que je n'ai pas gagné.

– Cela ne m'étonne pas : cela n'est pas mon fort ni le vôtre. Ils se sont contentés de lire des fiches. Quant à Chirac, je le vois élu. On a dû lui faire prendre des tranquillisants. La cohabitation va continuer et tous ceux qui ont aidé Chirac vont lui dire : “Qui t’a fait roi ?”

– Je ne suis pas de votre avis. En tout cas, pas pour les premiers mois ; après, si les difficultés surviennent, peut-être, et encore ! Vous savez mille fois mieux que moi ce qu’il en est : une fois qu’on est élu, on est élu, on ne dépend plus de personne. »

Qu’il soit aimable, bien ! Consolateur, non !

« En tout cas, si j’avais participé à ce débat, j’aurais battu Chirac, au temps de ma forme. Mais vous, je ne vous aurais pas battu, votre position est plus solide, plus stable que la sienne.

– En tout cas, elle n’a pas été suffisante.

– C’est vrai, mais vous avez eu une malchance extraordinaire, avec vos deux semaines noires du mois de février qui vous ont coûté votre élection. Je me suis bien trompé ; j’ai dit à tous les chefs d’État qui me le demandaient : “C’est Balladur qui sera élu.”

– J’en suis vraiment navré pour vous, et accessoirement pour moi.

– En tout cas, durant ces deux années, la France a été gouvernée et bien gouvernée, et nous avons bien fonctionné, tous les deux.

– Je vous remercie de me le dire. Je crois que les choses se sont passées de telle sorte que le pays va mieux. »

Je ne sais plus à quel propos il me reparle de Rocard pour l’accabler à nouveau. Que de rancune contre un homme qu’il est parvenu à mettre à terre ! Est-ce d’avoir osé être son rival qu’il ne lui pardonne pas ? Pourquoi cette rage à le déprécier contre toute vraisemblance, alors qu’il ne représente plus un danger pour son propre pouvoir ?

Avant de descendre, il me dédicace son livre d’entretiens avec Elie Wiesel.

Au Conseil des ministres, je lis une brève déclaration qui fait le bilan de l’action de mon gouvernement, montre les progrès qui ont été faits, décrit tout ce qui reste à faire. Je rappelle que l'action de renouveau que j'ai lancée n'en est qu'à ses débuts, qu'elle prendra des formes que nul ne peut prévoir.

Manifestement, Mitterrand n'apprécie pas beaucoup mon intervention, peut-être parce que lui-même n'a rien préparé ; ces préoccupations-là ne sont jamais loin de son esprit. Il prend la parole après moi pour un long discours assez anecdotique et finalement banal où il est question de l'herbe, des arbres et des fleurs, du cycle de la nature où tout recommence. Tous, autour de la table, semblent avoir l'esprit ailleurs.

« Nous terminons notre mandat ensemble, me dit-il aimablement. Vous avez l'avenir devant vous, pas moi. »

Pendant qu'il parle, un ministre écrit sur une feuille de papier, en grosses lettres : « On s'en fout », et la montre en riant à ceux qui sont à côté de lui, en les priant de la faire tourner ! Sans doute par mégarde, elle arrive entre mes mains, ce qui met fin au tour de table et au divertissement.

De retour de Chamonix, j'avais accepté d'assister au meeting de Chirac à Bagatelle, le samedi 29 avril. J'y fus accueilli convenablement, tandis que, peu après, Sarkozy, victime de son courage et de son talent, fut honteusement hué ; voulant lui témoigner mon attachement, je l'invitai à se tenir proche de moi. Sur les instances répétées de Juppé, j'échangeai quelques mots avec Chirac dans un local attenant à la salle de réunion ; il demanda à nouveau à me rencontrer ; je me résignai à l'accepter, mais pas chez lui. Nous nous rencontrerions au Sénat.

Samedi 6 mai 1995

Chirac et moi fûmes accueillis par Monory, président du Sénat, qui nous laissa seuls une heure. Pour commencer, Chirac déclara que son élection n'était pas certaine, mais comme en passant, sans avoir l'air d'y croire. Je lui répondis que j'étais convaincu du contraire, que le problème pour lui n'était plus là. C'était, une fois élu, d'être un Président de rassemblement, excluant tout règlement de comptes ; c'est dès les premières semaines qu'il donnerait son image à son septennat.

« N'oubliez pas que si vous allez avoir l'autorité juridique et constitutionnelle, il vous reste à acquérir l'autorité morale, faute de quoi vous serez fragile. En mai 1968, dans toute sa gloire, de Gaulle a dû aller à Baden pour sauver son pouvoir. Et c'était de Gaulle ! Cette autorité morale, seule une réconciliation sans arrière-pensées vous la conférera. »

Il protesta que tels étaient bien son sentiment et son intention, je devais l'en croire, m'assura-t-il.

Je lui parlai des trois problèmes de politique étrangère qui me semblaient urgents et importants : la monnaie, dont il fallait assurer la solidité pour permettre notre adhésion à l'euro dans de bonnes conditions, ce qui excluait une politique de facilité financière ; la Bosnie, où nous devions sortir du bourbier d'une façon ou de l'autre ; la reprise des derniers essais nucléaires avant que la technique de simulation qui se substituerait à eux fût mise en place.

Il en vint à ce qui était pour lui l'objet unique de notre entretien : il souhaitait que nous fissions paraître un communiqué commun. Je n'y voyais pas d'inconvénient : je savais bien pourquoi j'étais là. Il alla demander à Monory, qui attendait dans un salon à côté, une feuille de papier et s'installa à une table pour écrire.

« Que disons-nous ? me demanda-t-il.

– Commençons par dire que nous nous sommes rencontrés.

– En effet. »

Il écrivit, puis :

« Qu'ajoutons-nous ?

– Nous pourrions dire que nous avons évoqué les problèmes du pays.

– Bon, très bien. »

Il écrivit à nouveau, puis :

« Ne croyez-vous pas que vous pourriez me confirmer votre soutien ?

– Ne croyez-vous pas que vous pourriez commencer par m'en remercier, puisque je l'ai déjà fait ?

– Ah oui, bien entendu. »

Ainsi, tout était dit. Il était allègre, sa corvée terminée avec succès. Moi, j'étais indifférent ; si tout cela me paraissait vain, il eût été dérisoire de m'y refuser.

Comme nous nous séparions :

« Je tiens à vous remercier, me dit-il. Qu'allez-vous faire ? Quitter la politique ?

– Non, rassurez-vous. »

Il eut un sourire contraint.

« Moi, c'est ce que j'aurais fait, si je n'avais pas été élu.

– Est-ce tellement sûr ? Vous me permettrez de ne pas suivre votre exemple. Je me représenterai en septembre pour retrouver mon siège de député de Paris. »

Perspective qui ne suscita de sa part aucun commentaire.

Dimanche 7 mai 1995

Le second tour de l'élection fut conforme aux sondages, Chirac obtint plus de 52 % des voix. Le sens du débat avait été simple : avant le premier tour, tous ceux qui s'opposaient à moi avaient fait campagne contre le gouvernement, Chirac le premier ; avant le second tour, le thème avait changé : « Éviter un troisième septennat socialiste ».

Il fut efficace ; la vraie cause de l'élection de Chirac était là, pas dans l'invocation lyrique d'une générosité sociale à laquelle bien peu croyaient. Mon appel en sa faveur avait également joué son rôle, lui assurant 85 % des électeurs ayant voté pour moi au premier tour ; en 1981 le pourcentage des électeurs de Chirac tardivement appelés à voter au second tour pour Giscard d'Estaing avait été bien moindre, et Giscard d'Estaing avait été battu ; en 1988 le pourcentage de ceux de Barre invités à soutenir Chirac au second tour avait également été moindre, et Chirac battu. Je m'étais comporté différemment, faute de quoi la victoire de Chirac n'eût pas été aussi certaine.

Le soir même, je fis une déclaration pour le féliciter de son succès, sans omettre de rappeler la part qu'y avaient prise tous ceux qui m'avaient soutenu. Je formai le vœu que l'œuvre de redressement entreprise par mon gouvernement fût poursuivie et que, pour y parvenir, le nouveau Président sût rassembler les Français.

Ainsi, Chirac était-il parvenu à ses fins. Sa politique fut celle qu'on pouvait attendre ; elle connut des fortunes diverses. Il prit certaines bonnes décisions, incitant vigoureusement nos alliés à se montrer enfin plus entreprenants en Bosnie, refusant de prendre part à la guerre américaine en Irak ; d'autres furent plus aventureuses, telle la dissolution de l'Assemblée dont le résultat lui retira le pouvoir durant cinq ans, le rejet du référendum européen qui mit à mal notre politique étrangère. Toutes ces déceptions le convainquirent que son action devait désormais prendre le visage d'une sagesse apaisante ; elle laissa aux Français le sentiment d'une interminable immobilité. L'Histoire immédiate ne lui fut pas indulgente ; le temps passant, nul ne peut prévoir l'image qu'elle retiendra de lui.

Lundi 8 mai 1995

Grande cérémonie à l'Étoile, en présence de quatre-vingts délégations étrangères et de nombreux chefs d'État et de gouvernement, pour commémorer le cinquantenaire de la fin de la Seconde Guerre mondiale. Au pied de la tribune, Chirac se précipite pour embrasser ma femme avec effusion.

Au déjeuner à l'Élysée, Kohl me demande si les incidents du mois de février, qui m'ont tellement nui, ont été dus à la bêtise ou à la méchanceté.

« Dus à la bêtise, c'est l'interprétation la plus indulgente ; utilisés par méchanceté, l'interprétation la plus juste. »

Kohl comme Major expriment le désir de rester en contact étroit avec moi. Suarez et Gore m'invitent à me rendre dans leurs pays respectifs. Je les remercie les uns et les autres. Politesses convenues, sauf de la part de Kohl avec qui j'ai eu des liens fréquents, faits de sympathie réciproque, et que j'irai voir à plusieurs reprises.

Badinter, avec qui, lorsqu'il présidait le Conseil constitutionnel, j'avais eu quelques conflits portant sur des principes, vint vers moi pour me dire que j'étais le Président qu'il avait souhaité, car j'étais, selon lui, un véritable homme d'État. J'y fus d'autant plus sensible que c'est un homme réservé, qui m'avait parfois semblé comme enfermé dans ses convictions, sur certains points différentes des miennes ; mais je l'avais toujours traité avec les égards dus à sa personne, à son passé et à sa fonction.

Mitterrand étant absent, à Berlin puis à Moscou, toujours pour la célébration de ce cinquantième anniversaire, je ne lui fis porter que mercredi 10 mai ma lettre de démission.

Mon bureau se vidait, mes collaborateurs organisaient leur avenir. Je tentai de les y aider, sans toujours beaucoup de succès. Je n'avais plus rien à faire, je rentrai chez moi très tôt le soir. Cela dura une dizaine de jours, jusqu'à l'installation de Chirac à laquelle j'assistai, comme il est d'usage.

★

Je n'ai revu Mitterrand qu'une fois. Il avait souhaité me rencontrer ; je me rendis durant l'automne avenue Frédéric-Le Play où il s'était installé. Je le trouvai dans sa chambre, étendu sur une chaise longue ; il me demanda pardon de ne pas se lever. Très amaigri, les traits tirés, le teint diaphane, il avait la parole lasse. Il fut fort aimable, me redisant à plusieurs reprises son regret de mon échec, fort sarcastique vis-à-vis de ceux qui nous avaient succédé et qui affrontaient des grèves qui paralysaient le pays. Chanson ordinaire… Comme toujours, je m'interrogeai sur sa sincérité. Il me questionna sur mon activité, devenue réduite ;

moi, sur ses lectures et ses occupations. À plusieurs reprises, j'esquissai le mouvement de me retirer :

« Restez, je vous en prie ; je suis heureux de vous voir. Pourquoi n'êtes-vous pas venu plus tôt ?

– Je redoutais de vous importuner.

– Vous êtes toujours le même ! Vous attendez qu'on vous sollicite. Pourtant, cela vous a coûté cher, lors de la campagne électorale. Vous avez attendu que les Français viennent vous chercher au lieu d'aller vers eux. Cela aurait dû vous servir de leçon.

– Leçon trop tardive. À quoi bon y revenir ?

– Vous ne regrettez rien ? Vous ne vous dites pas que vous auriez dû prendre davantage sur vous, que vous auriez dû sortir de vous-même ?

– Oui, bien entendu, mais je n'aime pas donner la comédie.

– Permettez-moi de vous le redire : vous êtes trop orgueilleux, vous attendez qu'on fasse appel à vous.

– C'est vrai, il vous est arrivé de me donner des leçons de modestie. »

Notre conversation, cordialité et acidité mêlées, reprenait son ton ordinaire. Il sourit :

« Pourtant, vous aimez le pouvoir, vous êtes impérieux.

– Tout cela n'est pas contradictoire.

– Qu'allez-vous faire maintenant ?

– Jouer mon rôle au Parlement où j'ai été réélu. Tenter de conserver vivantes les idées auxquelles je suis attaché.

– On vous écoutera moins si l'on ne vous craint pas. Vous devez vous décider à bâtir autour de vous une organisation pour peser sur les décisions. Moi, en mon temps, j'ai bâti l'UDSR : nous n'étions pas une vingtaine de députés, mais souvent les majorités dépendaient de nous.

– C'était la IVe République. Aujourd'hui, c'est différent. Et j'arrive à un moment de ma vie où ceux auxquels je pourrais m'adresser auront de plus en plus de mal à me prêter un avenir. Quel intérêt auraient-ils à lier leur destin au mien ?

– Mais moi, j'avais soixante-douze ans quand j'ai été réélu !

– Sans doute, mais vous occupiez déjà le pouvoir. Il ne s'agissait que d'un renouvellement.

– C'est vrai. Votre situation est plus difficile que la mienne en 1988.

– Et puis, je n'accepterais aucun compromis avec mes convictions, je n'aime guère les marchandages.

– Oui, oui, je sais, vous êtes fait ainsi. Pourtant, déjà les Français vous regrettent.

– Croyez-vous ?

– J'en suis certain. Comment ne pas les comprendre quand on voit ce qui se passe, et l'état dans lequel se trouve notre pays ? Je suis déçu par Juppé, auquel je prêtais beaucoup de qualités.

– Il en a, mais il est obligé d'appliquer un programme irréaliste, impossible à mettre en œuvre. De toute façon, il n'est plus temps pour moi de regretter quoi que ce soit. Le moment est passé.

– Sait-on jamais ? Gardez-vous intact et ne faites pas comme Giscard d'Estaing, candidat à tout. »

Je n'éprouvais nulle réticence à évoquer ma mésaventure. Cependant, je me demandais si son insistance était la marque de sa sollicitude ou d'un reste d'animosité.

Malgré ses efforts, il peinait à dissimuler sa tristesse, tout en s'efforçant de paraître indifférent à son propre sort. Trop combatif pour être résigné, il quittait la vie à regret. Notre conversation se poursuivit longuement.

Il tint à se lever pour me reconduire jusqu'à la porte ; je regardai les bustes et les portraits de lui entassés dans le vestibule. Il retrouva alors sa vivacité.

« N'allez pas croire que je sois devenu fou ! me dit-il. Tout cela est regroupé avant d'être redistribué ici et là, en province.

– Oui, bien sûr.

– J'ai gardé un fort bon souvenir de notre collaboration, ajouta-t-il ; j'ai beaucoup d'estime pour vous, j'ai regretté que vous ne me succédiez pas. Je souhaiterais beaucoup vous revoir. Je me demande si le temps m'en sera laissé.

– Je le souhaiterais aussi. Il vous suffira de me le faire savoir. »

Il mourut quelques semaines plus tard.

ÉPILOGUE

Je décidai de demeurer présent dans la vie publique ; je voulais ne pas laisser s'assécher mon esprit ni s'aigrir mon cœur dans la mélancolie.

Il m'arrivait de croire que de ce que j'avais fait il resterait une trace, que je n'avais pas travaillé en vain. Mon action venant de prendre fin, combien j'aurais aimé qu'elle ne s'inscrivît pas dans le temps seulement comme une parenthèse, deux ans chaque fois, mais comme une référence pour l'avenir !

Un espoir était né. Il fallait le maintenir vivace. Rien ne pourrait me décourager, ni l'éloignement de ceux qui n'étaient que les amis des jours heureux, ni l'absence d'une machinerie politique à ma disposition. L'avenir de notre pays dépendait de notre capacité à nous ouvrir au monde, à ne pas nier la réalité, à ne pas prétendre offrir aux autres nations un modèle inaltérable ; de notre courage à décider, de notre talent à faire accepter les réformes trop longtemps différées. J'étais convaincu qu'un langage de vérité inciterait les Français à se détourner des promesses fallacieuses ; que la France n'avait pas d'autre issue que de changer ses habitudes.

Je continuais à défendre les idées de liberté qui étaient les miennes. J'entendais que cette liberté fût organisée de manière stable et équitable ; à mes yeux, elle n'allait pas sans le respect d'une morale interdisant le désordre et l'abus de puissance des plus forts. À plusieurs reprises j'avertis qu'un libéralisme qui ne serait pas soumis à des règles évitant les excès courrait le danger d'être rejeté. Dès 1991, j'avais, dans un livre, mis publiquement en garde contre ce risque : « Si le monde devait connaître une crise monétaire et financière grave qui détruirait sa prospérité, c'est un libéralisme qui se serait montré incapable de se discipliner et de s'ordonner qui en serait rendu responsable, et alors renaîtraient immanquablement les tentations étatiques qui font l'essentiel du socialisme. »

Par la suite, j'y revins souvent. Je ne fus pas entendu. J'assistais, désolé, au spectacle d'un monde déchiré par le désordre et l'anarchie, enivré par une richesse factice due au dérèglement du système monétaire international, entaché par l'avidité des plus puissants, auxquels tout était permis au nom de l'infaillibilité du marché.

En 2008 arriva ce qui devait arriver : les institutions bancaires et financières volèrent en éclats, l'économie s'affaissa, l'inquiétude gagna le monde entier. Alors ce fut le grand retour de Keynes, voire de Marx, chacun s'évertua à vanter l'État, son rôle bienfaiteur, à condamner la liberté économique. Une fois de plus, les moutons de Panurge se bousculèrent : il s'agissait de n'être en retard sur aucun nouveau conformisme.

Je n'avais pas besoin de chanter, moi aussi, cet hymne pour demeurer constant dans mes idées. J'avais toujours été convaincu que le libéralisme débridé à la mode des années 80 ne pourrait à la longue qu'être rejeté ; pour autant, je ne pensais pas qu'il fallait en revenir à l'apologie de l'État à la mode des années 50.

On ne ressuscitera pas le monde d'avant la crise, il va falloir imaginer autre chose, redécouvrir que libéralisme sans ordre ne produit qu'iniquité et anarchie, qu'organisation sans liberté n'assure ni progrès ni justice.

La mondialisation a tout changé, elle contraint l'Occident à affronter la concurrence des pays qui apparaissent sur la scène ; mis en compétition avec leurs systèmes fiscaux et sociaux moins coûteux, il ne bénéficie plus de la rente de situation née de sa domination des siècles passés. Je ne crois guère aux vertus de ce qu'on appelle la multipolarité ; sur une planète où la mondialisation unifie et rend quasi instantanées les conséquences des décisions, une autorité reconnue par tous est indispensable, faute de quoi les pôles s'affronteraient avec des effets plus dévastateurs encore que durant les siècles passés l'affrontement des nations.

Le plus difficile n'est pas d'inventer les règles ordonnant la vie monétaire, économique et sociale qui mettent l'économie à l'abri des désordres, ni celles qui permettent d'instituer un partage équitable de la richesse ; on voit bien comment organiser l'équilibre entre la liberté et l'ordre, entre l'initiative individuelle et la justice, c'est le débat de toujours des sociétés humaines. Il faut aussi – là, c'est une tâche plus rude – convaincre tous les pays du monde de s'y soumettre, parce que la mondialisation de la production, des échanges de l'information ne peut que s'accompagner de la mondialisation des décisions.

Pour y parvenir, les États devront renoncer à une part plus grande qu'aujourd'hui de leur souveraineté ; en même temps, les nations voudront demeurer elles-mêmes, voir respecter leur personnalité, leur culture, leurs intérêts. Conciliation difficile : ce sera le défi du siècle. Si le combat était perdu, l'humanité connaîtrait des jours bien sombres. Une liberté mieux organisée et plus juste, mais tout de même la liberté, demeure le principe autour duquel rassembler les peuples du monde.

Chamonix, août 2009.

ANNEXES

ANNEXE I

Gouvernement d'Edouard Balladur

Composition du 29 mars 1993 au 16 mai 1995.

Ministres d'État

- Ministre d'État, ministre des Affaires sociales, de la Santé et de la Ville : SIMONE VEIL
- Ministre d'État, ministre de l'Intérieur et de l'Aménagement du territoire : CHARLES PASQUA (RPR)
- Ministre d'État, garde des Sceaux, ministre de la Justice : PIERRE MÉHAIGNERIE (UDF-CDS)
- Ministre d'État, ministre de la Défense : FRANÇOIS LÉOTARD (UDF-PR)

Ministres

- Ministre des Affaires étrangères : ALAIN JUPPÉ (RPR)
- Ministre de l'Éducation nationale : FRANÇOIS BAYROU (UDF-CDS)
- Ministre de l'Économie EDMOND ALPHANDÉRY (UDF-CDS)
- Ministre de l'Industrie, des Postes et télécommunications et du Commerce extérieur : GÉRARD LONGUET (UDF-PR) (jusqu'au 14 octobre 1994)

- Ministre de l'Équipement, des Transports et du Tourisme : BERNARD BOSSON (UDF-CDS)
- Ministre des Entreprises et du Développement économique, chargé des Petites et moyennes entreprises et du Commerce et de l'Artisanat : ALAIN MADELIN (UDF-PR)
- Ministre du Travail, de l'Emploi et de la Formation professionnelle : MICHEL GIRAUD (RPR)
- Ministre de la Culture et de la Francophonie : JACQUES TOUBON (RPR)
- Ministre du Budget, porte-parole du Gouvernement : NICOLAS SARKOZY (RPR)
- Ministre de l'Agriculture et de la Pêche : JEAN PUECH (UDF-RPR)
- Ministre de l'Enseignement supérieur et de la Recherche : FRANÇOIS FILLON (RPR)
- Ministre de l'Environnement : MICHEL BARNIER (RPR)
- Ministre de la Fonction publique : ANDRÉ ROSSINOT (UDF-Rad)
- Ministre du Logement : HERVÉ DE CHARETTE (URD-PR)
- Ministre de la Coopération : MICHEL ROUSSIN (RPR) (jusqu'au 12 novembre 1994)
- Ministre des Départements et Territoires d'Outre-mer : DOMINIQUE PERBEN (RPR)
- Ministre de la Jeunesse et des Sports : MICHÈLE ALLIOT-MARIE (RPR)
- Ministre de la Communication : ALAIN CARIGNON (RPR) (jusqu'au 19 juillet 1994)
- Ministre des Anciens Combattants et Victimes de guerre : PHILIPPE MESTRE (UDF-AD)

Ministres délégués

- Ministre délégué auprès du Premier ministre, chargé des Relations avec l'Assemblée nationale : PASCAL CLÉMENT (UDF-PR)
- Ministre délégué auprès du Premier ministre, chargé des Relations avec le Sénat et chargé des Rapatriés : ROGER ROMANI (RPR)
- Ministre délégué auprès du ministre d'État, ministre des Affaires sociales, de la Santé et de la Ville, chargé de la Santé : PHILIPPE DOUSTE-BLAZY (UDF-CDS)
- Ministre délégué auprès du ministre d'État, ministre de l'Intérieur et de l'Aménagement du territoire, chargé de l'Aménagement du territoire et des Collectivités locales : DANIEL HOEFFEL (UDF-CDS)

- Ministre délégué auprès du ministre des Affaires étrangères, chargé de l'Action humanitaire et des Droits de l'homme : LUCETTE MICHAUX-CHEVRY (RPR)
- Ministre délégué auprès du ministre des Affaires étrangères, chargé des Affaires européennes : ALAIN LAMASSOURE (UDF-PR)

Remaniement (19 juillet 1994)

- Ministre de la Communication : NICOLAS SARKOZY (en plus de ses autres fonctions, à la suite de la démission d'Alain Carignon)

Remaniement (17 octobre 1994)

- Ministre de l'Industrie, des Postes et télécommunications et du Commerce extérieur : JOSÉ ROSSI (UDF-PR) (en remplacement de Gérard Longuet, démissionnaire)

Remaniement (12 novembre 1994)

- Ministre de la Coopération : BERNARD DEBRÉ (RPR) (en remplacement de Michel Roussin, démissionnaire)

Remaniement (19 janvier 1995)

Au début de 1995, Nicolas Sarkozy abandonne ses fonctions de porte-parole du gouvernement (tout en conservant ses autres portefeuilles), pour devenir porte-parole d'Edouard Balladur, « candidat à l'élection présidentielle ». Il est alors remplacé par PHILIPPE DOUSTE-BLAZY.

ANNEXE II

Cabinet du premier Ministre, Edouard Balladur

Directeur de Cabinet
Nicolas Bazire

Directeur adjoint de Cabinet
Patrick Suet

Chef de Cabinet
Pierre Mongin

Conseiller pour les affaires économiques
Anne Le Lorier

Conseiller pour les affaires diplomatiques
Bernard de Montferrand

Conseiller pour les affaires intérieures
Philippe Marland

Conseiller pour les affaires sociales
Hugues Hourdin

Conseiller pour les affaires européennes
Yves-Thibault de Silguy

Conseillers techniques
Philippe Braidy : chargé des questions budgétaires (nommé le 1/2/95
Philippe Baudillon : affaires diplomatiques

Henri-Michel Comet : collectivités locales, aménagement du territoire
Olivier Costa de Beauregard : équipement, logement
Thierry Dana : affaires diplomatiques
Anne de Danne : santé, famille
Jean-Paul Davin : relations avec le Parlement
Nicole Ferrier : éducation, recherche
Olivier Grunberg : budget (départ le 1/2/95)
Jean-Pierre Lacroix : affaires diplomatiques
Francis Lamy : affaires juridiques (départ le 1/2/95)
Pierre Louette : communication, jeunesse et sports
Élisabeth Lulin (nommée le 1/2/95)
Jean-Christophe Martin : fonction publique, environnement
Thierry de Mazancourt : industrie, artisanat, commerce
Alain Moulinier : agriculture, aménagement rural
Xavier Musca : affaires financières
Patrick Ouart : justice
Pierre Sigonney : emploi, travail
Philippe Trainar, macroéconomie, régimes sociaux

Chargés de mission pour la presse
Bernard Brigouleix
Valérie Bernis
Victoire de la Genière

Chef du secrétariat particulier
Arlette Le Bris

Chef du cabinet militaire
Contre-amiral Patrick Lecointre
Général de division aérienne Alain Courthier (nommé en 1995)

TABLE DES MATIÈRES

AVANT-PROPOS 9

I. Avant le pouvoir 15

II. Les temps heureux :
avril 1993 - décembre 1993 53

III. Premiers nuages
janvier 1994 - juillet 1994 175

IV. L'embellie
juillet 1994 - janvier 1995 269

V. L'épreuve
janvier - mai 1995 367

ÉPILOGUE 425

ANNEXES 429

Pour l'éditeur, le principe est d'utiliser des papiers composés de fibres naturelles, renouvelables, recyclables et fabriquées à partir de bois issus de forêts qui adoptent un système d'aménagement durable.
En outre, l'éditeur attend de ses fournisseurs de papier qu'ils s'inscrivent dans une démarche de certification environnementale reconnue.

Photocomposition Nord Compo
Villeneuve-d'Ascq

Impression réalisée par
CPI BRODARD ET TAUPIN
La Flèche

pour le compte des Éditions Fayard
en septembre 2009

Dépôt légal : septembre 2009
Imprimé en France

36-57-0293.5/02
N° d'impression : 54732